改訂版
はじめてのエスペラント

reviziita
Elementa Lernolibro de Esperanto

藤巻謙一
HUZIMAKI Ken'iti

一般財団法人　日本エスペラント協会
Japana Esperanto-Instituto

Tokio 2015

この本と著者について

　今回、好評であった「はじめてのエスペラント」が改訂出版されることになりました。著者の25年以上に及ぶ「エスペラント通信講座（初級／中級）」の実績が基盤となっています。インターネットの時代、エスペラントの多様な活用が可能になっています。しかし、いくらギネスブックで合理的で一番わかりやすい言語であると保証されても、言葉として使いこなすためにはそれなりの学習と訓練が必要です（英語に1000時間かかる学習はエスペラントで200時間で済むといわれています）。やはり一番の難関は単語を覚えることであると思います。覚えるためには何度でもその単語を目にする必要があることは自明の理です。この本では、日常よく使うであろう豊富な短い例文と単語の繰り返しての説明で、学習者の辞書を引く手間をはぶき、単語に速く慣れるように工夫がされています。練習問題もその解答を即表示し、すればするほど短い文と単語の知識が増えるようになっています。エスペラントの特徴の一つは造語が簡単なことです。ザメンホフは sana（健康な）という単語から接頭辞や接尾辞を駆使して50近い単語を作り出しています。また、エスペラントの文法事項は理解しやすく覚えやすいのが特徴ですが、著者はさらにそれをところどころ日本語と比較しながら、わかりやすく系統だって説明をしてくれています。どんどん読み進めて完読され、エスペラントが単なる知識としてではなく、活用される言語として使われることを期待します。

2015年3月31日

(財)日本エスペラント協会　出版部部長

川西徹郎

はじめに

　ことばは人間にとって本質的な道具です。私たちはことばを用いてものを考え，調べ，まとめ，表現し，共同作業を実現します。ことばは私たちの文化の根幹であり，社会的な生きものとしての人間を人間たらしめる基本的な要素と言ってよいでしょう。

　交通手段が発達して人々が国家や民族の枠を越えて交流するのがあたりまえのこととなった今日，また，人類全体の生存をおびやかすような環境破壊や南北間のすさまじい経済格差など，地球規模で対処しなければならない問題が山積みになっている今日，私たちがことばの違いを越えて交流するための国際共通(補助)語 [1] が必要です。

　この共通語として英語などのような大国の民族語を採用するとしたら，そのことは根本的な差別を生み出すことになるでしょう。国際交流のさまざまな局面で，英語を母語とする人だけが有利な立場に置かれるのは公平なことではありません。軍事的な力を背景にして特定の民族語をあからさまに強制する野蛮な時代も過去にはありました。政治や経済の力を背景に一つの言語がまんえんすることも，決して自然なことではありません。言語を強制することは文化的従属を強制することです。使い手の多少にかかわらず，どの民族のことばも優劣をつけることのできない美しい作品です。言語はそれぞれの民族の文化の根幹をなすものです。だれにとっても自分の母語は大切です。だから，民族語のうちのどれか一つがほかのことばの上に立つようなことがあってはなりません。自分の文化や言語を相手におしつけるのではなく，お互いに相手の文化や言語，宗教を尊重しつつ，たがいに意見を交換する手段としての，橋わたしのことばが必要です。

　だれにとっても公平で，世界中の人々が対等に，そして自由に交流するための中立言語は，人間が知性の光りをあてて磨きあげた，習得しやす

---

[1] エスペラントは「国際共通(補助)語」"internacia (help-)lingvo"，「中立言語」"neŭtrala lingvo"，「計画言語」"planlingvo"，「橋わたしのことば」"pontolingvo" などともよばれています。

く表現力に富んだ計画言語でなければなりません。そのことばは，民族の枠を越えて，人類全体がつくる新しい文化の基礎となるものでなければなりません。

　1887年に発表されて以来一世紀以上の歴史をへて，まだ完全な意味で国際共通(補助)語として利用されているとは言えないとしても，エスペラントがことばとして可能性を持つかどうかを議論する時代は終わりました。この一世紀間に出版された書籍，雑誌，そして毎年世界各地で定期的に開かれる大会，会議，さらに，このことばを実用する人が百万人にもおよぶという事実が，人間の用いることばとしてエスペラントが民族語と同等の表現力をそなえたものであることを証明しています。

　どこの国のものでもどの民族のものでもないことばエスペラントは，二度の世界戦争や政治的弾圧を生きのびてきました。このことばを母語と同じように大切に思っている人が，地球上のあらゆる場所に存在する今日，どのように強大な力も，もはやエスペラントを圧殺することはできないでしょう。

　発表されて間もなく，まだ実用性がとぼしいころ人々がこのことばを学んだ動機は「民族の平等と自由，平和共存」という理想だけでした。この理想の意義はいまだに薄れていません。しかし今日，エスペラントは外国旅行や文通，調査，研究など，国際交流の手段として現に実用されています。そして，国境や民族性を越えて，普通の市民の普段着の国際交流に役立っています。

＊　＊　＊

　さて，読者は新しいことばの学習書を手にとるにあたって，多少なりとも緊張を感じているのではないでしょうか。従来，ことばの学習には大きな忍耐と努力が要求されるのがあたり前と考えられてきました。実際に，民族語の学習の場合，発音や動詞の多様な変化，不規則，冠詞の格変化などを知り，そのことばの基本的な構造を概観するだけでも，たいへんな努力と長い時間が必要です。新しいことばを学び始め，学習の途中で挫折して，自己嫌悪や劣等感に苦しめられるという経験が，だれにも一度は

あるのではないでしょうか。

　エスペラントの場合は，文法が規則的に整理されているので，民族語の学習に費やす時間の数分の一で全体を概観することができます。いくつかのことばを学習した経験のある方なら，その構造の単純さに驚かれることでしょう。しかし，不規則が整理されているとはいえ，エスペラントのことばとしての機能は民族語と同等です。自分の考えを的確に発言したり書き表わすのは，私たちの母語である日本語を用いたとしても，必ずしも簡単なことではありません。エスペラントも，自分のことばとして自由に用いることができるようになるには，かなりの努力と時間が必要です。

　この本は，読者が次の段階にまで達することを目指しています。

- ことばとしての全体像をつかむ。
- 辞書を用いて読書が進められる。
- 国際文通で利用できる程度の表現力が身につく。
- 簡単な日常会話ができる。

この本の特色は次の点にあります。

- おおむね文法の項目にそって説明を進めてあるので，エスペラントの全体像を体系的に理解することができる。
- 例文や練習問題の単語には文脈に則した意味があげてあるので，辞書を用いずに学習を進めることができる。
- 理解した内容を確認するために，要所要所に練習問題がおいてある。

　例文は，単語のヒントを参考にして，訳例を見る前に意味を考えてください。練習問題には，すぐ参照できるように問題の直後に解答が配置してありますが，解答例を見る前に自分で答えを考えてみてください。

　単語のヒントを参照せずに例文の意味がわかり，練習問題に適切な答えを書くことができるようになれば，十分な文法知識と基本語彙（ごい）が身についたと言えます。

　少しくらいわからない点があってもどんどん読み進めて，まずエスペラントの全体像をつかんでいただきたいと思います。

読者の負担をできるかぎり軽くし，興味を持って読み進められる独習書をめざしました。著者のこの試みが成功して，この本が読者をエスペラントの世界に案内する良い道しるべとなれば幸いです。

2001年3月1日（新装版出版にあたって）
表紙はエスペラントの創始者ザメンホフの顔です

　21世紀がもう15年も過ぎました。しかし「民族の平等と自由，平和共存」という初期のエスペランチストたちが目指した理想は，近づくどころかますます遠く離れて行くように思えてなりません。

　国境をめぐる紛争，テロ，そしてそれに対する報復。憎しみの連鎖。殺害の数をほこり競いあうような現状にがく然とせざるをえません。

　そもそも「国益」にとらわれざるをえない各国の指導者たちに，地球全体を視野に入れて問題を解決することを期待してもムダなのかも知れません。また，各国の「国民」の多くも，偏狭なナショナリズムにとらわれたり，鼻先の利益に目を奪われがちです。

　同じ種である人間どうしの組織的殺し合いは，いったいどうすればなくせるのでしょうか。私たちはこの問題意識を，地球全体を見渡す視野の中で共有し，国籍や宗教，思想信条，そしてことばの違いを越えて知恵を出し合わなければなりません。

　理念としてもコミュニケーションの道具としても，いまエスペラントの重要性がますます高まりつつあるように思えます。

2015年3月31日（改訂版出版にあたって）

もくじ

第1課　文字と発音/アクセント 10
　　文字 (10)　　発音とアクセント (11)　　ローマ字と同じ発音 (13)
　　ローマ字と少し違う発音 (18)　　ローマ字から類推できない発音 (20)
　　注意が必要な音節 (26)

第2課　品詞とその組み合わせ 31
　　品詞 (31)　　品詞の組み合わせ (33)　　形容詞と名詞 (33)　　副詞と動詞 (35)
　　副詞と形容詞 (36)　　副詞と副詞 (37)

第3課　基本単文 38
　　基本単文 (39)　　主語+述語動詞 (39)　　主語+述語動詞+補語 (42)
　　主語+述語動詞+目的語 (46)　　一語文 (50)　　あいさつ (51)

第4課　人称代名詞と冠詞 53
　　人称代名詞 (53)　　主格 (54)　　対格 (57)　　所有 (59)　　冠詞 (62)
　　限定用法 (62)　　総称用法 (65)

第5課　動詞 68
　　動詞の時制 (68)　　現在形 (69)　　過去形 (71)　　未来形 (72)
　　他動詞と自動詞 (74)　　瞬間と持続 (76)

第6課　原形副詞 79
　　時 (79)　　程度 (81)　　そのほかの原形副詞 (83)

第7課　否定文と疑問文 85
　　否定文 (85)　　疑問文 (87)

第8課　前置詞と句 91
　　前置詞と句 (91)　　副詞句 (94)　　副詞句と文 (96)　　形容詞句 (100)
　　形容詞句と文 (103)　　副詞句と形容詞句の区別 (107)

第9課　前置詞の種類 110
　　位置 (110)　　方向 (114)　　時 (116)　　理由/原因/付帯事情など (119)
　　抽象的な意味への拡張 (124)

第10課　再帰代名詞 126
　　三人称の再帰代名詞 (126)　　主格 (127)　　対格 (129)　　所有 (131)

もくじ

一人称/二人称の再帰代名詞 (133)

第 11 課　移動の方向と起点 138
移動の方向 (138)　前置詞+名詞の対格 (138)　副詞+対格語尾 (143)
移動の起点 (145)　二重前置詞 (145)　前置詞+副詞 (147)

第 12 課　意志法 149
意志法の形 (149)　命令文 (150)　申し出 (152)　勧誘 (153)
使役 (154)

第 13 課　等位接続詞 156
単語と単語 (156)　句と句 (161)　文と文 (162)

第 14 課　品詞語尾と接尾辞 164
品詞語尾 (164)　品詞語尾の交換 (164)　品詞語尾の付加 (166)
接尾辞 (167)　語根+接尾辞+品詞語尾 (167)　接尾辞+品詞語尾 (182)

第 15 課　接頭辞と合成語 183
接頭辞 (183)　接頭辞+語根+品詞語尾 (183)　接頭辞+品詞語尾 (188)
前置詞と接頭辞 (189)　合成語 (191)

第 16 課　動詞の不定形 195
不定形が導く句 (195)　不定形と文 (198)　前置詞と不定形 (203)
同格 (207)

第 17 課　疑問詞 210
疑問代名詞 (210)　疑問形容詞 (215)　疑問副詞 (220)
前置詞+疑問詞 (225)

第 18 課　分詞 228
分詞の形 (228)　分詞名詞 (229)　分詞形容詞 (230)　形容詞として (231)
複合時制 (234)　受け身 (236)　分詞副詞 (239)

第 19 課　指示代名詞と指示形容詞 243
指示代名詞 (244)　指示形容詞 (249)

第 20 課　指示副詞 257
指示副詞 (257)　近接 (265)　任意や無差別 (266)

第 21 課　関係代名詞 269
kiu (270)　kio (282)

第22課　関係形容詞と関係副詞 287
関係形容詞 (287)　関係副詞 (292)　前置詞+関係詞 (301)

第23課　間接話法 304
直接話法と間接話法 (304)　命令文と間接話法 (307)
疑問文と間接話法 (309)　間接話法の拡張 (311)　一般人称 (313)

第24課　従属接続詞 315
副詞節 (315)　時 (316)　原因/理由 (323)　譲歩 (325)　条件 (327)
様子/量/そのほか (328)　同格 (330)

第25課　仮定法 335
仮定法の形 (335)　仮定法の用法 (335)　仮定法と時制 (338)
婉曲表現 (341)

第26課　比較 342
比較級 (342)　最上級 (345)　等級 (347)

第27課　数詞 350
数詞の形 (350)　数詞の用法 (353)　数形容詞 (357)
数副詞と数名詞 (360)

第28課　対格の用法 362
期間と日づけ (362)　回数と度数 (365)　数量 (366)　そのほか (368)

第29課　動詞型 370
主語+述語動詞 (371)　主語+述語動詞+補語 (373)
主語+述語動詞+目的語 (376)　主語+述語動詞+目的語+補語 (380)
主語+述語動詞+間接目的語 (384)
主語+述語動詞+目的語+間接目的語 (387)　無主語文 (390)

第30課　そのほかの文法事項 391
感嘆文 (391)　慣用表現 (393)　省略語 (395)　副詞+前置詞 (396)
固有名詞の表記 (397)　国際通信 (398)

参考図書 399
おわりに 402
さくいん 403

第1課　文字と発音/アクセント

■エスペラントの読み方を学びます。ローマ字と同じように読める文字が多く，また一つの文字が一つの音に対応しているので，この課の内容が身につけば，意味はわからなくとも，文章をすらすら読むことができるようになります。

1.1 文字

★エスペラントの文字は次にあげる28個です。【*KD】

	【大文字】	【小文字】	【文字の名前】	【発音記号】
*	A	a	a：ア	[a]
*	B	b	bo：ボ	[b]
*	C	c	co：ツォ	[ts]
*	Ĉ	ĉ	ĉo：チョ	[ʧ]
*	D	d	do：ド	[d]
*	E	e	e：エ	[e]
*	F	f	fo：フォ	[f]
*	G	g	go：ゴ	[g]
*	Ĝ	ĝ	ĝo：ヂョ	[ʤ]
*	H	h	ho：ホ	[h]
*	Ĥ	ĥ	ĥo：ほ	[x]
*	I	i	i：イ	[i]
*	J	j	jo：ィヨ	[j]
*	Ĵ	ĵ	ĵo：ジョ	[ʒ]
*	K	k	ko：コ	[k]
*	L	l	lo：ろ	[l]
*	M	m	mo：モ	[m]

* N	n	no：ノ	[n]
* O	o	o：オ	[o]
* P	p	po：ポ	[p]
* R	r	ro：ロ	[r]
* S	s	so：ソ	[s]
* Ŝ	ŝ	ŝo：ショ	[ʃ]
* T	t	to：ト	[t]
* U	u	u：ウ	[u]
* Ŭ	ŭ	ŭo：ゥオ	[w]
* V	v	vo：ヴォ	[v]
* Z	z	zo：ゾ	[z]

★ "q, w, x, y" の文字はありませんが，地名や人名を書き表わす場合や数学の記号などで必要な場合は用います。

★ ［字上符のついた文字］次の字上符つきの文字があります。これらも独立した文字です。文字の上のしるしは，アクセント符号のように，あとから文字につけ加えたものではありません。

   Ĉ Ĝ Ĥ Ĵ Ŝ Ŭ
   ĉ ĝ ĥ ĵ ŝ ŭ

★ ［筆記文字］文字を筆記する時は，小・中学校で習ったローマ字や英語のブロック体，筆記体を用いるのでかまいません。

1.2 発音とアクセント

★ ［一字一音/一音一字］エスペラントの発音は，一つの文字が一つの音に対応していて例外がありません。また，アクセントも決まった位置にあるので，それぞれの文字が表わす音をおぼえれば，発音記号の助けなしで，どんどん読み進めることができます。

★ ［母音］28個の文字のうち，"a, i, u, e, o" が母音です。"u" は口をつぼ

第1課 文字と発音/アクセント

めて，はっきり発音します。"a, i, e, o" の発音は日本語と同じです。

a	i	u	e	o
ア	イ	ウ	エ	オ

★ [子音] "a, i, u, e, o" 以外の文字は子音です。"ŭ"(字上符つき)も子音に含めます。

★ [音節] 子音と母音を組み合わせて音節ができます。音節とは，母音を一つ含む音のかたまりのことです。

[音節]　　　　　　　　　　　[音節]
- k + a → ka カ　　・n + a → na ナ
- k + i → ki キ　　・n + i → ni ニ
- k + u → ku クゥ　・n + u → nu ヌゥ
- k + e → ke ケ　　・n + e → ne ネ
- k + o → ko コ　　・n + o → no ノ

★子音と組み合わせずに，母音一つだけでも音節をつくることができます。

- a → ア　　・i → イ　　・u → ウ
- e → エ　　・o → オ

★ [単語] 音節の組み合わせで，意味のある単語ができています。音節の切れめをハイフン "-" で示しておきます。

- fi - ni → fini フィーニ 終える
- me - mo - ri → memori メモーリ おぼえている
- ra - pi - da → rapida ラピーダ 速い
- i - de - o → ideo イデーオ 考え
- e - ra - ri → erari エラーリ まちがう
- ku - i - ri → kuiri クゥイーリ 料理する

★次のような，音節が一つだけの単語もあります。

- ke ケ 〜ということ　　・se セ もし〜なら

1.2 発音とアクセント

　　・mi　　ミ　　私　　　　　・vi　　ヴィ　　あなた

★ ［アクセント］音節が二つ以上ある単語は，うしろから二番めの音節を強く発音します。少し長くのばすこともあります。これを「アクセント」といいます。

★ ［アクセントの位置］うしろから二番めの音節は，うしろから二番めの母音の所にあります。アクセントのある音節を太字で示しておきます。

　　・fi - ni　　　　→　　**fi**-ni　　　　fini　　　　**フィ**ーニ
　　・me - mo - ri　→　　me-**mo**-ri　　memori　　メ**モ**ーリ
　　・ra - pi - da　→　　ra-**pi**-da　　rapida　　ラ**ピ**ーダ
　　・i - de - o　　→　　i-**de**-o　　　ideo　　　イ**デ**ーオ
　　・e - ra - ri　　→　　e-**ra**-ri　　 erari　　　エ**ラ**ーリ
　　・ku - i - ri　　→　　ku-**i**-ri　　 kuiri　　　クゥ**イ**ーリ

★ エスペラントの単語には，末尾が "o", "a", "i" などの母音で終わるものがたくさんあります。この母音もしっかり発音してください。

　　・avo　　　　**a**-vo　　　　　**ア**ーヴォ　　　　祖父
　　・komika　　ko-**mi**-ka　　　コ**ミ**ーカ　　　　こっけいな
　　・mono　　　**mo**-no　　　　**モ**ーノ　　　　　お金
　　・papero　　pa-**pe**-ro　　　パ**ペ**ーロ　　　　紙
　　・ripeti　　 ri-**pe**-ti　　　 リ**ペ**ーティ　　　くりかえす
　　・ripozo　　ri-**po**-zo　　　リ**ポ**ーゾ　　　　休息
　　・serioza　　se-ri-**o**-za　　セリ**オ**ーザ　　　まじめな

1.2.1 ローマ字と同じ発音

★次の音節を組み合わせた単語は，ローマ字とほぼ同じに読むことができます。添付CDとカナを参考にして発音を練習してください。単語の意味の代表的なものを示しておきますが，暗記する必要はありません。

第1課 文字と発音/アクセント

【母音：AIUEO】a, i, u, e, o　ア, イ, ウ, エ, オ　【*KD】
　　"u" は口をつぼめて, はっきりと発音してください。

* amo	**a**-mo	**ア**ーモ	愛
* iri	**i**-ri	**イ**ーリ	行く
* unu	**u**-nu	**ウ**ーヌ	一
* ero	**e**-ro	**エ**ーロ	粒 (つぶ)
* oni	**o**-ni	**オ**ーニ	(不特定の) 人

【B】ba, bi, bu, be, bo　バ, ビ, ブゥ, ベ, ボ　【*KD】

* bani	**ba**-ni	**バ**ーニ	入浴させる
* biero	bi-**e**-ro	ビ**エ**ーロ	ビール
* buso	**bu**-so	**ブゥ**ーソ	バス
* beko	**be**-ko	**ベ**ーコ	(鳥の) くちばし
* bona	**bo**-na	**ボ**ーナ	良い

【F】fa, fi, fu, fe, fo　ファ, フィ, フゥ, フェ, フォ　【*KD】
　　前歯を下くちびるにあてて, 息を出すようにします。

* fako	**fa**-ko	**ファ**ーコ	部門
* fini	**fi**-ni	**フィ**ーニ	終える
* fumo	**fu**-mo	**フゥ**ーモ	煙
* fero	**fe**-ro	**フェ**ーロ	鉄
* foto	**fo**-to	**フォ**ート	写真

【G】ga, gi, gu, ge, go　ガ, ギ, グゥ, ゲ, ゴ　【*KD】

* gaso	**ga**-so	**ガ**ーソ	ガス
* gitaro	gi-**ta**-ro	ギ**タ**ーロ	ギター
* guto	**gu**-to	**グゥ**ート	滴 (しずく)
* gemo	**ge**-mo	**ゲ**ーモ	宝石
* goo	**go**-o	**ゴ**ーオ	囲碁 (いご)

1.2 発音とアクセント

【H】 ha, hi, hu, he, ho　ハ, ヒ, フゥ, ヘ, ホ【*KD】

* haro	**ha**-ro	**ハ**ーロ	毛
* hieno	hi-**e**-no	ヒ**エ**ーノ	ハイエナ
* humoro	hu-**mo**-ro	フゥ**モ**ーロ	気分
* heroo	he-**ro**-o	ヘ**ロ**ーオ	英雄
* homo	**ho**-mo	**ホ**ーモ	人間

【K】 ka, ki, ku, ke, ko　カ, キ, クゥ, ケ, コ【*KD】

* kafo	**ka**-fo	**カ**ーフォ	コーヒー
* kino	**ki**-no	**キ**ーノ	映画
* kuko	**ku**-ko	**クゥ**ーコ	菓子
* kemio	ke-**mi**-o	ケ**ミ**ーオ	化学
* komo	**ko**-mo	**コ**ーモ	コンマ

【M】 ma, mi, mu, me, mo　マ, ミ, ムゥ, メ, モ【*KD】

* mapo	**ma**-po	**マ**ーポ	地図
* miri	**mi**-ri	**ミ**ーリ	驚く
* muso	**mu**-so	**ムゥ**ーソ	ハツカネズミ
* mezo	**me**-zo	**メ**ーゾ	まん中
* modo	**mo**-do	**モ**ード	流行

【N】 na, ni, nu, ne, no　ナ, ニ, ヌゥ, ネ, ノ【*KD】

* nazo	**na**-zo	**ナ**ーゾ	鼻
* nia	**ni**-a	**ニ**ーア	私たちの
* nuda	**nu**-da	**ヌゥ**ーダ	はだかの
* nepo	**ne**-po	**ネ**ーポ	孫（まご）
* nomo	**no**-mo	**ノ**ーモ	名前

【P】 pa, pi, pu, pe, po　パ, ピ, プゥ, ペ, ポ【*KD】

| * pano | **pa**-no | **パ**ーノ | パン |

第1課 文字と発音/アクセント

* pipo	**pi**-po	ピーポ	(タバコの) パイプ
* pura	**pu**-ra	プゥーラ	純粋な
* peko	**pe**-ko	ペーコ	あやまち
* pomo	**po**-mo	ポーモ	りんご

【R】 ra, ri, ru, re, ro　ラ, リ, ルゥ, レ, ロ【*KD】

* rado	**ra**-do	ラード	車輪
* rizo	**ri**-zo	リーゾ	米
* ruza	**ru**-za	ルゥーザ	ずるい
* regi	**re**-gi	レーギ	支配する
* rozo	**ro**-zo	ローゾ	ばら (の花)

【V】 va, vi, vu, ve, vo　ヴァ, ヴィ, ヴゥ, ヴェ, ヴォ【*KD】
前歯を下くちびるにあてて, 息を出すようにします。

* vana	**va**-na	ヴァーナ	むだな
* vino	**vi**-no	ヴィーノ	ワイン
* vundo	**vun**-do	ヴゥンド	傷 (きず)
* veni	**ve**-ni	ヴェーニ	来る
* voki	**vo**-ki	ヴォーキ	呼ぶ

[練習 1-1]

アクセントに注意して次の単語を発音してください。

	[音節]	[解答]	[意味]
・aero	a-**e**-ro	アエーロ	空気
・amatoro	a-ma-**to**-ro	アマトーロ	アマチュア
・ekonomio	e-ko-no-**mi**-o	エコノミーオ	経済
・fenomeno	fe-no-**me**-no	フェノメーノ	現象
・kupono	ku-**po**-no	クゥポーノ	クーポン/券
・motoro	mo-**to**-ro	モトーロ	モーター
・naiva	na-**i**-va	ナイーヴァ	無邪気な

1.2 発音とアクセント

· numero	nu-**me**-ro	ヌゥ**メー**ロ	番号
· pioniro	pi-o-**ni**-ro	ピオ**ニー**ロ	開拓者
· rivero	ri-**ve**-ro	リ**ヴェー**ロ	川
· sekura	se-**ku**-ra	セ**クゥー**ラ	安全な
· sufoki	su-**fo**-ki	スゥ**フォー**キ	窒息させる
· teorio	te-o-**ri**-o	テオ**リー**オ	理論
· unika	u-**ni**-ka	ウ**ニー**カ	独特な

[練習 1-2]

次のカナ書きの単語を，エスペラントの文字で書いてください。

	[音節]	[解答]	[意味]
· アパ**ラー**ト	a-pa-**ra**-to	aparato	装置
· エ**ポー**コ	e-**po**-ko	epoko	時代
· フェ**リー**オ	fe-**ri**-o	ferio	休日
· フィ**グゥー**ロ	fi-**gu**-ro	figuro	姿
· ハ**ヴェー**ノ	ha-**ve**-no	haveno	港
· コムゥ**ニー**キ	ko-mu-**ni**-ki	komuniki	伝達する
· マガ**ゼー**ノ	ma-ga-**ze**-no	magazeno	百貨店
· ミ**ゼー**ロ	mi-**ze**-ro	mizero	悲惨
· オピ**ニー**オ	o-pi-**ni**-o	opinio	意見
· ポ**エー**ト	po-**e**-to	poeto	詩人
· ロ**マー**ノ	ro-**ma**-no	romano	長編小説
· セ**ヴェー**ラ	se-**ve**-ra	severa	きびしい
· ヴァ**ポー**ロ	va-**po**-ro	vaporo	蒸気
· ヴェ**テー**ロ	ve-**te**-ro	vetero	天候

1.2.2 ローマ字と少し違う発音

★ローマ字と発音が少し違うものがいくつかあります。

【D】da, *di*, *du*, de, do　ダ, ディ, ドゥ, デ, ド【*KD】
　　"di, du" は "ヂ, ヅ" ではなく "ディ, ドゥ"。

* dato	**da**-to	ダート	日づけ
* dika	***di***-ka	ディーカ	太った
* dubi	***du***-bi	ドゥービ	疑う
* devo	**de**-vo	デーヴォ	義務
* domo	**do**-mo	ドーモ	家

【S】sa, *si*, su, se, so　サ, スィ, スゥ, セ, ソ【*KD】
　　"si" は "シ" ではなく "スィ"。

* sama	**sa**-ma	サーマ	同じ
* sidi	***si***-di	スィーディ	座っている
* supo	**su**-po	スゥーポ	スープ
* seka	**se**-ka	セーカ	乾いた
* sofo	**so**-fo	ソーフォ	ソファー

【T】ta, *ti*, *tu*, te, to　タ, ティ, トゥ, テ, ト【*KD】
　　"ti, tu" は "チ, ツ" ではなく "ティ, トゥ"。

* tago	**ta**-go	ターゴ	昼間/日
* timi	***ti***-mi	ティーミ	おびえる
* tuko	***tu***-ko	トゥーコ	布 (ぬの)
* temo	**te**-mo	テーモ	テーマ
* tono	**to**-no	トーノ	音調

【Z】 za, *zi*, zu, ze, zo　ザ, ズィ, ズゥ, ゼ, ゾ【*KD】

"zi" は "ジ" ではなく "ズィ"。

* zamenhofa	za-men-**ho**-fa	ザメン**ホー**ファ	ザメンホフ[1] の
* zipo	***zi***-po	**ズィー**ポ	ジッパー
* zumi	**zu**-mi	**ズゥー**ミ	うなる
* zenito	**ze**-ni-to	**ゼニー**ト	天頂
* zono	**zo**-no	**ゾー**ノ	帯 (おび)

[練習 1-3]

"di, du, si, ti, tu, zi" の音節に注意して、次の単語を発音してください。

		[音節]	[解答]	[意味]
【di】	・dieto	*di*-**e**-to	ディ**エー**ト	節食
	・radiko	ra-***di***-ko	ラ**ディー**コ	根
【du】	・eduki	e-***du***-ki	エ**ドゥー**キ	教育する
	・kaduka	ka-***du***-ka	カ**ドゥー**カ	老いぼれた
【si】	・interesi	in-te-**re**-*si*	インテ**レー**スィ	興味を持たす
	・kisi	**ki**-*si*	**キー**スィ	キスする
	・pasio	pa-*si*-o	パ**スィー**オ	情熱
【ti】	・apetito	a-pe-***ti***-to	アペ**ティー**ト	食欲
	・imiti	i-**mi**-*ti*	イ**ミー**ティ	まねる
【tu】	・matura	ma-***tu***-ra	マ**トゥー**ラ	成熟した
	・tufo	***tu***-fo	**トゥー**フォ	束 (たば)
【zi】	・heziti	he-***zi***-ti	ヘ**ズィー**ティ	ためらう
	・muziko	mu-***zi***-ko	ムゥ**ズィー**コ	音楽

---

1) 「ザメンホフ」はエスペラントの創始者の名前です。Lazaro Ludoviko Zamenhof, 1859 - 1917

第1課 文字と発音/アクセント

[練習 1-4]

"di, du, si, ti, tu, zi" の音節に注意して，次のカナ書きの単語をエスペラントの文字で書いてください。

	[音節]	[解答]	[意味]
・ラ**ディー**オ	ra-**di**-o	radio	光線/放射線
・**ディ**ヴェーニ	**di**-ve-ni	diveni	言いあてる
・カ**レー**スィ	ka-**re**-si	karesi	なでる
・スィ**ミー**オ	si-**mi**-o	simio	猿 (さる)
・**カン**ティ	**kan**-ti	kanti	歌う
・クゥ**ティー**モ	ku-**ti**-mo	kutimo	習慣
・**トゥー**タ	**tu**-ta	tuta	全部の
・**トゥー**ボ	**tu**-bo	tubo	管 (くだ)
・リ**フー**ズィ	ri-**fu**-zi	rifuzi	拒絶する
・リ**ポー**ズィ	ri-**po**-zi	ripozi	休息する

1.2.3 ローマ字から類推できない発音

★次の音節の発音は，ローマ字から類推できないので注意が必要です。

【C】ca, ci, cu, ce, co　ツァ, ツィ, ツゥ, ツェ, ツォ 【*KD】

* caro	**ca**-ro	**ツァー**ロ	(ロシアの) 皇帝
* citi	**ci**-ti	**ツィー**ティ	引用する
* cunamo	cu-**na**-mo	ツゥ**ナー**モ	津波
* cepo	**ce**-po	**ツェー**ポ	たまねぎ
* colo	**co**-lo	**ツォー**ろ [1]	インチ (長さの単位)

【Ĉ】ĉa, ĉi, ĉu, ĉe, ĉo　チャ, チ, チュゥ, チェ, チョ 【*KD】

"ca, ci, cu, ce, co" "ツァ, ツィ, ツゥ, ツェ, ツォ" との違いに注意してください。

---

[1] "la, li, lu, le, lo" "ら, り, る, れ, ろ" の発音については23ページに説明があります。

* ĉapo	**ĉa**-po	チャーポ	ふちなし帽子
* ĉina	**ĉi**-na	チーナ	中国の
* ĉu	ĉu	チュウ	～か？
* ĉeko	**ĉe**-ko	チェーコ	小切手
* ĉoto	**ĉo**-to	チョート	かじか (魚の名前)

［練習 1-5］

"ĉa, ĉi, ĉu, ĉe, ĉo" と "ca, ci, cu, ce, co" の違いに注意して，次の単語を発音してください。

	[音節]	[解答]	[意味]
・deca	**de**-ca	デーツァ	行儀の良い
・riĉa	**ri**-ĉa	リーチャ	豊かな
・socio	so-**ci**-o	ソツィーオ	社会
・ĉio	**ĉi**-o	チーオ	すべてのこと
・maliculo	ma-li-**cu**-lo	マリツゥーろ	悪意の人
・riĉulo	ri-**ĉu**-lo	リチュウーろ	金持ち
・ricevi	ri-**ce**-vi	リツェーヴィ	受ける
・aĉeti	a-**ĉe**-ti	アチェーティ	買う
・paco	**pa**-co	パーツォ	平和
・voĉo	**vo**-ĉo	ヴォーチョ	声

* * *

【Ĝ】ĝa, ĝi, ĝu, ĝe, ĝo　ヂャ, ヂ, ヂュウ, ヂェ, ヂョ【*KD】

"チ" をにごらせた音。"ga, gi, gu, ge, go" "ガ，ギ，グゥ，ゲ，ゴ" との違いに注意してください。

* ĝardeno	ĝar-**de**-no	ヂャル**デー**ノ	庭園
* ĝirafo	ĝi-**ra**-fo	ヂラーフォ	きりん
* ĝui	**ĝu**-i	ヂュウイ	楽しむ
* ĝemi	**ĝe**-mi	ヂェーミ	うめく

* saĝo	**sa**-ĝo	**サー**ヂョ	知恵

[練習 1-6]

"ĝa, ĝi, ĝu, ĝe, ĝo" と "ga, gi, gu, ge, go" の違いに注意して, 次の単語を発音してください。

	[音節]	[解答]	[意味]
・egala	e-**ga**-la	エ**ガー**ら	等しい
・saĝa	sa-**ĝa**	**サーヂャ**	かしこい
・higieno	hi-gi-**e**-no	ヒギ**エー**ノ	衛生
・reĝimo	re-**ĝi**-mo	レ**ヂー**モ	政体
・regulo	re-**gu**-lo	レ**グゥー**ろ	規則
・saĝulo	sa-**ĝu**-lo	サ**ヂュウー**ろ	賢者
・agento	a-**gen**-to	ア**ゲン**ト	代理人
・danĝero	dan-**ĝe**-ro	ダン**ヂェー**ロ	危険
・legomo	le-**go**-mo	れ**ゴー**モ	野菜
・paĝo	**pa**-ĝo	**パー**ヂョ	ページ

* * *

【J】 ja, ji, ju, je, jo ィヤ, ィイ, ィユウ, ィエ, ィヨ 【*KD】

"ja, ji, ju, je, jo" の音が "ジャ, ジ, ジュ, ジェ, ジョ" ではないことに注意してください。

* jaro	**ja**-ro	**ィヤー**ロ	年
* jida	**ji**-da	**ィイー**ダ	イディッシュ語の
* juna	**ju**-na	**ィユウー**ナ	若い
* jena	**je**-na	**ィエー**ナ	次のような
* jogo	**jo**-go	**ィヨー**ゴ	ヨガ

【Ĵ】 ĵa, ĵi, ĵu, ĵe, ĵo ジャ, ジ, ジュウ, ジェ, ジョ 【*KD】

"シ" をにごらせた音。"ja, ji, ju, je, jo" "ィヤ, ィイ, ィユウ, ィエ, ィヨ" との違いに注意してください。 また, "ĝa, ĝi, ĝu, ĝe, ĝo"

"ヂャ, ヂ, ヂュ, ヂェ, ヂョ"との違いにも注意してください。

* ĵazo	**ĵa**-zo	ジャーゾ	ジャズ
* ĵipo	**ĵi**-po	ジーポ	ジープ
* ĵudo	**ĵu**-do	ジュゥード	柔道
* ĵeti	**ĵe**-ti	ジェーティ	投げる
* ĵokeo	ĵo-**ke**-o	ジョケーオ	(競馬の) 騎手

[練習 1-7]

"ja, ji, ju, je, jo"と"ĵa, ĵi, ĵu, ĵe, ĵo"の違いに注意して, 次の単語を発音してください。

	[音節]	[解答]	[意味]
・vojaĝo	vo-**ja**-ĝo	ヴォィヤーヂョ	旅行
・piĵamo	pi-**ĵa**-mo	ピジャーモ	パジャマ
・jupo	**ju**-po	ィユゥーポ	スカート
・ĵuri	**ĵu**-ri	ジュゥーリ	誓う
・kajero	ka-**je**-ro	カィエーロ	ノート/帳面
・ĵeleo	ĵe-**le**-o	ジェれーオ	ゼリー
・vojo	**vo**-jo	ヴォーィヨ	道
・deĵori	de-**ĵo**-ri	デジョーリ	勤める

* * *

【L】 la, li, lu, le, lo　ら, り, るゥ, れ, ろ【*KD】

舌さきを上の前歯のつけねにあてて出す音。"ra, ri, ru, re, ro"と区別してください。この本のカナ表記では, ひらがなの「ら」行をあてることにします。[1]

* lago	**la**-go	らーゴ	湖
* lipo	**li**-po	りーポ	くちびる

---

1) "ra, ri, ru, re, ro"は日本語のラ行の音でかまいません。"la, li, lu, le, lo"の音に注意しましょう。

第1課 文字と発音/アクセント

* ludi	**lu**-di	**る**ゥーディ	遊ぶ
* legi	**le**-gi	**れ**ーギ	読む
* loko	**lo**-ko	**ろ**ーコ	場所

[練習 1-8]

"la, li, lu, le, lo" と "ra, ri, ru, re, ro" の違いに注意して, 次の単語を発音してください。

	[音節]	[解答]	[意味]
・eraro	e-**ra**-ro	エ**ラ**ーロ	誤り
・salato	sa-**la**-to	サ**ら**ート	サラダ
・materio	ma-te-**ri**-o	マテ**リ**ーオ	物質
・familio	fa-mi-**li**-o	ファミ**り**ーオ	家庭
・teruro	te-**ru**-ro	テ**ル**ゥーロ	恐怖
・evoluo	e-vo-**lu**-o	エヴォ**る**ゥーオ	発展
・barelo	ba-**re**-lo	バ**レ**ーろ	樽 (たる)
・bileto	bi-**le**-to	ビ**れ**ート	切符
・koloro	ko-**lo**-ro	コ**ろ**ーロ	色
・katalogo	ka-ta-**lo**-go	カタ**ろ**ーゴ	カタログ

＊　＊　＊

【Ŝ】ŝa, ŝi, ŝu, ŝe, ŝo　シャ, シ, シュゥ, シェ, ショ 【*KD】
"sa, si, su, se, so" "サ, スィ, スゥ, セ, ソ" との違いに注意してください。

* ŝafo	**ŝa**-fo	**シャ**ーフォ	羊 (ひつじ)
* ŝipo	**ŝi**-po	**シ**ーポ	船
* ŝuo	**ŝu**-o	**シュ**ゥーオ	靴 (くつ)
* ŝelo	**ŝe**-lo	**シェ**ーろ	殻 (から)
* ŝoko	**ŝo**-ko	**ショ**ーコ	ショック

1.2 発音とアクセント

[練習 1-9]

"ŝa, ŝi, ŝu, ŝe, ŝo" と "sa, si, su, se, so" の違いに注意して, 次の単語を発音してください。

	[音節]	[解答]	[意味]
・sala	**sa**-la	**サー**ら	塩からい
・ŝako	**ŝa**-ko	**シャー**コ	チェス
・pasio	pa-**si**-o	パ**スィー**オ	情熱
・maŝino	ma-**ŝi**-no	マ**シー**ノ	機械
・resumo	re-**su**-mo	レ**スゥー**モ	要約
・paraŝuto	pa-ra-**ŝu**-to	パラ**シュー**ト	落下傘
・posedo	po-**se**-do	ポ**セー**ド	所有
・duŝejo	du-**ŝe**-jo	ドゥ**シェー**ィヨ	シャワー室
・anaso	a-**na**-so	ア**ナー**ソ	あひる
・afiŝo	a-**fi**-ŝo	ア**フィー**ショ	ポスター

* * *

【Ŭ】aŭ, eŭ アゥ, エゥ 【*KD】

"ŭ" は "u" よりもぼんやりした音で, ほとんどの場合 "aŭ", "eŭ" という組み合わせで用いられます。

* aŭtomobilo	aŭ-to-mo-**bi**-lo	アゥトモ**ビー**ろ	自動車
* Eŭropo	Eŭ-**ro**-po	エゥ**ロー**ポ	ヨーロッパ
* hieraŭ	hi-**e**-raŭ	ヒ**エー**ラゥ	昨日
* hodiaŭ	ho-**di**-aŭ	ホ**ディー**アゥ	今日
* saŭco	**saŭ**-co	**サゥ**ツォ	ソース

★ "ŭ" は子音字です。"ŭ" で終わる単語のアクセントの位置に注意してください。

・hieraŭ	hi-**e**-raŭ	○ヒ**エー**ラゥ	×ヒエ**ラー**ゥ
・hodiaŭ	ho-**di**-aŭ	○ホ**ディー**アゥ	×ホディ**アー**ゥ

第1課 文字と発音/アクセント

[練習 1-10]

"ŭ" の音に注意して次の単語を発音してください。

	[音節]	[解答]	[意味]
・ankaŭ	**an**-kaŭ	**アン**カゥ	〜もまた
・apenaŭ	a-**pe**-naŭ	ア**ペー**ナゥ	かろうじて
・aŭdi	**aŭ**-di	**アゥ**ディ	聞こえる
・aŭtuno	aŭ-**tu**-no	アゥ**トゥー**ノ	秋
・haŭto	**haŭ**-to	**ハゥ**ト	皮膚
・kaŭzo	**kaŭ**-zo	**カゥ**ゾ	原因

* * *

【Ĥ】 ĥa, ĥi, ĥu, ĥe, ĥo　は, ひ, ふ, へ, ほ【*KD】

「ごほん」とせきばらいする時の「ほ」の音。難しい発音ですが, この文字を使う単語は多くありません。この本のカナ表記では, ひらがなの「は」行をあてることにします。

* ĥaoso	ĥa-**o**-so	は**オー**ソ	混沌 (kaoso が普通)
* ĥemio	ĥe-**mi**-o	へ**ミー**オ	化学 (kemio が普通)
* ĥoro	**ĥo**-ro	**ほー**ロ	コーラス (= koruso)
* eĥo	**e**-ĥo	**エー**ほ	やまびこ

1.2.4 注意が必要な音節

★いくつかの子音と一つの母音が組になってできている音節や, 子音字で終わる音節もあります。発音する時に, よけいな母音をつけ加えないように注意が必要です。[1]

・pre	プレ	× p*u*re	× プゥレ
・eks	エクス	× ek*u*s*u*	× エクゥスゥ
・gra	グラ	× g*u*ra	× グゥラ
・kvo	クヴォ	× k*u*vo	× クゥヴォ

---

[1] "dan", "in", "kan", "ĝar" などの音節は, これまでの例の中にも含まれています。

1.2 発音とアクセント

・spi	スピ		× s*u*pi		× スゥピ
・par	パル		× par*a*		× パラァ
・tek	テク		× tek*u*		× テクゥ

★こういう音節一つだけでできた単語もあります。【*KD】

* kvar	クヴァル	四	× k*u*var*u*
* sed	セド	しかし	× sed*o*
* cent	ツェント	百	× cent*o*
* ĉar	チャル	〜なので	× ĉar*u*
* ĝis	ヂス	〜まで	× ĝis*u*
* pri	プリ	〜について	× p*u*ri
* tre	トレ	とても	× t*o*re

［練習 1-11］

語尾に注意して, 次の単音節の単語を発音してください。

　　　　　　　　　　　［解答］　　　　　［意味］
・al　　　　　アる　　　　　〜へ
・dum　　　　ドゥム　　　　〜のあいだ
・jes　　　　ィエス　　　　はい
・kaj　　　　カィ　　　　　〜と/そして
・kun　　　　クゥン　　　　〜とともに
・nur　　　　ヌゥル　　　　〜だけ
・ok　　　　　オク　　　　　八
・ol　　　　　オる　　　　　〜より
・per　　　　ペル　　　　　〜を用いて
・post　　　　ポスト　　　　〜のあと
・ses　　　　セス　　　　　六
・sub　　　　スゥブ　　　　〜の下
・trans　　　トランス　　　〜のむこう

＊　＊　＊

第1課 文字と発音/アクセント

★こういう音節を含んだ単語も，よけいな母音をつけ加えて発音しないように注意が必要です。【*KD】

* profito	pro-**fi**-to	プロ**フィ**ート	利益	×p**u**rofito
* krajono	kra-**jo**-no	クラィ**ヨー**ノ	鉛筆	×k**u**rajono
* patro	**pa**-tro	**パ**－トロ	父親	×patoro
* spirito	spi-**ri**-to	スピ**リー**ト	精神	×s**u**pirito
* sfero	**sfe**-ro	**スフェー**ロ	球 (きゅう)	
* sufero	su-**fe**-ro	スゥ**フェー**ロ	苦しみ	
* tablo	**tab**-lo	**タブ**ろ	食卓, 机	
* tabulo	ta-**bu**-lo	タ**ブー**ろ	板 (いた)	

[練習 1-12]

子音の重なった音節に注意して，次の単語を発音してください。

	[音節]	[解答]	[意味]
・adreso	ad-**re**-so	アド**レー**ソ	住所
・akcepti	ak-**cep**-ti	アク**ツェプ**ティ	受入れる
・baldaŭ	**bal**-daŭ	**バ**るダウ	間もなく
・branĉo	**bran**-ĉo	**ブラン**チョ	枝
・centro	**cen**-tro	**ツェン**トロ	中央
・dokumento	do-ku-**men**-to	ドクゥ**メン**ト	文書
・eksplodo	eks-**plo**-do	エクス**プロー**ド	爆発
・elektro	e-**lek**-tro	エ**れク**トロ	電気
・industrio	in-dus-**tri**-o	インドゥス**トリー**オ	産業
・ĵurnalo	ĵur-**na**-lo	ジュゥル**ナー**ろ	新聞
・kvalito	kva-**li**-to	クヴァ**リー**ト	質
・lingvo	**lin**-gvo	**リン**グヴォ	言語
・membro	**mem**-bro	**メム**ブロ	一員
・ombrelo	om-**bre**-lo	オム**ブレー**ろ	傘 (かさ)

1.2 発音とアクセント

・parlamento	par-la-**men**-to	パルら**メン**ト	議会
・praktiko	prak-**ti**-ko	プラク**ティー**コ	実行
・progresi	pro-**gre**-si	プロ**グレー**スィ	進歩する
・scienco	sci-**en**-co	スツィ**エン**ツォ	科学
・studento	stu-**den**-to	ストゥ**デン**ト	学生
・teksto	**tek**-sto	**テク**スト	本文
・trezoro	tre-**zo**-ro	トレ**ゾー**ロ	宝

* * *

★単語の末尾に子音字 "-j, -n, -jn, -s" がつく場合があります。【*KD】

* gepatroj	ge-**pat**-roj	ゲ**パ**トロィ	両親
* knabon	**kna**-bon	**クナー**ボン	少年を
* studentojn	stu-**den**-tojn	ストゥ**デン**トィン	学生たちを
* danĝeraj	dan-**ĝe**-raj	ダン**ヂェー**ラィ	危険な
* grandan	**gran**-dan	**グラン**ダン	大きな
* novajn	**no**-vajn	**ノー**ヴァィン	新しい
* havas	**ha**-vas	**ハー**ヴァス	持っている
* ricevis	ri-**ce**-vis	リ**ツェー**ヴィス	受けとった
* sukcesos	suk-**ce**-sos	スゥク**ツェー**ソス	成功するだろう
* legus	**le**-gus	**れー**グス	読むとすれば
* hejmen	**hej**-men	**ヘィ**メン	家へ
* antaŭen	an-**taŭ**-en	アン**タゥ**エン	前へ

［練習 1-13］
末尾の子音字に注意して，次の単語を発音してください。

	[音節]	[解答]	[意味]
・filoj	**fi**-loj	**フィー**ろィ	息子たち
・junulon	ju-**nu**-lon	ィユ**ヌー**ろン	若者を
・amikojn	a-**mi**-kojn	ア**ミー**コィン	友人たちを

第1課 文字と発音/アクセント

- puraj   **pu**-raj   **プゥー**ラィ   清潔な
- saĝan   **sa**-ĝan   **サー**ヂャン   かしこい
- krudajn   **kru**-dajn   **ｸﾙゥー**ダィン   生 (なま) の
- manĝas   **man**-ĝas   **マン**ヂャス   食べている
- finis   **fi**-nis   **フィー**ニス   終えた
- vizitos   vi-**zi**-tos   ヴィ**ズィー**トｽ   訪問するだろう
- skribus   **skri**-bus   **スクリー**ブゥス   書くとすれば
- dekstren   **deks**-tren   **デクス**トレン   右へ

第2課　品詞とその組み合わせ

■単語と単語を組み合わせて，意味のある単語の集まりを作る練習をします。「ことばの積み木遊び」のつもりで楽しんでください。

2.1　品詞

★［品詞］単語は，名詞，形容詞，副詞，動詞などに分類できます。この分類を「品詞」といいます。エスペラントの名詞，形容詞，副詞，動詞は，それぞれ日本語の次のような単語や表現に相当します。

- 名詞 .... ものごとの名前を表わす

  水, 木, 友人, 美しさ, 鳥, 馬, 空, 兄弟, 人間, 犬

- 形容詞 .... ものごとの様子を表わす

  高い, 美しい, 白い, あまい, 大きい, 若い, 速い, 熱い
  ゆかいな, 静かな, 清潔な, 壮大な, ゆたかな

- 副詞 .... 動作や状態の様子や, 場所, 時, 手段などを表わす

  高く, 良く, 強く, 家で, 最後に, 朝に, 足で, 速く

- 動詞 .... 動作や状態を表わす

  眠る, 愛する, 持つ, 走る, 飛ぶ, 住む

★［品詞語尾］エスペラントでは，名詞，形容詞，動詞，そして大部分の副詞の語尾が決まっているので，語尾を見ればその単語の品詞がわかります。[1]　この語尾を「品詞語尾」といいます。[2]

名詞	形容詞	副詞	動詞
-o	-a	-e	-as

---

[1] 原形副詞 (第6課) や前置詞 (第9課)，接続詞 (第13課，第24課) などには，決まった品詞語尾がありません。
[2] 単語から品詞語尾を除いた残りを「語根」といいます。164ページ参照。

第2課 品詞とその組み合わせ

- 名詞　　akvo 水, arbo 木, amiko 友人, beleco 美しさ, birdo 鳥, ĉevalo 馬, ĉielo 空, frato 兄弟, homo 人間, hundo 犬
- 形容詞　alta 高い, bela 美しい, blanka 白い, dolĉa 甘い, granda 大きい, juna 若い, rapida 速い, varma 熱い, amuza ゆかいな, kvieta 静かな, pura 清潔な, grandioza 壮大な, riĉa ゆたかな
- 副詞　　alte 高く, bone 良く, forte 強く, hejme 家で, laste 最後に, matene 朝に, piede 足で, rapide 速く
- 動詞 1)　dormas ねむっている, amas 愛している, havas 持っている, kuras 走っている, flugas 飛んでいる, loĝas 住んでいる

[練習 2-1]

次の単語を，名詞，形容詞，副詞，動詞に分けてください。

aero, atente, blua, brilas, celo, daŭre, fajro, fluas, kalkulas, kato, kuiras, interna, interne, lakto, larĝa, lumo, marŝas, meze, ordo, printempe, ripetas, sana, silentas, stato, verda

> [解答] ■名詞：aero 空気, celo 目的, fajro 火, kato 猫, lakto 牛乳, lumo 光, ordo 秩序, stato 状態
> ■形容詞：blua 青い, interna 内部の, larĝa 広い, sana 健康な, verda 緑の
> ■副詞：atente 注意ぶかく, daŭre 続けて, interne 内部に, meze 中央に, printempe 春に
> ■動詞：brilas 輝いている, fluas 流れている, kalkulas 計算している, kuiras 料理している, marŝas 行進している, ripetas くりかえしている, silentas 黙っている

---

1) 辞書には，"dormi, ami, esti" など，語尾 "-as" を "-i" にかえた形で載っています。語尾が "-i" の形を動詞の「不定形」(第16課参照) といいます。語尾が "-as" の形は「現在形」(第5課参照) といいます。

2.2 品詞の組み合わせ

2.2.1 形容詞と名詞

★ ［-a -o］形容詞は名詞を修飾します。　　　［形容詞］　　　［名詞］

1. verd**a** arb**o**　　　　　　　　　　verda 緑の　　　arbo 木
2. blank**a** ĉeval**o**　　　　　　　　blanka 白い　　　ĉevalo 馬
3. gaj**a** junul**o**　　　　　　　　　gaja 陽気な　　　junulo 若者
4. blu**a** ĉiel**o**　　　　　　　　　　blua 青い　　　　ĉielo 空
5. pur**a** akv**o**　　　　　　　　　　pura きれいな　　akvo 水

　　　　　［訳例］　1. 緑の木　　2. 白い馬　　3. 陽気な若者
　　　　　　　　　　4. 青い空　　5. きれいな水

★ ［複数語尾］名詞は，それが表わすものが二つ以上ある場合，語尾に，"j" をつけます。この "j" を「複数語尾」といいます。[1]

arbo	木		arbo**j**	木々
ĉevalo	馬	+ j	ĉevalo**j**	馬たち
junulo	若者		junulo**j**	若者たち

★ ［抽象名詞と物質名詞］抽象的なものや，切れめや境いめのない物質を表わす名詞には，複数語尾 "j" をつける必要はありません。[2]

- ĉielo　空 (そら)　？ ĉieloj
- akvo　水　　　　　？ akvoj
- beleco　美しさ　　？ belecoj

- aero　空気　　？ aeroj
- ordo　秩序　　？ ordoj

---

[1] 日本語では，ほとんどの場合，単語の形によって「複数」と「単数」を区別することができません。「ここに手紙があります」と言っても，手紙が一通なのか二通以上なのかは明らかではありません。この本では，日本語の訳語で，その名詞が複数であることを明示する必要がある場合は「ここに手紙(複数)があります」と表わすことにします。

[2] 表わす意味に応じて，同じ単語に複数語尾をつける場合や，つけない場合がありえます。[例] papero 紙, paperoj 書類。抽象的な名詞にも，比喩(ひゆ)的な意味で複数語尾をつけることがあります。[例] beleco 美しさ, belecoj (いろいろな) 美しさ。

第2課 品詞とその組み合わせ

★複数語尾 "j" のついた名詞を修飾する形容詞にも，複数語尾 "j" をつけます。【*KD】

* verda arbo 　　 緑の木	* verdaj arboj 　　 緑の木々
* blanka ĉevalo 　　 白い馬	* blankaj ĉevaloj 　　 白い馬たち
* gaja junulo 　　 陽気な若者	* gajaj junuloj 　　 陽気な若者たち

★形容詞と名詞のどちらかに，複数語尾 "j" をつけ落とすことが多いので注意しましょう。

　○ verdaj arboj 　　　　× *verda* arboj 　　　　× verdaj *arbo*
　○ blankaj ĉevaloj 　　 × *blanka* ĉevaloj 　　 × blankaj *ĉevalo*
　○ gajaj junuloj 　　　 × *gaja* junuloj 　　　　× gajaj *junulo*

[練習 2-2]

単語を組み合わせて，次の日本語の表現をエスペラントに訳してください。必要があれば，複数語尾 "j" をおぎなってください。

　　　　[単語] ■形容詞：高い alta, 熱い varmega, 厚い dika, 美しい bela, 毒のある venena　■名詞：地位 rango, スープ supo, 本 libro, 山 monto, キノコ fungo

1. 高い地位　　　　　　　　　　　　[解答] 1. alta rango
2. 熱いスープ　　　　　　　　　　　　　　 2. varmega supo
3. 厚い本 (一冊)　　　　　　　　　　　　　3. dika libro
4. 美しい山々　　　　　　　　　　　　　　 4. belaj montoj
5. 毒のあるキノコ (複数)　　　　　　　　　5. venenaj fungoj

　　　　　　　　　　　　　＊　＊　＊

★ [-o -a / -oj -aj] 形容詞を名詞のうしろに置いて，表現に変化をもたせることもできます。

　　・alta rango　　⇒　rango alta　　　高き地位
　　・varmega supo　⇒　supo varmega　　スープの熱いの
　　・dika libro　　⇒　libro dika　　　本の厚いの

- belaj montoj　⇒　mont**oj** bel**aj**　　美しき山々
- venenaj fungoj　⇒　fung**oj** venen**aj**　　キノコの毒のあるやつ

2.2.2 副詞と動詞

★ [-e -as] 副詞は動詞を修飾します。「副詞 → 動詞」【*KD】

　　　　　　　　　　　　　[副詞]　　　　　　　[動詞]
1.* trankvil**e** dorm**as**　　trankvile 安らかに　dormas 眠っている
2.* rapid**e** flu**as**　　　　rapide 速く　　　　fluas 流れている
3.* blu**e** bril**as**　　　　 blue 青く　　　　　brilas 輝いている

　　　　[訳例]　1. 安らかに眠っている　　2. 速く流れている
　　　　　　　　3. 青く輝いている

[練習 2-3] ─────────────────────────

単語を組み合わせて，次の日本語の表現をエスペラントに訳してください。

　　　[単語]　■副詞：勤勉に diligente，黙って silente，大声で laŭte，雷(の音)のように tondre　■動詞：働いている laboras，座っている sidas，歌っている kantas，いびきをかいている ronkas

1. 勤勉に働いている　　　　　　　[解答]　1. diligente laboras
2. 黙って座っている　　　　　　　　　　　2. silente sidas
3. 大声で歌っている　　　　　　　　　　　3. laŭte kantas
4. (雷の音のように)大いびきをかいている　4. tondre ronkas

　　　　　　　　　　＊　＊　＊

★ [-as -e] 動詞の意味を強調するために，「動詞 ← 副詞」の語順にすることもあります。

- diligente laboras　⇒　labor**as** diligent**e**　　働いているんだ，勤勉に
- silente sidas　　　⇒　sid**as** silent**e**　　　　座っているんだ，黙って
- laŭte kantas　　　 ⇒　kant**as** laŭt**e**　　　　歌っているんだ，大声で

第2課 品詞とその組み合わせ

2.2.3 副詞と形容詞

★ [-e -a] 副詞は形容詞も修飾します。「副詞 → 形容詞」【*KD】

	[副詞]	[形容詞]
1.* grav**e** malsan**a**	grav**e** 重く	malsan**a** 病気の
2.* mort**e** malsat**a**	mort**e** 死ぬほど	malsat**a** 空腹な
3.* sorĉ**e** mister**a**	sorĉ**e** 魔法のように	mister**a** 神秘的な
4.* facil**e** lerneb**la**	facil**e** 簡単に	lerneb**la** 学びうる

[訳例] 1. 重い病気の　　　2. 死ぬほど空腹な
　　　　3. 魔法のように神秘的な　4. 簡単に学べる

[練習 2-4]

単語を組み合わせて，次の日本語の表現をエスペラントに訳してください。

[単語] ■副詞：石のように ŝtone, 雪のように neĝe, キツネのように vulpe, 機械のように maŝine ■形容詞：がんこな obstina, 白い blanka, ずるい ruza, 正確な ekzakta

1. 石のようにがんこな　　　　　[解答]　1. ŝtone obstina
2. 雪のように白い　　　　　　　　　　　2. neĝe blanka
3. キツネのようにずるい　　　　　　　　3. vulpe ruza
4. 機械のように正確な　　　　　　　　　4. maŝine ekzakta

　　　　　　　　　　　＊　＊　＊

★ [-a -e] 形容詞の意味を強調するために，「形容詞 ← 副詞」の語順にすることもあります。

　・ŝtone obstina　⇒　obstin**a** ŝton**e**　がんこなんだ，石のように
　・neĝe blanka　⇒　blank**a** neĝ**e**　白いんだ，雪のように
　・vulpe ruza　⇒　ruz**a** vulp**e**　ずるいんだ，キツネのように
　・maŝine ekzakta　⇒　ekzakt**a** maŝin**e**　正確なんだ，機械のように

2.2.4 副詞と副詞

★ ［-e -e］副詞は，ほかの副詞も修飾します。［副詞 → 副詞］【*KD】

 1.* mirinde lerte   ［副詞］mirinde 驚くほど, lerte 上手に
 2.* sage rapide   sage 矢のように, rapide 速く
 3.* tondre brue   tondre 雷 (の音) のように, brue 騒々しく

    ［訳例］ 1. 驚くほど上手に 2. 矢のように速く
        3. 雷のように騒々しく

［練習 2-5］────────────────

単語を組み合わせて，次の日本語の表現をエスペラントに訳してください。

      ［副詞］血のように sange, 赤く ruĝe, 稲妻のように fulme, 輝いて brile, きわめて ekstreme, 正確に precize, 比較的 relative, 高く alte

 1. 血のように赤く   ［解答］ 1. sange ruĝe
 2. 稲妻のように輝いて   2. fulme brile
 3. きわめて正確に   3. ekstreme precize
 4. 比較的高く   4. relative alte

第3課　基本単文

■エスペラントの文を学びます。十分な数の単語が身につけば，この課で学ぶ三つの型の文を用いるだけでも，いろいろな情報を相手に伝えることができるようになります。

★［文］は，まとまった情報や判断を伝える単語の集まりです。
  ・つめたい雨が，しとしとふっている。
  ・人間は考える動物である。
  ・白衣の男が新聞を読んでいる。

★［主語と述語］文は「主語」と「述語」でできています。主語は「〜は，〜が」にあたる文の頭の部分です。述語は文から主語を除いた部分です。

主語	述語
つめたい雨が	しとしとふっている
人間は	考える動物である
白衣の男が	新聞を読んでいる

★名詞が主語の中心になっています。

主語	主語の中心
つめたい雨が	雨
人間は	人間
白衣の男が	男

★［述語動詞］述語では，動詞がもっとも大切な働きをします。これを「述語動詞」といいます。

述語	述語動詞
しとしとふっている	ふっている
考える動物である	である
新聞を読んでいる	読んでいる

[練習 3-1]

次の日本語の文から，(1) 主語の中心となる名詞 (2) 述語動詞を抜き出してください。

1. 立ちあがった男は，背広の内ポケットから白い封筒を出した。
2. 長ったらしく退屈な授業が続いた。
3. むこうの席で新聞を読んでいる人が，私たちの新しい担任です。

[解答] 1. (1) 男 (2) 出した 2. (1) 授業 (2) 続いた
3. (1) 人 (2) です

3.1 基本単文

★エスペラントの七つの文の型から，次の三つを紹介します。[1]

1. 主語 + 述語動詞
2. 主語 + 述語動詞 + 補語
3. 主語 + 述語動詞 + 目的語

3.1.1 主語+述語動詞

★この型の文では，名詞が主語になり，動詞が述語になります。

主語(〜が/〜は) + 述語動詞(〜する)

★ [主格] 名詞はそのままの形で文の主語「〜は，〜が」になります。複

---
[1] 残りの四つの型については第29課で説明します。

第3課 基本単文

数語尾 "j" がついている名詞や，人名などの固有名詞もそのまま主語になります。主語になる形を「主格」といいます。

名詞/主格	主語
ĉevalo　馬	ĉevalo　馬は/が
arboj　木々	arboj　木々は/が
junuloj　若者たち	junuloj　若者たちは/が
Tomoko　トモコ	Tomoko　トモコは/が

1. Ĉevalo kuras.　　　　　［述語動詞］kuras　　走っている
2. Arboj staras.　　　　　　　　　　　staras　　立っている
3. Junuloj marŝas.　　　　　　　　　　marŝas　 行進している
4. Tomoko ridas.　　　　　　　　　　　ridas　　笑っている

　　　［訳例］　1. 馬が走っている。　　　2. 木々が立っている。
　　　　　　　3. 若者たちが行進している。　4. トモコは笑っている。

★文は先頭を大文字で始め，文末に点（ピリオド）を置きます。
★形容詞や副詞を用いて表現を豊かにすることができます。形容詞は名詞を，副詞は動詞を修飾します。【*KD】

　　　　　　　　　　　　　　　　　　　［単語］
1.* **Blanka** ĉevalo **rapide** kuras.　　blanka 白い, rapide 速く
2.* **Verdaj** arboj **dense** staras.　　　verda 緑の, dense ぎっしりと
3.* **Gajaj** junuloj **vice** marŝas.　　　gaja 陽気な, vice 列をなして
4.* Tomoko **laŭte** ridas.　　　　　　　laŭte 大声で

　　　［訳例］　1. 白い馬が速く走っている。
　　　　　　　2. 緑の木々がぎっしり立っている。
　　　　　　　3. 陽気な若者たちが列をなして行進している。
　　　　　　　4. トモコは大声で笑っている。

[練習 3-2]

次の文を日本語に訳してください。

1. Tempo rapide pasas.
2. Multaj knaboj gaje ludas.
3. Nigraj hundoj laŭte bojas.
4. Ekonomia stagno longe daŭras.
5. Masako vigle dancas.

　　［単語］1. tempo 時間, rapide 速く, pasas 過ぎて行く
　　　　2. multa たくさんの, knabo 少年, gaje 楽しく, ludas 遊んでいる
　　　　3. nigra 黒い, hundo 犬, laŭte 大声で, bojas ほえている
　　　　4. ekonomia 経済的な, stagno 停滞, longe 長く, daŭras 続いている
　　　　5. Masako 人名：マサコ, vigle 元気よく, dancas 踊っている

　　［解答例］1. 時が速く過ぎて行く。2. たくさんの少年たちが楽しく遊んでいる。3. 黒い犬たちが大声でほえている。4. 経済的な停滞がずっと続いている。5. マサコは元気よく踊っている。

[練習 3-3]

次の文をエスペラントに訳してください。

　　　　［名詞］　　風 vento, 魚 fiŝo, 鳥 birdo, タケオ Takeo
　　　　［形容詞］　強い forta, たくさんの multa, 大きい granda
　　　　［副詞］　　強く forte, ゆっくり malrapide, 小声で mallaŭte
　　　　［動詞］　　吹いている blovas, 泳いでいる naĝas
　　　　　　　　　飛んでいる flugas, 悪態をついている blasfemas

1. 風が吹いている。
2. 強い風が吹いている。
3. 風が強く吹いている。
4. たくさんの魚たちが泳いでいる。
5. 大きな鳥たちが, ゆっくり飛んでいる。
6. タケオは小声で悪態をついている。

第3課 基本単文

［解答例］1. Vento blovas. 2. Forta vento blovas. 3. Vento forte blovas. 4. Multaj fiŝoj naĝas. 5. Grandaj birdoj malrapide flugas. 6. Takeo mallaŭte blasfemas.

* * *

★ ［語順］意味が通じる範囲で語順を変えることができます。語順を変えることで, わずかな違いが表現できます。

1. Grandaj birdoj malrapide flugas.
2. Birdoj grandaj flugas malrapide.
3. Malrapide flugas grandaj birdoj.
4. Flugas malrapide birdoj grandaj.

［訳例］[1)]　1. 大きな鳥たちが, ゆっくり飛んでいる。
2. 鳥たちの大きいのが, ゆっくり飛んでいる。
3. ゆっくり飛んでいるんだ。大きな鳥たちが。
4. 飛んでいるんだ。ゆっくりと。大きな鳥たちが。

3.1.2 主語+述語動詞+補語

★ ［補語］この型の文では名詞が主語になり, 述語には, 動詞だけでなく補語が必要です。補語とは「A は B である。」という文の「B」にあたる単語です。

> ［主語］は［補語］である

★ ［estas］この型の文をつくる動詞の代表的なものは "estas"「(〜は)…である/ (〜は)…だ」です。[2)]

> 主語(〜が/〜は) + **estas** (〜である) + 補語

[1)] 語順を変えて表わすニュアンスは, 文脈 (文の前後関係) によっても影響されます。ここであげた訳例が, 必ずしも適切ではない場合もあります。

[2)] "estas" のほかにも, "aspektas"「(〜は)…に見える」"ŝajnas"「(〜は)…と思われる」"fariĝas"「(〜が)…になる」などがあります。また "estas" は「(〜が)ある/いる」という意味で用いられることもあります。

3.1 基本単文

★ ［-o estas -o］名詞はそのままの形で文の補語になります。

    1. Ĉevalo **estas** *besto*.　　　　　［単語］ĉevalo 馬, besto 動物
    2. Krizantemo **estas** *floro*.　　　krizantemo 菊, floro 花
    3. Fungo **estas** *planto*.　　　　 fungo きのこ, planto 植物
    4. Kenta **estas** *kuracisto*.　　　Kenta 人名：ケンタ, kuracisto 医者

      ［訳例］　1. 馬は*動物*だ。　　2. 菊は*花*だ。
               3. きのこは*植物*だ。　4. ケンタは*医者*です。

★ 主語と補語の間には等号 "＝" の関係がなりたちます。[1]

    1. ĉevalo ＝ besto　　　　2. krizantemo ＝ floro
    3. fungo ＝ planto　　　　4. Kenta ＝ kuracisto

★ 主語や補語を形容詞で修飾して，表現を豊かにすることができます。

    1. Ĉevalo estas **saĝa** besto.　　　　　［単語］saĝa かしこい
    2. Krizantemo estas **bela** floro.　　　　bela 美しい
    3. **Venena** fungo estas **danĝera** planto.　venena 毒のある
    4. Kenta estas **kapabla** kuracisto.　　　danĝera 危険な
                                   kapabla 有能な

      ［訳例］　1. 馬はかしこい動物だ。　2. 菊は美しい花だ。
               3. 毒きのこは危険な植物だ。　4. ケンタは有能な医者だ。

★ ［-o kaj -o estas -oj］複数のものが主語になる場合は，補語の名詞にも複数語尾 "j" がつきます。

    1. **Ĉevalo kaj hundo** estas **bestoj**.　　［単語］kaj ～と…[2]
    2. **Krizantemo kaj hortensio** estas **floroj**.　hundo 犬
    3. **Tomoko kaj Kenta** estas **kuracistoj**.　hortensio あじさい

      ［訳例］　1. 馬と犬は動物(たち)だ。

---

[1] 正確にいえば，包含関係です：1. ĉevalo ⊂ besto　2. krizantemo ⊂ floro　3. fungo ⊂ planto　4. Kenta ⊂ kuracisto
[2] "kaj" は等位接続詞です。等位接続詞については第13課で説明します。

第3課 基本単文

　　　　　　　　　　　　　2. 菊とあじさいは花(々)だ。
　　　　　　　　　　　　　3. トモコとケンタは医者(たち)だ。

★補語を形容詞で修飾して，表現を豊かにすることができます。【*KD】

　1.* Ĉevalo kaj hundo estas **saĝaj** bestoj.　　　[単語] saĝa かしこい
　2.* Krizantemo kaj hortensio estas **belaj** floroj.　　bela 美しい
　3.* Tomoko kaj Kenta estas **kapablaj** kuracistoj.　　kapabla 有能な
　　　　　　　　　　[訳例] 1. 馬と犬はかしこい動物(たち)だ。
　　　　　　　　　　　　　2. 菊とあじさいは美しい花(々)だ。
　　　　　　　　　　　　　3. トモコとケンタは有能な医者(たち)だ。

★ [-o estas -a] 形容詞も補語になります。

　1. Ĉevalo estas **saĝa**.　　　　　　　[訳例] 1. 馬はかしこい。
　2. Krizantemo estas **bela**.　　　　　　　　2. 菊は美しい。
　3. Fungo estas **danĝera**.　　　　　　　　　3. きのこはあぶない。
　4. Tomoko estas **kapabla**.　　　　　　　　4. トモコは有能だ。

★ [-o kaj -o estas -aj] 複数のものが主語になる場合は，補語の形容詞にも複数語尾 "j" がつきます。【*KD】

　1.* **Ĉevalo kaj hundo** estas **saĝaj**.
　2.* **Krizantemo kaj hortensio** estas **belaj**.
　3.* **Tomoko kaj Kenta** estas **kapablaj**.

　　　　　[訳例] 1. 馬と犬はかしこい。　　2. 菊とあじさいは美しい。
　　　　　　　　 3. トモコとケンタは有能だ。

★補語となる形容詞に複数語尾 "j" をつけ忘れることが多いので注意しましょう。

　× Ĉevalo kaj hundo estas *saĝa* .
　× Krizantemo kaj hortensio estas *bela* .
　× Tomoko kaj Kenta estas *kapabla* .

3.1 基本単文

［練習 3-4］────────────────────────

次の文を日本語に訳してください。

1. Pomo estas frukto.　　　　　　　　　［単語］pomo りんご
2. Oranĝo estas dolĉa.　　　　　　　　　　　　frukto くだもの
3. Pomo kaj oranĝo estas fruktoj.　　　　　　oranĝo オレンジ
4. Pomo kaj oranĝo estas dolĉaj fruktoj.　　　dolĉa 甘い
5. Pomo kaj oranĝo estas dolĉaj.　　　　　　　～ kaj … ～と…

　　　［解答例］1. りんごはくだものだ。2. オレンジは甘い。
　　　3. りんごとオレンジはくだものだ。4. りんごとオレンジは
　　　甘いくだものだ。5. りんごとオレンジは甘い。

［練習 3-5］────────────────────────

次の文をエスペラントに訳してください。

1. ゾウは大きい。　　　　　　　　　　［単語］ゾウ elefanto
2. クジラは動物だ。　　　　　　　　　　　　大きい granda
3. ゾウとクジラは動物だ。　　　　　　　　　クジラ baleno
4. ゾウとクジラは大きい。　　　　　　　　　～と… kaj
5. ゾウとクジラは大きい動物だ。　　　　　　動物 besto

　　　［解答例］1. Elefanto estas granda. 2. Baleno estas besto.
　　　3. Elefanto kaj baleno estas bestoj. 4. Elefanto kaj baleno
　　　estas grandaj. 5. Elefanto kaj baleno estas grandaj bestoj.

　　　　　　　　　　　＊　＊　＊

★ ［語順］この型の文も，意味が通じる範囲で語順を変えることができます。語順を変えることで，わずかな違いが表現できます。

1. Elefanto kaj baleno estas grandaj bestoj.
2. Bestoj grandaj estas elefanto kaj baleno.
3. Elefanto kaj baleno estas bestoj grandaj.
4. Grandaj bestoj estas elefanto kaj baleno.

第3課 基本単文

［訳例］1. ゾウとクジラは大きな動物だ。
　　　　2. 動物の大きいヤツというなら，ゾウとクジラだ。
　　　　3. ゾウとクジラは動物の大きいやつだ。
　　　　4. でっかい動物だぜ。ゾウとクジラは。

3.1.3 主語+述語動詞+目的語

★ ［目的語］この型の文では名詞が主語になり，述語には，動詞だけでなく目的語が必要です。目的語とは「ＡはＢを〜する。」という文の「Ｂを」にあたる単語です。

> 主語(〜が/〜は) ＋ 述語動詞 ＋ 目的語(〜を)

★ ［対格語尾］名詞が目的語になります。その名詞が目的語であることを示すために，語尾に "n" をつけます。この "n" を「対格語尾」といいます。"n" は，おおむね日本語の助詞「を」に相当します。

名詞		目的語
fiŝo　魚		fiŝon　魚を
aero　空気	＋n	aeron　空気を
filo　息子		filon　息子を

★ ［対格］名詞そのままの形を「主格」というのに対して，対格語尾がついた形を「対格」といいます。

1. Japano manĝas **fiŝon**.　　　［単語］japano 日本人, manĝas 食べる
2. Homo bezonas **aeron**.　　　homo 人間, bezonas 必要としている
3. Joŝiko havas **filon**.　　　　Joŝiko 人名：ヨシコ [1]
　　　　　　　　　　　　　　　havas 〜を持っている/〜がいる

---

[1] この本では，人名や地名などをエスペラントのアルファベットを用いて表記することにします。Yoshiko（ヘボン式：中学校式），Yosiko（訓令式：小学校式)に対してエスペラント式は Joŝiko です。

3.1 基本単文

[訳例] 1. 日本人は魚を食べる。
2. 人間は空気が必要だ。(← 人間は空気を必要としている) [1]
3. ヨシコには息子がいる。(← ヨシコは息子を持っている)

★「主語 + 述語動詞 + 補語」の文と違って，この型の文では，主語と目的語の間に等号"＝"は成りたちません。

    1. japano ≠ fiŝon   2. homo ≠ aeron   3. Joŝiko ≠ filon

★[-an -on] 目的語を修飾する形容詞にも，対格語尾"n"をつけます。
【*KD】　　　[単語] kruda なまの, pura きれいな, saĝa かしこい

kruda fiŝo	なまの魚	krudan fiŝon	なまの魚を
pura aero	きれいな空気	puran aeron	きれいな空気を
saĝa filo	かしこい息子	saĝan filon	かしこい息子を

[訳例]

1.* Japano manĝas **krudan** fiŝon.　　1. 日本人はなまの魚を食べる。
2.* Homo bezonas **puran** aeron.　　2. 人間にはきれいな空気が必要だ。
3.* Joŝiko havas **saĝan** filon.　　3. ヨシコにはかしこい息子がいる。

★[-ojn] 複数語尾"j"がついた名詞も，対格語尾"n"をつけて目的語にすることができます。　　[単語] manĝaĵo 食料品, letero 手紙, rizero 米つぶ

manĝaĵoj	食料品(複数)	manĝaĵojn	食料品(複数)を
leteroj	手紙(複数)	leterojn	手紙(複数)を
rizeroj	米つぶ(複数)	rizerojn	米つぶ(複数)を

1. Kenta vendas **manĝaĵojn**.　　　[単語] vendas 売っている
2. Masako skribas **leterojn**.　　　skribas 書いている
3. Pasero manĝas **rizerojn**.　　　pasero すずめ, manĝas 食べている

---

[1] 対格語尾"-n"は，「を」と訳せないこともありますが，この訳例のように考えてください。「空気を必要としている」→「空気が必要」,「息子を持っている」→「息子がいる」

第3課 基本単文

　　　　　　　［訳例］　1. ケンタは食料品を売っている。
　　　　　　　　　　　2. マサコは手紙を書いている。
　　　　　　　　　　　3. すずめが米つぶを食べている。

★ ［-ajn -ojn］名詞の語尾 "j, jn" と，それを修飾する形容詞の語尾 "j, jn" は一致します。【*KD】　　　［単語］scienca 科学の, revuo 雑誌, granda 大きな, ovo たまご, bona 良い, amiko 友人

scienca revuo 科学雑誌	sciencaj revuoj 科学雑誌(複数)	sciencajn revuojn 科学雑誌(複数)を
granda ovo 大きなたまご	grandaj ovoj 大きなたまご(複数)	grandajn ovojn 大きなたまご(複数)を
bona amiko 良い友人	bonaj amikoj 良い友人たち	bonajn amikojn 良い友人たちを

1.* Tomoko abonas **sciencajn revuojn**.
2.* Longa serpento englutas **grandajn ovojn**.
3.* Akemi havas **bonajn amikojn**.

　　　　　［単語］1. abonas 購読している
　　　　　　　　 2. longa 長い, serpento ヘビ, englutas 飲み込んでいる
　　　　　　　　 3. Akemi 人名：アケミ, havas 持っている/〜がいる
　［訳例］1. トモコは科学雑誌(複数)を購読している。
　　　　 2. 長いヘビが大きなたまご(複数)を飲み込んでいる。
　　　　 3. アケミには良い友人たちがいる。(← 良い友人たちを持っている)

★ "j" や "n" のつけ忘れや不一致に注意しましょう。文を音読する習慣をつけると防げます。

　× Tomoko abonas *sciencan* revuojn.
　× Tomoko abonas sciencajn *revuon*.
　× Tomoko abonas *scienca* revuojn.

[練習 3-6]

次の文を日本語に訳してください。

1. Tomoko legas ĵurnalon.
2. Akemi preparas matenmanĝon.
3. Megumi posedas grandan bienon.
4. Via domo havas multajn ĉambrojn.

[単語] 1. legas 読んでいる, ĵurnalo 新聞
2. preparas 用意している, matenmanĝo 朝食
3. Megumi 人名：メグミ, posedas 所有している, granda 大きな, bieno 農地
4. via あなたの, domo 家, havas 〜を持っている/〜がある, multa たくさんの, ĉambro 部屋

[解答例] 1. トモコは新聞を読んでいる。2. アケミは朝食の用意をしている。3. メグミは大きな農地を持っている。4. あなたの家にはたくさんの部屋がある。

[練習 3-7]

次の文をエスペラントに訳してください。

1. 日本人は米を食べている。

[単語] 日本人 japano, 米 rizo, 食べている manĝas

2. 私の友人たちはエスペラントを勉強している。

[単語] 私の mia, 友人 amiko, エスペラント Esperanto 勉強している lernas

3. 大工さんたちが大きな家を建てている。

[単語] 大工さん ĉarpentisto, 大きな granda, 家 domo 建てている konstruas

4. ダチョウには長い足(複数)がある。(＝長い足を持っている)

[単語] ダチョウ struto, 長い longa, 足 kruro 〜を持っている/〜がある havas

第3課 基本単文

［解答例］1. Japano manĝas rizon. 2. Miaj amikoj lernas Esperanton. 3. Ĉarpentistoj konstruas grandan domon. 4. Struto havas longajn krurojn.

＊ ＊ ＊

★ ［語順］複数語尾と対格語尾 "j, n, jn" が，文中での単語のはたらきを明示するので，意味を損なわない範囲で「主語+述語動詞+目的語」の語順を変えることができます。語順を変えることで，わずかな違いが表現できます。

［訳例］
1. Struto havas longajn krurojn.　　1. ダチョウには長い足がある。
2. Longajn krurojn struto havas.　　2. 長い足がダチョウにはある。
3. Havas longajn krurojn struto.　　3. あるんだ，長い足が，ダチョウには。
4. Krurojn longajn havas struto.　　4. 足の長いのがダチョウにはある。
5. Struto longajn krurojn havas.　　5. ダチョウは足が長い。

3.2 一語文

★ ［一語文］単語一つだけでも，まとまった情報や判断を伝えるものなら文といえます。【*KD】

　　　　　　　　　［単語］　　　　　　［訳例］
1.＊ Fajro!　　　　fajro 火　　　　　1. 火事だ！
2.＊ Stultulo!　　　stultulo ばか者　　2. ばかやろう！
3.＊ Varmege.　　　varmege 暑く　　　3. 暑い。
4.＊ Bone.　　　　bone 良く　　　　4. よろしい。

★ ［間投詞］次のような間投詞を用いた文も一語文と言ってよいでしょう。間投詞は，驚きや呼びかけを表わす単語です。ただし，実際の会話などでは，私たちが日常用いているものをそのまま使うのでもかまいません。【*KD】

1.*	Aŭ!/Aj!	痛い	(痛みなど)
2.*	Ba!	べらぼうめ；なんだ	(軽蔑など)
3.*	Ek!	さあ, いざ	(行動をうながす)
4.*	Fi!	ちぇっ	(嫌悪/不満など)
5.*	Ha!	は	(笑いなど)
		おや；まあ	(驚きなど)
6.*	Ha lo!	もしもし	(電話などでの呼びかけなど)
7.*	He!	おい	(呼びかけなど)
8.*	Ho!	ほう	(驚きなど)
9.*	Hop!	それ	(かけ声など)
10.*	Hura!	万歳！	(歓声など)
11.*	Nu!	さて	(話題の転換など)
12.*	Ve!	ああ	(悲しみなど)

3.3 あいさつ

★エスペラントのあいさつや別れのことばには，次のようなものがあります。【*KD】

1.* Saluton.　　　　　　　　　　　［単語］saluto あいさつ
2.* Bonan matenon, Akiko!　　　　bona 良い, mateno 朝
3.* Bonan tagon.　　　　　　　　　tago 日
4.* Bonan vesperon.　　　　　　　　vespero 晩
5.* Bonan nokton.　　　　　　　　　nokto 夜
6.* Dankon.　　　　　　　　　　　　danko 感謝, ne 〜ない
7.* Ne dankinde.　　　　　　　　　　dankinde 感謝にあたいする
8.* Ĝis la revido. (Ĝis revido. / Ĝis la.)　ĝis 〜まで, revido 再会
9.* Pardonon.　　　　　　　　　　　pardono 許し, ne 〜ない
10.* Ne gravas.　　　　　　　　　　　gravas 重大である

第3課 基本単文

［訳例］
1. やあ。
2. アキコさん，おはよう。
3. こんにちは。
4. こんばんは。
5. おやすみなさい。
6. ありがとう。
7. どういたしまして。
8. さようなら。
9. ごめんなさい。
10. なんでもありません。

第4課　人称代名詞と冠詞

■人や物の名前の代わりに用いる単語を学びます。基本となる代名詞を覚えれば，目的語「私を，あなたを，彼を…」や所有を表わす形「私の，あなたの，彼の…」を簡単に導くことができるので，記憶にそれほどの負担がかかりません。

■この課の［単語］から，動詞 "estas"「～は…である」 の説明は省略します。

4.1　人称代名詞

★［人称代名詞］人称代名詞は，次の日本語の例の「あなた，私，彼，これ，おまえ」に相当します。

1. **あなた**はどちらさまですか。**私**は吉田と申します。
2. 鈴木さんなら，もう卒業しました。**彼**は今，商社員です。
3. ここに金の斧がある。**これ**は**おまえ**がなくしたものか。

★［人称］話し手本人を「一人称」，話し相手を「二人称」，話題になっている人や物を「三人称」といいます。

★［単数と複数］一人や一つの物を示すものを「単数」，二人以上や二つ以上の物を示すものを「複数」といいます。日本語の人称代名詞の主なものは次のとおりです。[1]

	一人称	二人称	三人称
単数	私	あなた	彼/彼女/それ
複数	私たち	あなたたち	彼ら/彼女ら/それら

---

[1] 日本語では，話し手と聞き手の立場の違いに応じて，「おれ，おまえ，やつ」など，さまざまな代名詞を使い分けます。

第4課 人称代名詞と冠詞

★エスペラントの人称代名詞は次のとおりです。[1]

	一人称	二人称	三人称
単数	mi	vi	li / ŝi / ĝi
複数	ni	vi	ili

4.1.1 主格

★［人称代名詞の主格］人称代名詞は，そのままで文の主語「〜は，〜が」になります。この形を「主格」といいます。【*KD】

主格		主語	
mi	私	mi	私は/が
ni	私たち	ni	私たちは/が
vi	あなた(がた)	vi	あなた(がた)は/が
li	彼	li	彼は/が・その人は/が
ŝi	彼女	ŝi	彼女は/が
ĝi	それ	ĝi	それは/が
ili	彼ら(それら)	ili	彼ら(それら)は/が

1.* **Mi** estas studento. **Vi** estas instruisto.
2.* Haruo havas katon kaj hundon. **Li** amas beston.

---

[1] 目下の者や近親者に対する二人称単数の代名詞 "ci"「おまえ」もありますが，現在ではほとんど用いられません。
二人称の "vi" は，単数と複数が同じ形です。
三人称複数の代名詞 "ili" は，男性や女性，物に対して区別なく用います。
三人称単数の代名詞 "li" は，ことわざなどで男女の区別を明示する必要がない場合も用います。

3.* Keiko instruas matematikon. Ŝi estas bona instruisto.
4.* Nigra hundo kuras. Ĝi havas longan voston.

　　［単語］1. studento 学生, instruisto 教師
　　　　　　2. havas 飼っている, kato 猫, hundo 犬, amas 好きである, besto 動物
　　　　　　3. Keiko 人名：ケイコ, instruas 教えている, matematiko 数学, bona 良い
　　　　　　4. nigra 黒い, kuras 走っている, longa 長い, vosto しっぽ

　　［訳例］1. ぼくは学生です。あなたは教師です。
　　　　　　2. ハルオは猫と犬を飼っている。彼は動物が好きだ。
　　　　　　3. ケイコは数学を教えています。彼女は良い教師です。
　　　　　　4. 黒い犬が走っている。それは長いしっぽをしている。

［練習 4-1］

次の文をエスペラントに訳してください。

1. 私は医者です。　　　　　　　　　　［単語］医者 kuracisto, 〜です estas
2. あなたは看護師です。　　　　　　　　［単語］看護師 flegisto
3. ハルオは本を読んでいる。彼は本が好きだ。
　　　　　　　　　　　　［単語］読んでいる legas, 本 libro, 〜が好きだ amas
4. ケイコはくだものが好きです。彼女は毎朝オレンジを食べます。
　　　　　　　　［単語］くだもの frukto, 食べる manĝas, オレンジ oranĝo
　　　　　　　　　　　　　　　　　　　　　　　　　　ĉiumatene 毎朝
5. 灰色の建てものがあります。それは裁判所です。
　　［単語］灰色の griza, 建てもの konstruaĵo, ある troviĝas, 裁判所 juĝejo

　　［解答例］1. Mi estas kuracisto. 2. Vi estas flegisto. 3. Haruo legas libron. Li amas libron. 4. Keiko amas frukton. Ŝi manĝas oranĝon ĉiumatene. 5. Griza konstruaĵo troviĝas. Ĝi estas juĝejo.

　　［注］解答例の単語配列について。たとえば4番の解答は、次のような語順でもかまいません。Ŝi ĉiumatene manĝas oranĝon. / Ĉiumatene ŝi manĝas

第4課 人称代名詞と冠詞

orangon. 主語や述語動詞, 目的語の配置を変えることもできますが, 解答例には, もっとも一般的な語順の文を示しておきます。

* * *

★人称代名詞複数 "ni, vi, ili" が文の主語になる時は, 補語にも複数語尾 "j" がつきます。

 1. **Ni** estas oficisto**j**.　　　　　　　［単語］

 2. **Vi** estas diligenta**j**.　　　　　　oficisto 事務員

 3. **Ili** estas diligenta**j** oficisto**j**.　　diligenta 勤勉な

 ［訳例］　1. 私たちは事務員である。　2. あなたがたは勤勉です。
     3. 彼らは勤勉な事務員だ。

★補語に "j" をつけ忘れないように注意しましょう。

 × Ni estas *oficisto* .

 × Vi estas *diligenta* .

 × Ili estas *diligenta oficisto* .

［練 4-2］

次の文をエスペラントに訳してください。

 1. 私たちは地球人です。　　　　　［単語］地球人 terano

 2. 君たちは若い。　　　　　　　　若い juna

 3. 彼らは腕の良い料理人である。　　腕の良い lerta

          料理人 kuiristo

 4. それらは奇妙な昆虫だ。　　　　　奇妙な stranga

          昆虫 insekto

 5. 彼らは怒っているように見える。　〜に見える aspektas

          怒っている kolera

 ［解答例］1. Ni estas teranoj. 2. Vi estas junaj. 3. Ili estas lertaj kuiristoj. 4. Ili estas strangaj insektoj. 5. Ili aspektas koleraj.

4.1.2 対格

★ ［人称代名詞の対格］人称代名詞に対格語尾 "n" をつけた形を「対格」といいます。人称代名詞の対格は，文の中で目的語として用います。この対格語尾 "n" は，おおむね日本語の助詞「を」に相当します。
【*KD】

主格		対格	
mi		min	私を
ni		nin	私たちを
vi		vin	あなた(がた)を
li	+ n	lin	彼を
ŝi		ŝin	彼女を
ĝi		ĝin	それを
ili		ilin	彼ら(それら)を

1.* Gepatroj nutras **min**.
2.* Tomoko longe atendas **vin**.
3.* Masao estas populara kantisto. Mi amas **lin**.
4.* Mi havas malsanan fratinon. Mi flegas **ŝin**.
5.* Esperplena estonteco atendas **nin**.
6.* Ili estas famaj verkistoj. Multaj homoj respektas **ilin**.

　［単語］1. gepatroj 両親, nutras 養う
　　　　2. longe 長く, atendas 待っている
　　　　3. populara 人気のある, kantisto 歌手, amas 好きである
　　　　4. havas 〜がいる, malsana 病気の, fratino 妹, flegas 世話している
　　　　5. esperplena 希望に満ちた, estonteco 未来, atendas 待っている
　　　　6. fama 有名な, verkisto 作家, multa たくさんの, homo 人,

第4課 人称代名詞と冠詞

respektas 尊敬している

[訳例] 1. 両親が私を養っています。
2. トモコは長いことあなたを待っています。
3. マサオは人気歌手です。私は彼が好きです。[1]
4. 私には病気の妹がいます。私は彼女を世話しています。
5. 希望に満ちた未来が私たちを待っている。
6. 彼らは有名な作家です。たくさんの人たちが彼らを尊敬しています。

[練習 4-3]

次の文をエスペラントに訳してください。

1. 私はあなたを愛しています。　　　　　[単語]
2. あなたは私を愛しています。　　　　　愛している amas
3. 彼らは私を見つめています。　　　　　見つめている rigardas
4. 私は彼らを見つめています。　　　　　待っている atendas
5. 私は彼女を待っている。
6. 彼女は私を待っている。

　　　[解答例] 1. Mi amas vin. 2. Vi amas min. 3. Ili rigardas min.
　　　　　　　4. Mi rigardas ilin. 5. Mi atendas ŝin. 6. Ŝi atendas min.

---

[1] 対格語尾 "-n" の訳が「を」にならないこともあります。Mi amas **lin**. →「私は彼(のこと)を好き」→「私は彼が好き」と考えてください。

4.1.3 所有

★ ［所有形容詞］人称代名詞に語尾 "a" をつければ，所有を表わす形容詞になります。"a" は，その単語が形容詞であることを示す品詞語尾です。この語尾 "a" は，日本語の助詞「の」に相当します。

主格		所有形容詞	
mi	+a	mia	私の
ni		nia	私たちの
vi		via	あなた(がた)の
li		lia	彼の
ŝi		ŝia	彼女の
ĝi		ĝia	それの
ili		ilia	彼ら(それら)の

★ ［-a -o］所有形容詞は，普通の形容詞と同じように，名詞を修飾します。【*KD】

1. **mia** patro　　　　　　［単語］patro 父　　　　　［訳例］1. 私の父
2. **via** opinio　　　　　　opinio 意見　　　　　　　　2. 君の意見
3. **nia** decido　　　　　　decido 決定　　　　　　　　3. 私たちの決定
4. **lia** helpo　　　　　　 helpo 援助　　　　　　　　 4. 彼の援助
5. **ĝia** tegmento　　　　　tegmento 屋根　　　　　　　5. それの屋根
6. **ŝia** posteno　　　　　 posteno 地位　　　　　　　 6. 彼女の地位
7. **ilia** domo　　　　　　 domo 家　　　　　　　　　　7. 彼らの家

1.* **Mia patro** estas pianisto.　　　　［単語］pianisto ピアニスト
2*. **Via opinio** pravas.　　　　　　　　　　　　 pravas 正しい

第4課 人称代名詞と冠詞

3.* **Lia helpo** estas necesa.　　　　necesa 必要な
4.* **Mi vidas domon.**　　　　　　　vidas 見ている, domo 家
　　Ĝia tegmento estas verda.　　　　verda 緑の, sekciestro 部長
5.* "Sekciestro" estas ŝia nova **posteno**.　nova 新しい

　［訳例］1. 私の父はピアニストです。2. 君の意見は正しい。
　　　　　3. 彼の援助が必要です。　4. 家が見える。それの屋根は緑色だ。
　　　　　5.「部長」が彼女の新しい地位です。

［練習 4-4］

次の日本語の表現をエスペラントに訳してください。

1. あなたの子ども　　　　　　　　　［単語］子ども infano
2. 私たちの故郷　　　　　　　　　　故郷 hejmloko
3. あなたがたの考え　　　　　　　　考え ideo
4. 彼らの苦しみ　　　　　　　　　　苦しみ sufero

　　［解答例］1. via infano　2. nia hejmloko　3. via ideo　4. ilia sufero

＊　＊　＊

★普通の形容詞の場合と同じく，所有形容詞の語尾 "j, jn" も，修飾される名詞の語尾 "j, jn" と一致します。【*KD】

mia**j** infano**j** 私の子ども**たち**	mia**n** infano**n** 私の子ども**を**	mia**jn** infano**jn** 私の子ども**たちを**
ŝia**j** infano**j** 彼女の子ども**たち**	ŝia**n** infano**n** 彼女の子ども**を**	ŝia**jn** infano**jn** 彼女の子ども**たちを**
nia**j** infano**j** 私たちの子ども**たち**	nia**n** infano**n** 私たちの子ども**を**	nia**jn** infano**jn** 私たちの子ども**たちを**
ilia**j** infano**j** 彼らの子ども**たち**	ilia**n** infano**n** 彼らの子ども**を**	ilia**jn** infano**jn** 彼らの子ども**たちを**

1.* Mi konas **lian filinon**.　　　　［単語］konas 知っている, filino 娘

4.1 人称代名詞

2.* **Ŝiaj onkloj** estas instruistoj.　　　　onklo おじ, instruisto 教師
3.* **Miaj nepoj** estas studentoj.　　　　nepo まご, studento 学生
4.* Mi amas **miajn nepojn**.　　　　amas 愛している

　　　　［訳例］1. 私は彼の娘さんを存じあげています。
　　　　　　　2. 彼女のおじさんたちは教師です。
　　　　　　　3. 私のまごたちは学生です。
　　　　　　　4. 私は(私の)まごたちを愛している。

［練習 4-5］────────────────────
次の日本語の表現をエスペラントに訳してください。

1. 私の車　　　　　　　　　　　［単語］車 aŭto
2. あなたの友人たち　　　　　　　　友人 amiko
3. 彼の運命を　　　　　　　　　　運命 sorto
4. 彼らの友情を　　　　　　　　　友情 amikeco
5. 彼女の青い目(両方)を　　　　　　青い blua, 目 okulo

　　　　［解答例］1. mia aŭto　2. viaj amikoj　3. lian sorton
　　　　　　　　4. ilian amikecon　5. ŝiajn bluajn okulojn
　　　　　　　　　＊　＊　＊

★［所有形容詞の後置］所有形容詞を名詞のうしろにおいて，うしろから前の名詞を修飾することもできます。少し気どった表現です。

　　・mia aŭto　　　⇒　　aŭto mia　　　わが車
　　・viaj amikoj　　⇒　　amikoj viaj　　なんじの友ら
　　・lian sorton　　⇒　　sorton lian　　あの人の行く末を

★［補語としての所有形容詞］所有形容詞は，普通の形容詞と同じく，文の補語として用いることもできます。

1. La libro estas **mia**.　　　　　［単語］la あの〜(冠詞), libro 本
2. La ĉapelo kaj bastono estas **viaj**.　　ĉapelo 帽子, kaj …と〜
　　　　　　　　　　　　　　　　　　bastono つえ

3. La kajeroj estas **liaj**.　　　　　　　kajero ノート
4. La granda domo estas **ilia**.　　　　 granda 大きな, domo 家

　　［訳例］1. あの本は私のだ。　　　2. あの帽子とつえは君のだ。
　　　　　　3. あのノート(複数)は彼のだ。　4. あの大きな家は彼らのだ。

［練習 4-6］

次の文をエスペラントに訳してください。

1. あの赤い車は彼女のです。　　［単語］あの la, 赤い ruĝa, 自動車 aŭto

2. (その)未来は私たちのものである。　　［単語］その la, 未来 estonteco

3. あのフルートと(その)クラリネットは彼らのです。

　　　　　　　　　　　　　　［単語］フルート fluto, クラリネット klarneto

　　［解答例］1. La ruĝa aŭto estas ŝia. 2. La estonteco estas nia.
　　　　　　　3. La fluto kaj la klarneto estas iliaj.

4.2 冠詞

4.2.1 限定用法

★［冠詞の限定用法］冠詞 "la" は，すでに話題になっているものや，目の前に見えているものなど，聞き手にとって特定のものであることを示す単語です。日本語の「その〜，あの〜，この〜，例の〜，いつもの〜」などに相当します。[1]

	［単語］	［訳例］
1. **la** libro	libro 本	1. あの本
2. **la** kajero	kajero ノート	2. そのノート
3. **la** aŭto	aŭto 自動車	3. この自動車

---

[1] 冠詞に相当する「この，その，あの」は，日本語の文では必ずしも明示する必要がない場合がたくさんあります。この本ではあえてそれらを明示します。明示することが不自然な場合には，(この) (その) (あの) とカッコに包んで示すことにします。

4.2 冠詞

★名詞を修飾する形容詞は，冠詞と名詞の間にはさまれます。

	［単語］	［訳例］
1. la **granda** libro	granda 大きい	1. あの大きい本
2. la **blua** kajero	blua 青い	2. その青いノート
3. la **ruĝa** aŭto	ruĝa 赤い	3. この赤い自動車

★名詞や形容詞に複数語尾 "j" や対格語尾 "n" がついても，冠詞には "j"や"n" はつきません。【*KD】

1. **la** libron　　　　　　　　　　［訳例］1. あの本を
2. **la** grandan libron　　　　　　　　　　2. あの大きい本を
3. **la** bluaj kajeroj　　　　　　　　　　　3. その青いノート(複数)
4. **la** bluajn kajerojn　　　　　　　　　　4. その青いノート(複数)を

1.* Vi vidas ruĝan aŭton kaj blankan aŭton. **La ruĝa aŭto** estas ŝia.
2.* Mi havas plumon. **La plumo** kostas multe.
3.* Troviĝas multaj kajeroj. **La bluaj kajeroj** estas miaj.
4.* Jukiko fermas **la grandajn fenestrojn**.

　　　　　　　　　［単語］1. vi あなた, vidas 見ている, kaj 〜と…,
　　　　　　　　　　　　　blanka 白い, ŝia 彼女の
　　　　　　　　　　　　2. mi 私, havas 持っている, plumo 万年筆,
　　　　　　　　　　　　　kostas multe 値段が高い
　　　　　　　　　　　　3. troviĝas 〜がある, multa たくさんの
　　　　　　　　　　　　4. Jukiko 人名:ユキコ, fermas 閉めている,
　　　　　　　　　　　　　granda 大きな, fenestro 窓

［訳例］
1. 赤い車と白い車が見えるでしょ。あの赤い車が彼女のです。
2. 万年筆を持っているんだ。その万年筆は高いんだぜ。
3. ノートがたくさんある。(それらの)青いノートは私のです。
4. ユキコはあの大きな窓(複数)を閉めています。

第4課 人称代名詞と冠詞

[練習 4-7]

太字の部分に注意して，次の文をエスペラントに訳してください。

1. 鳥が飛んでいる。**あの**猟師が**その**鳥をねらっている。
 [単語] 鳥 birdo, 飛んでいる flugas, 猟師 ĉasisto
 ねらっている celas

2. 雪がはげしくふっている。**その**かわいそうな少女はマッチ(複数)を燃やしている。
 [単語] 雪 neĝo, はげしく furioze, ふっている falas
 かわいそうな malfeliĉa, 少女 knabino, 燃やしている bruligas
 マッチ alumeto

3. 私たちは野菜(複数)を見ている。**この**キュウリは新鮮そうだ。
 [単語] 私たち ni, 見ている vidas, 野菜 legomo
 キュウリ kukumo, 〜そうだ ŝajnas, 新鮮な freŝa

[解答例] 1. Birdo flugas. *La* ĉasisto celas *la* birdon. 2. Neĝo furioze falas. *La* malfeliĉa knabino bruligas alumetojn.
3. Ni vidas legomojn. *La* kukumo ŝajnas freŝa.

＊　＊　＊

★はじめて話題にのぼるものでも，おたがいに周知のものや，目の前に見えているもの，また，"lasta"「最後の，最新の」"tuta"「全部の」"sama"「同じ」などの形容詞に修飾されている場合は冠詞をつけます。

	[単語]	[訳例]
1. la homaro	homaro 人間の集まり	1. 人類
2. la tero	tero 陸地/地球	2. 地球
3. la suno	suno 恒星/太陽	3. 太陽
4. la tuta urbo	urbo 町	4. (この)町全体
5. la lasta dimanĉo	dimanĉo 日曜日	5. この前の日曜日

4.2.2 総称用法

★ ［冠詞の総称用法］総称とは，そのものが属する種全体を代表させたり，全部を残らずあげて表わすことです。

★ ［**la** + 名詞単数 **-o**］冠詞と名詞単数を組み合わせて，種を代表させることができます。日本語の「(およそ)～というもの(はすべて)」という表現に相当します。

1. **la** homo
2. **la** viro
3. **la** mono
4. **la** aventuro

1. (およそ)人間というもの(はすべて)
2. (およそ)男というもの(はすべて)
3. (およそ)お金というもの(はすべて)
4. (およそ)冒険というもの(はすべて)

［単語］homo 人間, viro 男, mono お金, aventuro 冒険

1. **La homo** estas kruela besto.
2. **La viro** estas stulta vivaĵo.
3. **La mono** putrigas konsciencon.
4. **La aventuro** hardas junulon.

［単語］kruela 残酷な, besto 動物
stulta 愚かな, vivaĵo 生きもの
putrigas 腐らせる
konscienco 良心
hardas きたえる, junulo 若者

［訳例］[1] 1. 人間(というもの)は残酷な動物である。
2. 男(というもの)は愚かな生きものだ。
3. 金(というもの)は良心を腐らせる。
4. 冒険(というもの)は若者をきたえる。

★ ［限定と総称の区別］冠詞が限定を表わすか総称を表わすかは，文の意味や文脈から判断します。

［単語］

1. **La studento** havas aŭton. studento 学生, havas 持っている

---

[1] 次のように，冠詞を用いずに，単数で総称を表わすこともできます。冠詞を用いるのは，格式ばった表現といえます。

1. *Homo* estas kruela besto. 2. *Viro* estas stulta vivaĵo.

抽象名詞や物質名詞の場合は，冠詞なしで総称を表わすのが普通です。

3. *Mono* putrigas konsciencon. 4. *Aventuro* hardas junulon.

第4課 人称代名詞と冠詞

2. **La virino** estas interpretisto.　　　aŭto 自動車, virino 女性
　　　　　　　　　　　　　　　　　　interpretisto 通訳
　　［訳例］1. その学生は車を持っている。
　　　　　　？学生というものは(すべて)車をもっているものである。
　　　　　　2. その女性は通訳である。
　　　　　　？女性というものは(すべて)通訳である。

★ ［**la** + 名詞複数 **-oj**］は，日本語の「〜みな，〜全部」という表現に相当します。

・studentoj　　(なん人かの)学生たち　　la studentoj　学生たちみな
・librojn　　　(なん冊かの)本を　　　　la librojn　　本をみな
・infanoj　　　(なん人かの)子どもたち　la infanoj　　子どもたちみな

1. Ili estas *studentoj* de mia klaso.　　　［単語］ili 彼ら
2. Ili estas **la studentoj** de mia klaso.　　de [1)] mia klaso 私のクラスの
3. Mi legis *librojn* de la aŭtoro.　　　　mi 私, legis [2)] 読みました
4. Mi legis **la librojn** de la aŭtoro.　　　de la aŭtoro その著者の
　　［訳例］1. 彼らは私のクラスの生徒たち(一部)です。
　　　　　　2. 彼らが私のクラスの生徒たち(全員)です。
　　　　　　3. 私はその著者の本を(いくつか)読んだことがあります。
　　　　　　4. 私はその著者の本を全部読みました。

［練習 4-8］

斜体字の部分に注意して次の文を日本語に訳してください。

1. *La amo* nuligas nian prudenton.
2. *La vero* ĉiam venkas.
3. Mi konas *estraranojn* de la asocio.
4. Mi konas *la estraranojn* de la asocio.

---

1) この "de" は前置詞といいます。第8課で説明します。
2) 語尾が "-is" の動詞の形を「過去形」といいます。第5課で説明します。

4.2 冠詞

［単語］
1. amo 愛, nuligas 無にする, nia 私たちの, prudento 思慮
2. vero 真実, ĉiam [1] 常に, venkas 勝利する
3. mi 私, konas 知っている, estrarano de la asocio その協会の理事

　　［解答例］1. 愛(というもの)は私たちの思慮を失わせる。2. 真実(というもの)は常に勝利する。3. 私はその協会の理事たちのなん人かを知っています。4. 私はその協会の理事たちを,みな知っています。

---

[1] "ĉiam" は指示副詞です。第20課で説明します。

第 5 課　動詞

■第4課までの学習で,「〜は…である,〜が…している」など, 事実や現在の状態を相手に伝える文が作れるようになりました。この課を読み終われば, 過去のできごとや未来の予定などを相手に伝えることができるようになります。

■この課の［単語］から, 特に必要がある場合以外は, 冠詞 "la" の説明を省略します。

5.1　動詞の時制

★［動詞の時制］動詞の時制とは, 過去, 現在, 未来を表わす動詞の形です。日本語の次のような表現に相当します。

現在	過去	未来
〜である	〜であった	〜になるだろう
読む/読んでいる	読んだ	読むだろう
食べる/食べている	食べた	食べるだろう

★［時制と語尾］動詞の語尾 "as" は, その動詞が「現在形」であることを示しています。

動詞現在形		語根	語尾
estas	〜である	est-	-as
legas	読む/読んでいる	leg-	-as
manĝas	食べる/食べている	manĝ-	-as

★この語尾 "as" を "is", "os" に交換すれば, それぞれ過去形, 未来形になります。例外や不規則変化動詞はありません。

5.1 動詞の時制

★ ［不定形］動詞は辞書に不定形 "-i" [1] の形で載っています。ここからの［単語］では，動詞を不定形で示すことにします。

不定形 -i	現在形 -as	過去形 -is	未来形 -os
esti 〜である(こと)	estas 〜である	estis 〜であった	estos 〜となるだろう
legi 読む(こと)	legas 読む/読んでいる	legis 読んだ	legos 読むだろう
manĝi 食べる(こと)	manĝas 食べる/食べている	manĝis 食べた	manĝos 食べるだろう

［練習 5-1］

次の動詞の，現在形，過去形，未来形を書いてください。

1. kalkuli　計算する(こと)　　2. kuiri　料理する(こと)
3. ripeti　くりかえす(こと)　　4. marŝi　行進する(こと)

　　　［解答］1. kalkulas, kalkulis, kalkulos　2. kuiras, kuiris, kuiros
　　　　　　 3. ripetas, ripetis, ripetos　4. marŝas, marŝis, marŝos

5.1.1 現在形

★ ［-as］現在形は，事実や判断，状態，同じ動作の反復などを述べる場合に用います。

［単語］

1. Mamuloj **havas** hararon.　　mamuloj ホ乳類, havi 〜がある
　　　　　　　　　　　　　　　　hararo 毛, via あなたの
2. Via opinio **pravas**.　　　　opinio 意見, pravi 正しい
3. Ili **estas** feliĉaj.　　　　ili 彼らは, feliĉa 幸せな
4. Mi **promenas** ĉiumatene.　　mi 私, promeni 散歩する
　　　　　　　　　　　　　　　　ĉiumatene 毎朝

---

[1] 語尾が "-i" の動詞のかたちを「不定形」というのに対して，語尾が "-as, -is, os" などのかたちを「定形」といいます。第12課149ページ脚注の動詞の活用表を参照。「不定形」には「〜すること」という意味がありますが，それについては，第16課で学びます。

第5課 動詞

    5. La tero **estas** globa.   la tero 地球, globa 球形の

      ［訳例］ 1. ホ乳類には毛がある。   2. あなたの意見は正しい。
                  3. 彼らは幸せだ。   4. 私は毎朝散歩します。
                  5. 地球は球形である。

★［進行中］現在形で，事実だけでなく，動作が進行中であることも表現できます。

現在形	事実	進行中
promenas	散歩する	散歩している
promenigas	散歩させる	散歩させている
televidas	テレビをみる	テレビをみている

  1. Keiko nun **promenigas** hundon.   ［単語］nun [1] 今, hundo 犬
  2. Mia patro nun **televidas**.   mia 私の, patro 父

      ［訳例］ 1. ケイコは今犬を散歩させています。
                  2. お父さんは今テレビをみている。

★文中で使われている副詞や文脈によって，事実と進行中を区別します。
                              ［単語］ĉiutage 毎日

  1. Keiko **ĉiutage** promenigas hundon.   ［事実］
  2. Keiko **nun** promenigas hundon.   ［進行中］

      ［訳例］ 1. ケイコは毎日犬を散歩させます。
                  2. ケイコは今犬を散歩させています。

  3. Mia patro **ĉiutage** televidas.   ［事実］
  4. Mia patro **nun** televidas.   ［進行中］

      ［訳例］ 3. 父は毎日テレビをみます。
                  4. 父は今テレビをみています。

---

[1] "nun" は原形副詞です。原形副詞については第6課で説明します。

[練習 5-2]

次の文を日本語に訳してください。

1. Kenta akvumas la florojn ĉiutage.　　[単語] akvumi 水をやる
2. Kenta nun akvumas la florojn.　　　　floro 花, ŝi 彼女
3. Ŝi ludas pianon en ĉiu mardo.　　　　ludi ひく, piano ピアノ
4. Ŝi nun ludas pianon.　　　　　　　　en ĉiu mardo 毎週火曜日に

[解答例] 1. ケンタは毎朝その花に水をやります。2. ケンタは今その花に水をやっています。3. 彼女は毎週火曜日にピアノをひきます。4. 彼女は今ピアノをひいています。

5.1.2　過去形

★ [**-is**] 過去形は，過去の事実や状態，過去の時点での動作や状態の開始，終了を述べる場合に用います。

1. Pasaĝera aviadilo **falis** hieraŭ. Multaj homoj **mortis**.
2. Jumiko **estis** malsana longe. Ŝi jam **resaniĝis**.
3. **Komenciĝis** kverelo. Ni **fariĝis** malgajaj.
4. Malfacila laboro ĵus **finiĝis**.

[単語] 1. pasaĝera 旅客の, aviadilo 飛行機, fali 落ちる, hieraŭ 昨日(原形副詞), multa たくさんの, homo 人, morti 死ぬ

2. Jumiko 人名：ユミコ, malsana 病気の, longe 長いこと, ŝi 彼女, jam もう(原形副詞), resaniĝi 健康を回復する

3. komenciĝi 始まる, kverelo 口げんか, ni 私たち, fariĝi ～になる, malgaja 不機嫌な

4. malfacila 困難な, laboro 仕事, ĵus たった今(原形副詞), finiĝi 終る

[訳例] 1. 昨日旅客機が墜落した。たくさんの人が死んだ。
2. ユミコはずっと病気でした。彼女はもう元気になりました。
3. 口げんかが始まった。私たちは不機嫌になった。
4. 困難な仕事がたった今終った。

第5課 動詞

5.1.3 未来形

★ ［-os］未来形は，予想される未来の事実や状態や，未来の時点での動作や状態の開始，終了を述べる場合に用います。

1. Vi certe **fariĝos** feliĉa.
2. Trajno tuj **venos**.
3. Morgaŭ ni **havos** ekzamenon.
4. Mi **vizitos** vin morgaŭ.
5. Baldaŭ la malferma soleno **komenciĝos**.

  ［単語］1. vi あなた, certe きっと, fariĝi 〜になる, feliĉa 幸福な
  2. trajno 列車, tuj すぐに(原形副詞), veni 来る
  3. morgaŭ 明日(原形副詞), ni 私たち, havi 〜を持っている/がある, ekzameno 試験
  4. mi 私, viziti 訪問する
  5. baldaŭ 間もなく(原形副詞), malferma 開会の, soleno 式典, komenciĝi 始まる

  ［訳例］[1] 1. 君はきっと幸せになるでしょう。
  2. 列車はすぐに来るでしょう。
  3. 明日は試験があるでしょう。
  4. 明日うかがうつもりです。
  5. もうじき(その)開会式が始まるでしょう。

［練習 5-3］
次の文を日本語に訳してください。

1. Ni nun tendumas. La ĉielo estas blua, kaj la suno brilas.
2. Hodiaŭ matene mia patro kaptis fiŝojn.
3. Mia patrino nun pretigas tagmanĝon.

---

1) ここでは未来の事柄であることを強調する訳を示しておきますが，次のような訳の方が自然な日本語といえます：1. 君はきっと幸せになる。2. 列車はすぐ来ます。3. あすは試験があります。4. 明日うかがいます。5. もうじき(その)開会式が始まります。
日本語では，その文の表わす内容が未来かどうか，文末に明示されない場合があるので，日本文をエスペラントに訳す時には注意が必要です。

4. Baldaŭ la tablo fariĝos preta.

5. Ni kune prenos tagmanĝon.

6. La rostitaj fiŝoj certe estos bongustaj.

[単語] 1. ni 私たち, nun 今, tendumi キャンプをする, la ĉielo 空, blua 青い, kaj そして, suno 太陽, brili 輝く

2. hodiaŭ 今日, matene 朝, mi 私, patro 父, kapti つかまえる, fiŝo 魚

3. patrino 母, pretigi 用意する, tagmanĝo 昼食

4. baldaŭ 間もなく, tablo 食卓, fariĝi 〜になる, preta 用意のできた

5. kune いっしょに, preni 食べる

6. rostita 焼いた, certe きっと, bongusta おいしい

[解答例] 1. 私たちは今キャンプをしています。空は青く, 太陽が輝いています。2. けさ, 父が魚をとりました。3. 母は今昼食の準備をしています。4. もうすぐ(その)食卓の用意がととのいます。5. 私たちはいっしょにお昼を食べます。6. (その)焼いた魚はきっとおいしいことでしょう。

[練習 5-4]

次の文をエスペラントに訳してください。

1. 昨日私はたくさん働いた。私は今疲れている。私は今日家で過ごす(だろう)。　　[単語] 昨日 hieraŭ, 私 mi, たくさん multe, 働く labori 疲れている esti laca, 今日 hodiaŭ, 家で過ごす resti hejme

2. 私は昨日本を買った。その本はおもしろい。私は今それを読んでいる。私は間もなくそれを読み終る(だろう)。

[単語] 本 libro, 買う aĉeti, その la, おもしろい interesa 今 nun, それ ĝi, 読む legi, 間もなく baldaŭ, 読み終える finlegi

[解答例]【*KD】1.* Hieraŭ mi multe laboris. Mi nun estas laca. Mi restos hejme hodiaŭ.

2.* Hieraŭ mi aĉetis libron. La libro estas interesa. Mi nun legas ĝin. Mi finlegos ĝin baldaŭ.

第5課 動詞

5.2 他動詞と自動詞

★動詞には，他動詞と自動詞の区別があります。¹⁾【*KD】

- 他動詞 .... ほかの人や物に働きかける意味を持つ動詞
- 自動詞 .... 自ら変化をとげる意味を持つ動詞

他動詞	自動詞
naski　(〜を)うむ	naskiĝi　(〜が)うまれる
fermi　(〜を)閉める	fermiĝi　(〜が)閉まる
pasigi　(〜を)過ごす	pasi　(〜が)過ぎる
bruligi　(〜を)燃やす	bruli　(〜が)燃える

1.* Nia kato **naskis** idon.　　Katido **naskiĝis**. ²⁾
2.* Li **fermis** la pordon.　　La pordo **fermiĝis**.
3.* Ili **pasigis** gajajn tagojn.　　La gajaj tagoj **pasis**.
4.* Mi **bruligis** rubaĵon.　　La rubaĵo **brulis**.

　　　　　　　［単語］　1. nia 私たちの, kato 猫, ido 子ども, katido 子猫
　　　　　　　　　　　2. li 彼, pordo 戸
　　　　　　　　　　　3. ili 彼ら, gaja 楽しい, tago 日
　　　　　　　　　　　4. mi 私, rubaĵo ごみ

　　　［訳例］　1. うちの猫が子どもを生んだ。　　子猫が生まれた。
　　　　　　　2. 彼はその戸を閉めた。　　　　　その戸は閉まった。
　　　　　　　3. 彼らは楽しい日々を過ごした。　その楽しい日々は過ぎた。
　　　　　　　4. 私はごみを燃やした。　　　　　そのごみは燃えた。

---

1) エスペラントと同様に，日本語の動詞も他動詞と自動詞の区別が明確ですが，たとえば「(〜が/〜を)解散する」「(〜が/〜を)実現する」「(〜が/〜を)移動する」などのように，両方に使えるものもあります。

2) 自動詞を他動詞に変える接尾辞 "-ig-" と，他動詞を自動詞に変える接尾辞 "-iĝ-" については，第14課参照。

5.2 他動詞と自動詞

[練習 5-5]

斜体字の部分に注意して，次の文を日本語に訳してください。

1. La tertremo *detruis* la tutan urbon.　La tuta urbo *detruiĝis*.
2. La akcidento *vundis* lin.　　　　　　Li *vundiĝis*.
3. La novaĵo *surprizis* nin.　　　　　　Ni *surpriziĝis*.
4. Mi *haltigis* la taksion.　　　　　　　La taksio *haltis*.

[単語]
1. tertremo 地震, detrui (〜を)破壊する, la tuta 全体の, urbo 町, detruiĝi (〜が)壊れる
2. akcidento 事故, vundi (〜を)負傷させる, li 彼, vundiĝi (〜が)負傷する
3. novaĵo ニュース, surprizi (〜を)驚かす, ni 私たち, surpriziĝi (〜が)驚く
4. mi 私, haltigi (〜を)止める, taksio タクシー, halti (〜が)止まる

[解答例] 1. その地震は町全体を破壊した。町全体がめちゃくちゃになった。2. その事故が彼をけがさせた。彼は負傷した。3. そのニュースは私たちを驚かせた。私たちは驚いた。4. 私はそのタクシーを止めた。そのタクシーは止まった。

[練習 5-6]

太字の部分に注意して，次の文をエスペラントに訳してください。

1. 私はその小麦粉と(その)塩を**まぜた**。その小麦粉と(その)塩は**まざった**。　　　　[単語] 私 mi, その la, 小麦粉 faruno, 〜と... kaj 塩 salo, (〜を)まぜる miksi, (〜が)まざる miksiĝi

2. 私たちの事業は**進展している**。私たちは私たちの事業を**進展させている**。　　　　　[単語] 私たちの nia, 事業 afero (〜が)進展する progresi, (〜を)進展させる progresigi

[解答例] 1. Mi miksis la farunon kaj la salon. La faruno kaj la salo miksiĝis. 2. Nia afero progresas. Ni progresigas nian aferon.

第5課 動詞

5.3 瞬間と持続

★動詞の中には，その意味が瞬間的な変化を表わすものと，持続的な状態を表わすものがあります。次のように呼ばれています。[1]

- 点動詞 ………… 瞬間的な変化を表わす
- 線動詞 ………… 持続的な状態を表わす

点動詞		線動詞	
stariĝi	立ちあがる	stari	立っている
naskiĝi	うまれる	vivi	生きている
akiri	手にいれる	havi	持っている

★点動詞の過去形，現在形，未来形は，それぞれ次のような意味になります。点動詞の現在形は，その変化や動作をスローモーションで見ているような感じです。

過去	現在	未来
stariĝis 立ちあがった	stariĝas 立ちあがりつつある	stariĝos 立ちあがるだろう
naskiĝis 生まれた	naskiĝas 生まれつつある	naskiĝos 生まれるだろう
akiris 手にいれた	akiras 手にいれつつある	akiros 手にいれるだろう

★線動詞の過去形，現在形，未来形は，それぞれ次のような意味になります。【*KD】

---

1) 「点動詞」「線動詞」の用語は，阪直(さかただし)さんが提唱したものです。(財)日本エスペラント協会刊「エスペラント日本語辞典」でも採用されています。ひとつの動詞に，点動詞と線動詞の意味がある場合もあります。例：iri 出向く(点動詞)／進行する(線動詞)

5.3 瞬間と持続

過去	現在	未来
staris 立っていた	staras 立っている	staros 立っているだろう
vivis 生きていた	vivas 生きている	vivos 生きているだろう
havis 持っていた	havas 持っている	havos 持っているだろう

1.* Tomoko **stariĝis**. Ŝi nun **staras**.
2.* La maljuna virino malrapide **stariĝas**.

［単語］ŝi 彼女, nun 今, maljuna 年老いた
virino 女性, malrapide ゆっくり

［訳例］ 1. トモコは立ちあがった。彼女は今立っている。
2. その老婦人は、ゆっくり立ちあがろうとしている。(← 立ちあがりつつある)

［単語］
3.* Hundido **naskiĝis**. Ĝi nun **vivas**. hundido 子犬, ĝi それ
4.* Nova sociordo nun **naskiĝas**. nova 新しい
sociordo 社会秩序

［訳例］ 3. 子犬が生まれた。それは今生きている。
4. 新しい社会秩序が今生まれつつある。

［単語］
5.* Mi **akiris** la libron. Mi nun **legas** ĝin. mi 私, libro 本, legi 読む
6.* Mi nun **akiras** novajn sciojn. nova 新しい, scio 知識

［訳例］ 5. 私はその本を手にいれた。今それを読んでいる。
6. 私は今新しい知識を手にいれつつある。

第5課 動詞

[練習 5-7]

斜体字の部分に注意して,次の文を日本語に訳してください。

1. Li *surmetis* jakon. Li nun *portas* la jakon.
2. Li nun malrapide *surmetas* jakon.
3. La aŭto *haltis*.
4. La trajno nun *haltas*.

[単語] 1./ 2. li 彼, surmeti 着込む/着る(点動詞), jako 上着, nun 今, porti 着ている(線動詞), malrapide ゆっくり
3./ 4. aŭto 自動車, halti 止まる(点動詞), trajno 列車

[解答例] 1. 彼は上着を着込んだ。彼は今その上着を着ている。 2. 彼は今,ゆっくり上着を着ているところだ。3. その自動車は止まった。4. その列車は止まりつつある。(= 止まろうとしている)

第 6 課　原形副詞

■「昨日, 今日, 明日」や「とても, あまりにも, かろうじて」など, 時や程度を表わす副詞を学びます。「いつ」のことなのか, そして「どの程度」のことなのかを, 相手に伝えられるようになります。

■名詞や形容詞, 動詞などは「意味」に重点のある単語ですが, この課で学ぶ原形副詞や第9課の前置詞, 13課と24課の接続詞, 19課の指示詞などは「働き」に重点のある単語です。意味に重点のある単語を「意味語」働きに重点のある単語を「機能語」ということにします。ことばの学習では, まず機能語をしっかり身につけることが大切です。

★［原形副詞］副詞には, 語根と語尾 "e" に分けられないものがあります。こういう副詞を「原形副詞」といいます。原形副詞は全部で30個ほどですが, 文の中で大切な働きをします。[1]

★原形副詞を, 次の三つのグループに分けて説明します。[2]

　　1. 時に関するもの　　2. 程度に関するもの　　3. そのほかのもの

6.1　時

★［時に関する原形副詞］次にあげる原形副詞のうちのいくつかは, これまでの例文の中にも出てきました。

・ankoraŭ	まだ	・hieraŭ	昨日
・hodiaŭ	今日	・morgaŭ	明日
・baldaŭ	間もなく	・jam	すでに, もう
・ĵus	たった今	・nun	今
・tuj	すぐに		

---

[1] 語根と語尾 "-e" に分けられる副詞を「派生副詞」といいます。
[2] この課であげるもの以外に, "ajn, ĉi, ĉu, ne" がありますが, ほかの課で説明します。

第6課 原形副詞

★ ［時に関する原形副詞の配置］時に関する原形副詞は，文の中の配置が自由ですが，置く位置によって印象が少し変わります。

1. Mi ricevis vian leteron **hieraŭ**.
2. **Hieraŭ** mi ricevis vian leteron.
3. Mi **hieraŭ** ricevis vian leteron.
4. Mi ricevis **hieraŭ** vian leteron.

［単語］mi 私
ricevi 受けとる
via あなたの
letero 手紙

［訳例］1. 私はあなたのお手紙を昨日受けとりました。
2. 私があなたのお手紙を受けとったのは昨日です。
3. 昨日私はあなたのお手紙を受けとりました。
4. 私は昨日あなたのお手紙を受けとりました。

［練習 6-1］

斜体字の原形副詞に注意して，次の文を日本語に訳してください。

1. Frumatene li eklaboris. *Ankoraŭ* li laboras.
2. *Hieraŭ* ni plugis. *Hodiaŭ* ni semis. Ni vidos ĝermojn *baldaŭ*.
3. Ni havos ekzamenon *morgaŭ*.
4. La tempo pasinta *jam* ne revenos.
5. Mi *ĵus* finis mian taskon.
6. Nova ideo *nun* naskiĝas.
7. Mi fermis la fenestron, sed mia frato *tuj* ĝin malfermis denove.

［単語］
1. frumatene 早朝, li 彼, eklabori 働き始める, labori 働く
2. ni 私たち, plugi 畑を耕す, semi 種をまく, vidi 見る, ĝermo 芽
3. havi 〜がある, ekzameno 試験
4. tempo 時, pasinta 過ぎ去った, ne 〜ない, reveni もどる
5. mi 私, fini 終える, tasko 課題
6. nova 新しい, ideo 思想, naskiĝi 生まれる
7. fermi 閉じる, fenestro 窓, sed だが/しかし[1], frato 兄/弟, ĝi それ, malfermi 開ける, denove ふたたび/また

---

[1] "sed" は等位接続詞です。第13課で説明します。

[解答例] 1. 朝早く彼は働き始めた。そしてまだ働いている。2. 私たちは昨日畑を耕した。今日種をまいた。間もなく芽が出るだろう。3. 明日試験があります。4. 過ぎ去った(その)時はもうもどってこない。5. 私はたった今課題を終えたところだ。6. 新しい思想が今生まれつつある。7. 私は窓を閉めた。だが，弟がすぐにまた開けてしまった。

[練習 6-2]

太字の部分に注意して，次の文をエスペラントに訳してください。

1. 私は**昨日**本を買いました。　　　　[単語] 私 mi, 本 libro, 買う aĉeti
2. 私は**今**その本を読んでいます。　　　　　　その la, 読む legi
3. 私は**間もなく**その本を読み終えるでしょう。　　読み終える finlegi
4. 彼は**すぐに**もどります。　　　　　　　　彼は li, もどる reveni
5. 彼は**今日**出発します。　　　　　　　　　　　出発する ekiri
6. 彼は**明日**来るでしょう。　　　　　　　　　　　来る veni
7. その講演は**たった今**始まったところです。　　　講演 prelego
8. その講演は**まだ**続いています。　　　　　　　始まる komenciĝi
9. その講演は**すでに**終わりました。　　続く daŭri, 終わる finiĝi

[解答例]【*KD】
1.* Mi aĉetis libron *hieraŭ*.　　2.* Mi legas la libron *nun*.
3.* Mi finlegos la libron *baldaŭ*.　4.* Li revenos *tuj*.
5.* Li ekiros *hodiaŭ*.　　　　6.* Li venos *morgaŭ*.
7.* La prelego *ĵus* komenciĝis.　8.* La prelego *ankoraŭ* daŭras.
9.* La prelego *jam* finiĝis.

6.2 程度

★ [程度を表わす原形副詞] 次の原形副詞は，程度を表わします。

- apenaŭ　　かろうじて/やっと
- tre　　　　たいへん, とても
- preskaŭ　　ほとんど
- tro　　　　あまり〜すぎる

第6課 原形副詞

★これらの原形副詞は，修飾する動詞や形容詞（斜体字の部分）の直前に置くのが普通です。【*KD】

[単語]

1.* Mi **apenaŭ** *aŭdas* vian voĉon.　　mi 私, aŭdi 聞く, via あなたの
2.* Mi **preskaŭ** *finis* la taskon.　　voĉo 声, fini 終える
3.* Li estas **tre** *fama* advokato.　　tasko 課題, li 彼, fama 有名な
4.* Tomoko insultis lin **tro** *furioze*.　　advokato 弁護士
　　　　　　　　　　　　　　　　　　insulti ののしる, furioze 激しく

[訳例]　1. 私はかろうじてあなたの声が聞こえます。
　　　　2. 私はその課題をほとんど終えました。
　　　　3. 彼はとても有名な弁護士です。
　　　　4. トモコは彼をあまりにも激しくののしりすぎた。

[練習 6-3]

太字の部分に注意して，次の文をエスペラントに訳してください。

1. 私たちは彼女の意見を**かろうじて**理解した。

　　　[単語] 私たち ni, 彼女の ŝia, 意見 opinio, 理解する kompreni

2. 私は彼のたくらみを**ほとんど**予見した。

　　　[単語] 私 mi, 彼の lia, たくらみ intrigo, 予見する antaŭvidi

3. 私の妹は今日**とても**早く起きました。

　　　[単語] 妹 fratino, 今日 hodiaŭ, 早く frue, 起きる ellitiĝi

4. 君は (あまりにも) 神経質**すぎる**。

　　　[単語] 君 vi, 神経質な nervoza, 〜である esti

[解答例] 1. Ni *apenaŭ* komprenis ŝian opinion. 2. Mi *preskaŭ* antaŭvidis lian intrigon. 3. Mia fratino ellitiĝis *tre* frue hodiaŭ. 4. Vi estas *tro* nervoza.

6.3 そのほかの原形副詞

★次にあげる原形副詞は，形容詞や動詞，副詞ばかりでなく名詞や代名詞も修飾します。

- almenaŭ　(少なくとも)〜だけは
- ankaŭ　〜も
- eĉ　　　〜さえ
- nur　　〜だけ

★こういう原形副詞は，直後に置かれた単語を修飾します。

1. almenaŭ mi	［訳例］1. (少なくとも)私だけ
2. almenaŭ lernis	2. (少なくとも)学びはした
3. almenaŭ kemion	3. (少なくとも)化学(を)だけは
4. eĉ mi	4. 私でさえ
5. eĉ kemion	5. 化学(を)でさえ

［単語］mi 私, lerni 学ぶ, kemio 化学

1. **Almenaŭ mi** lernis kemion.　　［訳例］1. 私だけは化学を学んだ。
2. Mi **almenaŭ lernis** kemion.　　2. 私は化学を学びはした。
3. Mi lernis **almenaŭ kemion**.　　3. 私は化学だけは学んだ。
4. **Eĉ mi** lernis kemion.　　4. 私でさえ化学を学んだ。
5. Mi lernis **eĉ kemion**.　　5. 私は化学さえ学んだ。

［練習 6-4］

斜体字の部分に注意して，次の文を日本語に訳してください。

1. *Nur* mi amas vin.　　　　［単語］nur 〜だけ, mi 私
2. Mi *nur* amas vin.　　　　ami 愛している
3. Mi amas *nur* vin.　　　　vi あなた

　　［解答例］1. あなたを愛しているのは私だけだ。2. 私はあなたを愛しているだけだ。3. あなた以外に私が愛する人はいない。(← 私はあなただけを愛している)

第6課 原形副詞

[練習 6-5]

太字の部分に注意して，次の文をエスペラントに訳してください。

1. 私にも娘がいます。　　　　　［単語］私 mi, 〜も ankaŭ

2. 私には**娘も**います。　　　　　　　　娘 filino, 〜がいる havi

　　　［解答例］1. *Ankaŭ* mi havas filinon. 2. Mi havas *ankaŭ* filinon.

＊　＊　＊

★ [**ambaŭ**]「両方の〜」は，名詞を修飾する形容詞的な原形副詞です。[1]

1. Li tenas la standardon alte per **ambaŭ** manoj.
2. Ŝi perdis la vidpovon de **ambaŭ** okuloj.

　　　　　　　［単語］1. li 彼は, teni 支える, standardo 旗,
　　　　　　　　　　　alte 高く, per 〜で, mano 手
　　　　　　　　　　2. ŝi 彼女は, perdi 失う, vidpovo 視力,
　　　　　　　　　　　de 〜の, okulo 目

　　　　　　　［訳例］1. 彼は旗を両手で高く掲げている。
　　　　　　　　　　　2. 彼女は両眼の視力を失った。

---

1) "ambaŭ" には代名詞用法もあります。361ページ脚注参照。

第7課　否定文と疑問文

■「〜ではない」と，打ち消しの内容を伝えたり，「〜ですか？」と相手に質問することができるようになります。

7.1 否定文

★ [**ne**] 打ち消しを表わす原形副詞 "ne"「〜ではない」を述語動詞 (斜体字の部分) の前に置けば，否定文ができます。

［単語］

1. Li **ne** *estas* studento.　　　li 彼, studento 学生, mi 私
2. Mi **ne** *amas* karoton.　　　ami 好きである, karoto ニンジン
3. Ŝi **ne** *naĝis* hieraŭ.　　　ŝi 彼女, naĝi 泳ぐ, hieraŭ 昨日
4. Ili **ne** *vizitos* min morgaŭ.　ili 彼ら, viziti 訪問する, morgaŭ 明日

　　　　　［訳例］　1. 彼は学生ではありません。
　　　　　　　　　2. 私はニンジンが好きではありません。
　　　　　　　　　3. 彼女は昨日泳ぎませんでした。
　　　　　　　　　4. 彼らは明日私を訪問しないでしょう。

★ [**ne** の配置] 原形副詞 "ne" は，述語動詞にかぎらず，直後の単語を打ち消します。"ne" の位置によって文の意味が変わるので，注意が必要です。

- ne amas　　　好きではない　　　1. Mi **ne amas** karoton.
- ne karoton　　ニンジン(を)ではない　2. Mi amas **ne karoton**.
- ne naĝis　　　泳がなかった　　　3. Ŝi **ne naĝis** hieraŭ.
- ne hieraŭ　　　昨日ではない　　　4. Ŝi naĝis **ne hieraŭ**.

　　　　　［訳例］　1. ぼくはニンジンが好きじゃない。
　　　　　　　　　2. ぼくの好きなのはニンジンじゃない。
　　　　　　　　　3. 彼女は昨日泳ぎませんでした。
　　　　　　　　　4. 彼女が泳いだのは昨日ではありませんでした。

第7課 否定文と疑問文

[練習 7-1]

斜体字の部分に注意して次の文を日本語に訳してください。

1. La vivo *ne* estas longa.
2. Li amas min, sed mi *ne* amas lin.
3. Kenta *ne perdis* horloĝon.
4. Kenta perdis *ne horloĝon*.
5. Perdis horloĝon *ne Kenta*.

[単語] la vivo 人生, longa 長い, li 彼, ami 愛している, mi 私, sed しかし, perdi なくす, horloĝo 時計

[解答例] 1. 人生(というもの)は長くない。 2. 彼は私を愛している。しかし、私は彼を愛していない。 3. ケンタは時計をなくさなかった。 4. ケンタがなくしたのは時計ではない。 5. 時計をなくしたのはケンタではない。

[練習 7-2]

次の文をエスペラントに訳してください。

1. 私はがんこな人は好きではありません。

[単語] 私 mi, 好き ami, がんこな obstina, 人 homo

2. あなたは行儀が良くない。

[単語] あなた vi, 行儀の良い ĝentila, 〜である esti

3. カオリは物理を勉強していない。 [単語] 物理 fiziko, 勉強する lerni

4. カオリが勉強しているのは物理ではない。

5. 物理を勉強しているのはカオリではない。

[解答例] 1. Mi ne amas obstinan homon. 2. Vi ne estas ĝentila. 3. Kaori ne lernas fizikon. 4. Kaori lernas ne fizikon. 5. Lernas fizikon ne Kaori.

7.2 疑問文

★ [**Ĉu ... ?**] 疑問文をつくる原形副詞 "Ĉu"「～か？」を文頭に，そして文末に疑問符 "?" を置けば疑問文ができます。

- Vi estas malsata. → 1. **Ĉu** vi estas malsata?
- Ili estas feliĉaj. → 2. **Ĉu** ili estas feliĉaj?
- Vi havas pasporton. → 3. **Ĉu** vi havas pasporton?
- Li konfesis la veron. → 4. **Ĉu** li konfesis la veron?
- Ŝi fariĝos instruisto. → 5. **Ĉu** ŝi fariĝos instruisto?

[単語] 1. vi あなた, malsata 空腹の
2. ili 彼ら, feliĉa 幸福な
3. havi 持っている, pasporto パスポート
4. li 彼は, konfesi 告白する, vero 真実
5. ŝi 彼女, fariĝi ～になる, instruisto 教師

[訳例] 1. あなたはおなかがすいていますか。
2. 彼らは幸せなんでしょうか。
3. あなたはパスポートをお持ちですか。
4. 彼は(その)真実を告白しましたか。
5. 彼女は教師になるつもりですか。

[練習 7-3]

次の文を疑問文に変えてください。また，変えた文を日本語に訳してください。

1. Li estas advokato.　　　[単語] li 彼, advokato 弁護士
2. Vi amas celerion.　　　vi あなた, ami 好き, celerio セロリ
3. Vi trotados morgaŭ.　　trotadi ジョギングする, morgaŭ 明日
4. Ili aĉetis tomaton.　　　ili 彼ら, aĉeti 買う, tomato トマト

[解答例] 1. Ĉu li estas advokato? 彼は弁護士ですか。 2. Ĉu vi amas celerion? セロリは好きですか。 3. Ĉu vi trotados morgaŭ?

第7課 否定文と疑問文

明日ジョギングしますか。4. Ĉu ili aĉetis tomaton? 彼らはトマトを買いましたか。

* * *

★ [**ĉu** 疑問文に対する答え] "ĉu"ではじまる疑問文には, 原形副詞 "Jes."「はい」または "Ne."「いいえ」で答えます。"ne" には,「〜ではない」という打ち消しと,「いいえ」という返事の, 二つの意味があります。【*KD】

1.* Ĉu vi estas malsata?
  Jes, mi estas malsata.   **Ne**, mi **ne** estas malsata.

2.* Ĉu ili estas feliĉaj?
  Jes, ili estas feliĉaj.   **Ne**, ili **ne** estas feliĉaj.

3.* Ĉu vi havas pasporton?
  Jes, mi havas pasporton.   **Ne**, mi **ne** havas pasporton.

4.* Ĉu li konfesis la veron?
  Jes, li konfesis la veron.   **Ne**, li **ne** konfesis la veron.

5.* Ĉu ŝi fariĝos instruisto?
  Jes, ŝi fariĝos instruisto.   **Ne**, ŝi **ne** fariĝos instruisto.

［訳例］
1. あなたはおなかがすいていますか。
  ええ, すいています。 いいえ, すいていません。
2. 彼らは幸せなんでしょうか。
  ええ, 幸せです。 いいえ, 幸せではありません。
3. あなたはパスポートをお持ちですか。
  はい, 持っています。 いいえ, 持っていません。
4. 彼は(その)真実を告白しましたか。
  ええ, 告白しました。 いいえ, 告白しませんでした。
5. 彼女は教師になるつもりですか。
  はい, そうです。 いいえ, ちがいます。

7.2 疑問文

[練習 7-4]

次の質問に自分の立場で答えてください。

1. Ĉu vi estas terano?　　　　　　［単語］vi あなた, terano 地球人
2. Ĉu vi havas voston?　　　　　　havi 持っている, vosto しっぽ
3. Ĉu via patro manĝas leonon?　　patro 父親, manĝi 食べる
　　　　　　　　　　　　　　　　leono ライオン
4. Ĉu viaj gepatroj manĝas rizon?　gepatroj 両親, rizo お米/ごはん
5. Ĉu via patrino trinkas bieron?　 patrino 母親, trinki 飲む
　　　　　　　　　　　　　　　　biero ビール, ami 好き
6. Ĉu vi amas Esperanton?　　　　Esperanto エスペラント

　　［解答例］1. Jes, mi estas terano. / Ne, mi ne estas terano. 2. Jes, mi havas voston. / Ne, mi ne havas voston. 3. Jes, li manĝas leonon. / Ne, li ne manĝas leonon. 4. Jes, ili manĝas rizon. / Ne, ili ne manĝas rizon. 5. Jes, ŝi trinkas bieron. / Ne, ŝi ne trinkas bieron. 6. Jes, mi amas Esperanton.

　　　　　　　　　　　＊　＊　＊

★ ［否定疑問文とその答え］否定疑問文は，打ち消しの形の疑問文です。日本語の「～ではないのですか」という表現に相当します。否定疑問文に対する答えは，「はい」と「いいえ」が日本語とは逆になります。[1]【*KD】

1.* Ĉu vi *ne* partoprenos en la kongreso?　　［単語］vi あなた, mi 私
　　2.* **Jes**, mi partoprenos en ĝi.　　　　partopreni 参加する
　　3.* **Ne**, mi ne partoprenos en ĝi.　　　en ～(の中)に, ĝi それ
　　　　　　　　　　　　　　　　　　　　　kongreso 大会

　　［訳例］1. (その)大会には参加しないのですか。
　　　　　　2. **いいえ**, 参加します。　　3. **はい**, 参加しません。

4.* Ĉu vi *ne* aprobas mian opinion?　　　　［単語］

---

1) エスペラントと同じ発想で，次のように問答する地域もあるそうです。「大会には参加しないの?」「ええ, 参加します」「いいえ, 参加しません」

第7課 否定文と疑問文

5.* **Jes**, mi aprobas ĝin.　　　　　aprobi 同意する
6.* **Ne**, mi ne aprobas ĝin.　　　　opinio 意見

［訳例］　4. 私の意見に同意しないのですか。
　　　　　5. **いいえ**, 同意します。　　6. **はい**, 同意しません。

［練習 7-5］

太字の部分に注意して，次の文をエスペラントに訳してください。

1. 君はぼくを愛していないの？　　　　［単語］君/あなた vi
2. **いいえ**, (私はあなたを) 愛しているわ。　　私/ぼく mi
3. **ええ**, (私はあなたを) 愛していないわ。　　愛している ami

　　　　［解答例］1. Ĉu vi ne amas min? 2. *Jes*, mi amas vin. 3. *Ne*, mi ne amas vin.

　　　　　　　　＊　＊　＊

★ ［付加疑問文］", ĉu ne?" を文末に置くと，相手に確認を求める程度の疑問文「～ですよね？」になります。[1]【*KD】

1.* Vi estas terano**, ĉu ne?**　　　　［単語］vi あなた, terano 地球人
2.* Via patro trinkas vinon**, ĉu ne?**　　patro 父親, trinki 飲む
　　　　　　　　　　　　　　　　　　vino ワイン

　　　［訳例］1. あなたは地球人ですよね。
　　　　　　　2. あなたのお父さんはワインを飲みますよね。

---

1) ", ĉu jes?" が用いられることもあります。
・Via patro ne trinkas vinon, ĉu jes?　あなたのお父さんはワインを飲みませんよね。

第 8 課　前置詞と句

■前置詞と単語を組み合わせて,「〜の中で, 〜の上の…」など, 副詞や形容詞の働きをする単語の集まりを作ることができます。前置詞が導く単語の集まりを用いて, いろいろな情景が表現できるようになります。

■この課の［単語］から, 打ち消しを表わす原形副詞 "ne"「〜ではない」と, 疑問を表わす原形副詞 "ĉu"「〜か？」の説明は省略します。

8.1　前置詞と句

★［前置詞］は単語と単語をつないで, 意味のある単語の集まりをつくります。次の日本語の例の, 助詞「(の上)に, (の上)の, へ, への」に相当します。

単語のられつ	意味のある単語のあつまり
ゆか　寝ころんでいる	ゆか **(の上)に** 寝ころんでいる
ゆか　ほこり	ゆか **(の上)の** ほこり
中国　送る	中国 **へ** 送る
中国　旅	中国 **への** 旅

★次の例の "sur", "al" が前置詞です。

　　　　　　　　　　　　　　　［前置詞］　　　　　［単語］
1. kuŝi **sur** la planko　　　sur　〜(の上)に　　kuŝi 寝ころんでいる
2. polvo **sur** la planko　　sur　〜(の上)の　　planko 床, polvo ほこり
3. sendi **al** Ĉinio　　　　　al　〜へ　　　　　sendi 送る, Ĉinio 中国
4. vojaĝo **al** Ĉinio　　　　al　〜への　　　　vojaĝo 旅
　　　　　［訳例］　1. そのゆか (の上)に 寝ころんでいる

第8課 前置詞と句

　　　　　2. そのゆか (の上)の ほこり
　　　　　3. 中国 へ 送る　　　4. 中国 への 旅

★［前置詞と助詞］前置詞は，日本語の助詞と働きが似ていますが，助詞がうしろから前の名詞にかかるのに対し，前置詞は前からうしろの名詞にかかります。

日本語［名詞...助詞］	エスペラント［前置詞...名詞］
ゆか...の (上)	sur ... la planko
中国...へ	al ... Ĉinio

★［句］前置詞は，名詞などをうしろに従えて句を作ります。句とは，まとまった意味を持つ二つ以上の単語の集まりのことです。

　　　［句］　　　　　　　［前置詞］　　　　　　　［単語］
　1. sur la planko　　　sur　　〜の上　　　　　planko ゆか
　2. al Ĉinio　　　　　　al　　〜へ　　　　　　 Ĉinio 中国
　3. pro kancero　　　　pro　　〜のため(原因)　 kancero ガン
　4. antaŭ la limdato　 antaŭ 〜の前　　　　　　limdato 期日
　5. tra la arbaro　　　 tra　　〜を通って　　　 arbaro 森

　　　［訳例］　1. そのゆかの上　　2. 中国へ　　　3. ガンのため
　　　　　　　　4. その期日の前　　5. あの森を通って

★［前置詞と人称代名詞］代名詞の主格 "mi, vi, li, ŝi, ĝi, ni, ili" も，前置詞と組んで句をつくります。

　　　［句］　　　　　　　［前置詞］　　　　　　　［人称代名詞］
　1. al li　　　　　　　　al　　　〜へ　　　　　　li 彼
　2. kun ili　　　　　　　kun　　〜と　　　　　　 ili 彼ら
　3. por vi　　　　　　　 por　　〜のため　　　　vi あなた
　4. ĉirkaŭ ni　　　　　　ĉirkaŭ 〜のまわり　　　 ni 私たち
　5. antaŭ ŝi　　　　　　 antaŭ 〜の前　　　　　　ŝi 彼女

[訳例]　1. 彼へ　　　2. 彼らと　　　3. あなたのため
　　　　4. 私たちのまわり　　　　5. 彼女の前

[練習 8-1]

次の日本語の表現をエスペラントに訳してください。

	[前置詞]		[単語]
1. その部屋の中	en	〜の中	ĉambro 部屋
2. そのテーブルの下	sub	〜の下	tablo テーブル
3. あの学校まで	ĝis	〜まで	lernejo 学校
4. あなたのほか	krom	〜のほか	vi あなた
5. 彼らについて	pri	〜について	ili 彼ら
6. 彼女のそば	apud	〜のそば	ŝi 彼女
7. 私のうしろ	malantaŭ	〜のうしろ	mi 私

[解答例] 1. en la ĉambro 2. sub la tablo 3. ĝis la lernejo
4. krom vi 5. pri ili 6. apud ŝi 7. malantaŭ mi

＊＊＊

★ [前置詞が導く句の働き] 前置詞が導く句は，文の中で，副詞句または形容詞句の働きをします。日本語の例をあげます。

・副詞句… 副詞の働きをする単語の集まり。動詞を修飾する。

副詞句		動詞
ゆかに	⇒	寝転ぶ
中国へ		送る

・形容詞句…形容詞の働きをする単語の集まり。名詞を修飾する。

形容詞句		名詞
ゆかの	⇒	ほこり
中国への		旅

第8課 前置詞と句

8.2 副詞句

★ ［副詞句］前置詞が導く副詞句は，動詞を修飾し，場所，方向，時，目的，原因，理由，様子などを表わします。

動詞	⟵	前置詞が導く副詞句		
			［前置詞］	
1. kuŝi **sur la planko**		［場所］	sur	～の上に
2. sendi **al Ĉinio**		［方向］	al	～へ
3. fini **antaŭ la limdato**		［時］	antaŭ	～の前に
4. krimi **por mono**		［目的］	por	～のために
5. morti **pro kancero**		［原因］	pro	～ゆえ
6. vivi **en mizero**		［様子］	en	～の中に
7. esti **kun vi**		［様子］	kun	～とともに

　　［単語］1. kuŝi 横になっている, planko ゆか
　　　　　2. sendi 送る, Ĉinio 中国　　3. fini 終える, limdato 期日
　　　　　4. krimi 罪をおかす, mono お金　5. morti 死ぬ, kancero ガン
　　　　　6. vivi 生活する, mizero 貧困　7. esti いる, vi あなた

　　［訳例］1. そのゆか(の上)に横になっている
　　　　　　2. 中国へ送る
　　　　　　3. その期日までに終える (← その期日前に終える)
　　　　　　4. 金のために罪をおかす
　　　　　　5. ガンで死ぬ (← ガンゆえに死ぬ)
　　　　　　6. 貧しく暮す (← 貧困の中で暮らす)
　　　　　　7. あなたとともにいる

［練習 8-2］ ────────────────────────────

次の句を日本語に訳してください。

　　1. kapti en la rivero　　　　　　　　［前置詞］en ～の中
　　2. dormi sur la sofo　　　　　　　　　　　　　 sur ～の上

8.2 副詞句

3. prelegi pri la problemo　　　　　　pri　～について
4. fali pro malsano　　　　　　　　　pro　～ゆえ
5. promeni kun hundo　　　　　　　　kun　～をつれて
6. vivi sen mono　　　　　　　　　　sen　～なしで

　　［単語］
　　1. kapti 捕まえる, rivero 川　　　2. dormi 眠る, sofo ソファー
　　3. prelegi 講演する, problemo 問題　4. fali 倒れる, malsano 病気
　　5. promeni 散歩する, hundo 犬　　6. vivi 生きる, mono お金

　　［解答例］1. その川の中で捕まえる　2. あのソファーの上で眠る
　　3. その問題について講演する　4. 病気で倒れる　5. 犬をつれて散歩する　6. お金なしで生きる

［練習 8-3］────────────────────────
次の日本語の表現をエスペラントに訳してください。

　　　　　　　　　　　　　　　　　　　　　　［前置詞］
1. あの事務所で働く(= あの事務所の中で働く)　　en　～の中で
2. あのバス停へ走る　　　　　　　　　　　　　al　～へ
3. あの嵐で壊れる(= あの嵐ゆえ壊れる)　　　　　pro　～ゆえ
4. あのペンで書く(= あのペンを用いて書く)　　　per　～を用いて
5. 同僚たちと飲む(= 同僚たちとともに飲む)　　　kun　～とともに
6. (その)祭りのために飾る　　　　　　　　　　por　～のために

　　［単語］
　　1. 働く labori, 事務所 oficejo　　2. 走る kuri, 停車場 bushaltejo
　　3. 壊れる detruiĝi, 嵐 uragano　　4. 書く skribi, ペン plumo
　　5. 飲む trinki, 同僚 kolego　　　6. 飾る ornami, 祭り festo

［解答例］1. labori en la oficejo　2. kuri al la bushaltejo
　3. detruiĝi pro la uragano　4. skribi per la plumo　5. trinki kun kolegoj
　6. ornami por la festo

　　　　　　　　　　　　＊　＊　＊

第8課 前置詞と句

★副詞句の中の名詞を，形容詞で修飾することができます。

1. labori en la **komforta** oficejo　　　　［単語］komforta 快適な
2. kuri al la **proksima** bushaltejo　　　　proksima 近くの
3. detruiĝi pro la **terura** uragano　　　　terura すさまじい
4. skribi per la **malnova** plumo　　　　malnova 古い
5. trinki kun **miaj** kolegoj　　　　mia 私の
6. ornami por la **morgaŭa** festo　　　　morgaŭa 明日の

［訳例］
1. あの快適な事務所で働く　　2. 近くのあのバス停へ走る
3. あのすさまじい嵐で壊れる　　4. あの古いペンで書く
5. 私の同僚たちと飲む　　6. 明日の(その)祭りのために飾る

8.3 副詞句と文

★［副詞句の配置］前置詞が導く副詞句は，文末や文頭に置きます。

副詞句	文	副詞句

1. Mi promenas.
2. **En varmega tago** mi promenas.
3. **En varmega tago** mi promenas *en arbaro*.

　　　　［単語］mi 私, promeni 散歩する, en 〜に／〜の中で, varmega 暑い, tago 日, arbaro 森

　　　　［訳例］1. 私は散歩する。　2. 暑い日に私は散歩する。
　　　　　　　　3. 暑い日に私は森の中を散歩する。

4. Akemi fariĝis pala.
5. Akemi fariĝis pala *pro teruro*.
6. **Ĉe la momento** Akemi fariĝis pala *pro teruro*.

　　　　［単語］fariĝi 〜になる, pala 青い, pro 〜で(原因), teruro 恐怖, ĉe 〜に(時の一点), momento 瞬間

8.3 副詞句と文

[訳例] 4. アケミは青ざめた。　5. アケミは恐怖で青ざめた。
6. その瞬間アケミは恐怖で青ざめた。

7. Jukiko atendis lin.
8. Jukiko atendis lin *dum unu horo*.
9. *Ĉe la enirejo* Jukiko atendis lin *dum unu horo*.

[単語] atendi 待っている, li 彼, dum 〜の間, unu horo 一時間, ĉe 〜の所で, enirejo 入り口

[訳例]　7. ユキコは彼を待っていた。
8. ユキコは一時間 彼を待っていた。
9. その入り口の所で ユキコは一時間 彼を待っていた。

★副詞句は，文末や文頭に二つ重ねることもできます。

文	副詞句	副詞句

副詞句	副詞句	文

1. Mi promenas **en varmega tago** *en arbaro*.
2. **Ĉe la momento** *pro teruro* Akemi fariĝis pala.
3. Jukiko atendis lin *ĉe la enirejo* *dum unu horo*.

[訳例]　1. 私は，暑い日には森の中を散歩する。
2. その瞬間, 恐怖でアケミは青くなった。
3. ユキコはその入り口の所で, 一時間 彼を待っていた。

★副詞句は，主語のうしろなど，文の中にはさむこともできます。

1. Akemi *ĉe la momento* fariĝis pala *pro teruro*.
2. Akemi *pro teruro* fariĝis pala *ĉe la momento*.
3. *Ĉe la enirejo* Jukiko *dum unu horo* atendis lin.
4. Jukiko *dum unu horo* atendis lin *ĉe la enirejo*.

[訳例]　1. アケミはその瞬間, 恐怖で 青くなった。
2. アケミは恐怖で, その瞬間青くなった。
3. その入り口の所で, ユキコは一時間 彼を待った。
4. ユキコは, 一時間 その入り口の所で彼を待った。

第8課 前置詞と句

★主語や補語，目的語の配置も自由なので，語順を変えることで，文脈に応じて，わずかなニュアンスの違いを表わすことができます。

1. *Ĉe la momento* Akemi fariĝis pala *pro teruro*.
2. *Pro teruro* pala fariĝis Akemi *ĉe la momento*.
3. *Ĉe la momento* pala fariĝis Akemi *pro teruro*.
4. *Dum unu horo* lin Jukiko atendis *ĉe la enirejo*.
5. *Ĉe la enirejo* atendis lin Jukiko *dum unu horo*.

［訳例］
1. その瞬間，アケミは恐怖で青くなった。
2. 恐怖で，アケミはその瞬間青くなった。
3. その瞬間青くなったんだ。アケミは恐怖で。
4. 一時間彼を待っていたんだ。ユキコはその入り口の所で。
5. その入り口の所で彼をユキコが一時間待っていたのだ。

［練習 8-4］

斜体字の部分に注意して次の文を日本語に訳してください。【*KD】

1.* Trafika akcidento denove okazis *ĉe la vojkruco*.
2.* Multaj homoj kolektiĝis *ĉirkaŭ la frakasitaj aŭtoj*.

　　　［単語］1. trafika 交通の, akcidento 事故, denove また, okazi 起こる, ĉe ～の所, vojkruco 交差点　2. multa たくさんの, homo 人, kolektiĝi 集まる, ĉirkaŭ ～のまわり, frakasita 壊れた, aŭto 自動車

3.* *El la hom-amaso* aperis kelkaj junuloj.
4.* Ili savis la vunditajn ŝoforojn *el la aŭtoj*.

　　　［単語］3. el ～から, hom-amaso [1]) 群衆, aperi 現れる, kelka いく人かの, junulo 若者　4. ili 彼ら, savi 救う, vundita けがをした, ŝoforo 運転手

5.* *Apud la banko* troviĝas telefonbudo.
6.* Mi telefonis *al la polico*.
7.* Ambulanco nun rapidas *al la loko*, kaj ĝi venos *post kvin minutoj*.

---
1)「ホム・アマーソ」とハイフンの所を区切って読みます。184ページ参照。

[単語] 5. apud 〜のそばに, banko 銀行, troviĝi 〜がある, telefonbudo 電話ボックス 6. mi 私, telefoni 電話する, al 〜へ, la polico (この町の)警察 7. ambulanco 救急車, nun 今, rapidi 急ぐ, loko 場所, kaj そして, ĝi それ, veni 来る, post 〜あとに, kvin 五, minuto 分

[解答例] 1. あの交差点でまた交通事故が起こった。2. たくさんの人たちがその壊れた車のまわりに集まった。3. (その)群衆の中から若者が数人出てきた。4. 彼らはその車から(その)けがをした運転手たちを助け出した。5. (あの)銀行のそばに電話ボックスがある。6. 私は(この町の)警察に電話した。7. 救急車がその場所に急いでいる。そしてそれは五分後に来るだろう。

[練習 8-5]

太字の部分に注意して, 次の文をエスペラントに訳してください。

1. 私たちはおしゃべりした。
2. 私たち**はその喫茶店(の中)で**おしゃべりした。
3. 私たちはその喫茶店(の中)で**二時間**おしゃべりした。

　　　　[単語] 1. 私たち ni, おしゃべりする babili 2. 喫茶店 kafejo
　　　　　〜の中で en 3. 二 du, 時間 horo, 〜の間 dum

4. その看護師たちは疲れている。
5. その看護師たちは**夜勤で** (= 夜勤ゆえに) 疲れている。

　　　　[単語] 4. 看護師 flegisto, 疲れている esti laca
　　　　　5. 夜勤 tranokta laboro, 〜のゆえに pro

6. 私はビールを飲んだ。
7. 私は(私の) **同僚たちと**ビールを飲んだ。
8. 私は同僚たちと**あの食堂(の中)で**ビールを飲んだ。

　　　　[単語] 6. 私 mi, ビール biero, 飲む trinki
　　　　　7. 私の mia, 同僚 kolego, 〜とともに kun
　　　　　　8. 食堂 restoracio, 〜の中 en

第8課 前置詞と句

［解答例］1. Ni babilis. 2. Ni babilis *en la kafejo*. 3. Ni babilis en la kafejo *dum du horoj*. 4. La flegistoj estas lacaj. 5. La flegistoj estas lacaj *pro tranokta laboro*. 6. Mi trinkis bieron. 7. Mi trinkis bieron *kun miaj kolegoj*. 8. Mi trinkis bieron kun miaj kolegoj *en la restoracio*.

8.4 形容詞句

★［形容詞句］前置詞が導く形容詞句は，直前の名詞を修飾します。

名詞	⟵	前置詞が導く形容詞句

1. ĉevalo **sur la herbejo** ［前置詞］sur 〜(の上)の
2. foto **de infanoj** de 〜の
3. letero **al la verkisto** al 〜への
4. manĝaĵo **en la fridujo** en 〜(の中)の
5. statuo **el bronzo** el 〜でできた
6. lumo **tra la fenestro** tra 〜を通過する
7. hejmtasko **dum la feritagoj** dum 〜の間の
8. opinio **pri la propono** pri 〜についての
9. ekzekuto **sen juĝado** sen 〜なしでの

［単語］1. ĉevalo, 馬, herbejo 草原 2. foto 写真, infano 子ども
3. letero 手紙, verkisto 作家 4. manĝaĵo 食品, fridujo 冷蔵庫
5. statuo 像, bronzo 青銅 6. lumo 光, fenestro 窓
7. hejmtasko 宿題, feritago 休日 8. opinio 意見, propono 提案
9. ekzekuto 処刑, juĝado 裁判

［訳例］1. あの草原の(上の)馬 2. 子どもたちの写真
3. あの作家への手紙 4. あの冷蔵庫の(中の)食品
5. 青銅でできた像 6. あの窓ごしの光り
7. この休み中の宿題 8. その提案についての意見
9. 裁判ぬきの処刑

8.4 形容詞句

★前置詞が導く形容詞句は，複数語尾 "j" や対格語尾 "n" がついた名詞も修飾します。

1. ĉevaloj	［訳例］	1. 馬たち
2. ĉevaloj **sur la herbejo**		2. あの草原の馬たち
3. ĉevalon		3. 馬を
4. ĉevalon **sur la herbejo**		4. あの草原の馬を
5. ĉevalojn		5. 馬たちを
6. ĉevalojn **sur la herbejo**		6. あの草原の馬たちを

★修飾される名詞を，前から形容詞(斜体字の単語)で修飾することができます。形容詞と名詞の語尾の一致(太字部分)に気をつけましょう。

- *sovaĝa* ĉevalo sur la herbejo　　　［訳例］あの草原の野性の馬
- *sovaĝan* ĉevalo**n** sur la herbejo　　　あの草原の野性の馬を
- *sovaĝaj* ĉevalo**j** sur la herbejo　　　あの草原の野性の馬たち
- *sovaĝajn* ĉevalo**jn** sur la herbejo　　　あの草原の野性の馬たちを

［練習 8-6］

単語の語尾に注意して，次のエスペラントの表現を日本語に訳してください。

1. la lasta flugo per aerŝipo　　　［前置詞］per　〜での
2. bonkvalita vinagro el rizo　　　el　〜でできた
3. bela fotoalbumo de plantoj　　　de　〜の
4. malmultaj loĝantoj sur la insulo　　　sur　〜(の上)の
5. kuriozaj fiŝoj en la lago　　　en　〜(の中)の
6. mizeran vivon sen amo　　　sen　〜のない
7. freŝan panon kun butero　　　kun　〜のある
8. kuprajn monerojn en la poŝo sur la pantalono
9. grandajn pentraĵojn sur la muro

第8課 前置詞と句

［単語］1. la lasta 最後の, flugo 飛行, aerŝipo 飛行船
2. bonkvalita 良質な, vinagro 酢, rizo 米
3. bela 美しい, fotoalbumo 写真集, planto 植物
4. malmulta 数少ない, loĝanto 住民, insulo 島
5. kurioza めずらしい, fiŝo 魚, lago 湖
6. mizera みじめな, vivo 生活, amo 愛
7. freŝa 新鮮な, pano パン, butero バター
8. kupra 銅の, monero 小銭, poŝo ポケット pantalono ズボン
9. granda 大きな, pentraĵo 絵, muro 壁

［解答例］1. 飛行船での最後の飛行 2. 米からできた良質な酢 3. 植物の美しい写真集 4. その島の数少ない住民たち 5. あの湖のめずらしい魚たち 6. 愛のないみじめな生活を 7. バターつきの焼きたてパンを 8. あのズボンの(その)ポケットの中の銅貨(複数)を 9. その壁の上の大きな絵(複数)を

［練習 8-7］

次の日本語の表現をエスペラントに訳してください。

1. 神秘的な信号　　　　　　　　　［単語］神秘的な mistera, 信号 signalo
2. あの惑星からの神秘的な信号　　　惑星 planedo, 〜からの el
3. めずらしい生きものたち　　　　　めずらしい kurioza
4. (その)海の中のめずらしい生きものたち　　生きもの vivaĵo
　　　　　　　　　　　　　　　　　海 maro, 〜の中の en
5. 白い雪を　　　　　　　　　　　白い blanka, 雪 neĝo
6. あの山の上の白い雪を　　　　　山 monto, 〜の上の sur
7. 激しい反抗を　　　　　　　　　激しい arda, 反抗 ribelo
8. 差別に対する激しい反抗を　　　差別 diskriminacio
　　　　　　　　　　　　　　　　〜に対する kontraŭ
9. 小さなノート(複数)を　　　　　小さな malgranda, ノート kajero

10. カバーのある小さなノート(複数)を　　カバー kovrilo, 〜のある kun

[解答例] 1. mistera signalo 2. mistera signalo el la planedo 3. kuriozaj vivaĵoj 4. kuriozaj vivaĵoj en la maro 5. blankan neĝon 6. blankan neĝon sur la monto 7. ardan ribelon 8. ardan ribelon kontraŭ diskriminacio 9. malgrandajn kajerojn 10. malgrandajn kajerojn kun kovrilo

* * *

★句の中の名詞を形容詞で修飾して，もっと表現を豊かにすることができます。

1. mistera signalo el la **nekonata** planedo　　　[単語] nekonata 未知の
2. kuriozaj vivaĵoj en la **profunda** maro　　　profunda 深い
3. blankan neĝon sur la **alta** monto　　　alta 高い
4. ardan ribelon kontraŭ **malracia** diskriminacio　　　malracia 不合理な
5. malgrandajn kajerojn kun **verda** kovrilo　　　verda 緑色の

[訳例]　1. あの未知の惑星からの神秘的な信号
　　　　2. 深い海の中のめずらしい生きものたち
　　　　3. あの高い山の上の白い雪を
　　　　4. 不合理な差別への激しい反抗を
　　　　5. 緑色のカバーのある小さいノート(複数)を

8.5 形容詞句と文

★前置詞が導く形容詞句は，文中の主語や補語，目的語を修飾します。

★[形容詞句の配置] 次の例では，前置詞が導く形容詞句が主語を修飾しています。形容詞句は，どの名詞を修飾するかわかりやすくするために，修飾される名詞の直後に置きます。

[主語 ← 形容詞句]　＋　述語動詞

1. *Junuloj* marŝas.
2. *Junuloj* **kun ĉifonita dorsosako** marŝas.

第8課 前置詞と句

[単語] junulo 若者, marŝi 行進する, kun 〜を持った, ĉifonita ぼろぼろの, dorsosako リュック

[訳例] 1. 若者たちが行進している。
2. ぼろぼろのリュックを背負った若者たちが行進している。

```
[主語 ← 形容詞句]　＋　述語動詞　＋　補語
```

1. *La kajero* estas mia.
2. *La kajero* **sur la tablo** estas mia.

[単語] kajero ノート, mia 私の
sur 〜の上の
tablo 机/テーブル

[訳例] 1. あのノートはぼくのだ。
2. その机の上のあのノートはぼくのだ。

```
[主語 ← 形容詞句]　＋　述語動詞　＋　目的語
```

1. *La kaptitoj* ne perdis esperon.
2. *La kaptitoj* **en la koncentrejo** ne perdis esperon.

[単語] kaptito 捕虜, perdi 失う, espero 希望, en 〜(の中)の, koncentrejo 収容所

[訳例] 1. (あの)捕虜たちは希望を失わなかった。
2. その収容所の(あの)捕虜たちは希望を失わなかった。

★次の例では, 前置詞が導く形容詞句が補語を修飾しています。

```
主語　＋　述語動詞　＋　[補語 ← 形容詞句]
```

1. Koalo estas *besto*.
2. Koalo estas *besto* **en Aŭstralia Kontinento**.

[単語] koalo コアラ, besto 動物, en 〜にいる, Aŭstralia Kontinento オーストラリア大陸

[訳例] 1. コアラは*動物*である。
2. コアラはオーストラリア大陸にいる*動物*である。

8.5 形容詞句と文

★次の例では，前置詞が導く形容詞句が目的語を修飾しています．

```
主語 ＋ 述語動詞 ＋ ［目的語⇐形容詞句］
```

1. Mi aĉetis *libron*.　　　　　　　［単語］mi 私, aĉeti 買う, libro 本
2. Mi aĉetis *libron* **pri internacia juro**.　　internacia 国際的な, juro 法

　　　　　　［訳例］1. 私は本を買った．
　　　　　　　　　　2. 私は国際法についての本を買った．

★主語，動詞，補語，目的語の配置を変えても，前置詞が導く形容詞句(太字の部分)は修飾される名詞の直後に置きます．

1. Marŝas *junuloj* **kun ĉifonita dorsosako**.
　　　　　　　　　　　　［述語動詞 ＋ 主語⇐形容詞句］
2. Mia estas la *kajero* **sur la tablo**.
　　　　　　　　　　　　［補語 ＋ 述語動詞 ＋ 主語⇐形容詞句］
3. Ne perdis esperon la *kaptitoj* **en la koncentrejo**.
　　　　　　　　　　　　［述語動詞 ＋ 目的語 ＋ 主語⇐形容詞句］
4. *Libron* **pri internacia juro** mi aĉetis.
　　　　　　　　　　　　［目的語⇐形容詞句 ＋ 主語 ＋ 述語動詞］

　　［訳例］
　　1. 行進しているんだ．ぼろぼろのリュックを背負った若者たちが．
　　2. ぼくのだぞ．その机の上の(あの)ノートは．
　　3. 希望を失わなかったのだ．その収容所の(あの)捕虜たちは．
　　4. 国際法についての本を，ぼくは買ったんだ．

［練習 8-8］

斜体字の部分に注意して次の文を日本語に訳してください．【*KD】

1.* "Ĉu la tero vere estas senmova en la kosmo?"
2.* Fakte kelkaj homoj havis dubon *pri la geocentrismo* jam antaŭ longa tempo.

　　　［単語］1. la tero 地球, vere 本当に, senmova 動かない, en 〜の中で, la kosmo 宇宙　2. fakte 実際に, kelka いく人かの, homo

第8課 前置詞と句

人間, havi ～を持つ, dubo うたがい, pri ～について, geocentrismo 天動説, jam すでに, antaŭ ～前に, longa 長い, tempo 時間

3.* Ili montris la opinion *pri moviĝo de la tero*.
4.* Sed ne sistemiĝis la opinio *sen praktika observado*.

[単語] 3. ili 彼ら, montri 示す, opinio 意見, moviĝo 運動, de ～の 4. sed しかし, sistemiĝi 体系化する, sen ～のない, praktika 実際の, observado 観測

5.* Multaj homoj *en la mezepoko* senkritike kredis geocentrismon.
6.* La nescienca teorio regis homaron dum mil kvarcent jaroj, ĝis la apero *de la sistema doktrino de "heliocentrismo"*.

[単語] 5. multa たくさんの, mezepoko 中世, senkritike 無批判に, kredi 信じる 6. nescienca 非科学的な, teorio 理論, regi 支配する, homaro 人類, dum ～の間, mil kvarcent 千四百, jaro 年, ĝis ～まで, apero 出現, sistema 体系的な, doktrino 学説, heliocentrismo 地動説

[解答例] 1.「地球は本当に宇宙の中で不動なのだろうか」 2. 実際に, いく人かの人はずっと以前に*天動説*にうたがいを持っていた。 3. 彼らは*地球の運動*について意見を示した。 4. しかし, *実際の観測*に欠ける意見は体系化されなかった。 5. *中世*の多くの人々は無批判に天動説を信じていた。 6. *地動説の体系的な学説が現れる*まで, 非科学的な理論が, 千四百年にわたって人類を支配した。

[練習 8-9]

太字の部分に注意して次の文をエスペラントに訳してください。

1. (その)観客たちは大声で笑った。
2. (この)**劇場の中の**(その)観客たちは大声で笑った。

[単語] 1. その la, 観客 spektanto, 大声で laŭte, 笑う ridi
2. 劇場 teatro, ～の中の en

3. あの男が私の兄だ。

4. **あごひげのある**あの男が私の兄だ。

    [単語] 3. あの la, 男 viro, 私の mia, 兄 frato, 〜だ/です esti
          4. あごひげ barbo, 〜のある kun

5. この指輪は贈りものです。
6. この指輪は**あなたへの(= あなたのための)**贈りものです。

    [単語] 5. この la, 指輪 fingroringo, 贈りもの donaco
        6. あなた vi, 〜のための por

7. 私たちは，食料品(複数)を売っています。
8. 私たちは，**化学添加物(複数)なしの**食料品(複数)を売っています。

    [単語] 7. 私たち ni, 食料品 manĝaĵo, 売る vendi
      8. 化学添加物 kemia aldonaĵo, 〜のない sen

[解答例] 1. La spektantoj ridis laŭte. 2. La spektantoj *en la teatro* ridis laŭte. 3. La viro estas mia frato. 4. La viro *kun barbo* estas mia frato. 5. La fingroringo estas donaco. 6. La fingroringo estas donaco *por vi*. 7. Ni vendas manĝaĵojn. 8. Ni vendas manĝaĵojn *sen kemiaj aldonaĵoj*.

8.6 副詞句と形容詞句の区別

★ [副詞句と形容詞句の区別] 前置詞が導く句が，副詞句と形容詞句の両方に解釈できる場合があります。[1]

1. Mi riparis la aŭton **en la parkejo**.

    [単語] mi 私, ripari 修理する, aŭto 自動車,
    parkejo 駐車場, en 〜の中で/〜の中の

---

[1] 日本語でも，語順によって意味があいまいになったり，誤解を生む場合があります。たとえば「気違いじみた教祖の説法」という表現では，気違いじみているのが教祖なのか説法なのか，それとも両方なのか，この連文節だけでは明らかではありません。「教祖の気違いじみた説法」，「気違いじみた教祖のあの説法」などとすれば，どちらが気違いじみているのか明らかになります。

第8課 前置詞と句

［訳例］(a) 私は, (あの)**駐車場の中で**(その)車を修理した。　　［副詞句］
　　　　(b) 私は, (あの)**駐車場の中の**(その)車を修理した。　　［形容詞句］

2. Birdo kaptis fiŝon **en la lago**.

［単語］birdo 鳥, kapti つかまえる, fiŝo 魚, lago 湖

［訳例］(a) 鳥が(あの)**湖の中で**魚をとった。　　　　　　　　［副詞句］
　　　　(b) 鳥が(あの)**湖の中の**魚をとった。　　　　　　　　［形容詞句］

3. La ĵurnalisto verkis artikolon pri la nuna politika situacio **en Japanio**.

［単語］ĵurnalisto 記者, verki 書く, artikolo 記事, pri ～についての, nuna 今日の, politika 政治的, situacio 状況, Japanio 日本

［訳例］
(a) その記者は, **日本で**, 今日の政治状況についての記事を書いた。
　　　　　　　　　　　　　　　　　　　　　　　　　　　　　［副詞句］
(b) その記者は, **日本の**今日の政治状況についての記事を書いた。
　　　　　　　　　　　　　　　　　　　　　　　　　　　　　［形容詞句］

★どちらの意味に解釈すべきかは文脈で判断できますが, 句を文頭においたり, 補語や目的語など文の要素の配置を変えたりすると, 意味がはっきりします。

1. **En la parkejo** mi riparis la aŭton. 　　　　　　　　　　　［副詞句］
2. La aŭton **en la parkejo** mi riparis. 　　　　　　　　　　　［形容詞句］

［訳例］ 1. (あの)駐車場の中で私は(その)車を修理した。
　　　　 2. (あの)駐車場の中の(その)車を, 私は修理した。

3. **En la lago** birdo kaptis fiŝon. 　　　　　　　　　　　　　［副詞句］
4. Fiŝon **en la lago** birdo kaptis. 　　　　　　　　　　　　　［形容詞句］

［訳例］ 3. (あの)湖の中で鳥が魚をとった。
　　　　 4. (あの)湖の中の魚を, 鳥がとった。

5. **En Japanio** la ĵurnalisto verkis artikolon pri la nuna politika situacio. 　　　　　　　　　　　　　　　　　　　　　　　　　　　　［副詞句］
6. Pri la nuna politika situacio **en Japanio** la ĵurnalisto verkis artikolon. 　　　　　　　　　　　　　　　　　　　　　　　　　　　　［形容詞句］

8.6 副詞句と形容詞句の区別

［訳例］5. 日本で，その記者が今日の政治状況についての記事を書いた。
6. 日本の今日の政治状況について，その記者が記事を書いた。

［練習 8-10］

次の文は二つの意味に解釈することができます。二とおりに訳してください。

1. Mi legis la ĵurnalon sur la benko.
2. Ili rigardis la viron en la ĉambro.

［単語］1. mi 私, legi 読む, ĵurnalo 新聞, sur ～の上, benko ベンチ
2. rigardi 見つめる, viro 男, en ～の中, ĉambro 部屋

［解答例］1. (a) 私はそのベンチ(の上)であの新聞を読んだ。(b) 私は，そのベンチ(の上)のあの新聞を読んだ。2. (a) 彼らはその部屋の中であの男を見つめた。(b) 彼らはその部屋の中のあの男を見つめた。

［練習 8-11］

［練習 8-10］のエスペラント文を，次の意味を表わす文にするには，語句をどのように並べればよいでしょうか。

1. 私は(その)**ベンチ(の上)で**あの新聞を読んだ。
2. (その)**部屋の中の**あの男を彼らは見つめた。

［解答例］1. Sur la benko mi legis la ĵurnalon. 2. La viron en la ĉambro ili rigardis.

第 9 課　前置詞の種類

■この課はエスペラントの前置詞を効率良く記憶するためのドリルです。先を急ぐなら，ここをあとまわしにして次の課に進んでもかまいません。

★ ［前置詞の種類］前置詞を次の四つのグループに分けて説明します。

　1. 位置　　2. 方向　　3. 時　　4. 理由/原因/付帯事情など

9.1　位置

★ ［位置に関する前置詞］には次のものがあります。代表的な訳語をあげておきます。

1. antaŭ .... ～の前
2. apud .... ～のかたわら，～のそば
3. ĉe .... ～の所
4. ĉirkaŭ .... ～のまわり
5. ekster .... ～の外
6. en .... ～の中
7. inter .... ～と…の間
8. kontraŭ .... ～に面して
9. malantaŭ .... ～のうしろ (= post) [1]
10. sub .... ～の下(接触/非接触ともに)
11. super .... ～の上の方(非接触)
12. sur .... ～の上(接触)
13. trans .... ～のむこう

---

[1] "post" は，位置を表す前置詞としてよりも，「～のあと」と時間的にうしろであることを表わす前置詞として，よく用いられます。

[練習 9-1]

次の句を日本語に訳してください。次の問題番号は前のページの★の訳語に対応しています。（[練習 9-2] も）

1. antaŭ la pordo   [単語] pordo 戸
2. apud la turo   turo 塔
3. ĉe la pinto   pinto 先端
4. ĉirkaŭ la arbo   arbo 木
5. ekster la ĉambro   ĉambro 部屋
6. en la urbo   urbo 都市
7. inter nordo kaj sudo   nordo 北, kaj 〜と…, sudo 南
8. kontraŭ mia domo   mia 私の, domo 家
9. malantaŭ (= post) la kurteno   kurteno カーテン
10. sub la ĉielo   la ĉielo 空
11. super la nubo   nubo 雲
12. sur la tegmento   tegmento 屋根
13. trans la strato   strato 通り

[解答例] 1. その戸の前 2. あの塔のそば 3. その先端の所 4. あの木のまわり 5. その部屋の外 6. その町の中 7. 北と南の間 8. 私の家に面して 9. そのカーテンのうしろ 10. この空の下 11. あの雲の上の方 12. その屋根の上 13. あの通りのむこう

[練習 9-2]

次の日本語の表現をエスペラントに訳してください。

1. その鏡の前   [単語] 鏡 spegulo
2. あの湖のそば   湖 lago
3. 彼の父親の所   彼の lia, 父親 patro
4. その建てもののまわり   建てもの konstruaĵo
5. その公園の外   公園 parko

第9課 前置詞の種類

6. その引き出しの中	引き出し tirkesto
7. 地球と月の間	地球 la tero, と kaj, 月 la luno
8. その壁に面して	壁 muro
9. 私の母親のうしろ	私の mia, 母親 patrino
10. あの地面の下	地面 tero
11. あの山の上の方	山 monto
12. その机の上	机 skribtablo
13. その川のむこう	川 rivero

［解答例］1. antaŭ la spegulo 2. apud la lago 3. ĉe lia patro 4. ĉirkaŭ la konstruaĵo 5. ekster la parko 6. en la tirkesto 7. inter la tero kaj la luno 8. kontraŭ la muro 9. malantaŭ (= post) mia patrino 10. sub la tero 11. super la monto 12. sur la skribtablo 13. trans la rivero

[練習 9-3]

斜体字の部分に注意して次の文を日本語に訳してください。【*KD】

1.* *En* mia malvasta ĉambro troviĝas skribtablo, seĝo, kopimaŝino, librobretaro kaj du komputiloj.

2.* La skribtablo staras *ĉe* unu angulo.

　　　［単語］1. mia 私の, malvasta せまい, ĉambro 部屋, troviĝi 〜がある, skribtablo 机, seĝo イス, kopimaŝino コピー機, librobretaro 本棚, kaj 〜と…, du 二台の, komputilo コンピューター 2. stari 〜がたっている/〜がある, unu 一つの, angulo すみ

3.* *Sub* la skribtablo troviĝas tapiŝo.

4.* *Sur* la skribtablo staras portebla komputilo.

　　　　　［単語］3. tapiŝo じゅうたん 4. portebla 携帯できる

5.* *Antaŭ* la skribtablo estas seĝo.

6.* *Apud* la skribtablo vi vidas la alian komputilon.

　　　　［単語］5. esti 〜がある 6. vi あなた, vidi 〜がみえる, la alia もう一つの

7.* Ekrano *sur* la komputilo estas dek-kvar-cola.

8.* *Super* la komputilo estas printilo.
   ［単語］7. ekrano ディスプレイ, esti 〜がある, dek-kvar-cola 十四インチの　8. printilo プリンター
 9.* *Malantaŭ* la komputilo komplike plektiĝas kabloj.
10.* Libroj invadas spacon *ekster* la librobretaro.
   ［単語］9. komplike 複雑に, plektiĝi からみあっている, kablo ケーブル　10. libro 本, invadi 侵略する, spaco 空間
11.* *Ĉirkaŭ* la librobretaro staras "turoj de libroj".
12.* *Inter* la komputilo kaj kopimaŝino vi vidas novan printilon.
   ［単語］11. turo 塔　12. nova 新しい
13.* *Kontraŭ* la norda flanko de mia domo iras fervojo.
14.* *Trans* la fervojo troviĝas vasta kampo.
   ［単語］13. norda 北の, flanko 側, domo 家, iri 通っている, fervojo 鉄道　14. vasta 広い, kampo 畑

［解答例］1. 私のせまい部屋には, 机とイスとコピー機, 本棚, そしてコンピューターが二台ある。2. 机はすみにある。3. 机の下にはじゅうたんがある。4. 机の上にはポータブル・コンピューターがある。5. 机の前にはイスがある。6. 机のそばにはもう一つのコンピューターが見える。7. そのコンピューターの上にあるディスプレイは十四インチだ。8. そのコンピューターの上の方にはプリンターがある。9. そのコンピューターのうしろでは, ケーブルが複雑にからみあっている。10. 本がその本棚の外のスペースを侵略しつつある。11. その本棚のまわりには「本の塔」が立っている。12. そのコンピューターとコピー機の間に, 新しいプリンターが見える。13. 私の家の北側に面して鉄道が通っている。14. その鉄道のむこうには広い畑がある。

9.2 方向

★ ［方向に関する前置詞］には次のものがあります。代表的な訳語をあげておきます。

1. al .... 〜へ，〜の方へ
2. de .... 〜から，〜の方から
3. el .... 〜の中から，〜の内から
4. ĝis .... 〜まで
5. laŭ .... 〜にそって
6. preter .... 〜のそばを通って
7. tra .... 〜を通過して，〜を通して

[練習 9-4]

次の句を日本語に訳してください。次の問題番号は★の訳語に対応しています。（［練習 9-5］も）

1. al la muro　　　　　　　　　　［単語］muro 壁
2. de la stacidomo　　　　　　　　stacidomo 駅舎
3. el la urbo　　　　　　　　　　urbo 都市
4. ĝis la lernejo　　　　　　　　　lernejo 学校
5. laŭ la bordo　　　　　　　　　bordo 岸
6. preter la granda konstruaĵo　　granda 大きな
　　　　　　　　　　　　　　　　konstruaĵo 建てもの
7. tra la fenestro　　　　　　　　fenestro 窓

［解答例］1. あの壁へ 2. その駅舎から 3. あの町の中から 4. その学校まで 5. その岸にそって 6. あの大きな建てもののそばを通って 7. その窓を通して

[練習 9-5]

次の日本語の表現をエスペラントに訳してください。

1. あの事務所へ　　　　　　　　　　[単語] 事務所 oficejo
2. 東から　　　　　　　　　　　　　東 oriento
3. そのほらあなの中から　　　　　　ほらあな kaverno
4. あなたの家まで　　　　　　　　　あなたの via, 家 domo
5. あの道にそって　　　　　　　　　道 vojo
6. その公園のそばを通って　　　　　公園 parko
7. その都市を通過して　　　　　　　都市 urbo

  [解答例] 1. al la oficejo　2. de oriento　3. el la kaverno　4. ĝis via domo　5. laŭ la vojo　6. preter la parko　7. tra la urbo

[練習 9-6]

斜体字の部分に注意して次の文を日本語に訳してください。【*KD】

1.* *De* mia domo *ĝis* la stacidomo mi biciklis.
2.* Mi envagoniĝis, kaj la trajno ekveturis *al* la najbara stacio.

  [単語] 1. mia 私の, domo 家, stacidomo 駅舎, bicikli 自転車で行く　2. envagoniĝi (列車に)乗り込む, trajno 列車, kaj そして, ekveturi 出発する, najbara となりの, stacio 駅

3.* *Laŭ* la dekstra flanko de la fervojo amase troviĝis malgrandaj domoj.
4.* *El* la fenestro mi rigardis la pejzaĝon.

  [単語] 3. la dekstra 右の, flanko 側, de 〜の, fervojo 鉄道/線路, amase 密集して, troviĝi 〜がある, malgranda 小さな　4. fenestro 窓, rigardi 眺める, pejzaĝo 景色

5.* La trajno veturis *tra* kelkaj longaj tuneloj.
6.* Ĝi kuris *preter* granda lago.

  [単語] 5. veturi (乗りものが)進む, kelka いくつかの, longa 長い, tunelo トンネル　6. kuri 走る, granda 大きい, lago 湖

第9課 前置詞の種類

［解答例］1. (私の)家からあの駅まで，私は自転車で行った。2. 私が(列車に)乗ると，その列車は(その)となりの駅へ出発した。3. 線路の右側にそって，小さな家が密集していた。4. (その)窓から私は(その)景色を眺めた。5. その列車は長いトンネルをいくつかくぐって進んだ。6. それは大きな湖のそばを通って走った。

9.3 時

★［時に関する前置詞］には次のものがあります。

    1. antaŭ [1] .... 〜の前
    2. ĉe .... 〜に，〜の時点
    3. ĉirkaŭ .... 〜ごろ
    4. de .... 〜から (時の起点)
    5. dum .... 〜のあいだ (期間)
    6. en .... 〜に (日にち，月，年)
    7. ĝis .... 〜まで
    8. inter .... 〜のあいだ
    9. je [2] .... 〜時に(時刻)
    10. post .... 〜のあと
    11. tra .... 〜中ずっと

［練習 9-7］

次の句を日本語に訳してしてください。次の問題番号は★の訳語に対応しています。(［練習 9-8］も)

  1. antaŭ du jaroj   ［単語］du 二, jaro 年
  2. ĉe la momento   momento 瞬間

[1] "antaŭ, ĉe, ĉirkaŭ..." など多くの前置詞は，位置だけでなく時も表わします。
[2] "je" は，ふさわしい前置詞がない場合にも用いることがあります。これを融通前置詞といいます。365ページ参照。

9.3 時

   3. ĉirkaŭ tagmezo   tagmezo 正午
   4. de mateno   mateno 朝
   5. dum tri semajnoj   tri 三, semajno 週
   6. en la dudeka tago   la dudeka 二十番めの
   7. ĝis la festo   tago 日, festo 祭り
   8. inter la sepa kaj la oka horo   la sepa 七番めの, kaj と
                                            la oka 八番めの, horo 時
   9. je la naŭa horo   la naŭa 九番めの
  10. post la vespermanĝo   vespermanĝo 夕食
  11. tra la tuta jaro   la tuta 全部の

     ［解答例］1. 二年前 2. その瞬間に 3. 正午ごろ 4. 朝から 5. 三週間 6. 二十日に 7. その祭りまで 8. 七時と八時の間 9. 九時に 10. (その)夕食後 11. 一年中

［練習 9-8］

次の日本語の表現をエスペラントに訳してください。

   1. 十日前   ［単語］十 dek, 日 tago
   2. あの爆発の時点   爆発 eksplodo
   3. 四時ごろ   四番めの la kvara, 時 horo
   4. その真夜中から   真夜中 noktomezo
   5. 六年間   六 ses, 年 jaro
   6. 二十世紀に   二十番めの la dudeka
                                    世紀 jarcento
   7. その授業まで   授業 leciono
   8. 四月と六月の間   四月 aprilo, と kaj, 六月 junio
   9. 十二時に   十二番めの la dekdua
  10. あの事故のあと   事故 akcidento
  11. 一週間ずっと   まるまる一週間 la tuta semajno

第9課 前置詞の種類

［解答例］1. antaŭ dek tagoj　2. ĉe la eksplodo　3. ĉirkaŭ la kvara horo　4. de la noktomezo　5. dum ses jaroj　6. en la dudeka jarcento　7. ĝis la leciono　8. inter aprilo kaj junio　9. je la dekdua horo　10. post la akcidento　11. tra la tuta semajno

［練習 9-9］

斜体字の部分に注意して次の文を日本語に訳してください。【*KD】

1.* Hieraŭ mi forlasis la hejmon *je* la sepa horo matene.
2.* Mi piediris al la bushaltejo *dum* dek minutoj.

> ［単語］1. hieraŭ 昨日, forlasi 〜を出発する, hejmo 家, la sepa 七番めの, horo 時, matene 朝に　2. piediri 歩いて行く, bushaltejo バス停, dek 十, minuto 分

3.* Mi veturis aŭtobuse al la stacidomo.
4.* La aŭtobuso atingis la stacidomon *ĉirkaŭ* la oka horo.

> ［単語］3. veturi (乗りもので)行く, aŭtobuse バスで, stacidomo 駅舎　4. atingi 着く, la oka 八番めの

5.* Mi jam sidis sur la seĝo en mia oficejo *antaŭ* la naŭa horo.
6.* Mi multe laboris *ĝis* la dek-dua horo.

> ［単語］5. jam すでに, sidi 座っている, seĝo いす, mia 私の, oficejo 事務所, la naŭa 九番めの　6. multe たくさん, labori 働く, la dek-dua 十二番めの

7.* *Inter* la dek-dua kaj la unua horo mi prenis tagmanĝon.
8.* Posttagmeza laboro komenciĝis *je* la unua horo.

> ［単語］7. la unua 一番めの, kaj と, preni とる, tagmanĝo 昼食　8. posttagmeza 午後の, laboro 仕事, komenciĝi 始まる

9.* Akurate *je* la kvina horo vespere mi forlasis la oficejon.
10.* *Post* la laboro mi trinkis bieron kun miaj kolegoj.
11.* *De* lundo *ĝis* vendredo, *tra* la tuta semajno, daŭras tia tagordo.

> ［単語］9. akurate 時間どおりに, la kvina 五番めの, vespere 夕方　10. trinki 飲む, biero ビール, kun 〜と, kolego 同僚　11. lundo 月曜日, vendredo 金曜日, la tuta 全部の, semajno 週, daŭri 続

く, tia そのような, tagordo 日課

［解答例］1. 昨日私は朝七時に家を出た。2. 私は(あの)バス停まで十分間歩いた。3. 私はバスで(あの)駅まで行った。4. そのバスは八時ごろ(その)駅に着いた。5. 私は九時前にはすでに(私の)事務所の(あの)いすに座っていた。6. 私は十二時までたくさん働いた。7. 私は十二時から一時の間に昼食をとった。8. 午後の仕事は一時に始まった。9. 夕方五時きっかりに私は(その)事務所を出た。10. (その)仕事のあとで, 私は(自分の)同僚とビールを飲んだ。11. 月曜日から金曜日まで, 一週間ずっとそんな日課が続く。

9.4 理由/原因/付帯事情など

★ ［理由や原因/付帯事情の前置詞］そのほか, 次にあげる, 理由や原因, 付帯事情などに関する前置詞があります。二つ以上の意味を持つ前置詞もあります。

1. anstataŭ .... 〜の代わりに
2. da .... 〜の量の
3. de .... (1) 〜によって (受け身の行為者)
   .... (2) 〜の (所有/所属)
4. el .... (1) 〜よりなる, 〜でできた (材料/構成)
   .... (2) 〜の中では
5. kontraŭ .... 〜に反対して
6. krom .... 〜のほかに
7. kun .... (1) 〜とともに
   .... (2) 〜のある
8. laŭ .... 〜によれば
9. malgraŭ .... 〜にもかかわらず
10. per .... 〜で, 〜を用いて (手段)
11. po .... 〜ずつ

第9課 前置詞の種類

12. por .... (1) 〜のために (目的), 〜にとって
　　　.................. (2) 〜に対して
　　　.................. (3) 〜に賛成
13. pri .... 〜について
14. pro .... 〜ゆえ, 〜のせいで (理由/原因)
15. sen .... 〜なしで

[練習 9-10]

次の句を日本語に訳してください。次の問題番号は前のページの★の訳語に対応しています。（［練習 9-11］も）

1. anstataŭ ni　　　　　　　　　［単語］ni 私たち
2. du kilogramoj da bovaĵo　　　du 二, kilogramo キログラム
　　　　　　　　　　　　　　　bovaĵo 牛肉
3. (1) libro verkita de mia onklo　libro 本, verkita 著された
　 (2) portreto de mia avo　　　mia 私の, onklo おじ
　　　　　　　　　　　　　　　portreto 肖像画, avo 祖父
4. (1) statuo el marmoro　　　　statuo 像, marmoro 大理石
　 (2) el la sep knaboj　　　　　sep 七人の, knabo 少年
5. kontraŭ lia opinio　　　　　　lia 彼の, opinio 意見
6. krom ili　　　　　　　　　　ili 彼ら
7. (1) kun mi　　　　　　　　　mi 私
　 (2) la viro kun okulvitroj　　　viro 男性, okulvitroj めがね
8. laŭ la hodiaŭa ĵurnalo　　　　hodiaŭa 今日の, ĵurnalo 新聞
9. malgraŭ nia klopodo　　　　　nia 私たちの, klopodo 努力
10. per krajono　　　　　　　　krajono 鉛筆
11. disdoni foliojn po tri　　　　disdoni 配る, folio 用紙, tri 三
12. (1) por via sano　　　　　　via あなたの, sano 健康
　　(2) pagi por la servo　　　　pagi 支払う, servo サービス

9.4 理由/原因/付帯事情など

  (3) por lia opinio   lia 彼の
13. pri mia plano   plano 計画
14. pro grava malsano   grava 重大な, malsano 病気
15. sen interkonsento   interkonsento 同意

 ［解答例］1. 私たちの代わりに 2. 二キログラムの量の牛肉 3. (1) 私のおじによって著された本 (2) 私の祖父の肖像画 4. (1) 大理石の像 4. (2) その七人の少年たちの中で 5. 彼の意見に反対して 6. 彼らのほかに 7. (1) 私とともに 7. (2) めがねをかけたあの男性 8. 今日のこの新聞によれば 9. 私たちの努力にもかかわらず 10. 鉛筆で 11. 用紙を三枚ずつ配る 12. (1) あなたの健康のために 12. (2) そのサービスに対して支払う 12. (3) 彼の意見に賛成して 13. 私の計画について 14. 重い病気ゆえ 15. 同意なしで

［練習 9-11］

次の日本語の表現をエスペラントに訳してください。

1. その議長の代わりに   ［単語］議長 prezidanto
2. 十キログラムの量の米   十 dek, 米 rizo
             キログラム kilogramo
3. (1) あの軍隊に砲撃された(あの)都市   都市 urbo, 軍隊 armeo
 (2) 私の兄の財布   砲撃された bombardita
             財布 monujo, 私の mia
             兄 frato
4. (1) 木製のイス   イス seĝo, 木材 ligno
 (2) その三つの問題の中から   三つの tri, 問題 demando
5. その提案に反対して   提案 propono
6. その島々のほか   島 insulo
7. (1) 私の友人たちとともに   友人 amiko, 少女 knabino
 (2) 黒い髪のあの少女   黒い nigra, 髪 hararo
8. その辞書によれば   辞書 vortaro

第9課 前置詞の種類

9.	彼女の忠告にもかかわらず	彼女の ŝia, 忠告 konsilo
10.	はさみで	はさみ tondilo
11.	お金を千円ずつ進呈する	進呈する donaci, お金 mono
		千 mil, 円 eno
12.	(1) あなたの理解のために	あなたの via
	(2) その食品に対して支払う	理解 kompreno, 支払う pagi
	(3) 彼の提案に賛成して	食品 manĝaĵo, 彼の lia
13.	その旅について	旅 vojaĝo
14.	経済的困難ゆえに	経済的な ekonomia
		困難 malfacilaĵo
15.	警告なしで	警告 averto

［解答例］1. anstataŭ la prezidanto 2. dek kilogramoj da rizo 3. (1) la urbo bombardita de la armeo 3. (2) monujo de mia frato 4. (1) seĝo el ligno 4. (2) el la tri demandoj 5. kontraŭ la propono 6. krom la insuloj 7. (1) kun miaj amikoj 7. (2) la knabino kun nigra hararo 8. laŭ la vortaro 9. malgraŭ ŝia konsilo 10. per tondilo 11. donaci monon po mil enoj 12. (1) por via kompreno 12. (2) pagi por la manĝaĵo 12. (3) por lia propono 13. pri la vojaĝo 14. pro ekonomia malfacilaĵo 15. sen averto

［練習 9-12］

斜体字の部分に注意して，次の文を日本語に訳してください。

1. *Anstataŭ* mia patrino mi venos.
2. La kuiristo enmetis du kulerojn *da* sukero.

　　　［単語］1. mia 私の, patrino 母親, veni まいる/来る
　　　　　　 2. kuiristo 料理人, enmeti 入れる, kulero スプーン, sukero 砂糖

3. La aŭskultantoj estis kortuŝitaj *de* la prelego.
4. La ĉirpado *de* birdoj estis brua.

　　　［単語］3. aŭskultanto 聴衆, esti kortuŝita 感動する, prelego 講演 4. ĉirpado さえずり, birdo 鳥, brua うるさい

5. Ili faras panon *el* maiza faruno.

9.4 理由/原因/付帯事情など

6. Jumiko estas la plej juna *el* miaj infanoj.

   ［単語］5. ili 彼ら, fari つくる, pano パン, maiza トウモロコシの, faruno 粉　6. la plej もっとも, juna 若い, infano 子ども

7. Mi estas *kontraŭ* via opinio.
8. *Krom* ni kelkaj homoj promenis en la parko.

   ［単語］7. via あなたの, opinio 意見　8. ni 私たち, kelka いく人かの, homo 人, promeni 散歩する, parko 公園

9. Mia fratino venos *kun* mi.
10. La viro *kun* okulvitroj estas nia nova instruisto.

    ［単語］9. fratino 姉/妹　10. viro 男の人, okulvitroj メガネ(複数形で), nova 新しい, instruisto 教師

11. *Laŭ* la hodiaŭa ĵurnalo, la kurzo de japana eno salte altiĝis.
12. *Malgraŭ* mia admono vi tute ne zorgis pri via sano.

    ［単語］11. hodiaŭa 今日の, ĵurnalo 新聞, kurzo 相場, japana 日本の, eno 円, salte 飛びあがるように, altiĝi 高くなる
    　　　12. admono 忠告, tute まったく, zorgi 心配する, sano 健康

13. Mi substrekis la vorton en la manuskripto *per* ruĝa krajono.
14. Al la infanoj mi donis pomojn *po* tri.

    ［単語］13. substreki 下線を引く, vorto 単語, manuskripto 原稿, ruĝa 赤い, krajono えんぴつ　14. doni 与える, pomo りんご, tri 三つの

15. Mi pretigis vespermanĝon *por* vi.
16. Mi dankas vin *por* via tuja respondo.

    ［単語］15. pretigi 用意する, vespermanĝo 夕食
    　　　16. danki 感謝する, tuja 即座の, respondo 返事

17. Mi estas *por* via opinio.
18. Via opinio *pri* atomcentralo estas erara.

    ［単語］17. opinio 意見　18. atomcentralo 原子力発電所, erara まちがいの

第9課 前置詞の種類

19. Ŝi malsaniĝis *pro* la arda varmo.
20. Ne ekzistas regulo *sen* escepto.

［単語］19. ŝi 彼女, malsaniĝi 病気になる, arda 焼けつくような, varmo 暑さ 20. ekzisti 存在する, regulo 規則, escepto 例外

［解答例］1. 母の代わりに私がまいります。2. その料理人はスプーン二杯の砂糖を入れた。3. (その)聴衆たちはその講演に感動した。4. 鳥の(その)さえずり声がうるさかった。5. 彼らはトウモロコシの粉からパンを作ります。6. 私の子どもたちの中では, ユミコがいちばん年少です。7. ぼくは君の意見に反対だ。8. 私たちのほかに, 数人の人たちがその公園で散歩していた。9. 私の姉が私といっしょにまいります。10. メガネをかけたあの男の人が, 私たちの新しい先生です。11. 今日の(この)新聞によれば, 日本円の為替レートが急にあがったそうである。12. ぼくの忠告にもかかわらず, 君はいっこうに健康に注意しなかったね。13. 私は(この)原稿のその単語に赤えんぴつで下線を引いた。14. その子どもたちに私はリンゴを三つずつ与えた。15. 私はあなたのために夕食を用意しました。16. さっそくご返事をくださいまして, ありがとうございます。(← 私はあなたに感謝します) 17. ぼくは君の意見に賛成だ。18. 原子力発電所についての君の考えはまちがっている。19. (あの)焼けつくような暑さで彼女は病気になった。20. 例外のない規則はない。

9.5 抽象的な意味への拡張

★ ［前置詞と抽象名詞］抽象的な意味の名詞と前置詞を組み合わせたり, 比喩(ひゆ)を用いて, 豊かな表現ができます。

1. La mondo rapidas rekte **al pereo**.
2. La demando situas **ekster mia kompreno**.

［単語］1. la mondo 世界, rapidi 急ぐ, rekte まっすぐに, al 〜へ, pereo 滅亡　2. demando 質問, situi 位置する, ekster 〜の外, mia 私の, kompreno 理解

3. **Kun profunda kordoloro** mi sciigas al vi lian morton.
4. La akcidento okazis tuj **antaŭ mia nazo**.

> ［単語］3. kun 〜とともに, profunda 深い, kordoloro 心痛, sciigi 知らせる, vi あなた, lia 彼の, morto 死　4. akcidento 事故, okazi 起こる, tuj すぐ, antaŭ 〜の前, nazo 鼻

5. Li nun brilas **ĉe la pinto** de ĝojo.
6. La onidiro disvastiĝis **de buŝo al buŝo**.

> ［単語］5. nun 今, brili 輝いている, ĉe 〜の所, pinto 先端, de 〜の/〜から, ĝojo 喜び　6. onidiro うわさ, disvastiĝi 広まる, buŝo 口

7. **Monto da laboro** atendas min.
8. **El lia buŝo** venas nur mensogoj.

> ［単語］7. monto 山, da 〜の量の, laboro 仕事, atendi 待つ
> 8. el 〜の中から, veni 来る, nur 〜だけ, mensogo うそ

［訳例］
1. 世界は破滅に向ってまっしぐらに進んでいる。
2. その質問は，私にはまったく理解できません。
3. 深い心痛をもって，私はあなたに彼の死をお知らせいたします。
4. その事故は，私の鼻先で起こりました。
5. 彼は今喜びの(その)絶頂で輝いている。
6. そのうわさはクチコミで広がった。
7. 山のような量の仕事が私を待ちうけている。
8. 彼の言うことはうそばかりだ。

第 10 課　再帰代名詞

■再帰代名詞は，日本語の「自分，自分の〜，自分を」などに相当する表現です。誤解をまねかない正確な表現ができるようになります。

★次の日本文を見てください。

1. ケンタとトシオがタクシーからおりてきた。トシオは**彼の**荷物をトランクからおろした。
2. ケンタとトシオが乗り込んだ列車はトンネルに入った。トシオは窓に写った**彼の**顔を見た。

★この文の「彼の」がトシオ自身のことをさすなら，この文は次のように書きなおすべきです。

1. ケンタとトシオがタクシーからおりてきた。トシオは**自分の**荷物をトランクからおろした。
2. ケンタとトシオが乗り合わせた列車はトンネルに入った。トシオは窓に写った**自分の**顔を見た。

★［再帰代名詞］は，主語に呼応する代名詞です。日本語の「自分，自分を，自分の」という表現に相当します。

・トシオは 自分に 言い聞かせた。　　　　　　　　［トシオ ← 自分に］
・これはミワコが 自分を 見つめなおす良い機会だった。
　　　　　　　　　　　　　　　　　　　　　　　　［ミワコ ← 自分を］
・トシオとホヨミも 自分たちの 車に乗り込んだ。
　　　　　　　　　　　　　　　　　　　［トシオとホヨミ ← 自分たちの］

10.1　三人称の再帰代名詞

★エスペラントの再帰代名詞は "si" です。"si" は三人称の主語に呼応します。三人称の主語とは，代名詞 "li, ŝi, ĝi, ili" や，こういう代名詞に代えられる主語のことです。"si" と "ŝi" はしっかり区別してください。

10.1 三人称の再帰代名詞

三人称の主語		代名詞に代えると	
Kenta...	ケンタは...	Li...	彼は...
Joŝiko...	ヨシコは...	Ŝi...	彼女は...
La libro...	その本は...	Ĝi...	それは...
Joŝiko kaj Kenta...	ヨシコとケンタは...	Ili...	彼らは...

★ 再帰代名詞 "si" は，人称代名詞と同じように，対格語尾 "n" や形容詞語尾 "a" をつけて，目的語や所有形容詞にすることができます。

主格	対格	所有形容詞
si 自分	sin 自分を	sia 自分の

10.1.1 主格

★ [si] 再帰代名詞は主語に呼応するものなので，再帰代名詞自体が文の主語になることはありません。再帰代名詞の主格は次のような前置詞とともに用います。

al si	pri si	ĉe si	kun si
自分に	自分について	自分の所	自分とともに

［前置詞］al 〜に, pri 〜について, ĉe 〜の所に, kun 〜とともに

1. Akemi parolis **al si**.　　　　　　　　［単語］paroli 話をする
2. Toŝio paroladis **pri si**.　　　　　　　paroladi 話し続ける
3. Joŝiko kaj Kenta kaŝis la monon **ĉe si**.　kaŝi 隠す, mono お金
4. Ŝi ĉiam portas fotilon **kun si**.　　　　ŝi 彼女, ĉiam いつも
　　　　　　　　　　　　　　　　　　porti 持ち運ぶ, fotilo カメラ

［訳例］
1. アケミは独りごとを言った。(← 自分に話をした)
2. トシオは身の上話を続けた。(← 自分について話し続けた)

第10課 再帰代名詞

　　3. ヨシコとケンタはそのお金を自分たちの所に隠した。
　　4. 彼女は常にカメラを携帯している。(← 自分とともに持ち運んでいる)

★次の例と比較してください。

　1. Akemi parolis al **ŝi**.　　　　　　　　［単語］ŝi 彼女/あの女の人
　2. Toŝio paroladis pri **li**.　　　　　　　li 彼/あの男の人
　3. Joŝiko kaj Kenta kaŝis la monon ĉe **ili**.　　ili 彼ら/あの人たち

　　［訳例］1. アケミは, あの女の人に話しかけた。
　　　　　　2. トシオはあの男のことについて話し続けた。
　　　　　　3. レイコとケンタは, あの人たちの所にそのお金を隠した。

[練習 10-1]

斜体字の部分に注意して次の文を日本語に訳してください。【*KD】

　1.* Kaori prenis la teleron por *si*.　　　［単語］preni とる, telero 皿
　2.* Kaori prenis la teleron por *ŝi*.　　　por 〜のため
　3.* Kenta ridis pri *si*.　　　　　　　　　ridi 笑う
　4.* Kenta ridis pri *li*.　　　　　　　　　pri 〜について
　5.* Tomoko kaj Akemi rakontis pri *si*.　　rakonti 話す
　6.* Tomoko kaj Akemi rakontis pri *ili*.　　kaj 〜と…

　　［解答例］1. カオリは自分のために皿をとった。2. カオリはあの女の人のために皿をとってあげた。3. ケンタは自分のことを笑った。(←自分について笑った) 4. ケンタはあの男のことを笑った。5. トモコとアケミは身の上話をした。(←自分について話した) 6. トモコとアケミは, あの人たちについての話をした。

[練習 10-2]

太字の部分に注意して, 次の文をエスペラントに訳してください。

　1. ヤスオは**自分に**腹をたてている。　　［単語］〜に(対して) kontraŭ
　2. ヤスオは**あの女に**腹をたてている。　　腹をたてる koleri

3. トモコは**自分**のためにダイヤモンドを買った。
4. トモコは**あの女の人**のためにダイヤモンドを買った。

[単語] 〜のために por, ダイヤモンド diamanto, 買う aĉeti

[解答例] 1. Jasuo koleras kontraŭ *si*. 2. Jasuo koleras kontraŭ *ŝi*. 3. Tomoko aĉetis diamanton por *si*. 4. Tomoko aĉetis diamanton por *ŝi*.

10.1.2 対格

★[**sin**]「自分を」は,文中で目的語として用います。

1. Toŝio prezentis **sin**.
2. La prezidento mortigis **sin** per revolvero.
3. Ŝi rigardis **sin** en la spegulo.
4. Li trovis **sin** en malfacila situacio.
5. La lago etendas **sin** al la montopiedo.

[単語]
1. prezenti 紹介する
2. prezidento 大統領, mortigi 殺す, per 〜で, revolvero けん銃
3. ŝi 彼女, rigardi 見つめる, en 〜の中, spegulo 鏡
4. li 彼, trovi 見いだす, en 〜の中に, malfacila 困難な, situacio 状況
5. lago 湖, etendi 広げる, al 〜へ, montopiedo 山のふもと

[訳例]
1. トシオは自己紹介した。(← 自分を紹介した)
2. 大統領はけん銃で自殺した。(← 自分を殺した)
3. 彼女は鏡に写った自分(の姿)を見つめた。(← 鏡の中の自分を見つめた)
4. 彼は自分が困難な状況にあるのがわかった。(← 困難な状況の中に自分を見いだした)
5. その湖はその山のふもとの方へ広がっている。(← その山のふもとの方へ自分を広げている)

★次の例と比較してください。

1. Toŝio prezentis **lin**.   [単語]

第10課 再帰代名詞

2. La prezidento mortigis **lin** per revolvero.　　ŝi 彼女/あの女の人
3. Ŝi rigardis **ŝin** en la spegulo.　　li 彼/あの男の人
4. Li trovis **lin** en malfacila situacio.

　　［訳例］　1. トシオはあの男の人を紹介した。
　　　　　　2. 大統領はけん銃であの男の人を殺した。
　　　　　　3. 彼女は鏡に写ったあの女の人(の姿)を見つめた。
　　　　　　4. 彼はあの男の人が困難な状況にあるのがわかった。

［練習 10-3］

斜体字の部分に注意して次の文を日本語に訳してください。【*KD】

1.* Patro levis *sin* sur la lito.　　　［単語］patro 父親, levi 起こす
2.* Patro levis *lin* sur la lito.　　　sur 〜の上, lito 寝台
3.* Ŝi rekomendis *sin* al la posteno.　　rekomendi 推薦する
4.* Ŝi rekomendis *ŝin* al la posteno.　　al 〜へ, posteno 役職

　　［解答例］1. 父は寝台の上で起きあがった。(← 自分を起こした) 2. 父はあの男の人を寝台の上で起きあがらせた。3. 彼女は自らをその役職に推薦した。4. 彼女はあの女の人をその役職に推薦した。

［練習 10-4］

太字の部分に注意して，次の文をエスペラントに訳してください。

1. アキ子はナイフでケガをした。(= ナイフで 自分を 傷つけた)
　　　　　　　［単語］ナイフ tranĉilo, 〜で per, 傷つける vundi
2. アキ子は**あの女の人を**ナイフで傷つけた。　　［単語］あの女の人 ŝi
3. (あの)住民たちはその攻撃に対して，**自分たちを**組織した。
　　　　　　　　［単語］あの la, 住民 loĝanto, 攻撃 atako
　　　　　　　　　　　〜に対して kontraŭ, 組織する organizi
4. ライオンがその草むらからでてきた。(= 草むらから**自分を**現わした)
　　　　　　　［単語］ライオン leono, 草むら herbejo, 〜から el, 現わす montri

[解答例] 1. Akiko vundis *sin* per tranĉilo. 2. Akiko vundis *ŝin* per tranĉilo. 3. La loĝantoj organizis *sin* kontraŭ la atako. 4. Leono montris *sin* el la herbejo.

10.1.3　所有

★ [**sia**]「自分の」は，形容詞と同じように，語尾 "n, j, jn" が修飾する名詞の語尾 "n, j, jn" と一致します。　　　　　　[単語] filo 息子

sia filo	sian filon	siaj filoj	siajn filojn
自分の息子	自分の息子を	自分の息子たち	自分の息子たちを

1. Toŝio miras pri **sia konduto**.
2. Akemi aĉetis donacon por **siaj infanoj**.
3. Li aŭskultis **sian prelegon** per magnetofono.
4. Ŝi ne komprenas **siajn vortojn**.

[単語] 1. miri あきれる, pri 〜について, konduto ふるまい
2. aĉeti 買う, donaco みやげ, por 〜のために, infano 子ども
3. li 彼, aŭskulti 聴く, prelego 講演, per 〜で, magnetofono テープレコーダー
4. ŝi 彼女, kompreni 理解する, vorto ことば

[訳例] 1. トシオは自分のふるまいにあきれている。
2. アケミは自分の子どもたちにみやげを買った。
3. 彼は自分の講演をテープレコーダーで聴いた。
4. 彼女は自分の言っていることがわかっていない。

★次の例と比較してください。

1. Toŝio miras pri **lia** konduto.
2. Akemi aĉetis donacon por **ŝiaj** infanoj.
3. Li aŭskultis **lian** prelegon per magnetofono.
4. Ŝi ne komprenas **ŝiajn** vortojn.

[訳例] 1. トシオはあの男のふるまいにあきれている。
2. アケミはあの女の人の子どもたちにみやげを買った。

第10課 再帰代名詞

　　　　　　3. 彼はあの男の人の講演をテープレコーダーで聴いた。
　　　　　　4. 彼女はあの女の人の言っていることがわからない。

[練習 10-5]

斜体字の部分に注意して次の文を日本語に訳してください。【*KD】

1.* Kaori vojaĝis kun *sia* fianĉo.
2.* Kaori vojaĝis kun *ŝia* fianĉo.
　　　　　　［単語］ vojaĝi 旅行する, kun 〜と, fianĉo 婚約者
3.* Jukiko tenas la vivon de *siaj* familianoj.
4.* Jukiko tenas la vivon de *ŝiaj* familianoj.
　　　　　　［単語］ teni 支える, vivo 生活, de 〜の, familiano 家族
5.* Hazarde Kenta renkontis *sian* edzinon.
6.* Hazarde Kenta renkontis *lian* edzinon.
　　　　　　［単語］ hazarde 偶然, edzino 妻, renkonti 〜n 〜に出会う

　　　［解答例］1. カオリは自分の婚約者と旅行した。2. カオリはあの女の人の婚約者と旅行した。3. ユキコが自分の家族の生活を支えている。4. ユキコはあの女の人の家族の生活を支えている。5. 偶然にもケンタは自分の妻に出会った。6. 偶然にもケンタはあの男の奥さんに出会った。

[練習 10-6]

太字の部分に注意して，次の文をエスペラントに訳してください。

1. ヨシオは**自分の**息子と散歩した。
2. ヨシオは**あの男の人の**息子と散歩した。
　　　　　　［単語］息子 filo, 〜とともに kun
　　　　　　散歩する promeni, あの男の人の lia
3. ヨシオとマサヨは，**自分たちの**親戚(複数)と夕食をとった。
4. ヨシオとマサヨは，**あの人たちの**親戚(複数)と夕食をとった。
　　　　　　［単語］親戚 parenco, 〜と kaj
　　　　　　夕食 vespermanĝo, とる preni, あの人たちの ilia

5. トモコは**自分の**かさをなくした。
6. トモコは**あの女の人の**かさをなくした。

[単語] かさ ombrelo, なくす perdi, あの女の人の ŝia

[解答例] 1. Joŝio promenis kun *sia* filo. 2. Joŝio promenis kun *lia* filo. 3. Joŝio kaj Masajo prenis vespermanĝon kun *siaj* parencoj. 4. Joŝio kaj Masajo prenis vespermanĝon kun *iliaj* parencoj. 5. Tomoko perdis *sian* ombrelon. 6. Tomoko perdis *ŝian* ombrelon.

10.2 一人称/二人称の再帰代名詞

★次の日本文を見てください。

1. 私は**私の**顔を見た。
2. あなたは**あなたの**道を進むべきだ。

★この文は，次のように言いなおさなくても，誤解をまねくことはありません。

1. 私は**自分の**顔を見た。
2. あなたは**自分の**道を進むべきだ。

★エスペラントでも，一人称と二人称の主語に対して再帰代名詞に特別な形を設けていません。それぞれの人称代名詞の主格，対格，所有形容詞を用います。【*KD】

	前置詞＋主格	対格	所有形容詞
mi 私	al mi 自分に	min 自分を	mia 自分の
ni 私たち	al ni 自分たちに	nin 自分たちを	nia 自分たちの
vi あなた(たち)	al vi 自分(たち)に	vin 自分(たち)を	via 自分(たち)の

1.* *Mi* faris demandon al **mi**.
2.* *Ni* rigardas **nin** en la spegulo.

第10課 再帰代名詞

3.* *Mi* suferas pro **mia** malsano dum longa tempo.
4.* *Ĉu vi* aĉetis donacon por **viaj** infanoj?
5.* *Mi* riskos **mian** vivon.
6.* *Vi* forgesis **viajn** promesojn.

［単語］1. fari する, demando 質問, al ～へ
2. rigardi 見つめる, en ～の中の, spegulo 鏡
3. suferi 苦しむ, pro ～で, malsano 病気, dum ～のあいだ, longa 長い, tempo 時間
4. aĉeti 買う, donaco みやげ, por ～のために, infano 子ども
5. riski 危険にさらす, vivo 生命
6. forgesi 忘れる, promeso 約束

［訳例］1. 私は自問した。(← 自分に対して質問した)
2. 私たちは鏡の中の自分たちを見つめている。
3. 私は長いこと自分の病気で苦しんでいます。
4. ご自分の子どもたちにおみやげは買いましたか。
5. 私は自分の命を危険にさらすことになるでしょう。
6. 君は自分の約束を忘れてしまっている。

★「自分に, 自分の, 自分を」という表現に引かれて, 三人称の再帰代名詞 "si, sin, sia" を用いてはいけません。

× *Mi* faris demandon al *si*.　　× *Ni* rigardas *sin* en la spegulo.
× *Mi* suferas pro *sia* malsano dum longa tempo.
× *Ĉu vi* aĉetis donacon por *siaj* infanoj?
× *Mi* riskos *sian* vivon.　　× *Vi* forgesis *siajn* promesojn.

[練習 10-7]

日本語訳と同じ意味になるように, 次の文の ( ) の中から, ふさわしい単語を選んでください。

1. Ni rakontis pri (si / ni).　　私たちは身の上話をした。
2. Ili rakontis pri (si / ili).　　彼らは身の上話をした。

［単語］rakonti 話をする, pri ～について, ili 彼ら

3. Mi savis (sin / min) el la danĝero.　　私は危険をのがれた。
4. Li savis (sin / lin) el la danĝero.　　彼は危険をのがれた。

　　　　　　　　　［単語］savi 救う, el ～から, danĝero 危険, li 彼
　　　　　　　　　　［解答］1. ni　2. si　3. min　4. sin

［練習 10-8］

太字の部分に注意して，次の文をエスペラントに訳してください。

1. トシオは**自分の**手(両手)を見つめている。
2. あなたは**自分の**手(両手)を見つめている。

　　　　　　　　　［単語］手 mano, 見つめる rigardi, あなた vi

3. 彼女は私に**自分の**本(一冊)をくれた。　　［単語］彼女 ŝi, 私 mi
4. 私は彼女に**自分の**本(一冊)をあげた。　　　　　　～に al, 本 libro
　　　　　　　　　　　　　　　　　　　　　　くれる/あげる donaci

［解答例］1. Toŝio rigardas *siajn* manojn.　2. Vi rigardas *viajn* manojn.
　3. Ŝi donacis *sian* libron al mi.　4. Mi donacis *mian* libron al ŝi.

＊＊＊

★［**mem**］再帰代名詞の主格や対格の直後に，原形副詞 "mem"「～自身」をおいて，意味を強めることができます。

1. Joŝio koleris kontraŭ *si* **mem**.
2. Mi faris demandon al *mi* **mem**.
3. Ŝi rekomendis *sin* **mem** al la posteno.
4. Ni rigardas *nin* **mem** en la spegulo.

　　　　　［単語］1. koleri 腹をたてる, kontraŭ ～に対して
　　　　　　　　2. mi 私, fari する, demando 質問
　　　　　　　　3. ŝi 彼女, rekomendi 推薦する, posteno 役職
　　　　　　　　4. ni 私たち, rigardi 見つめる, en ～の中の, spegulo 鏡

　　　　　［訳例］1. ヨシオは自分自身に腹をたてた。
　　　　　　　　2. 私は自分自身に問うた。

第10課 再帰代名詞

3. 彼女は自分自身をその役職に推薦した。
4. 私たちは鏡の中の私たち自身を見つめている。

★ [**reciproke**] 副詞 "reciproke"「たがいに」を用いて，相互に影響を与える動作や状態が表わせます。

1. Ili amas *sin* **reciproke**.　　　　　[単語] ili 彼ら, ami 愛している
2. Ni bone komprenas *nin* **reciproke**.　　ni 私たち, bone 良く
　　　　　　　　　　　　　　　　kompreni 理解する
　　　　　　　[訳例] 1. 彼らはたがいに愛しあっている。
　　　　　　　　　　2. 私たちはたがいに良く理解しあっている。

★ [**propra**] 所有を表わす再帰代名詞の直後に形容詞 "propra"「〜自身の」をおいて，所有の意味を強めることができます。

1. Toŝio miras pri *sia* **propra** konduto.
2. Ŝi ne komprenas *siajn* **proprajn** vortojn.
3. Ĉu vi aĉetis donacon por *viaj* **propraj** infanoj?
4. Vi forgesis *viajn* **proprajn** promesojn.

　　　　　　　[単語] 1. miri 驚く, pri 〜について, konduto ふるまい
　　　　　　　　　　2. ŝi 彼女, kompreni わかる, vorto ことば
　　　　　　　　　　3. vi あなた, aĉeti 買う, donaco 贈りもの, por
　　　　　　　　　　　〜のための, infano 子ども
　　　　　　　　　　4. forgesi 忘れる, promeso 約束
　　　　　　[訳例] 1. トシオは自分自身のふるまいに驚いている。
　　　　　　　　　2. 彼女は自分自身の言っていることがわかっていない。
　　　　　　　　　3. あなたは，ご自身のお子さんへのプレゼントを買いましたか。
　　　　　　　　　4. あなたは，あなた自身の約束を忘れてしまった。

[練習 10-9] ─────────────────────────────

太字の部分に注意して，次の文をエスペラントに訳してください。

1. 彼らは**自分(たち)自身を**だました。
2. 彼らは**たがいに**憎みあっている。

10.2 一人称/二人称の再帰代名詞

3. 彼は**自分自身の**課題を果たした。

［単語］1. 彼ら ili, だます trompi 2. 憎む malami 3. 彼 li, 果たす plenumi, 課題 tasko

［解答例］1. Ili trompis *sin mem*. 2. Ili malamas *sin reciproke*.
3. Li plenumis *sian propran* taskon.

第 11 課　移動の方向と起点

■「～の中へ，～の中から，～の方へ，～の方から」など，移動の方向や起点を表わす表現ができるようになります。
■この課の［単語］から，人称代名詞 "mi, vi"「私，あなた，あなたがた」と，それから派生する "mia, min, via, vin" の説明は省略します。

11.1 移動の方向

★前置詞 "al"「～へ」と "ĝis"「～まで」は，単独で移動の方向を表わします。　　　　　　　　　　　　　［単語］lernejo 学校, banko 銀行

 1. **al** la lernejo　　　　　　　　　　　［訳例］1. その学校へ
 2. **ĝis** la banko　　　　　　　　　　　　　　　 2. あの銀行まで

★このほかにも，移動の方向を表わす次の表現があります。

 1. 位置を表わす前置詞 + 名詞の対格
 2. 位置を表わす副詞 + 対格語尾

11.1.1 前置詞+名詞の対格

★位置を表わす前置詞には次のものがあることを，第9課で学びました。

・antaŭ	～の前	・apud	～のかたわら
・ĉe	～の所	・ĉirkaŭ	～のまわり
・ekster	～の外	・en	～の中
・inter	～の間	・kontraŭ	～に面して
・malantaŭ	～のうしろ	・sub	～の下
・super	～の上(非接触)	・sur	～の上(接触)
・trans	～のむこう		

11.1 移動の方向

★ 位置を表わす前置詞と名詞の主格を組み合わせると，位置を表わす句ができます。

1. antaŭ liaj okuloj
2. ekster la granda urbo
3. en via poŝo
4. sub la vagono
5. kontraŭ mia vizaĝo
6. trans la montaro

［単語］lia 彼の, okulo 目
granda 大きな, urbo 都市
poŝo ポケット
vagono 車両
vizaĝo 顔
montaro 山脈

［訳例］
1. 彼の目の前
2. あの大都市の外
3. あなたのポケットの中
4. あの車両の下
5. 私の顔に面して
6. あの山脈のむこう

★ ［移動の方向］位置を表わす前置詞と名詞の対格を組み合わせて，移動の方向を表わすことができます。

前置詞 + (冠詞/形容詞) + 名詞の**対格**	=	方向を表わす句

1. antaŭ liaj**n** okuloj**n**
2. ekster la granda**n** urbo**n**
3. en via**n** poŝo**n**
4. sub la vagono**n**
5. kontraŭ mia**n** vizaĝo**n**
6. trans la montaro**n**

［訳例］
1. 彼の目の前へ
2. あの大都市の外へ
3. あなたのポケットの中へ
4. あの車両の下へ
5. 私の顔をめがけて
6. あの山脈のむこうへ

［練習 11-1］

斜体字の部分に注意して，次の文を日本語に訳してください。

1. Mi malfermis la ĵurnalon antaŭ liaj okuloj.
2. Mi ĵetis la ĵurnalon *antaŭ liajn okulojn*.

［単語］malfermi 開く, ĵurnalo 新聞, ĵeti 投げる

3. Li loĝas ekster la granda urbo.
4. Li ekskursis *ekster la grandan urbon*.

第11課 移動の方向と起点

　　　　　　　［単語］li 彼, loĝi 住んでいる, ekskursi 遠足に行く
5. Vi havas tranĉilon en via poŝo.
6. Vi metis tranĉilon *en vian poŝon*.
　　　　　　　［単語］havi 持っている, tranĉilo ナイフ, meti 入れる, poŝo ポケット
［解答例］1. 私は彼の目の前でその新聞を広げた。2. 私は彼の目の前へその新聞を投げつけた。3. 彼はその大都市の郊外に住んでいる。4. 彼はその大都心の郊外へ遠足に行った。5. 君はポケット(の中)にナイフを持っている。6. 君はポケット(の中)へナイフを入れた。

［練習 11-2］

次の文の（　）の中の単語から，ふさわしいものを選んでください。また，その文を日本語に訳してください。【*KD】

1.* Li fotis nin antaŭ la (akvofalo, akvofalon).
2.* Li kuris antaŭ la (akvofalo, akvofalon).
　　　　　　　［単語］li 彼, foti 写真にとる, antaŭ 〜の前 akvofalo 滝, kuri 走る
3.* Mi verŝis vinon en la (glaso, glason).
4.* Mi gustumis la vinon en la (glaso, glason).
　　　　　　　［単語］verŝi 注ぐ, vino ワイン, en 〜の中, glaso グラス gustumi 味わう
5.* Mi metis la valizon sur la (benko, benkon).
6.* Mi ripozis sur la (benko, benkon).
　　　　　　　［単語］meti 置く, sur 〜の上, valizo 旅行かばん benko ベンチ, ripozi 休憩する
［解答例］1. akvofalo 彼はその滝の前で私たちの写真をとった。2. akvofalon 彼はその滝の前へ走って行った。3. glason 私はそのグラスの中へワインを注いだ。4. glaso 私はそのグラスの中のワインを味わった。5. benkon 私はそのベンチの上へ旅行かばんを置いた。6. benko 私はそのベンチの上で休憩した。

[練習 11-3]

太字の部分に注意して，次の文をエスペラントに訳してください。

1. その鳥は(あの)**岩の上で**跳びはねた。　　[単語] その la, 鳥 birdo
2. その鳥は(あの)**岩の上へ**跳びのった。　　　　　　岩 roko, 〜の上 sur
　　　　　　　　　　　　　　　　　　　　　　　　　跳ぶ salti
3. 私たちはその**森の中で**さまよった。　　[単語] 私たち ni, 森 arbaro
4. 私たちはその**森の中へ**さまよい込んだ。　　〜の中 en, さまよう vagi

5. 彼はその**川で**泳いでいる。　　[単語] 彼 li, 川 rivero, 泳ぐ naĝi
6. 彼はその**川へ**飛び込んだ。　　　　　　　　　　　飛び込む plonĝi

[解答例] 1. La birdo saltis *sur la roko*. 2. La birdo saltis *sur la rokon*. 3. Ni vagis *en la arbaro*. 4. Ni vagis *en la arbaron*.
5. Li naĝas *en la rivero*. 6. Li plonĝis *en la riveron*.

＊ ＊ ＊

★ [状態の変化] 前置詞 "en"「〜の中」と，名詞の対格 "-on, -ojn" を組み合わせて，状態の変化を表わすことができます。

1. La telero rompiĝis **en pecetojn**.
2. La raŭpo metamorfozis sin **en papilion**.
3. Neŭtrono ŝanĝas uranion **en plutonion**.
4. La eksperimento eniris **en la duan stadion**.
5. Pro la longa milito la vivkondiĉo de la loĝantoj falis **en mizeran staton**.

[単語] 1. telero 皿, rompiĝi 壊れる, peceto 破片
2. raŭpo イモ虫, metamorfozi 変身させる, si 自分, papilio チョウ
3. neŭtrono 中性子, ŝanĝi 変える, uranio ウラニウム, plutonio プルトニウム
4. eksperimento 実験, eniri 〜に入る, la dua 二番めの, stadio 段階
5. pro 〜で(理由), longa 長い, milito 戦争, vivkondiĉo 生活環境, de 〜の, loĝanto 住民, fali おちいる, mizera 悲惨な, stato 状態

第11課 移動の方向と起点

［訳例］1. その皿は粉々に砕けた。
2. そのイモ虫はチョウに変態した。(← 自分を変身させた)
3. 中性子はウラニウムをプルトニウムに変える。
4. その実験は第二段階に移行した。
5. その長びく戦争で，住民の生活環境は悲惨な状況におちいった。

★前置詞 "en" を抽象的な意味の名詞の対格 "-on" と組み合わせて，比喩(ひゆ)を用いた表現ができます。

1. Ni metis la planon **en praktikon**.
2. Li senkonscie metis sin **en danĝeron**.
3. Mi firme fiksis la daton **en mian memoron**.
4. Post la dua mondomilito ni transiris **en la epokon** de la nukleaj armiloj.

［単語］1. ni 私たち, meti 置く, plano 計画, praktiko 実行
2. li 彼, senkoncie 気づかずに, si 自分, danĝero 危険
3. firme しっかり, fiksi 固定する, dato 日づけ, memoro 記憶
4. post 〜のあと, la dua 二番めの, mondomilito 世界戦争, transiri 移行する, epoko 時代, de 〜の, nuklea armilo 核兵器

［訳例］
1. 私たちはその計画を実行に移した。
2. 彼は知らず知らずのうちに危険に身をさらした。
3. 私はその日づけをしっかり(自分の)記憶にとどめた。
4. 第二次世界大戦後，私たちは核兵器の(この)時代へ突入した。

［練習 11-4］

斜体字の部分に注意して，次の文を日本語に訳してください。

1. Tedaj tagoj enuigis lin. Li plonĝis *en aventuron*.
2. Akvo ŝanĝas sin *en solidaĵon* je la nula grado laŭ celsiuso.
3. La sorĉistino ŝanĝis la kukurbon *en kaleŝon*, la du musojn *en ĉevalojn*, kaj donis al Cindrulino belajn ŝuojn el vitro.
4. Sur la gazeto mi trovis interesan artikolon. Mi nun tradukas ĝin

en la japanan lingvon.

［単語］
1. teda 退屈な, tago 日, enuigi うんざりさせる, li 彼, plonĝi 飛び込む, aventuro 冒険
2. akvo 水, ŝanĝi 変える, si 自分, solidaĵo 固体, je la nula grado laŭ celsiuso セ氏零度で
3. sorĉistino 魔法使い, ŝanĝi 変える, kukurbo カボチャ, kaleŝo 馬車, du 二ひきの, muso ハツカネズミ, ĉevalo 馬, kaj そして, doni 与える, al ～に, Cindrulino シンデレラ, bela 美しい, ŝuo 靴(くつ), el ～でできた, vitro ガラス
4. sur ～(の上)で, gazeto 雑誌, trovi 見つける, interesa 興味深い, artikolo 記事, nun 今, traduki 訳す, ĝi それ, la japana lingvo 日本語

［解答例］1. 退屈な日々は彼をうんざりさせた。彼は冒険に飛び込んだ。2. 水はセ氏零度で固体になる。3. その魔法使いはそのカボチャを馬車に, (その) 二ひきのハツカネズミを馬に変えました。そしてシンデレラにガラスの靴をくれました。4. その雑誌でおもしろい記事を見つけました。私は今それを日本語に訳しているところです。

11.1.2 副詞+対格語尾

★ ［位置を表わす副詞+**n**］位置を表わす副詞に対格語尾 "n" をつけて, 移動の方向を表わすことができます。

位置		方向	
antaŭe 前で		antaŭen 前へ	
ekstere 外で	+n	eksteren 外へ	
dekstre 右で		dekstren 右へ	
norde 北で		norden 北へ	

第11課 移動の方向と起点

［練習 11-5］

斜体字の部分に注意して，次の文を日本語に訳してください。

1. La taksio turnis sin *dekstren*.　　［単語］taksio タクシー
2. Mi vidis la stacidomon dekstre.　　turni sin 向きを変える
　　　　　　　　　　　　　　　　　dekstre 右に, vidi 見る
　　　　　　　　　　　　　　　　　stacidomo 駅舎
3. La hospitalo troviĝas proksime.　　hospitalo 病院, troviĝi ある
4. La hundo kuris *proksimen* al mi.　proksime 近くに
　　　　　　　　　　　　　　　　　hundo 犬, kuri 走る
　　　　　　　　　　　　　　　　　al ～に向って
5. Li iris *hejmen*.　　　　　　　　li 彼, iri 行く, hejme 家で
6. Li ripozas hejme.　　　　　　　 ripozi 休息する

　　［解答例］1. タクシーは右へ向った。2. 私は右手にその駅舎を見た。3. その病院は近くにある。4. その犬は私の近くへ走ってきた。5. 彼は家へ帰った。6. 彼は家で休んでいる。

［練習 11-6］

太字の部分に注意して，次の文をエスペラントに訳してください。

1. その船は(自分の)進路を**南へ**変えた。　　［単語］その la, 船 ŝipo
　　　　　　　　　　　　　　　　　自分の sia, 進路 vojo, 南で sude, 変える ŝanĝi
2. その風船は**上へ**飛んで行った。　　［単語］風船 balono, 上で supre
　　　　　　　　　　　　　　　　　　　　　　飛んで行く flugi
3. 私はその男の子たちを**わきへ**押しやった。
　　　　　　　　［単語］私 mi, 男の子 knabo, わきで flanke, 押す puŝi
4. (その) 地震のために，その搭は**地面へ**倒れた。
　　　　　　　　［単語］地震 tertremo, ～のため(理由) pro
　　　　　　　　　　　 搭 turo, 倒れる fali, 地面で tere

　　［解答例］1. La ŝipo ŝanĝis sian vojon *suden*. 2. La balono flugis *supren*. 3. Mi puŝis la knabojn *flanken*. 4. Pro la tertremo la turo falis *teren*.

11.2 移動の起点

★前置詞 "de"「～から」と "el"「～の中から」は，単独で移動の起点を表わします。

 1. Mi venis **de** miaj gepatroj.   ［単語］veni 来る, gepatroj 両親
 2. Li prenis monujon **el** sia poŝo. li 彼, preni とる, monujo 財布
            sia 自分の, poŝo ポケット
   ［訳例］1. 私は両親の所からまいりました。
      2. 彼は自分のポケット(の中)から財布をとり出した。

★次の表現で，移動の起点をさらに詳しく表わすことができます。

 1. 二重前置詞
 2. 前置詞 + 位置を表わす副詞

11.2.1 二重前置詞

★［二重前置詞］前置詞を二つ重ねて用いる用法を「二重前置詞」といいます。"de", "el" と位置を表わす前置詞を組み合わせて，移動の起点を詳しく表わすことができます。

de	de antaŭ ～の前から	de apud ～のそばから
	de malantaŭ ～のうしろから	de super ～の上の方から
	de sur ～の上から	
el	el sub ～の下から	el inter ～の間から

 1. **de apud** la patrino   ［単語］patrino 母親
 2. **de malantaŭ** la kurteno   kurteno カーテン
 3. **de super** la nubo   nubo 雲
 4. **de sur** la tegmento   tegmento 屋根
 5. **el sub** la ponto   ponto 橋
 6. **el inter** la densaj arboj   densa 茂った, arbo 木

第11課 移動の方向と起点

[訳例] 1. (その)母親のかたわらから　2. そのカーテンのうしろから
3. あの雲の上の方から　4. あの屋根の上から
5. あの橋の下から　6. その茂った木々の間から

[練習 11-7]

斜体字の部分に注意して，次の文を日本語に訳してください。

1. La serpento proksimiĝis al la rano *de malantaŭ* la arbo.
2. *El sub* la bankuvo kuris rato.
3. La kato saltis teren *de sur* la tegmento.

[単語] 1. serpento ヘビ, proksimiĝi 近づく, al 〜へ, rano カエル, arbo 木
2. bankuvo 浴槽, kuri 走る, rato ドブネズミ
3. kato 猫, salti とぶ, tere 地面で, tegmento 屋根

[解答例] 1. (あの)ヘビはそのカエルに(あの)木のうしろから近づいた。 2. (その)浴槽の下からドブネズミが飛び出してきた。 3. その猫はあの屋根の上から地面へ飛びおりた。

＊＊＊

★ [時の起点] 二重前置詞 "de post"「〜以来」や "de antaŭ"「〜前から」を用いて，時の起点を表わすこともできます。

	[単語]	[訳例]
1. **de post** la akcidento	akcidento 事故	1. あの事故以来
2. **de antaŭ** tri jaroj	tri 三, jaro 年	2. 三年前から

[練習 11-8]

次の文を日本語に訳してください。

[単語]
1. Li daŭre laboras *de post* la akcidento.　li 彼, daŭre 続けて
2. Mi loĝas en la urbo *de antaŭ* tri jaroj.　loĝi 住んでいる, en 〜に, urbo 町

[解答例] 1. その事故以来彼はずっと働いている。
2. 私はこの町に三年前から住んでいます。

11.2.2 前置詞+副詞

★ ［**de** + 位置を表わす副詞］前置詞 "de" と位置を表わす副詞を組み合わせて，移動の起点が表現できます。

	位置		移動の起点
supre	上で	**de** supre	上から
flanke	かたわらで	**de** flanke	かたわらから
dekstre	右で	**de** dekstre	右から
norde	北で	**de** norde	北から

★ ［時の起点］前置詞 "de" と時を表わす副詞や原形副詞を組み合わせて，時の起点を表わすことができます。

	時		時の起点
matene	朝に	**de** matene	朝から
dimanĉe	日曜に	**de** dimanĉe	日曜から
hieraŭ	昨日	**de** hieraŭ	昨日から
hodiaŭ	今日	**de** hodiaŭ	今日から
morgaŭ	明日	**de** morgaŭ	明日から
nun	今	**de** nun	今から

［練習 11-9］

斜体字の部分に注意して次の文を日本語に訳してください。【*KD】

1.* En mallumo la voĉo de mia patrino aŭdiĝis *de dekstre*.
2.* Nia ŝipo veturas *de norde* suden.
3.* *De matene* li daŭre sidas antaŭ sia skribtablo.
4.* *De nun* mi raportos pri la situacio de la arbaroj en tropika regiono.
5.* Mi okupiĝos pri la tasko *de morgaŭ*.

第11課 移動の方向と起点

［単語］1. en 〜の中, mallumo 暗やみ, voĉo 声, de 〜の,
patrino 母親, aŭdiĝi 聞こえてくる
2. nia 私たちの, ŝipo 船, veturi 進む, sude 南で
3. li 彼は, daŭre 続けて, sidi 座っている, antaŭ 〜の前,
sia 自分の, skribtablo 机
4. raporti 報告する, pri 〜について, situacio 状況,
arbaro 森林, en 〜の, tropika 熱帯の, regiono 地域
5. okupiĝi 従事する, tasko 課題

［解答例］1. 暗やみの中で, 私の母親の(その)声が右手から聞こえてきた。2. 私たちの船は北から南へ進んでいる。3. 彼は, 朝からずっと机にかじりついている。4. 今から私は熱帯林の(あの)状況について報告します。5. 私は明日からその課題にとりかかります。

第 12 課　意志法

■「〜しなさい，…に〜させよう」など，相手に対する命令や，第三者に対する使役が表現できるようになります。

12.1　意志法の形

★ ［直説法］動詞は，不定形語尾 "i" を "as, is, os" に交換することで，それぞれ現在形，過去形，未来形になります。これらの形を「直説法」といいます。[1]

★ ［意志法］動詞の不定形語尾 "i" を "u" に交換した形を「意志法」といいます。

不定形		意志法	
manĝi	食べること	manĝu	食べろ
bati	打つこと	batu	打て

［練習 12-1］

次の動詞を意志法になおし，その意味を書いてください。

1. lerni　　学ぶこと　　　2. porti　　運ぶこと
3. labori　　働くこと　　　4. esti　　〜であること

　［解答例］1. lernu 学べ　2. portu 運べ　3. laboru 働け　4. estu 〜であれ

---

1) エスペラントの動詞の活用は次のとおりです。仮定法については，第25課で説明します。

不定形	定型				
	直説法			意志法	仮定法
-i	-as	-is	-os	-u	-us
manĝi 食べること	manĝas 食べます	manĝis 食べた	manĝos 食べるだろう	manĝu 食べろ	manĝus 食べるとすれば

第12課 意志法

12.2 命令文

★［命令文］意志法は，話し手の意志を表わします。相手に対する話し手の意志は命令です。

  1. Vi **lernu** multe.　　　　　　［単語］lerni 学ぶ, multe たくさん
  2. Vi **portu** la librojn.　　　　　porti 運ぶ, libro 本
  3. Vi **lavu** la manojn.　　　　　lavi 洗う, mano 手
  4. Vi **ne dorlotu** infanon.　　　　dorloti あまやかす, infano 子ども
  5. Vi **ne uzu** mian biciklon.　　　uzi 使う, biciklo 自転車
  6. Vi **estu** diligentaj.　　　　　diligenta 勤勉な

  ［訳例］
  1. あなたはたくさん学べ。　　2. あなたはその本を(全部)運べ。
  3. あなたは(あなたの)手を洗え。　4. あなたは子どもをあまやかすな。
  5. 君はぼくの自転車を使うな。　6. あなたたちは勤勉であれ。

★命令は目の前にいる相手にするものなので，主語 "vi" は省略するのが普通です。【*KD】

  1.* Lernu multe.　　　　　　［訳例］1. たくさん学べ。
  2.* Portu la librojn.　　　　　　2. その本を(全部)運べ。
  3.* Lavu la manojn.　　　　　　3. (あなたの両)手を洗え。
  4.* Ne dorlotu infanon.　　　　　4. 子どもをあまやかすな。
  5.* Ne uzu mian biciklon.　　　　5. ぼくの自転車を使うな。
  6.* Estu diligentaj.　　　　　　6. 勤勉であれ。

★［ていねいな命令文］命令文のうしろに ", mi petas"「私は願う」をそえて，表現をやわらげることができます。【*KD】

  1.* Fermu la pordon, **mi petas**.　　［単語］fermi 閉じる, pordo 戸
            peti 願う/請う
  2.* Parolu laŭte, **mi petas**.　　　paroli しゃべる, laŭte 大声で

3.* Pasigu al mi la sojsaŭcon, **mi petas**.　　pasigi 手送りする, al ～へ
sojsaŭco しょう油

4.* Ordigu la liton, **mi petas**.　　ordigi 整える, lito ベッド

　　［訳例］1. その戸を閉めてください。 2. 大きな声で話してください。
　　　　　3. (あの)しょう油を私にとってください。
　　　　　4. (その)ベッドを整えてください。

★ ［**bonvolu -i**］ "bonvolu" + 動詞の不定形」の表現で，ていねいな命令を表わすこともできます。[1]【*KD】

1.* Bonvolu enveni.　　　　　　［単語］bonvoli 好意をもって～する
2.* Bonvolu porti la pakaĵon.　　enveni 入る, porti 運ぶ
3.* Bonvolu helpi al mi.　　　　pakaĵo 小包
　　　　　　　　　　　　　　　helpi al ～を手伝う

　　［訳例］1. お入りください。 2. (その)小包を運んでください。
　　　　　3. 手伝ってください。

［練習 12-2］

次の文を日本語に訳してください。

1. Enlitiĝu tuj hodiaŭ.
2. Ellitiĝu frue morgaŭ.
3. Ne restu en la lito longe.
4. Pretigu vin por la ekiro laŭeble rapide.
5. Ne forgesu la dokumentujon, mi petas.
6. Knaboj, estu ambiciaj.
7. Bonvolu respondi mian demandon honeste.

　　　［単語］1. enlitiĝi 床につく, tuj ただちに, hodiaŭ 今日
　　　　　　2. ellitiĝi 起きる, frue 早く, morgaŭ 明日
　　　　　　3. resti とどまる, en ～の中に, lito 床, longe ながく

---

[1] "Bonvole -u" の形が用いられることもあります。1. Bonvole envenu. 2. Bonvole portu la pakaĵon. 3. Bonvole helpu al mi.

第12課 意志法

　　　　4. pretigi vin (あなたの)用意を整える, por ～のために,
　　　　　ekiro 出発, laŭeble できるだけ, rapide すばやく
　　　　5. forgesi 忘れる, dokumentujo 書類入れ
　　　　6. knabo 少年, ambicia 大志を抱いた
　　　　7. respondi ~n ～に答える, demando 質問, honeste 正直に

　　［解答例］1. 今日はすぐに床につけ。2. 明日は早く起きろ。3. (その)床の中でぐずぐずしているな。4. できるだけすばやく(その)出発の用意をしろ。5. あの書類入れを忘れないでください。6. 少年よ、大志をいだけ。7. 私の質問に正直に答えてください。

［練習 12-3］

次の文をエスペラントに訳してください。

1. 熱心に学びなさい。　　　　［単語］熱心に diligente, 学ぶ lerni
2. おしゃべりをするな。　　　　おしゃべりをする babilaĉi
3. (その)真実を隠すな。　　　　真実 vero, 隠す kaŝi
4. 君の部屋をそうじしてください。　　君の via, 部屋 ĉambro
　　　　　　　　　　　　　　　　　そうじする purigi

　　［解答例］1. Lernu diligente. 2. Ne babilaĉu. 3. Ne kaŝu la veron.
　　4. Purigu vian ĉambron, mi petas. / Bonvolu purigi vian ĉambron.

12.3 申し出

★ ［申し出］自分自身に対する命令は，申し出「(私が)～しましょう/してあげましょう」を表わします。【*KD】

1.* *Mi* **pretigu** la vespermanĝon.
2.* *Mi* **konduku** la aŭton anstataŭ vi.
3.* *Mi* **respondu** vian demandon.
4.* *Mi* **purigu** vian ĉambron.

　　　　［単語］1. pretigi 用意する, vespermanĝo 夕食
　　　　　　　　2. konduki 運転する, aŭto 自動車, anstataŭ ～の代わりに

3. respondi ~n 〜に答える, demando 質問
4. purigi そうじする, ĉambro 部屋

［訳例］　1. (その)夕食を(私が)用意しましょう。
2. あなたの代わりに(私が)その車を運転しましょう。
3. あなたの質問に(私が)お答えしましょう。
4. あなたの部屋を(私が)そうじしましょう。

★ ［ていねいな申し出］申し出を表わす文を疑問文にすれば，ていねいな表現になります。【*KD】

1.* Ĉu mi pretigu la vespermanĝon?　　　Jes, mi petas.
2.* Ĉu mi konduku la aŭton anstataŭ vi?　Ne, dankon.
3.* Ĉu mi respondu vian demandon?
4.* Ĉu mi purigu vian ĉambron?　　　　　［単語］peti 願う, danko 感謝

［訳例］　1. (その)夕食を(私が)用意しましょうか。はい，お願いします。
2. あなたの代わりに(私が)その車を運転しましょうか。いいえ，けっこうです。
3. あなたのご質問に(私が)お答えしましょうか。
4. あなたの部屋を(私が)そうじいたしましょうか。

12.4　勧誘

★ ［勧誘］自分たちに対する命令は，勧誘「(私たちは)〜しましょう」を表わします。【*KD】

　　　　　　　　　　　　　　　　［単語］ni 私たち, kanti 歌う
1.* *Ni* **kantu** kune.　　　　　　　kune いっしょに, tosti 乾杯する
2.* *Ni* **tostu** por nia sano.　　　　por 〜のために, sano 健康
3.* *Ni* **venku** la malfacilaĵon.　　　venki 克服する, malfacilaĵo 困難

［訳例］　1. (私たちは) いっしょに歌おう。
2. 私たちの健康を祝して乾杯。(← 私たちの健康のために乾杯しよう)
3. (私たちは) その困難を克服しよう。

第12課 意志法

12.5 使役

★ ［使役］第三者に対する話し手の意志は，使役「〜に…させる」を表わします。【*KD】

　　　　　　　　　　　　　　　　　　［単語］
1.* *Ken* **konduku** *la aŭton.*　　konduki 運転する, aŭto 自動車
2.* *Keiko* **ordigu** *la ĉambron.*　　ordigi 整頓する, ĉambro 部屋
3.* *Ken kaj Keiko* **iru** *al la oficejo.*　　iri 行く, al 〜へ, oficejo 事務所

［訳例］
1. (私は)その車をケンに運転させよう。(← ケンはその車を運転しろ)
2. (私は)その部屋をケイコにかたずけさせよう。(← ケイコはその部屋をかたずけろ)
3. (私は)ケンとケイコを(あの)事務所へ行かせよう。(← ケンとケイコは事務所へ行け)

［練習 12-4］

次の文を日本語に訳してください。

1. Mi konfesu la veron malkaŝe.
2. Ĉu mi masaĝu viajn ŝultrojn?
3. Ni dancu ĝis la mateniĝo.
4. Keiko lavu la telerojn.

　　　［単語］1. konfesi 告白する, vero 真実, malkaŝe 隠さずに
　　　　　　 2. masaĝi マッサージする, ŝultro 肩
　　　　　　 3. ni 私たち, danci 踊る, ĝis 〜まで, mateniĝo 夜明け
　　　　　　 4. lavi 洗う, telero 皿

　　　［解答例］1. つつみ隠しなく(その)真実を告白しましょう。2. (私があなたの)肩をもみましょうか。3. (この)夜明けまで踊ろう。4. ケイコにその皿を洗わせよう。

[練習 12-5]

次の文をエスペラントに訳してください。

1. あなたの旅行かばんを(私が)持ちましょう。　　［単語］あなたの via
旅行かばん valizo, 私 mi, 〜を持つ porti
2. ケンタに, (あの)駅まであなたを送らせましょう。
［単語］駅 stacidomo, 〜まで ĝis
送る akompani
3. (あの)大会に(私たちは)参加しよう。　　　　［単語］大会 kongreso
私たち ni, 〜に参加する partopreni en

［解答例］1. Mi portu vian valizon. 2. Kenta akompanu vin ĝis la stacidomo. 3. Ni partoprenu en la kongreso.

第 13 課　等位接続詞

■「AとB, CそしてD, EあるいはF」など, 単語と単語, 句と句, 文と文をつないだ表現ができるようになります。

★［等位接続詞］等位接続詞は, 単語と単語, 句と句, 文と文をつなぐ単語で, 次の例の接続詞「と, それとも, しかし」に相当します。

・米**と**みそ　　　　　　　　　　　　　　　　　　　［単語と単語］
・机の引き出しの中か, **それとも**たんすの上　　　　　［句と句］
・大捜索が行われた。**しかし**決定的な証拠は出てこなかった。　［文と文］

★等位接続詞には, 次のものがあります。

kaj	並列	〜と…, 〜かつ…, 〜そして…
aŭ	選択	〜または…, 〜あるいは…
sed	逆接	〜ではなく…, 〜しかし…
nek	否定	(〜でもなく)…でもない

13.1　単語と単語

★［**kaj**］「〜と…, 〜かつ…, 〜そして…」は単語と単語を並列の関係でつなぎます。

　　1. patro **kaj** filo　　　　　　［単語］patro 父, filo 息子
　　2. bela **kaj** bonkora　　　　　bela 美しい, bonkora 気だての良い
　　3. forte **kaj** rapide　　　　　forte 強く, rapide 速く
　　4. manĝi **kaj** trinki　　　　　manĝi 食べる, trinki 飲む

　　　　［訳例］　1. 父と息子　　　2. 美しく(そして)気だての良い
　　　　　　　　　3. 強くそして速く　4. 食べ, かつ飲む

★［**aŭ**］「〜か…, 〜または…, 〜あるいは…」は単語と単語を選択の関係でつなぎます。

13.1 単語と単語

1. patrino **aŭ** filino　　　　　　［単語］patrino 母親, filino 娘
2. nigra **aŭ** griza　　　　　　　　nigra 黒の, griza 灰色の
3. dekstre **aŭ** maldekstre　　　　dekstre 右に, maldekstre 左に
4. kanti **aŭ** danci　　　　　　　　kanti 歌う, danci 踊る

　　［訳例］　1. 母親か娘　　　　2. 黒または灰色の
　　　　　　　3. 右に, あるいは左に　　4. 歌うか踊る

★ ［sed］「～ではなく…, ～しかし…, ～けれど…」は単語と単語を逆接の関係でつなぎます。

1. ne rizo **sed** pano　　　　　　［単語］rizo ご飯, pano パン
2. malriĉa **sed** feliĉa　　　　　　malriĉa 貧乏な, feliĉa 幸福な
3. mallaŭte **sed** klare　　　　　　mallaŭte 小声で, klare はっきりと
4. ne plori **sed** ploregi　　　　　plori 泣く, ploregi 号泣する

　　［訳例］1. ご飯ではなく, パン
　　　　　　2. 貧乏だけれど幸福な
　　　　　　3. 小声で, しかしはっきりと
　　　　　　4. 泣くなんてものじゃなくて, 号泣する

★ ［nek］「(～でもなく)…でもない」は前の否定を受けて, うしろの単語をさらに否定します。"nek" は, それ自体が打ち消しの意味を含んでいます。「ne 単語 nek 単語」の形になります。

1. **ne** ni **nek** ili　　　　　　　　［単語］ni 私たち, ili 彼ら
2. **ne** fama **nek** riĉa　　　　　　fama 有名な, riĉa 金持ちの
3. **ne** diligente **nek** lerte　　　　diligente 勤勉に, lerte 巧みに
4. **ne** danki **nek** pardonpeti　　　danki 感謝する, pardonpeti 謝る

　　［訳例］1. 私たちでもなく彼らでもない
　　　　　　2. 有名でもなく金持ちでもない
　　　　　　3. 勤勉でもないし, 巧みでもない
　　　　　　4. 感謝するでもなく, 謝りもしない

第13課 等位接続詞

[練習 13-1]

次のエスペラントの表現を日本語に訳してください。

1. saĝa kaj inteligenta
2. saĝa aŭ diligenta
3. saĝa sed maldiligenta
4. ne saĝa nek inteligenta
5. arde kaj intensive
6. ne supre nek malsupre
7. en kaj ekster la domo

［単語］saĝa かしこい
inteligenta 知性的な
diligenta 勤勉な
maldiligenta 怠け者の
arde 激しく, intensive 集中的に
supre 上方に, malsupre 下方に
en 〜の中, ekster 〜の外, domo 家

［解答例］1. かしこく知性的な 2. かしこいか, あるいは勤勉な 3. かしこいけれど怠け者の 4. かしこくもなく, 知性的でもない 5. 激しく集中的に 6. 上の方にも, 下の方にも…ない 7. (この)家の中と外

[練習 13-2]

次の日本語の表現をエスペラントに訳してください。

1. 愛と死
2. 生か死か
3. 憎しみではなく愛
4. 黒くもなく, 赤くもない

［単語］愛 amo, 死 morto
生 vivo
憎しみ malamo
黒い nigra, 赤い ruĝa

［解答例］1. amo kaj morto 2. vivo aŭ morto 3. ne malamo sed amo 4. ne nigra nek ruĝa

* * *

★等位接続詞は, 形容詞や副詞で修飾された単語もつなぎます。

1. **saĝa** filo kaj **bela** filino
2. **eksplode** koleri kaj **tondre** insulti
3. **bongusta** vino aŭ **malvarma** biero
4. **ne tre** saĝa sed **obstine** diligenta
5. **ne tro** varma nek **tro** malvarma

13.1 単語と単語

［単語］1. saĝa かしこい, filo 息子, bela 器量よしの, filino 娘
2. eksplode 爆発するように, koleri 怒る, tondre 雷(の音)のように, insulti ののしる
3. bongusta 味の良い, vino ワイン, malvarma 冷たい, biero ビール
4. ne tre それほど〜でもない, obstine がんこに, diligenta 勤勉な
5. tro 〜すぎる, varma 熱い, malvarma 冷たい

［訳例］1. できの良い息子と器量よしの娘
2. はじけるように怒り，そして雷のようにののしる
3. 味の良いワインか冷えたビール
4. それほどかしこくはないが，がんこなほど勤勉な
5. 熱からず冷たからず (← 熱すぎもせず, 冷たすぎもせず)

★等位接続詞は複数語尾 "j" や対格語尾 "n" つきの単語もつなぎます。

1. pator**n** kaj patrino**n**　　［訳例］1. 父親(を)と母親を
2. patro**j** aŭ patrino**j**　　2. 父親たちか母親たち
3. ne patro**jn** sed patrino**jn**　　3. 父親たち(を)ではなく母親たちを
4. ne patro**jn** nek patrino**jn**　　4. 父親たち(を)も母親たち(を)も…ない

　　　　　　　　　　　　　　　　［単語］patro 父親, patrino 母親

［練習 13-3］

太字の部分に注意して，次の日本語の表現をエスペラントに訳してください。

1. 本とノートを　　　　　　［単語］本 libro, ノート kajero
2. 右手か左手**を**　　　右の la dekstra, 手 mano, 左の la maldekstra
3. 私の娘**たち(を)**でなく，あなたの息子**たち**を
　　　　　　　［単語］私の mia, 娘 filino, あなたの via, 息子 filo
4. 少年**たち(を)**でも少女**たちを**でもなく
　　　　　　　　　　　　　　　［単語］少年 knabo, 少女 knabino

［解答例］1. libron kaj kajeron　2. la dekstran manon aŭ la maldekstran manon　3. ne miajn filinojn sed viajn filojn

第13課 等位接続詞

4. ne knabojn nek knabinojn

[練習 13-4]

次の文を日本語に訳してください。

1. Lernolibro kaj vortaro estas nepre necesaj en mia leciono.
2. Mi aĉetis brasikon kaj melongenojn.
3. Sendu al mi leteron aŭ poŝtokarton.
4. La infano ne ploris sed rekte rigardis la viron.
5. Ne levu la dekstran nek la maldekstran manon.

　［単語］
1. lernolibro 教科書, vortaro 辞書, nepre 必ず, necesa 必要な, en 〜で, leciono 授業
2. aĉeti 買う, brasiko キャベツ, melongeno ナス
3. sendi 送る, al 〜に, letero 手紙, poŝtokarto ハガキ
4. infano 子ども, plori 泣く, rekte まっすぐ, rigardi 見つめる, viro 男
5. levi 上げる, la dekstra 右の, la maldekstra 左の, mano 手

　　［解答例］1. 私の授業では教科書と辞書が不可欠です。2. 私はキャベツとナス (複数) を買いました。3. 私に手紙かハガキを送りなさい。4. その子どもは泣かなかったが, その男をまっすぐに見つめた。5. 右手も左手も上げてはいけない。

＊　＊　＊

★ ［等位接続詞の強調］並列や選択, 否定の意味を強調するために, 等位接続詞 "kaj, aŭ, nek" を二つ重ねて用いることがあります。

1. Levu **kaj** la dekstran **kaj** la maldekstran manojn.
2. Levu **aŭ** la dekstran **aŭ** la maldekstran manon.
3. Levu **nek** la dekstran **nek** la maldekstran manon.

　　［訳例］1. 右手も左手も上げなさい。
　　　　　　2. 右手か, または左手を上げなさい。
　　　　　　3. 右手と左手のどちらも上げてはいけない。

13.2 句と句

★等位接続詞は，句と句もつなぎます。

1. per la okuloj **kaj** per la oreloj
2. ne pro malsano **sed** pro trafika akcidento
3. en via poŝo **aŭ** en via sako
4. ne nur ĝis nun **nek** de nun

　　　［単語］1. per 〜で, okulo 目, orelo 耳
　　　　　　2. pro 〜ゆえ, malsano 病気, trafika 交通の, akcidento 事故
　　　　　　3. en 〜の中, poŝo ポケット, sako バッグ
　　　　　　4. nur 〜だけ, ĝis 〜まで, nun 今, de 〜から

　　　［訳例］1. その目で，そしてその耳で　2. 病気ではなく交通事故で
　　　　　　3. 君のポケットの中かバッグの中に
　　　　　　4. 今までだけでなく，これからも…ない

［練習 13-5］

斜体字の部分に注意して，次の文を日本語に訳してください。

1. Ni kolektis informojn *per la okuloj kaj per la oreloj*.
2. Ni okazigu la kunsidon *en sabato aŭ en dimanĉo*.
3. Li interesiĝas ne nur *pri kulturo sed* ankaŭ *pri politiko*.
4. Li ne konsentis *kun ŝi nek kun ni*.

　［単語］1. ni 私たち, kolekti 集める, informo 情報
　　　　2. okazigi 開く, kunsido 会合, en 〜に, sabato 土曜日, dimanĉo 日曜日
　　　　3. li 彼は, interesiĝi pri 〜に興味がある, nur 〜だけ, kulturo 文化,
　　　　　 ankaŭ また, politiko 政治
　　　　4. konsenti 同意する, kun 〜と, ŝi 彼女

　　　［解答例］1. 私たちは(その)目と(その)耳で情報を集めた。2. 土曜日か日曜日に会合を開こう。3. 彼は文化についてだけでなく，政治についても興味がある。4. 彼女にも私たちにも，彼は同意しなかった。

第13課 等位接続詞

[練習 13-6]

次の日本語の表現をエスペラントに訳してください。

1. あなたがたの心の中に，そしてあなたがたの記憶の中に
   　　　　[単語] あなたがたの via, 心 koro, 〜の中 en, 記憶 memoro

2. (その)庭の中か(その)屋根の上で　　　[単語] 庭 ĝardeno, 〜の中 en
   　　　　　　　　　　　　　　　　　　　　　屋根 tegmento, 〜の上 sur

3. (その)指(複数)でではなくスプーンで　　[単語] 指 fingro, 〜で per
   　　　　　　　　　　　　　　　　　　　　　スプーン kulero

4. 病気のためでもなく空腹のためでもなく
   　　　　[単語] 病気 malsano, 〜のため(理由) pro, 空腹 malsato

   [解答例] 1. en via koro kaj en via memoro 2. en la ĝardeno aŭ sur la tegmento 3. ne per la fingroj sed per kulero 4. ne pro malsano nek pro malsato

13.3 文と文

★等位接続詞 "kaj, aŭ, sed" は，文と文もつなぎます。文の区切りとして，前にコンマをおくと意味がわかりやすくなります。【*KD】

1.* Malfeliĉo ofte kunigas homojn, **kaj** feliĉo ofte disigas ilin.
2.* Ĉu mi kantu, **aŭ** ĉu ŝi dancu?
3.* Li donis al mi monon, **sed** mi tuj redonis ĝin al li.

   [単語] 1. malfeliĉo 不幸, ofte しばしば, kunigi 近づける, homo 人間, feliĉo 幸福, disigi 遠ざける, ili 彼ら
   　　　 2. kanti 歌う, ŝi 彼女, danci 踊る
   　　　 3. doni くれる, al 〜に, mono お金, tuj すぐに, redoni 返す, ĝi それ

   [訳例] 1. 不幸は人間を近づけ，幸福は人間を遠ざけることが多い。
   　　　 2. 私が歌いましょうか，それとも彼女に踊らせましょうか。
   　　　 3. 彼は私にお金をくれたが，私はすぐにそれを彼に返した。

13.3 文と文

★ ［命令文 + **kaj** / **aŭ**］命令文に続く "kaj, aŭ" はそれぞれ「そうすれば，さもないと」という意味になります。【*KD】

命令文 + kaj	〜せよ，そうすれば…
命令文 + aŭ	〜せよ，さもないと…

1.* *Lernu* multe, **kaj** vi sukcesos en la ekzameno.
2.* *Levu* la manojn, **aŭ** via kapo ĝuos kuglojn.

　　　［単語］1. lerni 学ぶ, multe たくさん, sukcesi 合格する, en 〜で, ekzameno 試験
　　　　　　 2. levi 上げる, mano 手, kapo 頭, ĝui 味わう, kuglo 弾丸
　　　［訳例］1. うんと勉強しろ。そうすれば試験に受かるよ。
　　　　　　 2. (両方の)手を上げろ。さもないと，きさまの頭に弾丸をおみまいするぞ。

［練習 13-7］

次の文を日本語に訳してください。

1. Unu horo konsistas el sesdek minutoj, kaj unu minuto konsistas el sesdek sekundoj.
2. Ŝarko estas fiŝo, sed baleno ne estas fiŝo.
3. Estu ambicia, kaj la estonteco estos la via.
4. Ekiru tuj, aŭ vi maltrafos la lastan trajnon.

　　　［単語］1. unu 一, horo 時間, konsisti el 〜よりなる, sesdek 六十, minuto 分, sekundo 秒
　　　　　　 2. ŝarko サメ, fiŝo 魚, baleno クジラ
　　　　　　 3. ambicia 大志をいだいた, estonteco 未来
　　　　　　 4. ekiri 出発する, tuj すぐに, maltrafi 乗り遅れる, la lasta 最後の, trajno 列車

　　　［解答例］1. 一時間は六十分で，一分は六十秒だ。2. サメは魚だが，クジラは魚ではない。3. 大志をいだけ。そうすれば未来は君のものだ。4. すぐに出発しろ。さもないと最終列車に乗り遅れるぞ。

第 14 課　品詞語尾と接尾辞

■ことばを勉強するうえでもっとも負担が強いられるのは，単語を覚えることです。エスペラントでは，この負担が最小限になるように工夫がこらされています。この課で学ぶ接尾辞や，次の第15課の接頭辞を用いれば，かぎられた単語の知識を効率良く活用することができます。この課の［練習］は，適切に対応する日本語の単語を思い浮かべるのが難しいかも知れませんが「なぞなぞ」に取り組むような気持ちで，気楽に読み進めてください。

★次の方法で，語彙(ごい)の習得にかかる時間と努力が節約できます。

　　1. 品詞語尾の交換と付加　　　2. 接尾辞

14.1　品詞語尾

★［品詞語尾］エスペラントの単語の大部分は，品詞によって語尾が次のように決まっています。

名詞	形容詞	副詞	動詞不定形
-o	-a	-e	-i

★［語根］こういう単語は，語根と品詞語尾でなりたっています。

| 語根 + 品詞語尾 | ⇒ | 単語 |

14.1.1　品詞語尾の交換

★［品詞転換］品詞語尾を交換して，品詞を変えることができます。[1]

---

[1] 語尾を交換して，常識の範囲を越えた単語をつくることもできますが，そういう単語は，冗談や空想小説などのような特別の場合以外は用いられません。

　　・libro　本　→ ? libri　？本する　　・ĉielo　空(そら)　→ ? ĉieli　？空する
　　・monto　山　→ ? monti　？山する

14.1 品詞語尾

名詞　-o	形容詞　-a	副詞　-e	動詞　-i
ĝojo 喜び	ĝoja 喜びの〜	ĝoje 喜んで	ĝoji 喜ぶ
miro 驚き	mira 驚きの〜	mire 驚いて	miri 驚く
sukceso 成功	sukcesa 上できの〜	sukcese 順調に	sukcesi 成功する

1. Nia projekto **sukcese** iras.　　　［単語］nia 私たちの, projekto 計画
2. Nia projekto plene **sukcesis**.　　　iri 進む, plene 完全に
3. La **sukceso** rezultis de nia klopodo.　　rezulti de 〜の結果である
4. La **sukcesa** rezulto ĝojigis nin.　　klopodo 努力, rezulto 結果
　　　　　　　　　　　　　　　　　　ĝojigi 喜ばす

　　［訳例］1. 私たちの計画は順調に進んでいる。
　　　　　　2. 私たちの計画は完全に達成された。
　　　　　　3. その成功は私たちの努力のたまものである。
　　　　　　4. その良い結果が私たちを喜ばせた。

［練習 14-1］

ヒントを参考にして，次の単語の意味を推測してください。

　　　　　　　　　　　　　　　　　　　　　　［ヒント］
1. fina　　2. fine　　3. fini　　　　　fino 終わり
4. komenca　5. komence　6. komenci　　komenco 始め
7. prova　　8. prove　　9. provi　　　provo 試(ため)し

　　　　　［解答例］1. 終わりの〜　2. 終わりに　3. 終える
　　　　　　　　　　4. 始めの〜　　5. 始めに　　6. 始める
　　　　　　　　　　7. 試しの〜　　8. 試しに　　9. 試す

第14課 品詞語尾と接尾辞

14.1.2 品詞語尾の付加

★［品詞語尾の付加］原形副詞や前置詞などに品詞語尾をつけて，その品詞の単語として用いることもできます。[1]【*KD】

	＋o 名詞	＋a 形容詞	＋e 副詞	＋i 動詞
* jes はい		* jesa 肯定の	* jese 肯定して	* jesi 肯定する
* morgaŭ 明日	* morgaŭo 明日(という日)	* morgaŭa 明日の		
* anstataŭ 〜の代わり		* anstataŭa 代わりの	* anstataŭe 代わりに	* anstataŭi 代わる
* apud 〜のかたわら		* apuda かたわらの	* apude かたわらに	

★品詞語尾をつけると，アクセントの位置が変わることに注意してください。次の例では，太字の所にアクセントがあります。

- **jes**i   ィエースィ   jes   ィエス
- mor**gaŭ**a モルガゥア   **mor**gaŭ   **モ**ルガゥ
- anstat**aŭ**e アンスタタゥエ   ans**ta**taŭ アンス**タ**タゥ
- a**pu**da   アプーダ   apud   **ア**プド

[練習 14-2] ─────────────────

ヒントを参考にして，次の単語の意味を推測してください。

1. nea   2. nei   ［ヒント］ne いいえ/〜ない
3. hieraŭo   4. hieraŭa   hieraŭ 昨日
5. kroma   6. krome   krom 〜のほか

［解答例］1. 否定の〜 2. 否定する 3. 昨日(という

---

[1] 下の表の空欄部分に入るべき単語 "jeso", "morgaŭe", "morgaŭi", "apudi" などは，形式的には可能ですが，実際に使う場面は限られているでしょう。ただし，必要性があり合理的ならば使ってかまいません。

日）4. 昨日の〜　5. ほかの〜　6. ほかに

14.2　接尾辞

★［接尾辞］とは，語根のうしろにつけて新しい単語を作るもので，日本語の次のような表現の「らしさ，さ，性，家」に相当します。

〜らしさ	〜さ	〜性	〜家
女らしさ	深さ	偶然性	企業家
男らしさ	軽さ	爆発性	探検家
あなたらしさ	美しさ	人間性	愛妻家

★エスペラントの接尾辞は，次の31個です。[1]

-aĉ-, -ad-, -aĵ-, -an-, -ar- , -ĉj-, -ebl-, -ec-, -eg-, -ej-, -em-
-end-, -er-, -et-, -i-, -id-, -ig-, -iĝ-, -il-, -in-, -ind-, -ing-
-ism-, -ist-, -nj-, -obl-, -on-, -op- -uj-, -ul-, -um-

14.2.1　語根+接尾辞+品詞語尾

★接尾辞は，語根と品詞語尾の間にはさまれます。

語根 + 接尾辞 + 品詞語尾	⇒	単語

★ [-in-] は，語根の示すものの女性を表わします。[2]

- amikino　女ともだち　　　　　　　amiko　ともだち
- avino　祖母　　　　　　　　　　　avo　祖父
- cervino　雌鹿　　　　　　　　　　cervo　(雄)鹿

---

1) このほかに，動詞語根につく接尾辞 "-ant-, -int-, -ont-, -at-, -it-, -ot-" もあります。第18課で説明します。

2) "studento, instruisto, kuracisto..." など，職業や身分を表す単語は，特に性別を明示する必要がなければ，女性の場合でも "-in-" をつけません。

○ Ŝi estas instruisto. (= Ŝi estas instruistino.)　彼女は教師です。
○ Miaj filinoj estas studentoj. (= Miaj filinoj estas studentinoj.)　私の娘たちは学生です。

第14課 品詞語尾と接尾辞

- edzino 妻　　　　　　　　　　　　　edzo 夫

★ [**-id-**] は，語根の示すものの子どもを表わします。

- bovido 子牛　　　　　　　　　　　　bovo 牛
- hundido 子犬　　　　　　　　　　　　hundo 犬
- katido 子猫　　　　　　　　　　　　kato 猫

★ [接尾辞と発音] 語根と接尾辞は連音して発音します。

- amikino 　　○ アミ**キー**ノ　　　× アミㇰ・イーノ
- cervino 　　○ ツェル**ヴィー**ノ　　× ツェルヴ・イーノ
- hundido 　　○ フゥン**ディー**ド　　× フゥンド・イード
- katido 　　○ カ**ティー**ド　　　× カト・イード

★ 接尾辞をつけるとアクセントの位置が変わることに注意してください。

- am**i**kino 　アミ**キー**ノ　　　　　**a**miko 　アミーコ
- **a**vino 　　ア**ヴィー**ノ　　　　　**a**vo 　　**アー**ヴォ
- bov**i**do 　ボ**ヴィー**ド　　　　　**bo**vo 　 **ボー**ヴォ
- hun**di**do 　フゥン**ディー**ド　　　**hun**do 　**フゥン**ド

[練習 14-3]

ヒントを参考にして，次の単語の意味を推測してください。

　　　　　　　　　　［ヒント］　　　　　　［解答例］
1. filino　　　　filo　息子　　　　　1. 娘
2. patrino　　　patro　父親　　　　　2. 母親
3. kokido　　　　koko　にわとり　　　3. ひよこ
4. plantido　　　planto　植物　　　　4. 苗(なえ)

＊　＊　＊

★ [**-an-**] は，集団の構成員を表わします。

- familiano 　家族/家庭の一員　　　　familio 　家庭
- klubano 　　クラブ員　　　　　　　klubo 　　クラブ

・kompaniano　　会社員/会社役員　　　　　　kompanio　　会社

★ [-ul-] は，語根の示す性質を持つ人を表わします。

　・aktivulo　　活動家　　　　　　　　aktiva　　活動的な〜
　・fremdulo　　よそ者　　　　　　　　fremda　　見知らぬ〜
　・spertulo　　達人　　　　　　　　　sperta　　熟練した〜

[練習 14-4]

ヒントを参考にして，次の単語の意味を推測してください。

	[ヒント]		[解答例]
1. policano	polico	警察	1. 警察官
2. sindikatano	sindikato	組合	2. 組合員
3. intelektulo	intelekta	知性的な〜	3. 知識人
4. junulo	juna	若い〜	4. 若者

＊　＊　＊

★ [-ism-] は，主義や学説，宗教を表わします。

　・anarkiismo　　無政府主義　　　　　anarkio　　無支配
　・budhismo　　　仏教　　　　　　　　budho　　　仏 (ほとけ)
　・burokratismo　官僚主義　　　　　　burokrato　官僚
　・idealismo　　　理想主義　　　　　　idealo　　　理想

★ [-ist-] は，職業従事者や思想信奉者を表わします。日本語の「〜家/〜主義者」などに相当します。

　・anarkiisto　　無政府主義者　　　　anarkio　　無支配
　・artisto　　　　芸術家　　　　　　　arto　　　　芸術
　・aventuristo　　冒険家　　　　　　　aventuro　　冒険
　・bankisto　　　銀行家　　　　　　　banko　　　銀行

第14課 品詞語尾と接尾辞

[練習 14-5]
ヒントを参考にして，次の単語の意味を推測してください。

	［ヒント］		［解答例］
1. individuismo	individuo	個人	1. 個人主義
2. neŭtralismo	neŭtrala	中立の〜	2. 中立主義
3. realismo	realo	現実	3. 現実主義
4. idealisto	idealo	理想	4. 理想主義者
5. instruisto	instrui	教える	5. 教師
6. kuracisto	kuraci	治療する	6. 医者

＊　＊　＊

★ ［-ar-］は，同種類のものの集団や集合体を表わします。

- adresaro　住所録　　　　　　　　adreso　住所
- arbaro　　森　　　　　　　　　　arbo　　木
- homaro　　人類　　　　　　　　　homo　　人間

★ ［-er-］は，物質を構成する分子や粒，物質の小さな固まりを表わします。

- akvero　　水滴　　　　　　　　　akvo　　水
- fajrero　　火の粉　　　　　　　　fajro　　火
- rizero　　米つぶ　　　　　　　　rizo　　米

[練習 14-6]
ヒントを参考にして，次の単語の意味を推測してください。

	［ヒント］		［解答例］
1. poemaro	poemo	詩	1. 詩集
2. vortaro	vorto	単語	2. 辞書
3. neĝero	neĝo	雪	3. 雪片
4. programero	programo	番組編成	4. 番組の一つ／だしもの

14.2 接尾辞

* * *

★ [**-aĉ-**] は，劣悪さを表わします。

- ĉevalaĉo　駄馬　　　　　　　　　　ĉevalo　馬
- domaĉo　あばら家　　　　　　　　　domo　家
- faraĉi　やらかす　　　　　　　　　fari　行う

★ [**-et-**] は，程度が弱いことを表わします。

- beleta　かわいらしい〜　　　　　　bela　美しい〜
- diketa　小太りの〜　　　　　　　　dika　太った〜
- frenezeta　気違いじみた〜　　　　　freneza　気の狂った〜

★ "-et-" は，小さいことや愛らしいことも表わします。

- birdeto　小鳥　　　　　　　　　　birdo　鳥
- ĉevaleto　ポニー　　　　　　　　　ĉevalo　馬
- golfeto　入り江　　　　　　　　　golfo　湾

★ [**-eg-**] は，程度が著しいことを表わします。

- deziregi　熱望する　　　　　　　　deziri　望む
- dikega　ぶ厚い〜　　　　　　　　　dika　厚い〜
- famega　名高い〜　　　　　　　　　fama　有名な〜

[練習 14-7]

ヒントを参考にして，次の単語の意味を推測してください。

	[ヒント]		[解答例]
1. knabaĉo	knabo	少年	1. 悪ガキ
2. parolaĉi	paroli	しゃべる	2. くっちゃべる
3. rideti	ridi	笑う	3. ほほえむ
4. lageto	lago	湖	4. 沼/池
5. koleregi	koleri	怒る	5. 激怒する
6. treege	tre	とても	6. とてつもなく

第14課 品詞語尾と接尾辞

＊　＊　＊

★ [**-ec-**] は，語根が示すものの性質を表わします。日本語の「～性，～さ」などに相当します。

- amikeco　　　友情　　　　　　　　amiko　　友だち
- diligenteco　勤勉さ　　　　　　　diligenta　勤勉な～
- diverseco　　多様性　　　　　　　diversa　　多様な～

★ [**-em-**] は，傾向や性向を表わします。

- agema　　　　行動的な～　　　　　agi　　　　行動する
- atentema　　　注意深い～　　　　　atenti　　　注意する
- dormema　　　眠い～　　　　　　　dormi　　　眠る
- esplorema　　探求心のある～　　　esplori　　調べる

[練習 14-8]

ヒントを参考にして，次の単語の意味を推測してください。

	[ヒント]		[解答例]
1. juneco	juna	若い～	1. 若さ
2. komuneco	komuna	共通な～	2. 共通性
3. neŭtraleco	neŭtrala	中立の～	3. 中立性
4. kolerema	koleri	怒る	4. 怒りっぽい～
5. laborema	labori	働く	5. 働き者の～
6. obeema	obei	従う	6. 従順な～

＊　＊　＊

★ [**-ebl-**] は，受け身の可能「～されうる，～されることのできる，～られる」を表わします。[1]

- evitebla　　避け(られ)うる～　　　　　　eviti　　避ける

---

1) "povi" を用いた「能動の可能」との違いに注意しましょう。
　・La danĝero estas **evitebla**. その危険は回避可能だ。
　・Ni **povas** eviti la danĝeron. われわれはその危険が回避できる。

・manĝebla	食べられる, 食用の〜	manĝi	食べる
・portebla	運べる〜, 携帯用の〜	porti	運ぶ
・supozebla	想像しうる〜, 想像できる〜	supozi	想像する
・videbla	(目に)見える, 可視の〜	vidi	見る

[練習 14-9]

次のエスペラントの表現を日本語に訳してください。

1. evitebla eraro   [単語] eraro まちがい
2. manĝebla fungo   fungo きのこ
3. portebla komputilo   komputilo コンピューター
4. supozebla rezulto   rezulto 結果
5. videbla radio   radio 光線/放射線

    [解答例] 1. 避けることのできるまちがい 2. 食用きのこ
    3. 携帯用コンピューター 4. 想像しうる結果 5. 可視光線

＊ ＊ ＊

★ [-end-] は, 義務「(必ず)〜すべき」という意味に相当します。

・evitenda	(必ず)避けるべき〜	eviti	避ける
・farenda	(必ず)行うべき〜	fari	行う
・lernenda	(必ず)学ぶべき〜	lerni	学ぶ
・pagenda	(必ず)支払うべき〜	pagi	支払う

[練習 14-10]

次のエスペラントの表現を日本語に訳してください。

      [単語] eraro まちがい, tasko 課題, lingvo ことば, sumo 総額

1. evitenda eraro   [解答例] 1. (必ず)避けるべきまちがい
2. farenda tasko   2. (必ず)行うべき課題
3. lernenda lingvo   3. (必ず)学ぶべきことば
4. pagenda sumo   4. 支払総額(← 支払うべき総額)

第14課 品詞語尾と接尾辞

* * *

★ [-ind-] は「～にあたいする，～する価値のある，～すべき」という意味です。

- aĉetinda　　　買う価値のある～　　　　　　aĉeti　　買う
- admirinda　　称賛にあたいする～　　　　　admiri　 称賛する
- aminda　　　愛らしい～（← 愛すべき）　　 ami　　　愛している
- bedaŭrinda　 悔やむべき～/残念な～　　　 bedaŭri　悔やむ

[練習 14-11]

次のエスペラントの表現を日本語に訳してください。

1. aĉetinda vortaro　　　　　　　　　　[単語] vortaro 辞書
2. admirinda kontribuo　　　　　　　　　　　 kontribuo 貢献
3. aminda besto　　　　　　　　　　　　　　　besto 動物
4. bedaŭrinda rezulto　　　　　　　　　　　　rezulto 結果

　　　　　[解答例] 1. 購入する価値のある辞書　2. 称賛にあたいする貢献　3. 愛らしい動物　4. 残念な結果

[練習 14-12]

接尾辞 "-ebl-, -end-, -ind-" を用いて，次の日本語の表現をエスペラントに訳してください。

　　　　　　　　　　　　　　[単語]
1. 理解しうる説明　　　　　理解する kompreni, 説明 klarigo
2. 同意しうる提案　　　　　同意する aprobi, 提案 propono
3. (必ず)翻訳すべき作品　　翻訳する traduki, 作品 verko
4. 推薦にあたいする本　　　推薦する rekomendi, 本 libro
5. 尊敬にあたいする教授　　尊敬する respekti, 教授 profesoro

　　　[解答例] 1. komprenebla klarigo　2. aprobebla propono
　　　　3. tradukenda verko　4. rekomendinda libro　5. respektinda profesoro

14.2 接尾辞

           *   *   *

★ [**-ad-**] は，語根の示す動作や行為を名詞化します。「～すること，～活動」という表現に相当します。

- informado   広報活動   informi   知らせる
- komunikado   伝達すること   komuniki   伝達する
- konsumado   消費活動   konsumi   消費する

★ "-ad-" は動作の継続や反復も表わします。

- diskutadi   討論し続ける   diskuti   議論する
- esploradi   調査し続ける   esplori   調査する
- frapadi   たたき続ける   frapi   たたく
- marŝadi   行進し続ける   marŝi   行進する

★ [**-aĵ-**] は，語根の示すものを原料とする製品や食料，料理を表わします。

- bovaĵo   牛肉/牛肉料理   bovo   牛
- fiŝaĵo   魚肉/魚料理   fiŝo   魚
- glaciaĵo   氷菓子   glacio   氷

★ また，"-aĵ-" は，語根の示す動作の結果発生するものや，語根の示す動作の対象となるものを表わします。

- heredaĵo   遺産/相続したもの   heredi   相続する
- imitaĵo   模造品   imiti   まねる
- inventaĵo   発明品   inventi   発明する

★ "-aĵ-" は，語根の示す性質を持つものも表わします。

- dolĉaĵo   甘いもの/甘菓子   dolĉa   甘い～
- formalaĵo   形式的なもの   formala   形式的な～
- kemiaĵo   化学薬品/化学物質   kemia   化学の～

第14課 品詞語尾と接尾辞

★ [-il-] は，道具や手段を表わします。

- armilo　　武器　　　　　　　　　　armi　武装させる
- gladilo　　アイロン　　　　　　　　gladi　アイロンをかける
- kalkulilo　計算機　　　　　　　　　kalkuli　計算する

[練習 14-13]

ヒントを参考にして，次の単語の意味を推測してください。

	[ヒント]		[解答例]
1. lernado	lerni	学ぶ	1. 学習
2. ripetado	ripeti	くりかえす	2. 反復
3. serĉado	serĉi	探す	3. 捜索
4. persekutadi	persekuti	迫害する	4. 迫害し続ける
5. kokaĵo	koko	にわとり	5. とり肉/鶏料理
6. manĝaĵo	manĝi	食べる	6. 食料品
7. vivaĵo	vivi	生きる	7. 生きもの
8. luksaĵo	luksa	ぜいたくな～	8. ぜいたく品
9. solidaĵo	solida	固形の～	9. 固形物/固体
10. tondilo	tondi	(はさみで)切る	10. はさみ
11. tranĉilo	tranĉi	(ナイフで)切る	11. ナイフ

* * *

★ [-ej-] は，場所を表わします。

- ambasadorejo　大使館　　　　　　ambasadoro　大使
- banejo　　　　ふろ場　　　　　　bani　　　　　入浴させる
- kinejo　　　　映画館　　　　　　kino　　　　　映画
- manĝejo　　　食堂　　　　　　　manĝi　　　　食べる

★ [-uj-] は，入れものを表わします。

- inkujo　　　インクつぼ　　　　　　　　inko　　インク

- monujo　　　財布 (さいふ)　　　　　　　mono　　お金
- paperujo　　書類入れ　　　　　　　　　papero　書類

★接尾辞 "-uj-" はまた，国名も表わします。[1]

- Afganujo　　アフガニスタン　　　　　afgano　　アフガニスタン人
- Ĉinujo　　　中国　　　　　　　　　　ĉino　　　中国人
- Francujo　　フランス　　　　　　　　franco　　フランス人
- Mongolujo　モンゴル　　　　　　　　mongolo　モンゴル人

★ "-uj-" は木も表わします。

- bananujo　　バナナの木　　　　　　　banano　　バナナ
- ĉerizujo　　サクランボの木　　　　　ĉerizo　　サクランボ
- juglandujo　クルミの木　　　　　　　juglando　クルミ
- kaŝtanujo　　栗の木　　　　　　　　　kaŝtano　　栗

★ [-i-] は国名を表わします。"-uj-" と重複しますが，最近では "-i-" の方が好まれる傾向があります。

- Afganio　　アフガニスタン　　　　　(= Afganujo)
- Ĉinio　　　中国　　　　　　　　　　(= Ĉinujo)
- Francio　　フランス　　　　　　　　(= Francujo)
- Mongolio　モンゴル　　　　　　　　(= Mongolujo)

[練習 14-14]

ヒントを参考にして，次の単語の意味を推測してください。

　　　　　　　　　　[ヒント]　　　　　　　[解答例]
1. lernejo　　　　　lerni　　学ぶ　　　　1. 学校
2. rifuĝejo　　　　　rifuĝi　　避難する　　2. 避難所

---

[1] 接尾辞 "-uj" がつかない国名もあります。たとえば；Nederlando オランダ，Usono アメリカ合衆国，Srilanko スリランカなど。国名については，(財)日本エスペラント協会刊「エスペラント日本語辞典」巻末付録参照。

第14課 品詞語尾と接尾辞

3. saŭcujo	saŭco	ソース	3. ソース入れ
4. sukerujo	sukero	砂糖	4. 砂糖つぼ
5. oranĝujo	oranĝo	オレンジ	5. オレンジの木
6. umeujo	umeo	梅	6. 梅の木
7. Italio	italo	イタリア人	7. イタリア
8. Japanio	japano	日本人	8. 日本

* * *

★ ［-obl-, -on-, -op-］はそれぞれ，倍数，分数，集まりを表わします。

	du (二)	tri (三)	kvar (四)
倍数　-obl-	duoblo 二倍	triobla 三倍の	kvaroble 四倍に
分数　-on-	duono 二分の一	triona 三分の一の	kvarone 四分の一に
集まり -op-	duopo 二人/二つ組	triopa 三人/三つ組の	kvarope 四人/四つ組で

［練習 14-15］

ヒントを参考にして，次の単語の意味を推測してください。

　　　　　　　　　　　　　　　　　　　　　　　　　　　　［ヒント］

1. kvinoblo　　2. kvinono　　3. kvinopo　　　kvin 五
4. sesobla　　 5. sesona　　 6. sesopa　　　 ses 六
7. sepoble　　 8. sepone　　 9. sepope　　　 sep 七

　　［解答例］
　　1. 五倍　　　　2. 五分の一　　　3. 五人組/五つ組
　　4. 六倍の〜　　5. 六分の一の〜　6. 六人組の〜/六つ組の〜
　　7. 七倍に　　　8. 七分の一に　　9. 七人組に/七つ組で

* * *

14.2 接尾辞

★ [**-ig-**] は，語根の示すものや状態を実現させることを表わします．

- altigi　　　高める　　　　　　　　alta　　　高い〜
- dezertigi　　砂漠にする　　　　　　dezerto　　砂漠
- plenigi　　　満たす　　　　　　　　plena　　　いっぱいの〜

★ 自動詞に "-ig-" をつけると他動詞になります．[1]

- aperigi　　　(〜を)現わす　　　　　aperi　　　(〜が)現れる
- briligi　　　(〜を)輝かす　　　　　brili　　　(〜が)輝く
- daŭrigi　　　(〜を)続ける　　　　　daŭri　　　(〜が)続く
- eksplodigi　 (〜を)爆発させる　　　eksplodi　 (〜が)爆発する

★ 他動詞に "-ig-" をつけると使役「〜させる」を表わします．

- akirigi　　　(〜を)入手させる　　　akiri　　　(〜を)入手する
- forgesigi　　(〜を)忘れさせる　　　forgesi　　(〜を)忘れる
- komprenigi　 (〜を)理解させる　　　kompreni　 (〜を)理解する

[練習 14-16]

ヒントを参考にして，次の単語の意味を推測してください．

　　　　　　　　　　[ヒント]　　　　　　　　　[解答例]

1. liberigo　　　libera　　自由な〜　　　　1. 解放(すること)
2. realigi　　　 reala　　 現実の〜　　　　2. (〜を)実現する
3. haltigi　　　 halti　　 (〜が)止まる　　 3. (〜を)止める
4. mortigi　　　 morti　　 (〜が)死ぬ　　　 4. (〜を)殺す
5. pasigi　　　　pasi　　　(〜が)過ぎる　　 5. (〜を)過ごす
6. lernigi　　　 lerni　　 (〜を)学ぶ　　　 6. (〜を)学ばせる
7. konstruigi　 konstrui　(〜を)建てる　　 7. (〜を)建てさせる

　　　　　　　　　＊　＊　＊

---

[1] 自動詞と他動詞については第5課74ページを参照．

第14課 品詞語尾と接尾辞

★ [-iĝ-] は，語根の示すものや状態が実現することを表わします。

- altiĝi　　高まる　　　　　　　　　　alta　　高い〜
- dezertiĝi　砂漠になる　　　　　　　　dezerto　砂漠
- pleniĝi　　満ちる　　　　　　　　　　plena　　いっぱいの〜

★他動詞に "-iĝ-" をつけると自動詞になります。

- amuziĝi　　（〜が）楽しむ　　　　　　amuzi　　（〜を）楽します
- ĉagreniĝi　（〜が）悩む　　　　　　　ĉagreni　（〜を）悩ませる
- decidiĝi　　（〜が）決まる　　　　　　decidi　　（〜を）決める
- detruiĝi　　（〜が）壊れる　　　　　　detrui　　（〜を）壊す

★線動詞に "-iĝ-" をつけて，点動詞にすることができます。[1]

- kuŝiĝi　　横になる　　　　　　　　　kuŝi　　横になっている
- kutimiĝi　慣れる　　　　　　　　　　kutimi　慣れている
- sciiĝi　　知る　　　　　　　　　　　scii　　知っている
- sidiĝi　　座り込む　　　　　　　　　sidi　　座っている

[練習 14-17]

ヒントを参考にして，次の単語の意味を推測してください。

	[ヒント]		[解答例]
1. liberiĝi	libera	自由な〜	1. 自由になる
2. realiĝo	reala	現実の〜	2. 実現(すること)
3. fermiĝi	fermi	（〜を）閉める	3. （〜が）閉まる
4. finiĝi	fini	（〜を）終える	4. （〜が）終わる
5. komenciĝi	komenci	（〜を）始める	5. （〜が）始まる
6. ŝanĝiĝi	ŝanĝi	（〜を）変える	6. （〜が）変わる

1) 接頭辞 "ek-" を用いて線動詞を点動詞に変えることもできます。kuŝiĝi = ekkuŝi, kutimiĝi = ekkutimi, sciiĝi = ekscii, sidiĝi = eksidi. 接頭辞については第15課で説明します。「点動詞」「線動詞」については第5課76ページ参照。

7. stariĝi	stari	立っている	7.	立ちあがる
8. timiĝi	timi	恐れている	8.	おびえる

* * *

★ [**-ĉj-, -nj-**] "-ĉj-" は男性の愛称, "-nj-" は女性の愛称をつくる接尾辞です。"-ĉj-, -nj-" は語根の適当な所に, 語調が良くなるようにつけます。【*KD】

* Takeĉjo	たけちゃん	Takeo	たけお
* Taĉjo	たあちゃん		
* Tomonjo	ともちゃん	Tomoko	ともこ
* Tonjo	とんちゃん		
* paĉjo	とうちゃん	patro	父親
* panjo	かあちゃん	patrino	母親

★ [**-ing-**] は, 挿入物を受ける道具を表わします。

・boltingo	ナット	bolto	ボルト
・fingringo	指サック	fingro	指
・kandelingo	ろうそくたて	kandelo	ろうそく

★ [**-um-**] は, 融通接尾辞といって, ふさわしい接尾辞が見つからない時に用いるものでしたが, 現在では次のような用例が定着しています。

・brakumi	抱きしめる	brako	腕
・cerbumi	思案する	cerbo	脳
・foliumi	(ページを) めくる	folio	一葉
・gustumi	味わう	gusto	味
・literumi	つづりを言う	litero	文字
・okulumi	流し目をする	okulo	目
・plenumi	果たす/遂行する	plena	満ちた

14.2.2 接尾辞+品詞語尾

★［接尾辞+品詞語尾］接尾辞自体も，品詞語尾をつければ，単語として用いることができます。例をあげます。

接尾辞 + 品詞語尾	⇒	単語

+ **o** 名詞　ajo 品物, ano 一員, eco 性質, ejo 場所, emo 性向, ero 粒, ido 子孫, ilo 道具, ino 女性, ujo 容器, ulo 人物

+ **a** 形容詞　aĉa 粗悪な, ebla 可能な, ega 巨大な, eta 微小な, inda 価値ある

+ **e** 副詞　are 集まって, eble たぶん, ege 非常に, ete わずかに

+ **i** 動詞　ebli 〜が可能である, emi 〜したい気がする, igi 〜にする/〜させる, iĝi 〜になる, indi 〜する価値がある

★これらの単語を活用すれば，知っている語彙の少ない学習の初期段階でも，なんとか自分の考えを表現することができます。

［練習 14-18］

斜体字の部分に注意して，次の文を日本語に訳してください。

1. Mi estas *ano* de la klubo.
2. Lia *aĉa* ago difektis la tutan aferon.
3. Mia filino *ege* amas la kantiston.
4. La sciencisto nun esploras la *econ* de la materio.

　　［単語］1. -an- 一員, klubo クラブ
　　　　　 2. lia 彼の, -aĉ- 粗悪, ago ふるまい, la tuta 全部の, afero 事柄
　　　　　 3. filino むすめ, -eg- 程度の強さ, ami 好きだ, kantisto 歌手
　　　　　 4. sciencisto 科学者, nun 今, esplori 研究する, -ec- 性質, materio 物質

　　［解答例］1. 私はそのクラブのメンバーです。2. 彼のひどいふるまいがその事業全体をメチャクチャにした。3. 私の娘はその歌手が大好きです。4. その科学者はその物質の性質を研究しています。

第15課　接頭辞と合成語

■この課も「なぞなぞ」に取り組むようなつもりで気楽に読み進めてください。［練習］は，日本語の適切な訳語が思いつかなくても，だいたいの見当がつけばよいのです。

★接尾辞のほかにも，次の二つの方法で単語の記憶にかかる負担を少なくすることができます。

　　1. 接頭辞　　　2. 合成語

15.1　接頭辞

★［接頭辞］は，単語の前につけて新しい単語を作る語根で，日本語の次のような表現に相当します。

ど～	くそ～	前～	不～
ど真ん中	くそ度胸	前妻	不平等
ど根性	くそ暑い	前世紀	不賛成
どえらい	くそまじめな	前大臣	不用心

★エスペラントの接頭辞は次の12個です。

　bo-, ĉef-, dis-, ek-, eks-, fi-, ge-, mal-, mis-, pra-, re-, vic-

15.1.1　接頭辞+語根+品詞語尾

★接頭辞は，単語の前について新しい意味の単語を導きます。

接頭辞 + 語根 + 品詞語尾	⇒	単語

★［**mal-**］は，正反対の意味の単語を導きます。[1]【*KD】

---

1) 詩では，"mallonga"「短い」, "malvarmeta"「涼しい」, "malĝoja"「悲しい」, "maljuna"「年老いた」などのかわりに，"kurta", "friska", "trista", "olda" など "mal-" のつかない単語が使われることもあります。

第15課 接頭辞と合成語

* malagrabla	不快な〜		agrabla	快適な〜
* malakceli	減速する		akceli	加速する
* malakcepti	拒絶する		akcepti	受け入れる
* malakra	鈍い〜		akra	鋭い〜
* malalte	低く		alte	高く

★［接頭辞と発音］単語の構成要素がわかりやすくなるように，接頭辞と単語は，連音させずに区切って発音するのが普通です。

・malagrabla	○ マる・アグラブら	△ マらグラブら
・malakceli	○ マる・アクツェーり	△ マらクツェーり
・malakcepti	○ マる・アクツェプティ	△ マらクツェプティ
・malakra	○ マる・アクラ	△ マらクラ
・malalte	○ マる・アるて	△ マらるて

★ただし，よく用いられる単語や，会話の中でくりかえし出てくる単語は，連音させて発音してもかまいません。

［練習 15-1］────────────────

ヒントを参考にして，次の単語の意味を推測してください。

		［ヒント］		［解答例］
1. malamo		amo	愛	1. 憎しみ
2. malamika		amika	友の〜	2. 敵の〜
3. malaperi		aperi	出現する	3. 消える
4. malbona		bona	良い〜	4. 悪い〜
5. malfacila		facila	容易な〜	5. 困難な〜
6. malfermi		fermi	閉める	6. 開ける
7. malfrue		frue	早く	7. 遅く

* * *

★［**dis-**］は「分散，分割，分離」を表わします。

・disdoni　　分配する　　　　　　　　doni　与える

- 184 -

15.1 接頭辞

- disflugi　飛び散る　　　　　　　　　　flugi　飛ぶ
- disĵeti　　投げ散らす　　　　　　　　　ĵeti　　投げる

* * *

★ [**ek-**] は動作の開始「〜し始める，〜しだす」を表わします。【*KD】

* ekfunkcii　機能し始める　　　　　　　funkcii　機能する
* ekiri　　　出発する　　　　　　　　　iri　　　行く
* eklabori　 働きだす　　　　　　　　　labori　 働く

★ "ek-" には，線動詞を点動詞に変える働きもあります。[1]

- ekami　　好きになる/ほれる　　　　　 ami　　愛している
- ekdormi　眠りにつく　　　　　　　　 dormi　眠っている
- ekkoni　　知る　　　　　　　　　　　koni　　知っている

[練習 15-2]

ヒントを参考にして，次の単語の意味を推測してください。

	[ヒント]		[解答例]
1. dispeli	peli	追う	1. 追い散らす
2. disŝiri	ŝiri	やぶく	2. 引き裂く
3. disŝuti	ŝuti	まく	3. ばらまく
4. eklerni	lerni	学ぶ	4. 学びはじめる
5. ektremi	tremi	震える	5. 震えだす
6. ekscii	scii	知っている	6. 知る/気づく
7. eksidi	sidi	座っている	7. 座り込む
8. ekstari	stari	立っている	8. 立ちあがる

* * *

---

1) 「点動詞」と「線動詞」については第5課76ページを参照。接尾辞 "-iĝ-" を用いて点動詞に変えることもできます。ekdormi = dormiĝi

第15課 接頭辞と合成語

★ [**mis-**] は「誤まり, し損じ」を表わします。

- misaŭskulti　　聞き違える　　　　　　aŭskulti　聞く
- misesprimi　　表現を誤る　　　　　　esprimi　表現する
- misgvidi　　　指導を誤る　　　　　　gvidi　　指導する

★ [**re-**] は「再, くり返し」を表わします。

- reaboni　　　再購読する　　　　　　aboni　　購読する
- reakiri　　　 とりもどす　　　　　　akiri　　手にいれる
- reformi　　　改革する　　　　　　　formi　　形成する

[練習 15-3]

ヒントを参考にして, 次の単語の意味を推測してください。

	[ヒント]		[解答例]
1. miskalkuli	kalkuli	計算する	1. 計算を誤る
2. miskompreni	kompreni	理解する	2. 誤解する
3. mistraduki	traduki	翻訳する	3. 誤訳する
4. rekomenci	komenci	開始する	4. 再開する
5. retrovi	trovi	発見する	5. 再発見する
6. revidi	vidi	会う	6. 再会する

* * *

★ [**bo-**] は「婚姻による関係」を表わします。

- bofrato　　　　義理の兄/弟　　　　　frato　　兄/弟
- bopatro　　　　義父　　　　　　　　patro　　父
- bofilino　　　　嫁(義理の娘)　　　　filino　　娘

★ [**eks-**] は「前(ぜん), 元」に相当する意味を表わします。

- eksedzo　　　　前夫　　　　　　　　edzo　　　夫
- eksmoda　　　　流行遅れの〜　　　　moda　　　流行の〜
- eksprezidento　前大統領　　　　　　prezidento　大統領

★ [**ge-**] は「男女両方の集まり」や「男女ひと組」を表わします。"ge-" のついた名詞には複数語尾 "j" がつきます。

- geamikoj　　　(男女の)友人たち　　　　　　amiko　友人
- geedzoj　　　　夫妻　　　　　　　　　　　　edzo　　夫
- geedza　　　　夫妻の〜

[練習 15-4]

ヒントを参考にして，次の単語の意味を推測してください。

	[ヒント]		[解答例]
1. bopatrino	patrino	母親	1. 義理の母, しゅうとめ
2. bofilo	filo	息子	2. むこ(義理の息子)
3. eksedzino	edzino	妻	3. 前妻
4. eksministro	ministro	大臣	4. 前大臣
5. geknaboj	knabo	少年	5. 少年少女たち
6. gepatroj	patro	父	6. 両親

* * *

★ [**pra-**] は「時間的に遠い」ことを表わします。

- prahistorio　　太古史　　　　　　　　　　　historio　歴史
- prahomo　　　原人　　　　　　　　　　　　homo　　人間
- pranepo　　　ひ孫　　　　　　　　　　　　nepo　　孫

★ [**ĉef-**] は「主, 首長」を表わします。

- ĉefministro　　総理大臣　　　　　　　　　　ministro　大臣
- ĉefredaktoro　編集長　　　　　　　　　　　redaktoro　編集者
- ĉefstrato　　　大通り/メインストリート　　strato　　通り

★ [**vic-**] は「副, 予備」を表わします。

- vicprezidanto　副議長　　　　　　　　　　　prezidanto　議長
- vicrado　　　　予備車輪　　　　　　　　　　rado　　　車輪

第15課 接頭辞と合成語

★ [**fi-**] は「いとわしさ」や「軽べつ」を表わします。

- fiago　　　　軽べつすべき行い/悪行　　　　ago　行い
- fifama　　　悪名高い　　　　　　　　　　　fama　有名な

[練習 15-5]

ヒントを参考にして，次の単語の意味を推測してください。

		[ヒント]		[解答例]
1. praarbaro		arbaro	森	1. 原生林
2. pratempo		tempo	時代	2. 太古/大昔
3. ĉefjuĝisto		juĝisto	裁判官	3. 裁判長
4. ĉefurbo		urbo	都市	4. 首都
5. vicprezidento		prezidento	大統領	5. 副大統領
6. vicministro		ministro	大臣	6. 副大臣
7. fipopolo		popolo	人民	7. 愚民
8. fikomercisto		komercisto	商人	8. 悪徳商人

15.1.2 接頭辞+品詞語尾

★ [接頭辞+品詞語尾] 合理的な意味をなすなら，接頭辞も品詞語尾をつけて単語として用いることができます。例をあげます。[1]

接頭辞 + 品詞語尾	⇒	単語

	mis- 誤	dis- 分散	mal- 反対	re- 再
+o 名詞	miso ミス		malo 反対	
+a 形容詞	misa 誤りの〜	disa 分散した〜	mala 反対の〜	rea 再度の〜

---

1) 次の表の空欄部分に入るべき単語は，形式的には可能ですが，実際に使う場面は限られているでしょう。ただし，必要性があり合理的ならば使ってかまいません。

15.1 接頭辞

+e 副詞	mise 誤って	dise 分散して	male 反対に	ree もういちど
+i 動詞	misi 誤る			

[練習 15-6]

斜体字の部分に注意して，次の文を日本語に訳してください。

1. Tiel *ekis* la milito.
2. Ne ĵetu *fiajn* vortojn al viaj gepatroj.
3. S-ro Noda estas *eksa* ĉefministro de Japanio.

［単語］1. tiel そのように, ek- 開始, milito 戦争
2. Ne ～するな, ĵeti 投げつける, fi- いとわしさ, vorto ことば, gepatroj 両親
3. S-ro Noda 野田氏, eks- 前, ĉefministro 首相, de ～の, Japanio 日本

［解答例］1. そうして戦争が始まった。2. ご両親にそんなひどいことばをぶつけてはいけない。3. 野田さんは日本の前総理大臣です。

15.1.3 前置詞と接頭辞

★［接頭辞としての前置詞］前置詞も接頭辞として用いることができます。いくつか例をあげます。

[**antaŭ**] ～の前

- antaŭhieraŭ　　おととい　　　　　　　　hieraŭ　昨日
- antaŭjuĝo　　　先入観　　　　　　　　　juĝo　　判断

[**inter**] ～の間

- interkompreni　理解し合う　　　　　　　kompreni 理解する
- interlinio　　　　行間　　　　　　　　　　linio　　行

[**kontraŭ**] ～に対して，～に反対して

- kontraŭdiri　　　抗弁する　　　　　　　　　diri　　言う

第15課 接頭辞と合成語

 ・kontraŭflue 流れに逆らって   fluo 流れ

［**kun**］ 〜とともに
 ・kunekzisti 共存する   ekzisti 存在する
 ・kunlabori 協力する   labori 働く

［**laŭ**］ 〜にそって，〜に応じて
 ・laŭleĝa 合法の〜   leĝo 法律
 ・laŭplaĉe お好みに合わせて   plaĉo 好み

［**sen**］ 〜のない
 ・senbaza 基礎のない〜   bazo 基礎
 ・senutila 役にたたない   utila 有用な

［練習 15-7］
ヒントを参考にして，次の単語の意味を推測してください。

	［ヒント］		［解答例］
1. antaŭpagi	pagi	支払う	1. 前払いする
2. antaŭvidi	vidi	見る	2. 予見する
3. internacia	nacia	国の〜	3. 国際的な〜
4. kontraŭleĝa	leĝo	法律	4. 非合法の〜
5. kontraŭvole	volo	意志	5. 意志に反して
6. laŭregula	regulo	規則	6. 規則どおりの〜
7. laŭvice	vico	順番	7. 順番に
8. senduba	dubo	疑い	8. 疑いのない〜
9. senfine	fino	終わり	9. 果てしなく

15.2 合成語

★［合成語］接頭辞や接尾辞だけでなく，語根に語根を重ねてできた単語があります。日本語の次のような例に相当します。[1]

・鉄道 + 模型　→ 鉄道模型　　・交通 + 渋滞　→ 交通渋滞
・携帯 + 電話　→ 携帯電話　　・環境 + 破壊　→ 環境破壊

★エスペラントの合成語は次のような構造をしています。

語根 + 語根 + 品詞語尾	⇒	単語 (合成語)

★［語幹］合成語から品詞語尾を取り除いた「語根＋語根」の部分を「語幹」といいます。【*KD】

* trinkakvo　　　飲料水　　　　← trinki 飲む, akvo 水
* kvarangulo　　四角形　　　　← kvar 四, angulo 角
* motorbiciklo　 バイク　　　　← motoro モーター, biciklo 自転車
* hararanĝo　　 髪形　　　　　← haro 毛, aranĝi 整える

★［合成語の発音］語根と語根の間は，単語の構成要素がわかりやすくなるように，連音させず，こころもち区切りを入れて発音します。
【*KD】

* teretaĝo　　　ter'etaĝo　　　○ テル・エターヂョ　　△ テレターヂョ
* trinkakvo　　 trink'akvo　　　○ トリンク・アクヴオ　　△ トリンカクヴオ
* hararanĝo　　har'aranĝo　　○ ハル・アランヂョ　　△ ハラランヂョ

★よく用いられる合成語や，会話の中でくりかえし出てくる合成語は，連音させて発音してもかまいません。

★発音しやすくするために，語根と語根の間に品詞語尾を残すことがあります。【*KD】

* akvofalo　　　滝　　　　　　　　← akvo 水, falo 落下

---
[1] 接頭辞や接尾辞を用いて作った単語も合成語に含めることができますが，ここでは，一般の語根を組みあわせた単語を合成語ということにします。

第15課 接頭辞と合成語

* part*o*preni　　参加する　　　　　← parto 部分, preni とる
* vang*o*bati　　　ほほを打つ　　　　← vango ほほ, bati 打つ
* sort*o*diveni　　運勢を判断する　　← sorto 運命, diveni 予知する

[練習 15-8]

ヒントを参考にして，次の単語の意味を推測してください。

　　　　　　　　　　　　　　　　　　　［ヒント］
1. ŝarĝaŭto　　　ŝarĝ'aŭto　　　ŝarĝo 荷物, aŭto 車
2. jarcento　　　 jar'cento　　　 jaro 年, cento 百
3. savboato　　　sav'boato　　　 savi 救う, boato ボート
4. mezepoka　　　mez'epoka　　　mezo 中, epoko 時代
5. fervojo　　　　fer'vojo　　　　 fero 鉄, vojo 道
6. klasĉambro　　klas'ĉambro　　klaso クラス, ĉambro 部屋
7. marbordo　　　mar'bordo　　　maro 海, bordo 岸
8. finlegi　　　　 fin'legi　　　　 fini 終える, legi 読む

［解答例］1. トラック　2. 世紀　3. 救命ボート　4. 中世の〜　5. 鉄道　6. 教室　7. 海岸　8. 読み終える

＊　＊　＊

★接頭辞や接尾辞，語根を三つ以上つないでできた単語もあります。（語根や接尾辞，品詞語尾など語要素の切れ目をハイフン"-"で，そして連音しない切れ目はアポストロフィ"'"で示しておきます）【*KD】

語根 + 接尾辞 + 接尾辞 + 品詞語尾	⇒	単語 (合成語)
［語要素の切れ目］		［ヒント］
1.* registaro　　reg-ist-ar-o		regi　支配する
2.* anoncistino　anonc-ist-in-o		anonci　知らせる
3.* ĉarmulino　　ĉarm-ul-in-o		ĉarma　魅力的な
4.* difektiĝema　difekt-iĝ-em-a		difekti　壊す

15.2 合成語

［接尾辞］-ist- 専従者, -ar- 集まり, -in- 女性,
-ul- 人, -iĝ- 自動詞化, -em- 性向

［訳例］1. 政府 2. 女性アナウンサー 3. 魅力的な女性 4. 壊れやすい

接頭辞 + 語根 + 接尾辞 + 品詞語尾	⇒	単語 (合成語)
1.* malaminda mal'am-ind-a		ami　愛する
2.* praarbaro pra'arb-ar-o		arbo　木
3.* disaŭdigi dis'aŭd-ig-i		aŭdi　聞く
4.* malavareco mal'avar-ec-o		avara　ケチな

［接頭辞/接尾辞］mal- 反対, -ind- 価値のある, pra- 原始,
-ar- 集まり, dis- 分散, -ig- 他動詞化, -ec- 性

［訳例］1. 憎むべき〜 2. 原生林 3. 放送する 4. 気前よさ

語根 + 語根 + 接尾辞 + 品詞語尾	⇒	単語 (合成語)
1.* plenaĝulo plen'aĝ-ul-o		［単語］plena 満ちた, aĝo 年齢
2.* neakirebla ne'akir-ebl-a		ne 〜ない, akiri 入手する
3.* bombaviadilo bomb'aviad-il-o		bombo 爆弾, aviadi 飛行する
4.* sendanĝereco sen'danĝer-ec-o		sen 〜のない, danĝera 危険な

［接尾辞］ul- 人, -ebl- 可能, -il- 道具, ec- 性

［訳例］1. 成人 2. 入手しがたい〜 3. 爆撃機 4. 安全性

［練習 15-9］

ヒントを参考にして，次の単語の意味を推測してください。

1. instruistino　　　　instru-ist-in-o
2. prezaltiĝo　　　　　prez'alt-iĝ-o
3. direktmontrilo　　　direkt'montr-il-o
4. amasfabrikado　　　 amas'fabrik-ad-o
5. amaskomunikilo　　　amas'komunik-il-o

第15課 接頭辞と合成語

[ヒント]   [解答例]

1. instrui 教える, -ist- 専従者, -in- 女性   1. 女性教師
2. prezo 価格, alta 高い〜, -iĝ- 自動詞化   2. 価格上昇
3. direkto 方向, montri 示す, -il- 道具   3. 方向指示機
4. amaso 大量, fabriki 生産する -ad- 活動   4. 大量生産
5. komuniki 知らせる   5. マスコミ

＊　＊　＊

★エスペラントでは，接頭辞や接尾辞，前置詞，原形副詞のどれもが「語根」であると言えます。合理的な範囲で，自由に組み合わせて用いることができます。

第 16 課　動詞の不定形

■第5課で動詞の不定形 "-i" を，辞書で動詞の意味を調べる時の形と紹介しましたが，動詞の不定形には「～すること」という名詞の意味もあります。動詞の不定形は，うしろに単語を従えて句をつくります。こういう句を用いて，豊かな表現ができるようになります。
■この課の［単語］から，"mal-facila" "adapt-iĝi" "viv-medio" のように，語根の切れめにハイフンを入れて単語を示すことにします。

16.1　不定形が導く句

★［動詞の不定形］は，動詞の意味を含んだ名詞として用いることができます。日本語の「～すること」という意味に相当します。

- dormi　　眠ること
- diskuti　　議論すること
- observi　　観察すること
- respondi　　答えること
- akiri　　得ること

★動詞の不定形は，句や目的語を従えることができます。

1. dormi **en lito**　　　　　　　　　［単語］en ～の中, lito 寝台
2. respondi **la demandon**　　　　demando 質問
3. diskuti **pri la tasko**　　　　　　pri ～について, tasko 課題
4. akiri **la postenon**　　　　　　posteno 地位
5. observi **la fenomenon**　　　　fenomeno 現象

　　［訳例］1. ベッドで眠ること　　　　2. その質問に答えること
　　　　　　3. その課題について議論すること　4. その地位を得ること
　　　　　　5. その現象を観察すること

★動詞の不定形は，形容詞ではなく，副詞で修飾します。

1. **profunde** dormi en lito　　　　　［単語］profunde ぐっすり
2. **ĝuste** respondi la demandon　　　　ĝuste 正しく

第16課 動詞の不定形

3. **arde** diskuti pri la tasko　　　　　　arde 激しく
4. **hazarde** akiri la postenon　　　　　　hazarde 偶然に
5. **atente** observi la fenomenon　　　　　atente 注意深く

　　　　　［訳例］　1. ベッドでぐっすり眠ること
　　　　　　　　　 2. その質問に正しく答えること
　　　　　　　　　 3. その課題について激しく議論すること
　　　　　　　　　 4. その地位を偶然に得ること
　　　　　　　　　 5. その現象を注意深く観察すること

★動詞の不定形に続く句や目的語に形容詞をそえれば，もっと表現を豊かにすることができます。

　　　　　　　　　　　　　　　　　　　　　　　［単語］
1. profunde dormi en **komforta** lito　　　komforta 快適な
2. ĝuste respondi la **malfacilan** demandon　　mal-facila 難しい
3. arde diskuti pri la **granda** tasko　　　granda 大きな
4. hazarde akiri la **bonan** postenon　　　bona 良い
5. atente observi la **strangan** fenomenon　　stranga 奇妙な

　　　　　［訳例］　1. 快適なベッドでぐっすり眠ること
　　　　　　　　　 2. その難しい質問に正しく答えること
　　　　　　　　　 3. その大きな課題について激しく議論すること
　　　　　　　　　 4. その良い地位を偶然に得ること
　　　　　　　　　 5. その奇妙な現象を注意深く観察すること

［練習 16-1］

次のエスペラントの表現を日本語に訳してください。

1. adaptiĝi al severa vivmedio
2. surpriziĝi pro lia subita forpaso
3. elkore danki al via granda helpo
4. alte taksi la valoran verkon
5. strikte malpermesi la kontraŭleĝajn agadojn

16.1 不定形が導く句

［単語］
1. adapt-iĝi 適応する, al 〜に, severa 厳しい, viv-medio 生活環境
2. surpriz-iĝi 驚く, pro 〜のゆえ, lia 彼の, subita 突然の, for-paso 死去
3. el-kore 心から, danki 感謝する, granda 大きな, helpo 援助
4. alte 高く, taksi 評価する, valora 価値のある, verko 作品
5. strikte 厳格に, mal-permesi 禁止する, kontraŭ-leĝa 非合法な, ag-ado 活動

［解答例］1. 厳しい生活環境に適応すること 2. 彼の突然の死去に驚くこと 3. あなたの大きな援助に心から感謝すること 4. あの価値ある作品を高く評価すること 5. 非合法活動(のすべて)を厳格に禁止すること

［練習 16-2］

次の日本語の表現をエスペラントに訳してください。

1. 激しく怒ること
2. その中傷について激しく怒ること
3. 根拠のないその中傷について激しく怒ること

　　　［単語］1. 激しく furioze, 怒る koleri 2. その la, 中傷 kalumnio 〜について pri 3. 根拠のない sen-baza

4. 遅延なく支払うこと
5. その金額を遅延なく支払うこと
6. その請求された金額を遅延なく支払うこと

　　　［単語］4. 遅延なく sen-prokraste, 支払う pagi 5. 金額 sumo 6. 請求された postul-ita

7. あなたの到着をむなしく待つこと

　　　［単語］あなたの via, 到着 al-veno, むなしく vane, 待つ atendi

8. 休日を静かに過ごすこと

　　　［単語］休日 feri-tago, 静かに trankvile, 過ごす pas-igi

［解答例］1. furioze koleri 2. furioze koleri pri la kalumnio
3. furioze koleri pri la senbaza kalumnio 4. senprokraste pagi
5. senprokraste pagi la sumon 6. senprokraste pagi la postulitan

sumon 7. vane atendi vian alvenon 8. trankvile pasigi feritagon

16.2 不定形と文

★［動詞の不定形と主語］動詞の不定形は，文の主語になれます。

1. **Promeni** estas mia kutimo.　　［単語］promeni 散歩する, kutimo 習慣
2. **Instrui** estas mia profesio.　　　　instrui 教える, profesio 職業

　　　　［訳例］1. 散歩するの(← 散歩すること)が私の習慣です。
　　　　　　　　2. 教えるの(← 教えること)が私の職業です。

★主語となった動詞の不定形は，句や目的語を従えることができます。

1. Promeni **ĉirkaŭ la lago** estas mia kutimo.
2. Instrui **matematikon al geknaboj** estas mia profesio.

　　　　［単語］ĉirkaŭ 〜のまわり, lago 湖, matematiko 数学, ge-knaboj 少年少女たち

　　　　［訳例］1. あの湖のまわりを散歩するのが私の習慣です。
　　　　　　　　2. 子どもたちに数学を教えるのが私の職業です。

★「主語+述語動詞+補語」型の文で，動詞の不定形が導く句が主語になる時，補語は，形容詞ではなく，副詞を用います。

1. *Promeni ĉirkaŭ la lago* estas **agrable**.
2. *Instrui matematikon al geknaboj* estas **malfacile**.

　　　　［単語］agrable 快適に, mal-facile 難しい
　　　　［訳例］1. あの湖のまわりを散歩するのは快適だ。
　　　　　　　　2. 子どもたちに数学を教えるのは難しい。

★まちがえて補語に形容詞を用いてしまうことがあるので気をつけましょう。

× Promeni ĉirkaŭ la lago estas *agrabla*.
× Instrui matematikon al geknaboj estas *malfacila*.

16.2 不定形と文

★［動詞の不定形と補語］動詞の不定形は，文の補語にもなります。

   1. Mia revo estas **aktori**.
   2. Hodiaŭa hejmtasko estas **voĉlegi**.

       ［単語］revo 夢/あこがれ, aktori 役者として演ずる,
        hodiaŭa 今日の, hejm-tasko 宿題, voĉ-legi 音読すること

      ［訳例］ 1. 私の夢は役者として演ずることです。
            2. 今日の宿題は音読することです。

★補語となった動詞の不定形も，句や目的語を従えることができます。

   1. Mia revo estas aktori **en la fama teatro**.
   2. Hodiaŭa hejmtasko estas voĉlegi **lernolibron**.

       ［単語］en 〜で, fama 有名な, teatro 劇場, lern-o-libro 教科書

      ［訳例］1. 私の夢は，あの有名な劇場で役者として演ずることです。
           2. 今日の宿題は，教科書を音読することです。

［練習 16-3］

次の文を日本語に訳してください。【*KD】

1.* Pasigi la tutan someron en Tajlando estas lia nuna plano.
2.* Obei la superulojn ne ĉiam estas bona afero.
3.* Vivi en Japanio estas lacige.
4.* Naĝi en rivero estas malfacile.
5.* Via devo estas fini la taskon laŭeble baldaŭ.
6.* Nepre necesa afero estas pretigi la manuskripton hodiaŭ.

   ［単語］1. pas-igi 過ごす, la tuta 全部の, somero 夏, en 〜で, Tajlando
        タイ, lia 彼の, nuna 今の, plano 計画
      2. obei ~n 〜に従う, super-ulo 上司, ne ĉiam 必ずしも〜ない,
        bona 良い, afero こと
      3. vivi 生活する, en 〜で, Japan-io 日本, lac-ige 疲れ(させ)る
      4. naĝi 泳ぐ, rivero 川, mal-facile 難しい
      5. devo 義務, fini 終える, tasko 課題, laŭ-eble できるだけ,
        baldaŭ 近いうちに

第16課 動詞の不定形

　　　　6. nepre ぜひ, necesa 必要な, afero こと, pret-igi 完成させる, manuskripto 原稿, hodiaŭ 今日

［解答例］1. ひと夏タイで過ごすというのが, 彼の今の計画だ。2. 上司に従うのは, 必ずしも良いこととはかぎらない。3. 日本で暮らすのは疲れる。4. 川で泳ぐのは難しい。5. 君の義務は, できるだけ早くその課題を終えることだ。6. ぜひ必要なことは, 今日その原稿を完成することだ。

［練習 16-4］

次の日本語の表現や文を, エスペラントに訳してください。

1. 散歩すること
2. 朝早く散歩すること
3. 朝早く散歩することは, 良い習慣です。
4. 朝早く散歩するのは, あなたの健康にとって, 良い習慣です。

　　　　［単語］1. 散歩する promeni　2. 朝早く fru-matene
　　　　　　　3. 良い bona, 習慣 kutimo, 〜です esti
　　　　　　　4. あなたの via, 健康 sano, 〜にとって por

5. 朝早く散歩するのは快適だ。　　　　　［単語］快適に agrable
6. 私のモットー
7. 私のモットーはふるまうことです。
8. 私のモットーは, (私の)良心にそってふるまうことです。

　　　　［単語］6. 私の mia, モットー maksimo
　　　　　　　7. ふるまう konduti　8. 良心 konscienco, 〜にそって laŭ

［解答例］1. promeni　2. promeni frumatene　3. Promeni frumatene estas bona kutimo.　4. Promeni frumatene estas bona kutimo por via sano.　5. Promeni frumatene estas agrable.　6. mia maksimo　7. Mia maksimo estas konduti.　8. Mia maksimo estas konduti laŭ mia konscienco.

　　　　　　　　＊　＊　＊

16.2 不定形と文

★ ［動詞の不定形と目的語］動詞の不定形は文の目的語にもなれます。

1. Ŝi amas **kanti**.　　　　　［単語］ŝi 彼女, ami 〜を好む, kanti 歌う
2. Ili komencis **marŝi**.　　　ili 彼ら, komenci 始める, marŝi 行進する
3. Ni provis **movi**.　　　　　ni 私たち, provi 試みる, movi 動かす

　　　　［訳例］1. 彼女は歌うのが好きだ。(← 歌うことを好む)
　　　　　　　 2. 彼らは行進を始めた。(← 行進することを始めた)
　　　　　　　 3. 私たちは動かそうとした。(← 動かすことを試みた)

★目的語になっても，動詞の不定形には対格語尾 "n" がつきません。

　　× Ŝi amas kanti**n**.　　× Ili komencis marŝi**n**.　　× Ni provis movi**n**.

★この動詞の不定形が，さらに目的語や句を従えることができます。

1. Ŝi amas *kanti* **folkloran kanton**.
2. Ili komencis *marŝi* **sur la polva vojo**.
3. Ni provis *movi* **la grandan rokon**.

　　　　［単語］1. folklora kanto フォークソング 2. sur 〜の上,
　　　　　　polva ほこりっぽい, vojo 道 3. granda 大きい, roko 岩

　　　　［訳例］1. 彼女はフォークソングを歌うのが好きだ。
　　　　　　　 2. 彼らは，そのほこりっぽい道(の上)を行進し始めた。
　　　　　　　 3. 私たちはその大きな岩を動かそうとした。

［練習 16-5］

次の文を日本語に訳してください。【*KD】

1.* Mi deziras aĉeti novan aŭton.
2.* Vi bezonas skribi vian nomon kaj adreson ĉi tie.
3.* Ĉu vi ne forgesis redoni la libron al mi?

　　　　［単語］1. deziri 〜を望む, aĉeti 買う, nova 新しい, aŭto 自動車
　　　　　　　 2. bezoni 〜を必要とする, skribi 書く, nomo 名前,
　　　　　　　　 adreso 住所, ĉi tie ここに
　　　　　　　 3. forgesi 忘れる, re-doni 返す, libro 本, al 〜に

第16課 動詞の不定形

［解答例］1. 私は新しい車を買いたい。2. あなたはここに名前と住所を書く必要があります。3. 私にあの本を返し忘れていませんか。

＊　＊　＊

★次の動詞は，動詞の不定形を目的語とするのが普通です。[1]

povi 〜できる	devi 〜しなければならぬ	voli 〜したい	rajti 〜してよい

1. Mi povas **kuiri**.　　　　　　　　　　［単語］kuiri 料理する
2. Vi devas **purigi**.　　　　　　　　　　pur-igi そうじする
3. Mi volas **naĝi**.　　　　　　　　　　naĝi 泳ぐ
4. Vi rajtas **foriri**.　　　　　　　　　　for-iri たち去る

　［訳例］
　1. 私は料理することができる。　2. 君はそうじしなければならぬ。
　3. 私は泳ぎたい。　　　　　　　4. 君はたち去ってよい。

★これらの動詞の不定形も，目的語や句などを従えることができます。
【*KD】

1.* Mi povas kuiri **fiŝon**.　　　　　　　［単語］fiŝo 魚
2.* Vi devas purigi **vian ĉambron**.　　　ĉambro 部屋
3.* Mi volas naĝi **en la maro**.　　　　　en 〜で, la maro 海
4.* Vi rajtas foriri **hejmen**.　　　　　　hejmo 家

　［訳例］1. 私は魚を料理することができる。
　　　　　2. 君は君の部屋をそうじしなければならぬ。
　　　　　3. 私は海で泳ぎたい。
　　　　　4. 君は帰宅してよろしい。(← 家へ去ってよい)

---

1) "povi" "devi" "rajti" はそれぞれ英語の助動詞 "can" "must" "may" に相当しますが，エスペラントには「助動詞」という区分がありません。

[練習 16-6]

次の文をエスペラントに訳してください。

1. 私はピアノを弾くことができません。

　　　　　　　　　　[単語] 私 mi, ピアノ piano, 弾く ludi

2. 今日, 私は(あの)病院へ行かなければなりません。

　　　　　　[単語] 今日 hodiaŭ, あの la, 病院 hospitalo, 〜へ al, 行く iri

3. (あなたは)私たちといっしょに行きたいですか。

　　　　　　　　　　[単語] 私たち ni, 〜といっしょに kun

4. (私は)入ってもいいですか。　　　　　[単語] 入る en-veni

　　[解答例] 1. Mi ne povas ludi pianon. 2. Hodiaŭ mi devas iri al la hospitalo. 3. Ĉu vi volas iri kun ni? 4. Ĉu mi rajtas enveni?

16.3 前置詞と不定形

★ [前置詞+動詞の不定形] 動詞の不定形は, 次の前置詞と組み合わせて句を作ることができます。[1]

por -i	sen -i	krom -i	anstataŭ -i
〜するために	〜することなしで	〜するほかに	〜する代わりに

　　　　　　　　　　　　　　[単語]　　　　　　　[訳例]

1. **por** defendi　　　　defendi 守る　　　　1. 守るために
2. **sen** respondi　　　respondi 答える　　　2. 答えることなしに
3. **krom** batadi　　　 bat-adi たたき続ける　3. たたき続けるほかに
4. **anstataŭ** labori　　labori 働く　　　　　4. 働く代わりに

★これらの句に目的語や句, 副詞をそえて, 表現をもっと豊かにすることができます。

---

[1] "por" "sen" "krom" "anstataŭ" 以外の前置詞は, 動詞の不定形と相性が悪く, 組み合わせて用いることはありません。

第16課 動詞の不定形

1. por defendi **lin kontraŭ kalumnio**
2. sen respondi **mian demandon**
3. krom batadi **la pordon forte**
4. anstataŭ labori **diligente**

[単語]
li 彼, kontraŭ ～に対して
kalumnio 中傷
demando 質問
pordo 戸, forte 強く
diligente 勤勉に

[訳例] 1. 中傷に対して彼を守るために
2. 私の質問に答えることなく
3. その戸を強くたたき続けるほかに
4. 勤勉に働く代わりに

[練習 16-7]
次の句を日本語に訳してください。

1. por protekti la vivmedion kontraŭ malpurigo
2. sen fini la laboron antaŭ la limdato
3. krom moki mian malnovan jakon
4. anstataŭ rekte iri al la muzeo

[単語] 1. protekti 保護する, viv-medio 生活環境, kontraŭ ～に対して, mal-pur-igo 汚染
2. fini 終える, laboro 仕事, antaŭ ～の前, lim-dato 期日
3. moki あざける, mal-nova 古い, jako 上着
4. rekte 直接, iri 行く, al ～へ, muzeo 博物館

[解答例] 1. 汚染から(この)生活環境を保護するために 2. (その)期日までにその仕事を終えずに 3. 私の古い上着をあざけるだけでなく (← あざけるほかに) 4. 直接あの博物館に行く代わりに

[練習 16-8]
次の日本語の表現をエスペラントに訳してください。

1. 夕食を用意するために [単語] 夕食 vesper-manĝo, 用意する pret-igi
2. 状況を考慮せずに [単語] 状況 cirkonstanco, 考慮する konsideri

16.3 前置詞と不定形

3. 海で泳ぐほかに　　　　　　［単語］海 la maro, 〜で en, 泳ぐ naĝi
4. そのばかげた命令に従う代わりに
　　　　　　　　［単語］ばかげた absurda, 命令 ordono, 〜に従う obei ~n

［解答例］1. por pretigi vespermanĝon　2. sen konsideri cirkonstancon
3. krom naĝi en la maro　4. anstataŭ obei la absurdan ordonon

　　　　　　　　　　　　　＊　＊　＊

★これらの句は文中で副詞句として働きます。

1. Mi faris aĉeton **por pretigi vespermanĝon**.
2. Ŝi ĉiam agas laŭ sia plaĉo **sen konsideri cirkonstancon**.
3. En tiu ĉi insulo vi povas grimpi sur monton, **krom naĝi en la maro**.
4. **Anstataŭ obei la absurdan ordonon**, li silente staradis.

　　　　　　［単語］1. fari aĉeton 買いものをする
　　　　　　　　　　2. ŝi 彼女, ĉiam いつも, agi ふるまう, laŭ 〜に
　　　　　　　　　　　そって, sia 自分の, plaĉo 好み
　　　　　　　　　　3. en 〜の中, tiu ĉi 〜 この, insulo 島, povi 〜
　　　　　　　　　　　できる, grimpi 登る, sur 〜の上に, monto 山
　　　　　　　　　　4. li 彼, silente 黙って, star-adi 立ちつくす

　　［訳例］
1. 夕食の用意をするために, 私は買いものをした。
2. 彼女はいつも, 状況を考えずに勝手にふるまう。
3. この島では, (その)海で泳ぐだけでなく, 山に登ることもできる。
4. そのばかげた命令に従う代わりに, 彼は黙って立ちつくしていた。

［練習 16-9］

斜体字の部分に注意して次の文を日本語に訳してください。【*KD】

1.* Multaj studentoj en Japanio lernas la anglan lingvon ne *por utiligi ĝin*, sed nur *por havi bonajn poentojn* en ekzameno.
2.* *Sen efektive utiligi ĝin* en la ĉiutaga vivo, la lernado de la angla lingvo estas nur ŝarĝo tute senvalora.

第16課 動詞の不定形

3.* *Krom havi leteramikojn,* hodiaŭ ni havas multajn eblecojn por utiligi ĝin en konversacio.

4.* *Anstataŭ nur lernadi,* ni jam utiligu ĝin.

［単語］

1. multa 多くの, studento 学生, en 〜(の中)の, Japan-io 日本, lerni 学ぶ, la angla lingvo 英語, util-igi 役だてる, ĝi それ, sed しかし, nur 〜だけ, havi とる, bona 良い, poento 得点, en 〜で, ekzameno 試験

2. efektive 実際, ĉiu-taga 毎日の, vivo 生活, lern-ado 学習, de 〜の, nur 単に〜であるだけ, ŝarĝo 重荷, tute まったく, sen-valora 価値のない

3. havi 得る, leter-amiko 文通友だち, hodiaŭ 今日, ni 私たち, multa たくさん, ebl-eco 可能性, konversacio 会話

4. nur 〜するだけ, lern-adi 学び続ける, jam もう

［解答例］ 1. 日本の多くの学生は英語を，実用するためではなく，試験で良い点数をとるためにだけ勉強している。 2. 実際に(その)日常生活で用いてみることがなければ，英語の(その)学習は無価値な重荷に過ぎない。 3. 文通友だちを得ることだけでなく，今日では，会話でそれ(= 英語)を実用する可能性がたくさんある。 4. 学び続けるかわりに，それ(= 英語)を実用しよう。

［練習 16-10］

次の文をエスペラントに訳してください。

1. 私たちは食べる。　　　　　　　　［単語］1. 私たち ni, 食べる manĝi

2. 私たちは生きるために食べる。　　　　　　　　　　2. 生きる vivi

3. 彼は立ち去った。

4. 彼は，別れも告げずに(= 別れを告げることなしに)立ち去った。

5. 彼は，私に別れも告げずに立ち去った。

　　　　　　　　　　　　　　　　［単語］3. 彼 li, 立ち去る for-iri

　　　　　　　　　　　4. 別れを告げる diri adiaŭon 5. 私 mi, 〜に al

6. 出席する代わりに

7. その会議に出席する代わりに

16.3 前置詞と不定形

8. その会議に出席する代わりに，私は郵便で私の意見を送ります。

[単語] 6. 〜に出席する ĉe-esti 〜n 7. その la, 会議 kun-sido
8. 郵便で poŝte, 意見 opinio, 送る sendi

[解答例] 1. Ni manĝas. 2. Ni manĝas por vivi 3. Li foriris.
4. Li foriris sen diri adiaŭon. 5. Li foriris sen diri adiaŭon al mi.
6. anstataŭ ĉeesti 7. anstataŭ ĉeesti la kunsidon 8. Anstataŭ ĉeesti la kunsidon, mi sendos mian opinion poŝte.

16.4 同格

★ [同格] 抽象的な意味を持つ一部の名詞は，動詞の不定形が導く句を用いて，うしろから説明できます。日本語の「〜という…」表現に相当します。これを「同格」といいます。同格とは，名詞や名詞句で名詞を説明することです。【*KD】

| 名詞 | ← | 動詞の不定形が導く句 |

1. **neceso** enkonduki elektronikan ilaron
2. **devo** respondi la demandon honeste
3. **plano** eldoni libron pri perkomputila komunikado
4. **intenco** renversi la registaron

[単語]
1. neceso 必要性, en-konduki 導入する, elektronika 電子の, il-aro 機器
2. devo 義務, respondi 〜n 〜に答える, demando 質問, honeste 正直に
3. plano 計画, el-doni 出版する, libro 本, pri 〜について, per-komput-ila コンピューターによる, komunik-ado 通信
4. intenco 意図, renversi 転覆する, reg-ist-aro 政府

[訳例] 1. 電子機器を導入する(という)必要性
2. その質問に正直に答える(という)義務
3. コンピューター通信についての本を出版する(という)計画
4. (その)政府を転覆する(という)意図

1.* Ni sentas la **neceson** enkonduki elektronikan ilaron en nian

第16課 動詞の不定形

    oficejon.
2.* Li ne plenumis la **devon** *respondi la demandon honeste.*
3.* Realiĝis nia **plano** *eldoni libron pri perkomputila komunikado.*
4.* Ilia kaŝita **intenco** *renversi la registaron* konsternis nin.
    ［単語］1. ni 私たち, senti 感ずる, en 〜に, ofic-ejo 事務所
            2. li 彼, plen-umi 果たす
            3. real-iĝi 実現する
            4. ilia 彼らの, kaŝ-ita 隠された, konsterni 仰天させる
［訳例］
1. 私たちは, 私たちの事務所に電子機器を導入する(という)(その)必要性を感じています。
2. 彼は, その質問に正直に答えるという(その)義務を果たさなかった。
3. コンピューター通信についての本を出版するという私たちの計画は実現した。
4. (その)政府を転覆しようとする彼らの隠された意図に, 私たちは仰天した。(← 私たちを仰天させた)

［練習 16-11］

斜体字の部分に注意して, 次の文を日本語に訳してください。

1. En mia infaneco mi havis *revon vidi* la teron de la luno.
2. Li tute ne havas *kapablon antaŭvidi* eĉ proksiman estontecon.
3. Ilia *propono interŝanĝi* reciproke informojn meritas konsideron.

    ［単語］1. en 〜で, infan-eco 子ども時代, havi 持っている, revo 夢, vidi 見る, la tero 地球, la luno 月
            2. li 彼, tute まったく, kapablo 能力, antaŭ-vidi 予見する, eĉ 〜でさえ, proksima 近い, est-ont-eco 未来
            3. ilia 彼らの, propono 提案, inter-ŝanĝi 交換する, reciproke 相互に, informo 情報, meriti konsideron 考慮にあたいする

［解答例］1. 子どもの時, 私には, 月から地球を見るという夢があった。2. 彼には, 近い未来すら予見する能力がまったくない。3. 相互に情報を交換しようという彼らの提案は考慮にあたいする。

16.4 同格

[練習 16-12]

次の文をエスペラントに訳してください。

1. 夢を
2. 政治家になろうという夢を
3. 私は，政治家になろうという夢を持っていた。

　　　　　　　　［単語］1. 夢 revo, 2. 政治家 politik-isto, 〜になる far-iĝi
　　　　　　　　　　　　3. 私 mi, 持っている havi, 実現する

4. 政治家になろうという私の夢は実現しなかった。

　　　　　　　　　　　　　［単語］実現する real-iĝi, 〜ない ne

　［解答例］1. revon 2. revon fariĝi politikisto 3. Mi havis revon fariĝi politikisto. 4. Mia revo fariĝi politikisto ne realiĝis.

第 17 課　疑問詞

■「なに？だれ？どこ？」のような単語で始まる疑問文を作って，相手からさまざまな情報を得ることができるようになります。

■この課の［単語］から，人称代名詞 "li, ŝi, ni"「彼, 彼女, 私たち」と，それから派生する "lia, lin, ŝia, ŝin, nia, nin" の説明は省略します。

★［疑問詞］は，次の日本語の例文の「なに, だれ, どの, いつ」に相当する単語です。

- **なに**に興味がありますか？
- **どの**本を読みましたか？
- **だれ**が構想をたてたのですか？
- **いつ**いらっしゃいましたか？

★次の三つのグループに分けて説明を進めます。

1. 疑問代名詞	kio なに？　　kiu だれ？
2. 疑問形容詞	kiu どの〜？　kia どんな〜？　kies だれの〜？
3. 疑問副詞	kie どこ？　kiam いつ？　kiel どのように？ kial なぜ？　kiom どのくらい？

17.1　疑問代名詞

★［疑問代名詞］は人や物を示してたずねる疑問詞で，"kio" と "kiu" の二つです。

★［**kio?**］は，物や事柄をひとまとめに「なに？」とたずねる疑問代名詞です。疑問詞は文頭に置きます。【*KD】

1.* **Kio** tio estas?　　　Tio estas novspeca fungo.
2.* **Kio** atendas vin?　　Malfacila laboro atendas min.

　　　［単語］1. tio それ, nov-speca 新種の, fungo キノコ
　　　　　　　2. atendi 待っている, mal-facila 困難な, laboro 仕事

17.1 疑問代名詞

［訳例］1. それはなんですか。それは新種のキノコです。
2. なにが君を待っているの。困難な仕事が私を待っています。

★疑問詞に続く主語や動詞，補語，目的語の配置に制限はありません。

○ Kio estas tio?　　　○ Kio atendas vin?
○ Kio tio estas?　　　○ Kio vin atendas?

★ ［**kion?**］"kio" が文の目的語になる時は，対格語尾 "n" をつけます。この場合も疑問詞は文頭に置きます。【*KD】

主格	kio?	なに？　なにが？
対格	kion?	なにを？

1.* **Kion** delfeno manĝas?　　Ĝi manĝas fiŝon.
2.* **Kion** ŝi donacis al li?　　Ŝi donacis al li fontoplumon.[1]

［単語］ 1. delfeno イルカ, manĝi 食べる, fiŝo 魚, ĝi それ
2. donaci 贈る, al 〜に, font-o-plumo 万年筆

［訳例］1. イルカはなにを食べるのですか。それは魚を食べます。
2. 彼女はあの人になにを贈りましたか。彼女はあの人に万年筆を贈りました。

［練習 17-1］

次の文を日本語に訳してください。

1. Kio estas la celo de ilia intrigo?　　Tio ankoraŭ ne estas klara.
2. Kio vin turmentas?　　Dentodoloro turmentas min.
3. Kion vi volas aĉeti?　　Mi volas aĉeti dentobroson.
4. Kion vi havas en la poŝo?　　Mi havas monerojn.

［単語］
1. celo 目的, ilia 彼らの, intrigo 陰謀, tio それ, ankoraŭ まだ, klara 明かな
2. turmenti 苦しめる, dent-o-doloro 歯痛

---

[1] ぶっきらぼうな印象はありますが，次のようにひとことで答えることもできます。
1. Kion delfeno manĝas? *Fiŝon.*　2. Kion ŝi donacis al li? *Fontoplumon.*

第17課 疑問詞

3. voli 〜したい, aĉeti 買う, dent-o-broso 歯ブラシ
4. havi 持っている, en 〜の中に, poŝo ポケット, mon-ero 硬貨

[解答例] 1. 彼らの陰謀の(その)目的はなんなのだろうか。それはまだ明かではない。2. なにがあなたを苦しめているのですか。歯痛が私を苦しめています。3. (君は)[1] なにを買いたいのですか。私は歯ブラシが買いたい。4. (君は)(その)ポケットになにを持っているのですか。(私は)小銭を持っています。

[練習 17-2]

太字の部分に注意して、次の文をエスペラントに訳してください。

1. あなたに**なにが**起こったのですか。　　[単語] あなた vi, 〜に al 起こる okazi

2. その戸のうしろには**なにが**立っているのですか。

　　　　[単語] その la, 戸 pordo 〜のうしろ mal-antaŭ, 立っている stari

3. あなたは**なにを**見つけたのですか。　　[単語] 見つける trovi

4. 彼らはその実験室の中で**なにを**研究しているのでしょう。

　　　[単語] 彼ら ili, 実験室 laboratorio, 〜の中 en, 研究する studi

[解答例] 1. *Kio* okazis al vi? 2. *Kio* staras malantaŭ la pordo?
3. *Kion* vi trovis? 4. *Kion* ili studas en la laboratorio?

*　*　*

★ [kiu?] は、「だれ？」と人をたずねる疑問代名詞です。【*KD】

1.* **Kiu** ĵus ekstaris?　　Toŝio ekstaris.
2.* **Kiu** prelegos en la kongreso?　　D-ro Kaŭamura prelegos.

　　　[単語] 1. ĵus たった今, ek-stari 立ちあがる

---

[1] 日本語では、相手に対する質問の主語「あなたは、君は」や、その答えの主語「私は、ぼくは」は省略するのが普通ですが、この本の日本語訳では、できるだけ明示することにします。はなはだしく不自然な場合は、(あなたは) (私は)のようにカッコに包んで示す場合もあります。

2. prelegi 講演する, en ～で, kongreso 大会, d-ro (= doktoro) 博士

［訳例］1. 今立ちあがったのはだれですか。トシオです。
2. (その)大会ではだれが講演するのですか。カワムラ博士です。

★ ［kiuj?, kiun?, kiujn?］複数の人をさしてたずねる時は，複数語尾 "j" をつけます。また，"kiu" が文の目的語になる時は，対格語尾 "n" をつけます。【*KD】

	単数	複数
主格	kiu?　だれ？	kiuj?　だれ(複数)？
対格	kiun?　だれを？	kiujn?　だれ(複数)を？

1.* **Kiuj** loĝas en tiu ĉi apartamento?　Misako kaj ŝiaj kamaradoj.
2.* **Kiun** vi atendas?　　　　　　　　Mi atendas mian fraton.
3.* Kvin knaboj naĝas en la rivero.　**Kiujn** vi konas?

［単語］1. loĝi 住んでいる, en ～に, tiu ĉi この～, apartamento アパート, kamarado 仲間
2. atendi 待っている, frato 兄/弟
3. kvin 五人の, knabo 少年, naĝi 泳ぐ, en ～の中で, rivero 川, koni 知っている

［訳例］1. このアパートにはだれ(複数)が住んでいますか。ミサコとその仲間たちです。
2. あなたはだれを待っているのですか。私は弟を待っています。
3. 少年たちが五人あの川で泳いでいます。(あなたは)だれ(複数)をご存じですか。

★ "kiu" は「どれ？」と，個別の「物」を示すこともできます。

1. Troviĝas du pupoj. **Kiu** plaĉas al vi?　La malgranda pupo plaĉas al mi.
2. Mi trovis multspecajn fungojn en la arbaro. **Kiuj** estas manĝeblaj?
3. Restas dek kartoj. **Kiujn** vi prenos?

第17課 疑問詞

［単語］1. trov-iĝi 〜がある, du 二つの, pupo 人形, plaĉi al 〜の気にいる, mal-granda 小さい
2. trovi 見つける, mult-speca 多種の, fungo キノコ, arb-aro 森, manĝ-ebla 食べられる
3. resti 残っている, dek 十枚の, karto カード, preni とる

［訳例］1. 人形が二つあります。あなたはどちらが気にいりましたか。その小さい人形が(私の)気にいりました。
2. 私はその森でたくさんの種類のキノコを見つけました。どれ(複数)が食べられますか。
2. カードが十枚残っています。あなたはどれ(複数)をおとりになりますか。

［練習 17-3］

次の文を日本語に訳してください。

1. Kiu sendis al mi la pakaĵon?
2. Kiuj faraĉis tian petolaĵon?
3. Estas ruĝa kaj nigra poŝkajeroj. Kiu plaĉas al vi?
4. Kiun vi volas trinki, kafon aŭ teon?　Kafon, mi petas.

［単語］1. sendi 送る, al 〜に, pak-aĵo 小包み
2. far-aĉi やらかす, tia そんな, petol-aĵo いたずら
3. esti 〜がある, ruĝa 赤い, kaj 〜と, nigra 黒い, poŝ-kajero 手帳, plaĉi al 〜の気にいる
4. voli 〜したい, trinki 飲む, kafo コーヒー, aŭ または, teo 紅茶, peti たのむ

［解答例］1. 私に(この)小包みを送ってよこしたのはだれだろう。
2. だれ(複数)がそんないたずらをやらかしたんだ。3. 赤と黒の手帳があります。どちらがあなたの気にいりましたか。4. (あなたは)コーヒーと紅茶のどちらを召しあがりますか。コーヒーをお願いします。

17.1 疑問代名詞

[練習 17-4]

太字の部分に注意して，次の文をエスペラントに訳してください．

1. **だれが**その記事を書きましたか．　　　　　　　　［単語］その la
　　　　　　　　　　　　　　　　　　　　　　　記事 artikolo, 書く verki
2. **だれ(複数)が**あなたをばかにしたのですか．
　　　　　　　　　　　　　［単語］あなた vi, ばかにする moki
3. (その)テーブルの上には牛乳とオレンジジュースがあります．(あなたは)**どれを**お飲みになりますか．
　　　　　　　　　　［単語］テーブル tablo, 〜の上 sur, 牛乳 lakto
　　オレンジジュース oranĝ-o-suko, 〜がある trov-iĝi, 飲む trinki
4. その警官たちは**だれ(複数)を**逮捕したのですか．
　　　　　　　　　　　　　［単語］警官 polic-ano, 逮捕する aresti

　　［解答例］1. *Kiu* verkis la artikolon? 2. *Kiuj* mokis vin? 3. Sur la tablo troviĝas lakto kaj oranĝosuko. *Kiun* vi trinkos? 4. *Kiujn* la policanoj arestis?

17.2　疑問形容詞

★ ［疑問形容詞］は人や物を，形容詞的に示してたずねる疑問詞で，"kiu" "kia" "kies" の三つです．

★ [**kiu?**] は，疑問代名詞としてだけでなく，「どの〜？どちらの〜？」と指示を表わす疑問形容詞としても用いられます．修飾する名詞と語尾 "j, n, jn" が一致します．【*KD】　　　　［単語］knabo 少年

	単数	複数
主格	kiu knabo? どの少年？	kiuj knaboj? どの少年たち？
対格	kiun knabon? どの少年を？	kiujn knabojn? どの少年たちを？

第17課 疑問詞

1.* **Kiu pentraĵo** plaĉas al vi? Tiu abstrakta pentraĵo plaĉas al mi.
2.* **Kiuj knaboj** rompis la fenestron? Ken kaj Toŝio rompis ĝin.
3.* **Kiun skatolon** vi prenos, la grandan aŭ la malgrandan?
   Mi prenos la grandan.
4.* En tiu ĉi regiono oni uzas lingvojn la francan, la italan kaj la germanan. **Kiujn lingvojn** el tiuj ĉi vi scipovas? Mi scipovas la italan.

　　　　　［単語］1. pentr-aĵo 絵画, plaĉi al 〜の気にいる, tiu その, abstrakta 抽象的な
　　　　　　　　2. rompi 壊す, fenestro 窓ガラス, ĝi それ
　　　　　　　　3. skatolo 箱, preni とる, granda 大きい, aŭ あるいは, mal-granda 小さい
　　　　　　　　4. en 〜(の中)で, tiu ĉi この, regiono 地方, oni 一般人称, uzi 使う, lingvo 言語, la franca フランス語, la itala イタリア語, la germana ドイツ語, el tiuj ĉi これらのうちの, sci-povi (外国語が)できる

　　　　［訳例］1. どの絵があなたの気にいりましたか。その抽象画が(私の)気にいりました。
　　　　　　　　2. どの少年たちがあの窓ガラスを割ったのですか。ケンとトシオが割りました。
　　　　　　　　3. (あなたは)(その)大きいのと(その)小さいのうち, どちらの箱をおとりになりますか。(私は)大きいのをいただきます。
　　　　　　　　4. この地方ではフランス語とイタリア語とドイツ語が使われています。あなたはこれらのことばのうちのどの言語(複数)ができますか。私はイタリア語ができます。

★ ［**kia?**］は「どんな〜？」と性質をたずねる疑問形容詞です。修飾する名詞と語尾 "j, n, jn" が一致します。【*KD】

17.2 疑問形容詞

	単数	複数
主格	kia floro どんな花？	kiaj floroj どんな花ばな？
対格	kian floron どんな花を？	kiajn florojn どんな花ばなを？

［単語］floro 花

1.* **Kia lingvo** taŭgas por internacia komunikado?　Neŭtrala kaj facile lernebla lingvo taŭgas.
2.* **Kiaj plantoj** kreskas en tiu ĉi regiono?　Tropikaj plantoj kreskas.
3.* **Kian floron** vi amas? Ĉu blankan, aŭ ruĝan?　Mi amas blankan.
4.* **Kiajn okulojn** la knabino havas? Ŝi havas rondajn okulojn.

> ［単語］1. lingvo 言語, taŭgi ふさわしい, por 〜のために, inter-nacia 国際的な, komunik-ado 通信, neŭtrala 中立の, facile lern-ebla 学びやすい
> 2. planto 植物, kreski 育つ, en 〜で, tiu ĉi この, regiono 地方, tropika 熱帯の
> 3. ami 好き, blanka 白い, aŭ それとも, ruĝa 赤い
> 4. okulo 目, knab-ino 少女, havi 〜がある, ronda 丸い

［訳例］
1. 国際通信には，どんな言語がふさわしいだろうか。中立で学びやすい言語がふさわしい。
2. この地方では，どんな植物が育っていますか。熱帯の植物が育っています。
3. (あなたは)どんな花が好きですか。白いの，それとも赤いの？ 私は白いのが好きです。
4. あの少女はどんな目をしていますか。(彼女は)丸い目をしています。

★ "kia" は，直後に名詞を従えずに，補語として用いることもできます。

1. **Kia** estas via impreso pri la kongreso?

第17課 疑問詞

2. **Kiaj** estas viaj opinioj pri atomcentralo kaj nuklea rubaĵo?

　　　　［単語］1. impreso 印象, pri 〜について, kongreso 大会
　　　　　　　　2. opinio 意見, atom-centralo 原子力発電所, nuklea 核の, rub-aĵo 廃棄物
　　　　［訳例］1. この大会についてのあなたの印象はどんなですか。
　　　　　　　　2. 原子力発電所と核廃棄物について, あなたの意見はどのようなものですか。

★ ［**kies?**］は「だれの〜？」と所有をたずねる疑問形容詞です。"kiu, kia" と違って, "kies" 自体に対格語尾 "n" や複数語尾 "j" がつくことはありません。【*KD】　　　　　　　　　　　　　　［単語］fil-ino 娘

	単数	複数
主格	kies filino? だれの娘？	kies filino**j**? だれの娘たち？
対格	kies filino**n**? だれの娘を？	kies filino**jn**? だれの娘たちを？

1.* **Kies opinio** pravas?　Ĉu mia, aŭ lia?
2.* **Kies voĉon** vi aŭdis?
3.* **Kies gestojn** vi imitas?

　　　　［単語］opinio 意見, pravi 正しい, aŭ それとも, voĉo 声, aŭdi 聞く, gesto 身振り, imiti まねする
　　　　［訳例］1. だれの意見が正しい？ 私の？ それとも彼の？
　　　　　　　　2. (あなたは)だれの声が聞こえましたか。
　　　　　　　　3. (あなたは)だれの身振りをまねしているのですか。

［練習 17-5］

次の文を日本語に訳してください。

1. Kiu sidloko estas libera?
2. Kiujn verkojn de la verkisto vi jam legis?

17.2 疑問形容詞

3. Kia devas esti la politika sistemo en la dudek-dua jarcento?
4. Kian planon vi havas por la venonta semajnfino?
5. Kia diferenco estas inter via opinio kaj la mia?
6. Kies kajero tio estas?
7. Kies nomojn vi trovis sur la listo?

［単語］1. sid-loko 席, libera 空いた
2. verko 作品, de 〜の, verk-isto 作家, jam すでに, legi 読む
3. devi esti 〜であるべきだ, politika 政治の, sistemo 体制, en 〜(の中）の, la du-dek-dua 二十二番めの, jar-cento 世紀
4. plano 計画, havi 〜がある／〜を持つ, por 〜のための, la venonta 今度の, semajn-fino 週末
5. diferenco 違い, inter 〜 kaj … 〜と…の間, la mia = mia opinio
6. kajero ノート, tio それ
7. nomo 名前, trovi 見つける, sur 〜(の上)で, listo リスト

［解答例］1. どの席が空いていますか。2. (あなたは)その作家のどの作品を読んでしまいましたか。3. 二十二世紀の政治体制はどうあるべきか。4. (君は)今度の週末にはどのような計画がありますか。5. あなたの意見と私の(意見)の間には，どんな違いがあるのだろうか。6. それはだれのノートですか。7. (あなたは)そのリストで，だれの名前を見つけましたか。

［練習 17-6］

太字の部分に注意して，次の文をエスペラントに訳してください。

1. **どの歌が**(あなたの)気にいってますか。

　　　　［単語］歌 kanto, あなた vi, 〜の気にいる plaĉi al

2. **どの都市(複数)を**(あなたは)訪れましたか。

　　　　［単語］都市 urbo, 訪れる viziti

3. この町について，あなたの印象は**どんな**ですか。

　　　　［単語］この tiu ĉi, 町 urbo, 〜について pri, 印象 impreso, 〜です esti

第17課 疑問詞

4. あなたは**どんなチョウを**捕まえましたか。
　　　　　　　　　　　　　［単語］チョウ papilio, 捕まえる kapti
5. それは**だれの車**ですか。　　　　　　［単語］それ ĝi, 車 aŭto
6. 私は**だれの車**を運転しましょうか。
　　　　　　　　　　　　［単語］私 mi, 運転する konduki

　［解答例］1. *Kiu kanto* plaĉas al vi? 2. *Kiujn urbojn* vi vizitis?
　　　3. *Kia* estas via impreso pri tiu ĉi urbo? 4. *Kian papilion* vi kaptis?
　　　5. *Kies aŭto* ĝi estas? 6. *Kies aŭton* mi konduku?

17.3 疑問副詞

★ ［疑問副詞］は場所, 時, 様子などをたずねる疑問詞で, 次の五つです。

場所	時	方法/様子/程度	理由	量
kie?	kiam?	kiel?	kial?	kiom?
どこ？	いつ？	どのように？	なぜ？	どのくらい？

★ ［**kie?**］「どこ？」は「場所」をたずねる疑問副詞です。【*KD】

1.* **Kie** estas la biblioteko?　Ĝi estas apud la urbodomo.
2.* **Kie** vi naskiĝis?　Mi naskiĝis en Koreio.

　　　　　［単語］1. esti 〜がある, biblioteko 図書館, ĝi それ, apud 〜
　　　　　　のそば, urb-o-domo 市役所
　　　　　　　　2. nask-iĝi 生まれる, en 〜(の中)で, Kore-io 韓国
　［訳例］
　　1. その図書館はどこにあるのですか。(あの)市役所のそばにあります。
　　2. (あなたは)どこでお生まれですか。韓国で生まれました。

★ ［**kien?**］対格語尾 "n" をつけて「どこへ？」と「移動の方向」をたずねることができます。【*KD】

位置	kie? どこ？ どこで？	方向	kien? どこへ？

- 220 -

17.3 疑問副詞

1.* **Kien** vi iras?　Mi iras al la oficejo.
2.* **Kien** vi kaŝis la kadavron?

［単語］iri 行く, al 〜へ
ofic-ejo 事務所, kaŝi 隠す
kadavro 死体

［訳例］1. (あなたは)どこへいらっしゃるのですか。
(私は)(その)事務所へ行くところです。
2. (おまえは)(あの)死体をどこへ隠したんだ。

★ ［kiam?］「いつ？」は「時」をたずねる疑問副詞です。【*KD】

1.* **Kiam** vi eklernis la francan lingvon?　Mi eklernis ĝin antaŭ tri monatoj.
2.* **Kiam** vi vizitis Finnlandon?　Mi vizitis Finnlandon en la lasta somero.

［単語］1. ek-lerni 学び始める, la franca lingvo フランス語, ĝi それ, antaŭ 〜前に, tri 三つの, monato 月
2. viziti 訪れる, Finnlando フィンランド, en 〜に, la lasta この前の, somero 夏

［訳例］1. 君はいつフランス語を勉強し始めたのですか。私はそれを三か月前に学び始めました。
2. 君はいつフィンランドに行ったのですか。私はこの前の夏にフィンランドへ行きました。

★ ［kiel?］「どのように？／どのくらい？」は「方法や様子，程度」をたずねる疑問副詞です。【*KD】　［単語］kaŝi 隠す, sekreto 秘密

1.* **Kiel** ni kaŝu la sekreton?
2.* **Kiel** alta estas la monto?
3.* **Kiel** vi fartas?
　Mi fartas tre bone. Dankon. Kaj vi?

alta 高い, monto 山
farti 過ごす, tre とても
bone 良く, danko 感謝
kaj そして

［訳例］1. (私たちは)どのようにその秘密を隠そうか？
2. あの山はどのくらいの高さですか。
3. お元気ですか。(← あなたはどのようにお過ごしですか)
元気です。ありがとう。あなたは？

第17課 疑問詞

★ ［kial?］「なぜ？」は「理由」をたずねる疑問副詞です。【*KD】

1.* **Kial** vi studas historion?　Ĉar ĝi estas interesa por mi.
2.* **Kial** vi malfruiĝis?　Ĉar la aŭtobuso ne ekveturis akurate.

　　　　［単語］1. studi 研究する, historio 歴史, ĉar なぜなら～ので[1], ĝi それ, interesa 面白い, por ～にとって
　　　　　　　2. mal-fru-iĝi 遅れる, aŭtobuso バス, ek-veturi 出発する, akurate 時刻どおりに

　　　　［訳例］1. なぜ(あなたは)歴史を研究しているのですか。私にとってそれが面白いからです。
　　　　　　　2. (君は)なぜ遅れたの？(その)バスが時間どおりに発車しなかったからです。

★ ［kiom?］「どのくらい？」は「数量」をたずねる疑問副詞です。【*KD】

1.* **Kiom** vi pagis por la malinteresa libro?　Mi pagis mil kvincent enojn.
2.* **Kiom** longe vi atendas lin?　Dum dek kvin minutoj.

　　　　［単語］1. pagi 支払う, por ～のために, mal-interesa つまらない, libro 本, mil kvin-cent 千五百, eno 円
　　　　　　　2. longe ながく, atendi 待つ, dum ～の間, dek kvin 十五, minuto 分

　　　　［訳例］1. (あなたは)そのつまらない本にいくら(← どのくらい)払いましたか。千五百円払いました。
　　　　　　　2. (君は)どのくらい彼を待っているの？ 十五分間です。

★ ［kiom da?］疑問副詞 "kiom" は, 数量を示す前置詞 "da"「～の量の, ～の数の」とともに用いられることが多いです。【*KD】

1.* **Kiom da studentoj** troviĝas en tiu ĉi universitato?
2.* **Kiom da salo** necesas?
3.* **Kiom da libroj** la biblioteko havas?

---

[1] "ĉar" は理由を表す従属接続詞です。第24課で説明します。

17.3 疑問副詞

4.* **Kiom da tempo** vi bezonas por la tasko?

　　　［単語］1. studento 学生, trov-iĝi ～がいる, en ～(の中)に, tiu ĉi この, universitato 大学
　　　　　　 2. salo 塩, necesi ～が必要である
　　　　　　 3. libro 本, biblioteko 図書館, havi ～を持つ/～がある
　　　　　　 4. tempo 時間, bezoni 必要である, por ～に, tasko 課題

　　　［訳例］1. この大学には学生がなん人いますか。
　　　　　　 2. 塩はどのくらい必要ですか。
　　　　　　 3. その図書館には本がなん冊ありますか。(← どのくらいの本を持っていますか)
　　　　　　 4. (あなたは)その課題には，どのくらい時間が必要ですか。(← どのくらいの時間を必要としていますか)

★ "da" は前置詞なので，"kiom" が導く句が文の目的語であっても "da" のうしろの名詞には対格語尾 "n" がつきません。

　× *Kiom da libroj**n*** la biblioteko havas?

　× *Kiom da tempo**n*** vi bezonas por la tasko?

［練習 17-7］

次の文を日本語に訳してください。

1. Kie ni nun flugas?
2. Kien vi rapidas?
3. Kiam naskiĝis via unua filo?
4. Kiel vi pensas pri lia propono?
5. Kiel longe daŭros la teda prelego?
6. Kial vi ne venis al mi hieraŭ?
7. Kiom da tagoj vi bezonas por pretigi la manuskripton?

　　　［単語］1. nun 今, flugi 飛んでいる
　　　　　　 2. rapidi 急いで行く
　　　　　　 3. nask-iĝi 生まれる, la unua 一番めの, filo 息子
　　　　　　 4. pensi 思う, pri ～について, propono 提案

第17課 疑問詞

5. longe ながく, daŭri 続く, teda 退屈な, prelego 講演
6. veni 来る, hieraŭ 昨日
7. tago 日, bezoni 必要とする, por 〜ために, pret-igi 完成する, manuskripto 原稿

［解答例］1. 私たちは今どこを飛んでいるのでしょう。2. (君は)どこへ急いでいるの？ 3. ご長男はいつお生まれになりましたか。4. (あなたは)あの人の提案をどう思いますか。5. この退屈な講演はどのくらい続くのだろう。6. (あなたは)昨日は, なぜ私の所にいらっしゃらなかったのですか。7. その原稿を完成するのに, (あなたは)なん日くらいかかりますか。

［練習 17-8］

太字の部分に注意して, 次の文をエスペラントに訳してください。

1. あなたは**どこで**生まれましたか。　　　　［単語］あなた vi 生まれる nask-iĝi

2. あなたは**いつ**彼女と知りあいましたか。　［単語］彼女 ŝi 〜と知りあう kon-at-iĝi kun

3. 彼は**どのように**その大会会場へ行きますか。
　　　　［単語］彼 li, その la, 大会会場 kongres-ejo, 〜へ al, 行く iri

4. 彼女は**なぜ**化学を研究しているのですか。　［単語］化学 kemio 研究する studi

5. 彼らは**なん年間**(= どのくらいの年)この町に住んでいますか。
　　　　［単語］彼ら ili, 年 jaro, この tiu ĉi, 町 urbo, 〜に en

［解答例］1. *Kie* vi naskiĝis? 2. *Kiam* vi konatiĝis kun ŝi? 3. *Kiel* li iros al la kongresejo? 4. *Kial* ŝi studas kemion? 5. *Kiom da jaroj* ili loĝas en tiu ĉi urbo?

17.4 前置詞+疑問詞

★疑問詞を前置詞と組み合わせて，複雑な質問をすることができます。

★［前置詞+疑問代名詞］"de"「〜から」"por"「〜のために」"pri"「〜について」"pro"「〜ゆえ」と疑問代名詞を組み合わせた例をあげます。【*KD】

	de	por	pri	pro
kio	de kio...? なにから？	por kio...? なんのために？	pri kio...? なにについて？	pro kio...? なにゆえに？
kiu	de kiu...? だれから？	por kiu...? だれのために？	pri kiu...? だれについて？	pro kiu...? だれゆえに？

1.* **De kio** tiu ĉi rezulto venis?
2.* **Pro kio** vi ploras?
3.* **De kiu** vi ricevis la informon?

[単語] tiu ĉi この, rezulto 結果, veni 来る, plori 泣く, ricevi 受けとる, informo 情報

[訳例] 1. この結果はなにから来たのだろうか。
2. なにゆえ，あなたは泣いているのですか。
3. (あなたは)だれからその情報を得たのですか。

★［前置詞+疑問形容詞］"en"「〜の中」"el"「〜から」"pri"「〜について」と疑問形容詞を組み合わせた例をあげます。　　[単語] libro 本

	en	el	pri
kiu	en kiu libro...? どの本の中に？	el kiu libro...? どの本から？	pri kiu libro...? どの本について？
kia	en kia libro...? どんな本の中に？	el kia libro...? どんな本から？	pri kia libro...? どんな本について？
kies	en kies libro...? だれの本の中に？	el kies libro...? だれの本から？	pri kies libro...? だれの本について？

1. **En kiu libro** vi trovis la artikolon?　　　［単語］trovi 見つける
2. **El kiu artikolo** vi citis la frazon?　　　artikolo 記事, citi 引用する
3. **Pri kies libro** vi parolas?　　　frazo 文, paroli しゃべる

　　［訳例］1. (あなたは)どの本の中でその記事を見つけたのですか。
　　　　　　2. (あなたは)どの記事からその文を引用したのですか。
　　　　　　3. (あなたは)だれの本について話しているのですか。

★ ［前置詞+疑問副詞］"de"「〜から」"ĝis"「〜まで」と疑問副詞 "kie" "kiam" を組み合わせると, 次のような意味になります。【*KD】

	de	ĝis
kie	de kie...?　どこから？	ĝis kie...?　どこまで？
kiam	de kiam...?　いつから？	ĝis kiam...?　いつまで？

1.* **De kie** la konkludo venis?　　　［単語］konkludo 結論, veni 来る
2.* **Ĝis kiam** mi devas resti ĉi tie?　　　devi 〜しなければならぬ
　　　　　　　　　　　　　　　　　　　resti 留まる, ĉi tie ここに

　　［訳例］1. その結論はどこから来たのか？
　　　　　　2. 私はいつまでここにいなければいけないのですか。

[練習 17-9] ─────────────────────────

斜体字の部分に注意して, 次の文を日本語に訳してください。

1. *Por kio* ni bezonas la nukleajn armilojn?
2. *Al kiu* vi sendis la mesaĝon per telefakso?
3. *En kiu jaro* vi naskiĝis?
4. *Per kia mensogo* li trompis vin?
5. *Pri kies artikolo* vi temas?
6. *De kiam* vi laboras en tiu ĉi kompanio?
7. *De kie* la homaro venis?　Kaj kien ĝi iros?

　　［単語］
　　1. por 〜のために, bezoni 必要とする, nuklea arm-ilo 核兵器

17.4 前置詞＋疑問詞

2. al 〜に, sendi 送る, mesaĝo メッセージ, per 〜で, telefakso ファックス
3. en 〜に, jaro 年, nask-iĝi 生まれる
4. per 〜で(手段), mensogo うそ, trompi だます
5. pri 〜について, artikolo 記事, temi 話題にする
6. de 〜から, labori 働く, tiu ĉi この, kompanio 会社
7. la hom-aro 人類, veni 来る, kaj そして, ĝi それ, iri 行く

　　　［解答例］1. (すべての)核兵器はなんのために必要なのだろうか。2. あなたはそのメッセージをファックスでだれに送ったのですか。3. (あなたは)なん年にお生まれになりましたか。4. どんなうそで彼はあなたをだましたのですか。5. (あなたは)だれの記事のことを言っているのですか。6. (あなたは)いつからこの会社で働いているのですか。7. 人類はどこから来てどこへ行くのだろうか。

［練習 17-10］

太字の部分に注意して，次の文をエスペラントに訳してください。

1. あなたは**なにについて**報告するつもりですか。

　　　　　　［単語］あなた vi, 〜について pri, 報告する raporti

2. 彼女は**だれと**口論したのですか。

　　　　　　［単語］彼女 ŝi, 〜と kun, 口論する livereli

3. 彼は**どんな表情をして**(= どんな表情とともに)(その)真実を告白したのですか。　　［単語］彼 li, 表情 mieno, 〜とともに kun, 真実 vero, 告白する konfesi

4. その鳥たちは，**どこから**ここへ飛んできたのだろう。

　　　　　　［単語］鳥 birdo, 〜から de, ここへ ĉi tien, 飛んで来る flugi

5. 私たちの苦しみは**いつまで**続くのだろう。

　　　　　　［単語］私たちの nia, 苦しみ sufero, 〜まで ĝis, 続く daŭri

　［解答例］1. *Pri kio* vi raportos? 2. *Kun kiu* ŝi kverelis? 3. *Kun kia mieno* li konfesis la veron? 4. *De kie* la birdoj flugis ĉi tien? 5. *Ĝis kiam* nia sufero daŭros?

第 18 課　分詞

■分詞は日本語の「…しつつある～，…してしまった～，…しようとしている～」に相当する表現です。ものごとの変化を取り込んだ文が書けるようになります。

18.1　分詞の形

★［分詞接尾辞］動詞語根につける一群の接尾辞があります。

	進行	完了	未然
能動	-ant- ～しつつある	-int- ～してしまった	-ont- ～しようとする
受動	-at- ～されつつある	-it- ～された	-ot- ～されようとする

・能動 ……… 主語が働きかけること ……………… …が～する
・受動 ……… 主語が働きかけを受けること ………… …が～される

・進行 ……… 続いていること …………………… ～しつつある
・完了 ……… 終わっていること ………………… ～してしまった
・未然 ……… 始まろうとしていること ………… ～しようとする

★品詞語尾をつけて，次の品詞の単語として用いることができます。

分詞名詞 語根-分詞接尾辞+**o**	分詞形容詞 語根-分詞接尾辞+**a**	分詞副詞 語根-分詞接尾辞+**e**
nask-ant-o うむ者	nask-ant-a うみつつある～	nask-ant-e うみながら

［単語］naski うむ (生む/産む)

18.2 分詞名詞

★ ［分詞名詞］は，動詞語根が表わす動作を「〜する者，〜される者」を表わします。[1]

能動	進行 -ant-	naskanto	うみつつある者
	完了 -int-	naskinto	うんでしまった者
	未然 -ont-	naskonto	うもうとしている者
受動	進行 -at-	naskato	うまれつつある者
	完了 -it-	naskito	うまれてしまった者
	未然 -ot-	naskoto	うまれようとしている者

［練習 18-1］

次の分詞名詞の意味を推測してください。

	［単語］	［解答例］
1. konsumanto	konsumi 消費する	1. 消費者
2. venkinto	venki 勝利する	2. 勝利者
3. suspektato	suspekti 疑う	3. 被疑者
4. kaptito	kapti 捕える	4. 捕虜
5. juĝoto	juĝi 裁く	5. 被告

［練習 18-2］

斜体字の部分に注意して，次の文を日本語に訳してください。

1. Li estas bona *parolanto* de la indonezia lingvo.
2. Kiu estas la *malkovrinto* de radiumo?

---

[1] "esperanto" の本来の意味は「希望している者」"esper-ant-o" です。エスペラントの創始者ザメンホフは，このことばを発表する際に "D-ro Esperanto"（エスペラント博士）という筆名を用いました。この筆名が，ことばとしてのエスペラントを表わす固有名詞として今日使われています。ことばとしての「エスペラント」は，本来の意味と区別するために，"Esperanto" と一文字めを大文字にするのが普通です。

第18課 分詞

3. La policano atente ekzamenis la domon de la *arestito*.
4. Planto estas la *produktanto* de oksigeno.

　　　［単語］1. bona 上手な, paroli しゃべる, de 〜の, la indonezia lingvo インドネシア語
　　　　　　2. kiu だれ?, mal-kovri 発見する, radiumo ラジウム
　　　　　　3. polic-ano 警官, atente 注意深く, ekzameni 調べる, domo 家, aresti 逮捕する
　　　　　　4. planto 植物, produkti 生産する, de 〜の, oksigeno 酸素

［解答例］1. 彼はインドネシア語をしゃべるのがうまい。(← 上手な話し手である) 2. ラジウムの(その)発見者はだれですか。3. (あの)警官はその逮捕者の家を注意深く調べた。4. 植物は酸素の生産者である。

18.3 分詞形容詞

★［分詞形容詞］は, 動詞の意味を含んだ形容詞です。

能動	進行 -ant-	pasanta	過ぎつつある〜
	完了 -int-	pasinta	過ぎてしまった〜
	未然 -ont-	pasonta	過ぎようとしている〜
受動	進行 -at-	kuirata	調理されつつある〜
	完了 -it-	kuirita	調理された〜
	未然 -ot-	kuirota	調理されようとしている〜

［単語］pasi 過ぎる, kuiri 調理する

［練習 18-3］

次の分詞形容詞の意味を推測してください。【*KD】

　　　　　　　　　　　　　　　　　　　　　［ヒント］
1.* falanta　　2.* falinta　　3.* falonta　　fali 落ちる
4.* konstruata　5.* konstruita　6.* konstruota　konstrui 建築する

[解答例] 1. 落下中の～　2. 落ちてしまった～　3. 落ちそうな～
4. 建設中の～　5. 建設された～　6. 建設予定の～

* * *

★分詞形容詞は，次の三つの用法があります。
1. 動きや変化の意味を含む形容詞
2. 複合時制
3. 受け身

18.3.1 形容詞として

★分詞形容詞も，一般の形容詞と同じように用いることができます。語尾 "-j, -n, -jn" が修飾される名詞と一致することに注意しましょう。

1. *fluganta* birdo　　　　　　　［単語］flugi 飛ぶ, birdo 鳥
2. *velkintaj* floro*j*　　　　　　　velki 枯れる, floro 花
3. *ekironta* ŝipo　　　　　　　　ek-iri 出発する, ŝipo 船
4. *parolataj* lingvo*j*　　　　　　paroli 話す, lingvo ことば
5. *skribitajn* letero*jn*　　　　　skribi 書く, letero 手紙
6. *pagotan* sumo*n*　　　　　　pagi 支払う, sumo 合計

[訳例] 1. 飛んでいる鳥　　　　2. 枯れた花ばな
3. 出航しようとしている船　　4. 話されていることば(複数)
5. 書かれた手紙(複数)を　　　6. 支払われるだろう合計を

1. En la vazo restas **velkintaj floroj**.
2. Sur la ferdeko de la **ekironta ŝipo** li salutis min.
3. Li ne sciigis al mi la **pagotan sumon**.

[単語] 1. en ～の中, vazo 花びん, resti 残っている
2. sur ～(の上)で, ferdeko 甲板, saluti ~n ～にあいさつする
3. sci-igi 知らせる, al ～に

[訳例] 1. 花びんの中に，枯れた花が残っている。
2. (その)出航する船の(その)甲板で，彼は私にあいさつした。
3. 彼は私に，(その)支払金額を知らせなかった。

第18課 分詞

★ ［分詞形容詞の後置］分詞形容詞も，一般の形容詞と同じく，名詞をうしろから修飾することができます。

    1. la suno *leviĝanta*   ［単語］la suno 太陽, lev-iĝi 昇る
    2. la knabo*n* *portantan*   knabo 少年, porti 運ぶ
    3. la lingvo*j* *parolataj*   lingvo ことば, paroli 話す
    4. la knabino*jn* *ludantajn*   knab-ino 少女, ludi (楽器を)ひく

    ［訳例］ 1. 昇りつつある太陽   2. 運んでいる少年を
              3. 話されていることば(複数)   4. ひいている少女たちを

★ ［分詞形容詞が導く句］名詞をうしろから修飾する分詞形容詞は，目的語や句など，ほかの単語(太字の部分)を従えることができます。

    1. la suno *leviĝanta* **super la horizonton**   ［単語］super 〜の上方
                                            la horizonto 水平線
    2. la knabon *portantan* **libron**   libro 本
    3. la lingvoj *parolataj* **en la regiono**   en 〜で, regiono 地方
    4. la knabinojn *ludantajn* **violonon**   violono バイオリン

    ［訳例］ 1. 水平線の上へ昇りつつある太陽
                2. 本を運んでいるその少年を
                3. その地方で話されているあのことば(複数)
                4. バイオリンをひいているその少女たちを

［練習 18-4］

次の日本語の表現をエスペラントに訳してください。

1. あの家を建築しつつあるその大工さんたち
2. その大工さんたちに建てられつつあるあの家

    ［単語］家 domo, 建築する konstrui, 大工さん ĉarpent-isto, 〜に de

3. その泥棒たちを逮捕したあの警官を
4. あの警官に逮捕されたその泥棒たちを

        ［単語］泥棒 ŝtel-isto, 逮捕する aresti, 警官 polic-ano

18.3 分詞形容詞

［解答例］1. la ĉarpentistoj konstruantaj la domon 2. la domo konstruata de la ĉarpentistoj 3. la policanon arestintan la ŝtelistojn 4. la ŝtelistojn arestitajn de la policano

＊　＊　＊

★分詞形容詞の語尾 "-j, -n, -jn" は，直前の名詞，つまり分詞形容詞が修飾する名詞の語尾 "-j, -n, -jn" と一致します。

1. policano**j** arestinta**j** la ŝteliston
2. policano**jn** arestinta**jn** la ŝteliston
3. policano**n** staranta**n** sur la strato
4. policano**jn** staranta**jn** sur la strato

［単語］stari 立っている
sur 〜(の上)に
strato 通り

［訳例］1. その泥棒を逮捕した警官たち
2. その泥棒を逮捕した警官たちを
3. あの通りに立っている警官を
4. あの通りに立っている警官たちを

1. La lingvo**j** *parolataj en Kanado* estas la angla kaj la franca.
2. La knabino**j** *parolantaj al via patro* estas miaj filinoj.
3. Mi rostis la fiŝo**jn** *kaptitajn de mia patro*.
4. Mia frato forpelis la kato**n** *ŝtelontan la fiŝon*.

　　　［単語］1. lingvo ことば, paroli しゃべる, en 〜で, Kanado カナダ, la angla 英語, kaj 〜と…, la franca フランス語
　　　　　　2. knab-ino 少女, al 〜に, patro 父親, fil-ino 娘
　　　　　　3. rosti 焼く, fiŝo 魚, kapti 捕まえる, patro 父親
　　　　　　4. for-peli 追い払う, kato 猫, ŝteli 盗む

［訳例］
1. カナダで話されている(その)ことばは，英語とフランス語だ。
2. あなたのおとうさんに話しかけているあの女の子たちが私の娘たちです。
3. 私は父によって捕まえられた(その)魚を焼いた。
4. 兄はその魚を盗もうとした(あの)猫を追い払った。

第18課 分詞

[練習 18-5]

次の日本語の表現や文を，エスペラントに訳してください。

1. あの少年たち
2. 卓球をやっているあの少年たち
3. 卓球をやっているあの少年たちは，ケンとトシオです。
　　　　　　［単語］少年 knabo, 卓球をやる ludi tabl-o-tenison, 〜です esti
4. 見なさい。
5. 卓球をやっているあの少年たちを見なさい。　　［単語］見る rigardi
6. 私たちの会社は自動車(複数)を購入した。
7. 韓国で作られた自動車(複数)を
8. 私たちの会社は，韓国で作られた自動車(複数)を購入した。
　　　　　　　　［単語］私たちの nia, 会社 kompanio, 購入する aĉeti
　　　　　　　　　　　自動車 aŭto, 韓国 Kore-io, 〜で en, 作る fari

［解答例］1. la knaboj　2. la knaboj ludantaj tablotenison
3. La knaboj ludantaj tablotenison estas Ken kaj Toŝio.　4. Rigardu.
5. Rigardu la knabojn ludantajn tablotenison.　6. Nia kompanio aĉetis aŭtojn.　7. aŭtojn faritajn en Koreio　8. Nia kompanio aĉetis aŭtojn faritajn en Koreio.

18.3.2 複合時制

★ ［複合時制］動詞 "esti" と分詞形容詞を組み合わせて，複雑な時間の前後関係を表現することができます。

★ ［**estas + -anta/-inta/-onta**］"estas" と分詞形容詞を組み合わせて，現在を基準とした進行，完了，未然が表現できます。［単語］skribi 書く

	(現在)私はその手紙を
・Mi **estas skribanta** la leteron.	書いている。
・Mi **estas skribinta** la leteron.	書いてしまっている。
・Mi **estas skribonta** la leteron.	書こうとしている。

18.3 分詞形容詞

★ ［estis + -anta/-inta/-onta］ "estis" と分詞形容詞を組み合わせて，過去の時点を基準とした進行，完了，未然が表現できます。

(過去の時点で)私はその手紙を
- Mi **estis skribanta** la leteron.　　　　書いていた。
- Mi **estis skribinta** la leteron.　　　　書いてしまっていた。
- Mi **estis skribonta** la leteron.　　　　書こうとしていた。

★ ［estos + -anta/-inta/-onta］ "estos" と分詞形容詞を組み合わせて，未来の時点を基準とした進行，完了，未然が表現できます。

(未来のある時点で)私はその手紙を
- Mi **estos skribanta** la leteron.　　　　書いているだろう。
- Mi **estos skribinta** la leteron.　　　　書いてしまっているだろう。
- Mi **estos skribonta** la leteron.　　　　書こうとしているだろう。

★動詞 "esti" と分詞形容詞の組み合わせで，さまざまな表現が可能です。しかし，文語的で重苦しいので，厳密さを要求される場合以外は用いられません。適切な副詞を用いれば，単純な時制で，ほぼ同じ内容が表現できます。

- ○ Mi **nun** skribas la leteron.　　△ Mi *estas skribanta* la leteron.
- ○ Mi **jam** skribis la leteron.　　△ Mi *estas skribinta* la leteron.
- ○ Mi **tuj** skribos la leteron.　　△ Mi *estas skribonta* la leteron.

［単語］nun 今, jam すでに/もう, tuj すぐに/ただちに

［練習 18-6］

斜体字の部分に注意して，次の文を日本語に訳してください。

1. Jam en la lasta jaro mi *estis ricevinta* inviton de mia amiko en Bruselo.
2. Mi nun *estas ekvojaĝonta* al Belgio.
3. Miaj gepatroj *estas pakintaj* mian valizon.
4. Post kelkaj horoj, mia aviadilo *estos fluganta* super la maro.
5. Morgaŭ mi *estos atinginta* la domon de mia amiko.

第18課 分詞

［単語］
1. jam すでに, en ～に, la lasta jaro 昨年, ricevi 受ける, invito 招待, de ～の, amiko 友人, en ～にいる, Bruselo ブリュッセル
2. ek-vojaĝi 旅立つ, al ～へ, Belg-io ベルギー
3. ge-patroj 両親, paki 詰める, valizo 旅行カバン
4. post ～後, kelka いくつかの, horo 時間, aviad-ilo 飛行機, flugi 飛ぶ, super (離れて)～の上, la maro 海
5. morgaŭ 明日, atingi 着く, domo 家

［解答例］1. すでに昨年，私はブリュッセルの友人から招待を受けていた。2. 私は今，ベルギーに向けて旅立つところだ。3. 両親が，私の旅行カバンを詰めてくれた。(← 詰めてしまっている) 4. 数時間後に，私の飛行機は海の上を飛んでいることだろう。5. 明日には，私は友人の家に着いているだろう。

18.3.3 受け身

★ ［受け身］動詞 "esti" と受動の分詞形容詞を組み合わせて，受け身「～される」を表現することができます。

★ ［estas + -ata/-ita/-ota］"estas" と受動の分詞形容詞を組み合わせて，現在を基準とした受け身の進行，完了，未然が表現できます。受け身の行為者は，前置詞 "de"「～に，～によって」で示します。

(現在)その手紙はケンによって
- La letero **estas skribata** de Ken.　　　書かれている。
- La letero **estas skribita** de Ken.　　　書かれてしまっている。
- La letero **estas skribota** de Ken.　　　書かれようとしている。

★ ［estis + -ata/-ita/-ota］"estis" と受動の分詞形容詞を組み合わせて，過去の時点を基準とした受け身の進行，完了，未然が表現できます。

(過去のある時に)その手紙はケンによって
- La letero **estis skribata** de Ken.　　　書かれていた。
- La letero **estis skribita** de Ken.　　　書かれてしまっていた。
- La letero **estis skribota** de Ken.　　　書かれようとしていた。

18.3 分詞形容詞

★ [**estos+** **-ata/-ita/-ota**] "estos" と受動の分詞形容詞を組み合わせて，未来の時点を基準とした受け身の進行，完了，未然が表現できます。

(未来のある時に)その手紙はケンによって

- La letero **estos skribata** de Ken.　　書かれていることだろう。
- La letero **estos skribita** de Ken.　　書かれてしまっているだろう。
- La letero **estos skribota** de Ken.　　書かれようとしているだろう。

[練習 18-7]

斜体字の部分に注意して次の文を日本語に訳してください。【*KD】

1.* La ĉina lingvo *estas parolata* de kvinono de la tuta homaro.
2.* La novspeca viruso ankoraŭ ne *estis konata* en la lasta jaro.
3.* La lingvo internacia *estis kreita* por nia egalrajta komunikado.
4.* Eĉ en la dudek-dua jarcento la problemoj ne *estos solvitaj*.

[単語] 1. la ĉina lingvo 中国語, paroli 話す, de 〜によって, kvin-ono 五分の一, de 〜の, la tuta すべての, hom-aro 人類
2. nov-speca 新種の, viruso ウイルス, ankoraŭ まだ, koni 知る, en 〜に, la lasta 最近の, jaro 年
3. la lingvo inter-nacia 国際語, krei つくる, por 〜のために, egal-rajta 公平な, komunik-ado コミュニケーション
4. eĉ 〜さえ, la du-dek-dua 二十二番めの, jar-cento 世紀, problemo 問題, solvi 解決する

[解答例] 1. 中国語は全人類の五分の一によって話されている。2. その新種のウイルスは，去年はまだ知られていなかった。3. 国際語は，私たちの公平なコミュニケーションのためにつくられた。4. 二十二世紀でさえ，(それらの)問題は解決されていないであろう。

[練習 18-8]

次の文をエスペラントに訳してください。

1. その痛みはガンによってひき起こされたものである。

[単語] その la, 痛み doloro, ガン kancero

第18課 分詞

〜によって de, ひき起こす kaŭzi
2. 昨年, その橋は建設中であった。(= 建設されつつあった)
　　　　［単語］昨年 en la lasta jaro, 橋 ponto, 建設する konstrui
3. 私たちの目的は, (その)近い未来に達成されていることだろう。
　　　　［単語］私たちの nia, 目的 celo, 近い proksima
　　　　　　　未来 est-ont-eco, 〜に en, 達成する atingi
　［解答例］1. La doloro estas kaŭzita de kancero. 2. La ponto estis konstruata en la lasta jaro. 3. Nia celo estos atingita en la proksima estonteco.

＊　＊　＊

★ ［**estu+ -ata/-anta...**］ "estu" (意志法)と分詞形容詞を組み合わせて, 話し手の願望「〜してほしい, 〜すべきだ」が表現できます。

1. La infanoj **estu protektataj** de la gepatroj.
2. Vi **estu pretiginta** la manuskripton antaŭ la limdato.
3. La manuskripto **estu pretigita** antaŭ la limdato.

　　　　［単語］1. infano 子ども, protekti 保護する, de 〜
　　　　　　　によって, ge-patroj 両親
　　　　　　2. pret-igi しあげる, manuskripto 原稿,
　　　　　　antaŭ 〜の前, lim-dato 期日
　［訳例］1. 子どもは(みな)その両親によって保護されるべきである。
　　　　2. あなたは(この)期日までにその原稿をしあげること。(← しあげるべきだ)
　　　　3. その原稿は(この)期日までにしあがっていること。(← しあげられているべきだ)

18.4 分詞副詞

★ ［分詞副詞］は動詞の意味を含んだ副詞で，付帯状況を表わします。

能動	進行 -ant-	aŭskultante	聴きながら
	完了 -int-	aŭskultinte	聴いてしまって
	未然 -ont-	aŭskultonte	聴こうとして
受動	進行 -at-	riproĉate	責められながら
	完了 -it-	riproĉite	責められて
	未然 -ot-	riproĉote	責められそうになって

［単語］aŭskulti 聴く, riproĉi 責める

1. Li manĝis panon **starante**.
2. Ne fumu **piedirante**.
3. Ŝi malfermis la koverton **plorante**.

［単語］ 1. manĝi 食べる, pano パン, stari 立っている
2. fumi タバコを吸う, pied-iri 歩く
3. mal-fermi 開ける, koverto 封筒, plori 泣く

［訳例］ 1. 彼は立ったままパンを食べた。
2. 歩きながらタバコを吸うな。
3. 彼女は泣きながらその封筒を開けた。

★ ［分詞副詞が導く句］分詞副詞は，目的語や句をうしろに従えることができます。

［単語］

1. promenante **ĉirkaŭ la lago**   promeni 散策する, ĉirkaŭ 〜のまわり
2. preninte **matenmanĝon**   lago 湖, preni とる, maten-manĝo 朝食
3. legonte **ĵurnalon**   legi 読む, ĵurnalo 新聞
4. informite **pri la novaĵo**   informi 知らせる, pri 〜について
   nov-aĵo ニュース
5. arestote **de policano**   aresti 逮捕する, de 〜によって
   polic-ano 警官, sufoki 窒息させる

第18課 分詞

6. sufokate **de malbona odoro**　　mal-bona 悪い, odoro 臭い

　　　　［訳例］　1. あの湖のまわりを散策しながら
　　　　　　　　2. 朝食をとってしまって
　　　　　　　　3. 新聞を読もうとして
　　　　　　　　4. そのニュースについて知らされて
　　　　　　　　5. 警官に(よって)逮捕されそうになって
　　　　　　　　6. 悪臭に(よって)息を詰まらせながら

★［分詞構文］分詞副詞が導く句を用いて，時間的な前後関係のある状況や様子を表わすことができます。こう言う文を分詞構文といいます。
【*KD】

1.* Ni diskutu pri la temo **promenante ĉirkaŭ la lago**.
2.* **Preninte matenmanĝon**, li vestis sin per jako.
3.* **Legonte ĵurnalon**, li serĉis la okulvitrojn.
4.* **Informite pri la novaĵo**, ŝi tuj telefonis al la oficejo.
5.* **Arestote de policano**, la ŝtelisto plonĝis en la riveron.
6.* **Sufokate de malbona odoro**, ili laboradis.

　　　　［単語］1. diskuti 議論する, pri ～について, temo テーマ
　　　　　　　　2. vesti sin per ～を着る (← 自分に～を着せる)
　　　　　　　　3. serĉi 探す, okul-vitroj メガネ(複数形で)
　　　　　　　　4. tuj すぐに, telefoni 電話する, al ～へ, ofic-ejo 事務所
　　　　　　　　5. ŝtel-isto 泥棒, plonĝi 飛び込む, en ～の中, rivero 川
　　　　　　　　6. ili 彼ら, labor-adi 働き続ける

［訳例］
1. あの湖のまわりを散策しながらそのテーマについて議論しよう。
2. 朝食をとってから，彼は上着を着た。
3. 新聞を読もうとして，彼は(その)メガネを探した。
4. そのニュースについて知らされて，彼女はすぐに(その)事務所に電話した。
5. 警官に逮捕されそうになって，あの泥棒はその川に飛び込んだ。
6. 悪臭に息を詰まらせながら，彼らは働き続けた。

[練習 18-9]

斜体字の部分に注意して，次の文を日本語に訳してください。

1. *Dezirante* feliĉon al la novgeedzoj, kaj *dankante* al via atenta aŭskultado, mi finos mian parolon.
2. *Trovinte* revolveron en la mano de la rabisto, ili ektremis pro teruro.
3. *Plonĝonte* en la maron, mi demetis la ŝuojn kaj haltigis mian spiron.
4. *Rigardate* de multaj aŭskultantoj, mi faris prelegon por la unua fojo en mia vivo.
5. *Trompite* de la mensogisto, la maljunulino pagis grandan sumon por la senutila maŝino.

[単語]

1. deziri 願う, feliĉo 幸福, al ～に, nov-ge-edzoj 新婚夫婦, danki 感謝する, atenta 注意深い, aŭskult-ado 聴くこと, fini 終える, parolo 話
2. trovi 見つける, revolvero けん銃, en ～の中, mano 手, de ～の, rab-isto 強盗, ili 彼ら, ek-tremi 震えだす, pro ～ゆえ, teruro 恐怖
3. plonĝi 飛び込む, la maro 海, de-meti 脱ぐ, ŝuo 靴(くつ), halt-igi 止める, spiro 息
4. rigardi 見つめる, multa 多くの, aŭskult-anto 聴衆, fari ～する, prelego 講演, por la unua fojo はじめて, vivo 人生
5. trompi だます, de ～によって, mensog-isto 詐欺師, mal-jun-ul-ino 老婆, pagi 払う, granda 大きな, sumo 合計金額, por ～のために, sen-utila 役にたたない, maŝino 機械

[解答例] 1. (この)新郎新婦の幸福をお祈りしつつ，またご静聴に感謝しつつ，ごあいさつにかえさせていただきます。2. その強盗が(その)手にけん銃を持っているのがわかって，彼らは恐怖のために震えた。3. 海に飛び込もうとして，私は(その)靴を脱ぎ，(私の)息を止めた。4. たくさんの聴衆に見つめられながら，私は生まれてはじめて講演をした。5. あの詐欺師にだまされて，その老婆は，役たたずのあの機械に大金を払った。

第18課 分詞

[練習 18-10]

次の日本語の表現や文を，エスペラントに訳してください。

1. 昼食をとりながら
2. そのレストラン(の中)で昼食をとりながら
3. そのレストラン(の中)で昼食をとりながら，私たちはおしゃべりした。

[単語] 1. 昼食 tag-manĝo, (食事を)とる preni
2. その la, レストラン restoracio, 〜の中 en
3. 私たち ni, おしゃべりする babili

4. 昼食をとって，私たちはその公園の中を散歩した。

[単語] 公園 parko, 〜の中 en, 散歩する promeni

5. 雇われて
6. ドイツの会社に(よって)雇われて
7. ドイツの会社に(よって)雇われて，彼はベルリンに転居した。

[単語] 5. 雇う dungi 6. ドイツの germana, 会社 kompanio
〜によって de 7. 彼 li, ベルリン Berlino
〜に al, 転居する trans-loĝ-iĝi

[解答例] 1. prenante tagmanĝon 2. prenante tagmanĝon en la restoracio 3. Prenante tagmanĝon en la restoracio, ni babilis. 4. Preninte tagmanĝon, ni promenis en la parko. 5. dungite 6. dungite de germana kompanio 7. Dungite de germana kompanio, li transloĝiĝis al Berlino.

第 19 課　指示代名詞と指示形容詞

■「これ，あれ，この～，あの～」など，ものごとを指し示す一群の単語を学びます。きちんと整理された体系だった単語群なので，それほどの負担を感じずに記憶することができます。

★日本語には，語頭「こ～，そ～，あ～，ど～」と語尾「～れ，～こ，～ちら，～の」を組み合わせた，次のような単語群があります。

		語頭			
		近称 こ～	中称 そ～	遠称 ～あ	不定称 ど～
語尾	物事　～れ	これ	それ	あれ	どれ
	場所　～こ	ここ	そこ	あそこ	どこ
	方向　～ちら	こちら	そちら	あちら	どちら
	指示　～の	この	その	あの	どの

★［相関詞］次のページの表にあげるように，エスペラントにも，五個の語頭と九個の語尾を組み合わせた体系だった単語群があります。これを「相関詞」といいます。

★［相関詞の用法］相関詞は，疑問詞や指示詞として用いられます。
  ・疑問詞............ なに？だれ？どこ？　などにあたる単語 [1]
  　　　　　　　　語頭が "ki-" の相関詞
  ・指示詞............ 人や物，事柄，場所，時間などを指し示す単語
  　　　　　　　　語頭が "ti-" "i-" "ĉi-" "neni-" の相関詞

★［指示詞］は，次の三つに分けられます。
  ・指示代名詞.......... 人や物の代わりに用いる
  ・指示形容詞.......... 指示や性質，所有を示す
  ・指示副詞.............. 場所や時，方法，理由などを示す

---

[1] 疑問詞については第17課で説明しました。

第19課 指示代名詞と指示形容詞

			語頭				
			疑問 ki-	特定 ti-	不特定 i-	すべて ĉi-	否定 neni-
語尾	全体	-o	kio	tio	io	ĉio	nenio
	個別・指示	-u	kiu	tiu	iu	ĉiu	neniu
	性質・様子	-a	kia	tia	ia	ĉia	nenia
	所有	-es	kies	ties	ies	ĉies	nenies
	場所	-e	kie	tie	ie	ĉie	nenie
	時	-am	kiam	tiam	iam	ĉiam	neniam
	方法・程度	-el	kiel	tiel	iel	ĉiel	neniel
	理由	-al	kial	tial	ial	ĉial	nenial
	量	-om	kiom	tiom	iom	ĉiom	neniom

19.1 指示代名詞

★ ［指示代名詞］は，語尾によって次の二つに分けられます。
- **-o** .... 物や事柄をひとまとめに示す
- **-u** .... 人を示す

★ ［**tio, io, ĉio, nenio**］語尾が "o" の指示代名詞は，物や事柄をひとまとめに示します。

特定	tio	それ，あれ，そのこと
不特定	io	なにものか，なにごとか
すべて	ĉio	すべてのもの，すべてのこと
否定	nenio	なにものも〜ない，なにごとも〜ない

19.1 指示代名詞

1. **Tio** estas foto de miaj gepatroj en la urbo Nara.
2. Li ignoris min hieraŭ. **Tio** ege turmentas min.
3. **Io** brilas en la ĉielo. Kio **tio** estas?
4. Ĉu via laboro bone iras? Jes, **ĉio** bone iras.

　［単語］
　　1. foto 写真, de 〜の, ge-patroj 両親, en 〜にいる, la urbo Nara 奈良市
　　2. ignori 無視する, hieraŭ 昨日, ege とても, turmenti 苦しめる
　　3. brili 輝く, en 〜の中で, la ĉielo 空, kio なに？
　　4. laboro 仕事, bone うまく, iri 行く, jes はい

　［訳例］
　　1. あれは, 奈良市にいる私の両親の写真です。
　　2. 彼は昨日私を無視した。そのことが私をとても苦しめている。
　　3. 空になにか光っているぞ。あれはなんだ。
　　4. あなたのお仕事はうまくいっていますか。ええ, 万事順調です。

★文中で目的語として用いる時は, 対格語尾 "n" をつけます。

特定	tion	それを, あれを, そのことを
不特定	ion	なにものかを, なにごとかを
すべて	ĉion	すべてのものを, すべてのことを
否定	nenion	なにものをも〜ない, なにごとをも〜ない

1. Jumiko transloĝiĝis.　　　　　［単語］trans-loĝ-iĝi 引っ越す
 Ĉu ŝi sciigis **tion** al vi?　　　sci-igi 知らせる, al 〜に
2. Li prenis **ion** el la poŝo.　　　preni とる, el 〜から, poŝo ポケット
3. Mi oferos **ĉion** al la idealo.　　oferi 捧げる, idealo 理想

［訳例］
　1. ユミコは引っ越しました。彼女は, そのことをあなたに知らせましたか。
　2. 彼は(その)ポケットからなにかをとり出した。
　3. 私は, すべてのものをその理想に捧げます。

第19課 指示代名詞と指示形容詞

★ 語頭が "ne" の指示詞には, 否定の意味が含まれています。
  1. **Nenio** troviĝas en la skatolo.
  2. Mi vidas **nenion** pro la densa nebulo.
    [単語]　1. trov-iĝi 〜がある, en 〜の中に, skatolo 箱
    　　　　2. vidi 見える, pro 〜ゆえ, densa 濃い, nebulo 霧
    [訳例]　1. この箱の中にはなにもない。
    　　　　2. 霧が濃くて(← その濃い霧ゆえ)なにも見えない。

★ [指示代名詞と形容詞の後置] 語尾が "o" の指示代名詞を形容詞で修飾する場合は, 語調を良くするために形容詞を後置します。
  1. io grava   2. ion gravan   [単語] grava 重要な
  3. ĉio necesa   4. ĉion necesan   necesa 必要な
  5. nenio nova   6. nenion novan   nova 新しい

    [訳例] 1. なにか重要なこと   2. なにか重要なことを
    　　　 3. 必要なすべてのこと   4. 必要なすべてのことを
    　　　 5. なにも新しいことは〜ない 6. なにも新しいことを〜ない

[練習 19-1]

太字の部分に注意して, 次の文をエスペラントに訳してください。

1. 私は(私の)先生を無視した。**そのこと**が彼を怒らせた。
   [単語] 私 mi, 先生 instru-isto, 無視する ignori
   　　　 彼 li, 怒らせる koler-igi
2. あなたは私に**なにか重要なこと**を隠している。
   [単語] あなた vi, 重要な grava, 隠す kaŝi
3. そのこと について, **すべてのことを**私に知らせなさい。
   [単語] 〜について pri, 知らせる sci-igi
4. 私たちは, もう必要な**すべてのことを**やった。
   [単語] 私たち ni, もう jam, 必要な necesa, やる fari
5. 私は熱がある。(私は)今 **なにも**食べたく**ない**。
   [単語] 熱 febro, 〜がある havi, 今 nun

19.1 指示代名詞

食べる manĝi, 〜したい voli

[解答例] 【*KD】
1.* Mi ignoris mian instruiston. *Tio* kolerigis lin.
2.* Vi kaŝas *ion* gravan al mi.
3.* Sciigu al mi *ĉion* pri *tio*.
4.* Ni jam faris *ĉion* necesan.
5.* Mi havas febron. *Nenion* mi nun volas manĝi.

* * *

★ [**tiu, iu, ĉiu, neniu**] 語尾が "u" の指示代名詞は「人」を示します。

特定	tiu	その人，あの人
不特定	iu	だれか，なに者か
すべて	ĉiu	めいめい，それぞれ
否定	neniu	だれも〜ない

★複数の人を示す時には，複数語尾 "j" をつけます。

特定	tiuj	その人たち，あの人たち
不特定	iuj	なに者か(複数)
すべて	ĉiuj	だれも，みな
否定	neniuj	だれ(複数)も〜ない

1. **Iu** proksimiĝas al li. Kiu **tiu** estas?
2. **Ĉiu** havas sian propran opinion.
3. Ĉu **ĉiuj** jam ricevis la folion?
4. La tempon venontan **neniu** ankoraŭ konas.

   [単語] 1. proksim-iĝi 近づく, al 〜に, kiu だれ？
   2. havi 持っている, sia 自分の, propra 自身の, opinio 意見
   3. ĉu 〜か？, jam すでに, ricevi 受けとる, folio 用紙
   4. tempo 時間, ven-onta これから来る, ankoraŭ まだ, koni 知っている

   [訳例] 1. だれかが彼に近づいていく。あれ(= その人)はだれだろう。

- 247 -

第19課 指示代名詞と指示形容詞

2. めいめいが自分の意見を持っている。
3. もうみんなその用紙を受けとりましたか。
4. 未来のことは，まだだれにもわからない。

★文中で目的語として用いる時は，対格語尾 "n" をつけます。

特定	tiun	その人を，あの人を
不特定	iun	だれかを，なに者かを
すべて	ĉiun	めいめいを，それぞれを
否定	neniun	だれをも〜ない

★目的語であると同時に複数の人を示す時には，"jn" をつけます。

特定	tiujn	その人たちを，あの人たちを
不特定	iujn	なに者か(複数)を
すべて	ĉiujn	だれをも，みなを
否定	neniujn	だれを(複数)も〜ない

1. Li kuris al la knaboj, kaj sinsekve batis **tiujn** per la dekstra mano.
2. Mi sendos **iun** al via oficejo.
3. Per mia prelego **neniun** mi intencas akuzi.

　［単語］1. kuri 走る, al 〜へ, knabo 少年, kaj そして, sin-sekve つぎつぎに, bati なぐる, per 〜で, la dekstra 右の, mano 手
　　　　　2. sendi 派遣する, ofic-ejo 事務所
　　　　　3. prelego 講演, intenci 〜しようと意図する, akuzi 非難する

　［訳例］1. 彼はその少年たちの所に走っていった。そして，右手でつぎつぎに，それらを(= その少年たちを)なぐった。
　　　　　2. 私は，あなたの事務所にだれかを派遣するつもりです。
　　　　　3. 私は，私の講演で，だれ(を)も非難するつもりはない。

[練習 19-2]

太字の部分に注意して，次の文をエスペラントに訳してください．

1. 彼女は女性を見た．**その人**は(あの)木の下で泣いていた．
   ［単語］彼女 ŝi, 女性 vir-ino, 見る vidi
   あの/その la, 木 arbo, 〜の下 sub, 泣く plori

2. **だれか**が(その)戸をたたいた．　　［単語］戸 pordo, たたく frapi

3. **だれも**外に**い****なかった**．　　［単語］外に ekstere, いる trov-iĝi

4. 私は，私の家のまわりに，**だれ(を)も**見つけ**なかった**．
   ［単語］私 mi, 家 domo, 〜のまわりに ĉirkaŭ, 見つける trovi

5. 私の会社では，**めいめい**が自分の計画にそって働きます．
   ［単語］会社 kompanio, 〜では en, 自分の sia
   計画 plano, 〜にそって laŭ, 働く labori

   ［解答例］【*KD】

   1.* *Ŝi* vidis virinon. *Tiu* ploris sub la arbo.
   2.* *Iu* frapis la pordon.
   3.* *Neniu* troviĝis ekstere.
   4.* Mi trovis *neniun* ĉirkaŭ mia domo.
   5.* En mia kompanio *ĉiu* laboras laŭ sia plano.

19.2 指示形容詞

★ ［指示形容詞］は，語尾によって次の三つのグループに分けられます．

- **-u** .... ［指示］.......... その〜，あの〜
- **-a** .... ［性質］.......... そんな〜，あんな〜，ある〜
- **-es** ...... ［所有］.......... それの〜，あれの〜

★ ［**tiu, iu, ĉiu, neniu**］語尾が "**-u**" の指示詞は，指示代名詞としてだけでなく，うしろに名詞を置いて，指示形容詞として用いることもできま

第19課 指示代名詞と指示形容詞

す。[1]　　　　　　　　　　　　　　　　　　［単語］viro 男

特定	tiu viro	その男
不特定	iu viro	ある男
すべて	ĉiu viro	それぞれの男
否定	neniu viro	どの男も～ない

★指示する名詞の格と数に応じて，次のように語尾が変わります。修飾する名詞と，語尾が一致することに気をつけましょう。

・対格 (+ n)

特定	tiun viron	その男を
不特定	iun viron	ある男を
すべて	ĉiun viron	それぞれの男を
否定	neniun viron	どの男をも～ない

・複数 (+ j)

特定	tiuj viroj	その男たち
不特定	iuj viroj	ある男たち
すべて	ĉiuj viroj	すべての男たち
否定	neniuj viroj	どの男たちも～ない

・対格/複数 (+ jn)

特定	tiujn virojn	その男たちを
不特定	iujn virojn	ある男たちを
すべて	ĉiujn virojn	すべての男たちを
否定	neniujn virojn	どの男たちをも～ない

1. **Tiu fervojo** estis konstruita en la jaro 1930 (mil naŭcent tridek).

1] "tiu" は冠詞 "la" と同じ意味ですが，"tiu" の方が冠詞よりも指示の意味合いが強くなります。

19.2 指示形容詞

2. En **ĉiu vespero** mi trinkas unu botelon da biero.
3. Ne ĉiuj, sed **iuj geknaboj** en la klaso havas elstaran talenton.
4. **Neniu hipotezo** klarigas la strangan fenomenon.

　　　［単語］1. fer-vojo 鉄道, konstru-ita 建設された, en ～に, jaro 年
　　　　　　2. vespero 晩, trinki 飲む, unu botelo da ～ビン一本の量の, biero ビール
　　　　　　3. sed しかし, ge-knaboj 少年少女, klaso クラス, havi 持っている, el-stara きわだった, talento 才能
　　　　　　4. hipotezo 仮説, klar-igi 明らかにする, stranga 奇妙な, fenomeno 現象

　　　［訳例］1. あの鉄道は1930年(← 1930というその年)に建設された。
　　　　　　2. 毎晩私はビールを一本飲みます。
　　　　　　3. すべてではないが、そのクラスのある少年少女たちは、きわだった才能を持っている。
　　　　　　4. どの仮説もその奇妙な現象を説明できない。

［練習 19-3］

太字の部分に注意して、次の文をエスペラントに訳してください。

1. ケンが私に本を貸してくれた。**その**本は実におもしろかった。
　　　　　　　［単語］私 mi, 本 libro, ～に貸す prunti al 実に vere, 面白い interesa, ～であった esti

2. 彼はその文を、**ある**本から引用した。
　　　　　　　［単語］彼 li, 文 frazo, 引用する citi, ～から el

3. **それぞれの**身振りは、別々の意味を持っている。
　　　　　　　［単語］身振り gesto, 別々の aparta, 意味 senco, 持っている havi

4. 彼女は**すべての**困難にうち勝った。
　　　　　　　［単語］彼女 ŝi, 困難 mal-facil-aĵo, ～にうち勝つ venki ~n

5. **どの**答えも、その質問にはふさわしく**ない**。
　　　　　　　［単語］答え respondo, 質問 demando, ～にふさわしい taŭgi al

第19課 指示代名詞と指示形容詞

［解答例］【*KD】
1.* Ken pruntis al mi libron. *Tiu* libro (= La libro) estis vere interesa.
2.* Li citis la frazon el *iu* libro.
3.* *Ĉiu* gesto havas apartan sencon.
4.* Ŝi venkis *ĉiujn* malfacilaĵojn.
5.* *Neniu* respondo taŭgas al la demando.

     ＊　＊　＊

★ [**tia, ia, ĉia, nenia**] 語尾が "-a" の指示形容詞は「性質」を示します。
           ［単語］viro 男

特定	tia viro	そんな男
不特定	ia viro	ある種の男
すべて	ĉia viro	あらゆる種類の男
否定	nenia viro	どんな種類の男も～ない

★指示する名詞の格と数に応じて，次のように語尾が変わります。語尾の一致に注意しましょう。

・対格 (+ n)

特定	tia**n** viro**n**	そんな男を
不特定	ia**n** viro**n**	ある種の男を
すべて	ĉia**n** viro**n**	あらゆる種類の男を
否定	neniu**n** viro**n**	どんな種類の男をも～ない

・複数 (+ j)

特定	tia**j** viro**j**	そんな男たち
不特定	ia**j** viro**j**	ある種の男たち
すべて	ĉia**j** viro**j**	あらゆる種類の男たち
否定	nenia**j** viro**j**	どんな種類の男たちも～ない

19.2 指示形容詞

・対格/複数 (+ jn)

特定	tia**jn** viro**jn**	そんな男たちを
不特定	ia**jn** viro**jn**	ある種の男たちを
すべて	ĉia**jn** viro**jn**	あらゆる種類の男たちを
否定	nenia**jn** viro**jn**	どんな種類の男たちをも〜ない

1. **Tia** absurda **propono** estas absolute ne akceptebla.
2. Ne ĵetu al mi **tiajn** akrajn **vortojn**.
3. Li montris al mi **ian dokumenton** pri la afero.
4. Jam **ĉia kuracado** ne efikos al la paciento.
5. **Nenia ideo** venis al mia kapo.

 ［単語］1. absurda ばかげた, propono 提案, absolute 絶対に, akceptebla 受け入れることのできる
  2. ĵeti 投げる, al 〜に, akra きびしい, vorto ことば
  3. montri 示す, dokumento 書類, pri 〜について, afero 件
  4. jam もう, kurac-ado 治療, efiki 効果がある, paciento 患者
  5. ideo 考え, veni 来る, kapo 頭

 ［訳例］1. そんなばかげた提案は絶対に受け入れられない。
  2. 私にそんなきびしいことばを投げつけないで。
  3. 彼は私に，その件についてのある書類を見せた。
  4. もうあの患者には，あらゆる治療が効果をもたらさないだろう。
  5. 私には，どんな考えも思い浮かばなかった。

★語尾が "-a" の指示形容詞は，うしろに名詞を置かずに，補語として用いることもできます。　　　　　　　　　［単語］plano 計画

1. Mia plano estas proksimume **tia**.　　proksim-ume おおむね
2. **Tia** estas ŝia kutima reago.　　kutima いつもの, re-ago 反応

  ［訳例］ 1. 私の計画は，おおむねそんなふうです。
    2. そういうのが，彼女のいつもの反応だよ。

第19課 指示代名詞と指示形容詞

[練習 19-4]

太字の部分に注意して，次の文をエスペラントに訳してください。

1. **そんな**場合には，その薬は役にたちません。

   ［単語］場合 okazo, 〜に en, その la
   薬 medikamento, 役にたつ utili, 〜ない ne

2. あなたに，**なんらかの**お考えはありますか。

   ［単語］あなた vi, お考え ideo, ある/持つ havi, 〜か？ ĉu

3. **あらゆる**食べものを，私はいただくことができます。

   ［単語］私 mi, 食べもの manĝ-aĵo
   いただく preni, 〜できる povi

4. **どんな**返事(を)も，私は彼女から受けとっていない。

   ［単語］彼女 ŝi, 〜から de, 返事 respondo, 受けとる ricevi

   ［解答例］【*KD】

   1.* En *tia* okazo la medikamento ne utilas.
   2.* Ĉu vi havas *ian* ideon?
   3.* *Ĉian* manĝaĵon mi povas preni.
   4.* *Nenian* respondon mi ricevis de ŝi.

   ＊ ＊ ＊

★ [**ties, ies, ĉies, nenies**] 語尾が "-es" の指示形容詞は「所有」を示します。　　　　［単語］koloro 色, libro 本, opinio 意見

特定	ties koloro	それの色
不特定	ies libro	だれかの本
すべて	ĉies opinio	みんなの意見
否定	nenies opinio	だれの意見も〜ない

★語尾が "-es" の指示形容詞の語尾は，指示する名詞の格と数に影響されません。常に "-es" のまま用います。

19.2 指示形容詞

・対格 (+ n)

特定	ties koloro**n**	それの色を
不特定	ies libro**n**	だれかの本を
すべて	ĉies opinio**n**	みんなの意見を
否定	nenies opinio**n**	だれの意見をも〜ない

・複数 (+ j)

特定	ties koloro**j**	それの色(複数)
不特定	ies libro**j**	だれかの本(複数)
すべて	ĉies opinio**j**	みんなの意見(複数)
否定	nenies opinio**j**	だれの意見(複数)も〜ない

・対格／複数 (+ jn)

特定	ties koloro**jn**	それの色(複数)を
不特定	ies libro**jn**	だれかの本(複数)を
すべて	ĉies opinio**jn**	みんなの意見(複数)を
否定	nenies opinio**jn**	だれの意見(複数)をも〜ない

1. Keiko severe rigardis la virinon. Kaj **ties korpo** komencis tremi.
2. **Ies surtuto** restas en la vestiblo.
3. Mi erare surmetis **ies ŝuojn**.
4. Protekti la arbarojn en tropika regiono estas nun **ĉies devo**.
5. Antarkto estas **nenies kontinento**.

　　［単語］1. severe きびしく, rigardi 見つめる, vir-ino 女性, kaj すると, korpo からだ, komenci 〜し始める, tremi ふるえる
　　　　　2. surtuto コート, resti 残っている, en 〜に, vestiblo 玄関
　　　　　3. erare まちがえて, sur-meti 身につける, ŝuo 靴(くつ)
　　　　　4. protekti 保護する, arb-aro 森林, en 〜の, tropika 熱帯の, regiono 地域, nun 今, devo 義務
　　　　　5. Antarkto 南極大陸, kontinento 大陸

第19課 指示代名詞と指示形容詞

［訳例］
1. ケイコはその女の人をきびしく見つめた。するとその人のからだがふるえ始めた。
2. (その)玄関にだれかのコートが残っている。
3. 私は，まちがえてだれかの靴をはいてしまった。
4. 熱帯(地域)の森林を保護することは，今やみんなの義務だ。
5. 南極はだれの大陸でもない。

［練習 19-5］

太字の部分に注意して，次の文をエスペラントに訳してください。

1. 彼は若者を見た。**その人の**顔は，恐怖で真青だった。
   ［単語］彼 li，若者 jun-ulo，見る vidi，顔 vizaĝo，恐怖 teruro ～で pro，まったく tute，青白い pala，～である esti

2. 彼女は**だれかの**声を聞いた。　［単語］彼女 ŝi，声 voĉo，聞く aŭdi

3. エスペラントは**みんなの**ことばだ。
   ［単語］エスペラント Esper-anto，ことば lingvo

［解答例］【*KD】
1.* Li vidis junulon. *Ties* vizaĝo estis tute pala pro teruro.
2.* Ŝi aŭdis *ies* voĉon.
3.* Esperanto estas *ĉies* lingvo.

第 20 課　指示副詞

■「ここ, その時, それで」など, 場所や時, 理由などを示す一群の単語を学びます。指示副詞の語頭も "ti-, i-, ĉi-, neni-", 指示代名詞や指示形容詞の語頭と同じですので, 意味が類推できます。

20.1 指示副詞

★［指示副詞］は, 語尾によって次の五つのグループに分けられます。
- **-e** .... ［場所］ .... ここ, そこ, どこか
- **-am** .... ［時］ .... その時, いつか
- **-el** ...... ［方法/程度/様子］ .... そのように, あのように
- **-al** ...... ［理由］ .... それで
- **-om** .... ［数や量］ .... それだけ, いくらか

★［**tie, ie, ĉie, nenie**］語尾が "-e" の指示副詞は「場所」を示します。

特定	tie	そこで, あそこで
不特定	ie	どこかで
すべて	ĉie	どこにでも, あらゆる所に
否定	nenie	どこにも〜ない

1. La problemo staras **tie**.
2. Mi perdis miajn okulvitrojn. Sed ili devas troviĝi **ie** en la ĉambro.
3. En aŭtuno **ĉie** vi vidas libelon.
4. **Nenie** sur la tuta tero troviĝas tia stultulo.

　　　［単語］1. problemo 問題, stari ある/立っている
　　　　　　 2. perdi 失う, okul-vitroj メガネ, sed しかし, ili それは, devi 〜に違いない, trov-iĝi 見つかる/ある, en 〜の中に, ĉambro 部屋
　　　　　　 3. en 〜には, aŭtuno 秋, vidi 見える, libelo トンボ

第20課 指示副詞

  4. sur ～の上, la tuta tero 全地球, tia あんな, stult-ulo ばか者
  [訳例] 1. (その)問題はそこにある。
     2. 私は自分のメガネをなくしました。しかし, それはその部屋のどこかにあるはずです。
     3. 秋になればトンボはどこにでもいる。
     4. あんなばか野郎は, 地球上のどこにもいない。

★対格語尾 "-n" をつけて「移動の方向」を示すことができます。

特定	tien	そこへ, あそこへ
不特定	ien	どこかへ
すべて	ĉien	あらゆる所へ
否定	nenien	どこへも～ない

1. Mi sendos mian filon **tien**. [単語] sendi 派遣する, filo 息子
2. Li ekkoleris, kaj foriris **ien**. ek-koleri 怒りだす, kaj そして
3. La onidiro disvastiĝis **ĉien**. for-iri 立ち去る, oni-diro うわさ
           dis-vast-iĝi 広まる

  [訳例] 1. 息子をそこへやりましょう。
     2. 彼は怒ってどこかへ行ってしまった。
     3. そのうわさは, あらゆる所へ広がった。

★場所を示す指示副詞と前置詞 "de"「～から」や "ĝis"「～まで」を組み合わせて「移動の起点」や「移動の到達点」がしめせます。

 1. Unue mi alvenos la urbon Nagoja, kaj **de tie** mi veturos al Tokio.
 2. Ĉu vi iros al la bushaltejo? Do, mi akompanos vin **ĝis tie**.

 [単語] 1. unue 最初に, al-veni 至る, urbo 都市, Nagoja 名古屋, kaj そして, veturi (乗りもので)行く, al ～へ, Tokio 東京 [1]
    2. iri 行く, bus-halt-ejo バス停, do では, akompani おともする

  [訳例] 1. 私は最初に名古屋(← 名古屋というその都市)にまい

---
[1] 地名の表記については第30課397ページで説明します。

20.1 指示副詞

ります。そしてそこから東京へ行きます。
2. バス停へいらっしゃるのですか。そこまで(← バス停まで)おともしましょう。

［練習 20-1］

太字の部分に注意して，次の文をエスペラントに訳してください。

1. その本は**そこに**ある。　　　［単語］その la, 本 libro, ある kuŝi

2. あなたは，**どこかで**彼を見ませんでしたか。
［単語］あなた vi, 彼 li, 見る vidi

3. 草は**どこにでも**生えている。　［単語］草 herbo, 生える kreski

4. 天国なんて**どこにもない**。　　［単語］天国 la paradizo, ある esti

［解答例］【*KD】
1.* La libro kuŝas *tie*.　　2.* Ĉu vi ne vidis lin *ie*?
3.* *Ĉie* kreskas herbo.　　4.* *Nenie* estas la paradizo.

* * *

★ ［**tiam, iam, ĉiam, neniam**］語尾が "-am" の指示副詞は「時」を示します。

特定	tiam	その時，あの時
不特定	iam	いつか，ある時
すべて	ĉiam	いつでも
否定	neniam	一度も〜ない，二度と〜ない

1. Ŝprucis mokaj vortoj el ŝia buŝo. Ĝuste **tiam** mia kolero eksplodis.
2. **Iam** antaŭ longa longa tempo estis maljunulo kaj maljunulino.
3. **Ĉiam** vi portas tiun grizan jakon.
4. La tempo pasinta jam **neniam** revenos.

［単語］1. ŝpruci ほとばしり出る, moka ののしりの, vorto ことば, el 〜から, buŝo 口, ĝuste ちょうど, kolero 怒り, eksplodi 爆発する

第20課 指示副詞

> 2. antaŭ 〜前, longa ながい, tempo 時間, esti 〜がいる, mal-jun-ulo おじいさん, mal-jun-ul-ino おばあさん
> 3. porti 着ている, tiu その, griza 灰色の, jako 上着
> 4. pas-inta 過ぎ去った, jam もう, re-veni もどる

[訳例] 1. 彼女の口から，ののしりのことばがほとばしり出た。まさにその時，私の怒りが爆発した。
2. むかしむかしのある時，おじいさんとおばあさんがいました。
3. いつもあなたはその灰色の上着を着ていますね。
4. 過ぎ去った時間(というもの)は二度ともどってこない。

★時を示す指示副詞は，前置詞 "de"「〜から」や "ĝis"「〜まで」を組み合わせて「時の起点」や「時の到達点」をしめすことができます。

1. Ili venos je la sepa. Ni atendu ilin **ĝis tiam**.
2. Mi konatiĝis kun Keiko antaŭ tri jaroj. **De tiam** ŝi restas mia plej bona amikino.

> [単語] 1. ili 彼ら, veni 来る, je la sepa 七時に, atendi 待つ
> 2. kon-at-iĝi 知りあいになる, kun 〜と, antaŭ tri jaroj 三年前に, resti 〜である, plej bona いちばん良い, amik-ino 女友だち

>> [訳例] 1. 彼らは七時に来ます。その時まで待ちましょう。
>> 2. 私は三年前にケイコと知りあった。その時から，彼女は私のいちばん良い友だちです。

[練習 20-2]

太字の部分に注意して，次の文をエスペラントに訳してください。

1. **その時**(あの)大きな地震が起こった。

> [単語] あの la, 大きな granda, 地震 ter-tremo, 起こる okazi

2. 私は**いつか**そのコンクールに参加したい。

> [単語] 私 mi, コンクール konkurso, 〜に参加する part-o-preni en, 〜したい voli

3. 真実(というもの)が, **いつも**勝利するとはかぎらない。

　　　　［単語］真実(というもの) la vero, 勝利する venki, ～ない ne

4. 私は**一度も**うそをついたことが**ない**。　［単語］うそをつく mensogi

5. **その時まで**(その)雨がふり続いた。［単語］雨 pluvo, ふり続く daŭri

　　　　　　［解答例］【*KD】

　　　　　　　1.* *Tiam* okazis la granda tertremo.
　　　　　　　2.* Mi volas partopreni en la konkurso *iam*.
　　　　　　　3.* La vero ne *ĉiam* venkas.
　　　　　　　4.* Mi *neniam* mensogis.
　　　　　　　5.* Ĝis *tiam* la pluvo daŭris.

　　　　　　　　＊　＊　＊

★ ［**tiel, iel, ĉiel, neniel**］語尾が "-el" の指示副詞は「方法や程度, 様子」を示します。

特定	tiel	そのように, あのように, それほど
不特定	iel	なんとか
すべて	ĉiel	あらゆる方法で, あらゆる手段で
否定	neniel	どのようにも～ない, どうしても～ない

1. Ken estas tro dika. Sed vi ne estas **tiel** dika.
2. Pro la granda tertremo nia domo difektiĝis. Sed feliĉe **iel** ni povis postvivi.
3. Por efektivigi la planon ni klopodis **ĉiel**, sed vane.
4. Mi **neniel** povas kompreni la teorion.

　　　［単語］1. tro ～すぎる, dika 太った, sed しかし
　　　　　　　 2. pro ～ゆえ, granda 大きな, ter-tremo 地震, difekt-iĝi 壊れる, domo 家, sed しかし, feliĉe 幸運にも, povi ～できる, post-vivi 生き残る
　　　　　　　 3. por ～のために, efektiv-igi 実現する, plano 計画, klopodi 努力する, vane むだな
　　　　　　　 4. kompreni 理解する, teorio 理論

第20課 指示副詞

［訳例］1. ケンは太り過ぎている。しかし君はそれほど太っていない。
2. あのでかい地震で私たちの家は壊れた。しかし幸運にも私たちはなんとか生き残ることができた。
3. その計画を実現するために，私たちはあらゆる手段を尽くした。しかしむだだった。
4. その理論は，私にはどうしても理解できない。

［練習 20-3］

太字の部分に注意して，次の文をエスペラントに訳してください。

1. なぜあなたは**そんなに**機嫌がわるいのですか。
   ［単語］なぜ kial, あなた vi, 機嫌がわるい mal-bon-humora ～です esti
2. 私は**なんとか**彼の奇妙な身振りを理解することができた。
   ［単語］私 mi, 彼の lia, 奇妙な stranga, 身振り gesto 理解する kompreni, ～できる povi
3. どのようなことをしてでも(=**あらゆる手段で**)，私たちはその目的を達成しなければならぬ。
   ［単語］私たち ni, 目的 celo 達成する atingi, ～しなければならぬ devi

［解答例］【*KD】1.* Kial vi estas *tiel* malbonhumora?
2.* Mi *iel* povis kompreni lian strangan geston.
3.* Ni devas atingi la celon *ĉiel*.

* * *

★ ［**tial, ial, ĉial, nenial**］語尾が "-al" の指示副詞は「理由」を示します。

特定	tial	それで
不特定	ial	なぜか
すべて	ĉial	あらゆる理由で
否定	nenial	どんな理由でも～ない

1. Pardonon. Hieraŭ mi estis tre okupita. **T**ial mi ne povis viziti vin.

2. Mi hazarde trovis lin. Sed **ial** li evitis mian rigardon.

  ［単語］1. pardono 許し, hieraŭ 昨日, tre とても, okup-ita 忙しい, povi 〜できる, viziti 訪問する

    2. hazarde 偶然, trovi 見つける, sed しかし, eviti 避ける, rigardo 視線

 ［訳例］1. ごめんなさい。昨日はとても忙しかったのです。それで私はあなたの所へ行くことができませんでした。

   2. 私は偶然彼を見つけた。だが, 彼はなぜか私の視線を避けた。

★ ［**tiom, iom, ĉiom, neniom**］語尾が "-om" の指示副詞は「数量」を示します。

特定	tiom	それだけ, あれだけ
不特定	iom	いくらか, いくぶん
すべて	ĉiom	ありったけ
否定	neniom	少しも〜ない

1. La kandidato promesis **tiom** multe, sed plenumis **tiom** malmulte.
2. Metu salon **iom** en la bolantan akvon.
3. Li forprenis **ĉiom**, kaj jam restas **neniom** ĉe ni.

 ［単語］1. kandidato 候補者, promesi 約束する, multe たくさん, sed しかし, plen-umi 実現する, mal-multe 少し

   2. meti 入れる, salo 塩, en 〜の中, bol-anta 沸騰している, akvo 水

   3. for-preni 持ち去る, kaj そして, jam もう, resti 残っている, ĉe 〜の所に

  ［訳例］1. その候補者は, そんなにたくさん約束したのに, 実現したのはほんの少しだ。

    2. その熱湯に塩をいくらか入れてください。

    3. 彼はありったけ持っていった。もう私たちの所には少しも残っていない。

第20課 指示副詞

★ [**da**] 量を示す指示副詞は，数量前置詞 "da"「～の(量)の」とともに用いられることが多いです。

           [単語]
1. tiom **da** salo   2. tiom **da** amikoj   salo 塩, amiko 友人
3. iom **da** sukero   4. iom **da** dolaroj   sukero 砂糖, dolaro ドル

 [訳例] 1. それほど(たくさん)の塩   2. それほど(多く)の友人たち
     3. いくらかの砂糖   4. いくらかのドル

1. Pruntu al mi cent mil enojn. Mi ne havas **tiom** multe **da** mono.
2. Bonvolu doni al mi **iom da** kajeroj.

 [単語] 1. prunti al ～に貸す, cent mil 十万, eno 円, havi 持っている, multe たくさん, mono お金
     2. bon-volu ～i してください, doni 与える, kajero ノート

  [訳例] 1. 十万円貸してくれ。そんな大金持ってないよ。
      2. ノートを数冊(なん冊か)ください。

★ 数量前置詞 "da" が導く句が文の目的語になっても，"da" のうしろの名詞に対格語尾 "n" がつくことはありません。

 × Mi ne havas *tiom multe da mono***n**.
 × Bonvolu doni al mi *iom da kajeroj***n**.

[練習 20-4] ─────────────────────

太字の部分に注意して，次の文をエスペラントに訳してください。

1. **そんなに**ウイスキーを飲むな。
     [単語] ウイスキー viskio, 飲む trinki, ～するな Ne
2. 私は**いくらか**疲れています。 [単語] 疲れた laca, いる esti

 [解答例]【*KD】
   1.* Ne trinku viskion *tiom*.   2.* Mi estas *iom* laca.

20.2 近接

★ [ĉi] 語頭が "ti-" の指示詞の前かうしろに原形副詞 "ĉi" を置くと, 空間や時間的な意味で, 近くの人や物, 事柄を示すことができます。

		近接
tio　それ	tio ĉi / ĉi tio	これ
tiu　その人	tiu ĉi / ĉi tiu	この人
tiun ĵurnalon その新聞を	tiun ĉi ĵurnalon / ĉi tiun ĵurnalon この新聞を	
tian katastrofon そんな破局を	tian ĉi katastrofon / ĉi tian katastrofon こんな破局を	
tien　そこへ	tien ĉi / ĉi tien	ここへ
tiel　そのように	tiel ĉi / ĉi tiel	このように

［単語］ĵurnalo 新聞, katastrofo 破局

1. **Tio ĉi** jam ne estas simpla pluvo, sed pluvego.
2. Tiu estas mia edzo, kaj **tiu ĉi** estas mia filino.
3. **Tiun ĉi ĵurnalon**, mi petas.
4. Ni neniam antaŭvidis **ĉi tian katastrofon**.
5. Mi venis **tien ĉi** ankaŭ hieraŭ.
6. Ne tiel sed **tiel ĉi**.

［単語］1. jam もう, simpla 単なる, pluvo 雨, sed しかし, pluv-ego 土砂ぶり
2. edzo 夫, kaj そして, fil-ino 娘
3. peti 願う
4. neniam 決して〜ない, antaŭ-vidi 予見する
5. veni 来る, ankaŭ 〜も, hieraŭ 昨日
6. sed だが

［訳例］1. これはもう雨なんてもんじゃなくて, 土砂ぶりだ。
2. あれが私の夫で, これが娘です。

3. この新聞をお願いします。
4. 私たちはこんな破局をまったく予想しなかった。
5. 私は昨日もここへまいりました。
6. そうではなく，このように。

20.3 任意や無差別

★ [**ajn**] 語頭が "i-" の指示詞のうしろに原形副詞 "ajn" を置くと，任意や無差別を表わすことができます。

	任意／無差別
ion　なにかを	ion **ajn**　なに(を)でもよいから
iu　だれか	iu **ajn**　だれでもよいから
ian opinion なんらかの意見を	ian **ajn** opinion どんな意見(を)でもよいから
ies sidlokon だれかの席を	ies **ajn** sidlokon だれの席(を)でもよいから
ien　どこかへ	ien **ajn**　どこへでもよいから
iam　いつか	iam **ajn**　いつでもよいから
iom　いくらか	iom **ajn**　いくらでもよいから

［単語］opinio 意見, sid-loko 席

1. Donu al mi **ion ajn** por manĝi.
2. **Iu ajn** venu kun mi.
3. **Ian ajn opinion** vi rajtas senĝene esprimi.
4. Vi rajtas okupi **ies ajn sidlokon**.
5. Foriru **ien ajn**!
6. Venu al mia hejmo **iam ajn**.
7. **Iom ajn** vi rajtas trinki.

　　　［単語］1. doni 与える, al 〜に, por 〜ための, manĝi 食べる

　　　　2. veni 来る, kun ～とともに
　　　　3. rajti ～してよい, sen-ĝene 遠慮なく, esprimi 発表する
　　　　4. okupi 占める　　　　　　　　5. for-iri 立ち去る
　　　　6. veni 来る, al ～へ, hejmo 家庭　7. trinki 飲む

［訳例］1. なんでもいいですから, 食べものをください。
　　　　2. だれでもいいから, 私といっしょに来い。
　　　　3. どのようなご意見でも, (あなたは)遠慮なく発表していいです。
　　　　4. (あなたは)だれの席に(でも)座ってもかまいません。
　　　　5. どこへでも行ってしまえ。
　　　　6. いつでもかまいませんから, 拙宅におでかけください。
　　　　7. (あなたは)いくらでもお飲みください。

［練習 20-5］

斜体字の部分に注意して, 次の文を日本語に訳してください。

1. *Tio ĉi* estas por vi, kaj tio estas por via filo.
2. *Tiu ĉi* estas s-ro Joŝioka, estrarano de nia asocio.
3. La infanoj ne devas legi *ĉi tian* foto-gazeton.
4. Venu *ĉi tien*, kaj faru grandan rondon.
5. *Io ajn* okazu al mi. Mi ĉion eltenos.
6. Vi rajtas demandi *iun ajn* studenton.

　　［単語］1. por ～のための, filo 息子
　　　　　　2. s-ro (= sinjoro) ～さん, estr-ar-ano 理事, de ～の, asocio 協会
　　　　　　3. infano 子ども, ne devi ～してはならない [1], legi 読む, foto-gazeto 写真雑誌
　　　　　　4. veni 来る, kaj そして, fari つくる, granda 大きな, rondo 輪
　　　　　　5. okazi 起こる, al ～に, ĉio すべてのこと, el-teni 耐える

---

[1] 原形副詞 "ne" は直後の単語を打ち消すので, 本来なら "ne devas legi" は「読まなくとも良い」を, そして "devas ne legi" が「読んではならない」を意味するはずですが, "ne devas" は, 「～してはならない」と「～する必要はない」の両方の意味で用いられています。文法に則した表現にこだわるなら, 次のように書くべきです。

　3. La infanoj *devas ne legi* ĉi tian foto-gazeton.

第20課 指示副詞

6. rajti 〜してよい, demandi 〜n 〜に質問する, studento 学生

［解答例］1. これは君に, そしてあれは君の息子さんに。2. こちらは, 私たちの協会の理事のヨシオカ氏です。3. 子どもは(みな)こんな写真雑誌を読んではならない。4. ここへ来い。そして大きな輪になれ。5. なんでもこい。耐えてみせる。6. どの学生に質問してくださってもかまいません。

第21課　関係代名詞

■この課で学ぶ関係代名詞を用いれば，込み入った内容を正確に伝える文を，読んだり書いたりすることができるようになります。

★次の日本語の文を見てください。
   1. これは，私が先月診察した患者です。
   2. 彼らが起こした大事件は，日本中を驚かせた。

★これらは，次の二つの文を一つにまとめたものです。
   1. これは患者です。私はその人(患者)を先月診察しました。
   2. その大事件は日本中を驚かせた。それ(大事件)は彼らが起こした。

★また，それぞれ，斜体字の単語を，太字の連文節が修飾しています。
   1. 私が先月診察した............ *患者*
   2. 彼らが起こした............... *大事件*

★［形容詞節］これらの連文節は，それぞれ，述語動詞「診察した，起こした」を含んでいます。述語動詞を含んだ連文節を「節」といいます。名詞を修飾する働きのある節を「形容詞節」といいます。

形容詞節		修飾される名詞
私が先月診察した…	⇒	…患者
彼らが起こした……		…大事件

★［関係詞］語頭が "ki-" の相関詞は疑問詞としてだけでなく，形容詞節を導く「関係詞」としても用いられます。

★［関係詞の種類］関係詞を，次の三つのグループに分けて説明します。
   ・関係代名詞 .... kiu, kio
   ・関係形容詞 .... kia, kies
   ・関係副詞 .... kie, kiam, kiel, kial, kiom

第21課 関係代名詞

21.1 **kiu**

★次の例を見てください。

 1. Mi havas **amikon**. *Li* studas filozofion.
 2. Ni bezonas **komputilon**. *Ĝi* povas trakti voĉon.

 ［単語］
  1. havi 持っている, amiko 友人, studi 研究する, filozofio 哲学
  2. bezoni 必要としている, komput-ilo コンピューター, ĝi それ, povi 〜できる, trakti 扱う, voĉo 音声

 ［訳例］
  1. 私は**友人**を持っている。彼は哲学を研究している。
  2. 私たちは**コンピューター**を必要としている。それは音声を扱える。

★［関係代名詞］上の1の文で "**amiko**" と "*li*" が、2の文で "**komputilo**" と "*ĝi*" が同一だとすれば、"*li*" "*ĝi*" を関係代名詞 "kiu" に代えて、文を一つにすることができます。節の切れめを明らかにするために、関係詞の前にコンマを置くのが普通です。

 1. Mi havas **amikon**, *kiu studas filozofion*.
 2. Ni bezonas **komputilon**, *kiu povas trakti voĉon*.

  1. 私は 哲学を研究している ⇒ 友人 を持っている。
  2. 私たちは 音声を扱える ⇒ コンピューター を必要としている。

★［先行詞］"kiu" が導く節が、うしろから前にある名詞を修飾しています。修飾される名詞を「先行詞」といいます。

先行詞		関係詞が導く形容詞節
amikon,	⇐	*kiu* studas filozofion
komputilon,		*kiu* povas trakti voĉon

★語順が、日本語とは逆になることに気をつけましょう。

哲学を研究している	⇒	友人を
音声を扱える		コンピューターを

21.1 kiu

★ [**kiu** ← **li, ŝi, ĝi**] *"kiu"* は，主格の代名詞 *"li, ŝi, ĝi"* に代わって，うしろから前の名詞を修飾する形容詞節を導きます。

1.   **amikon**   *Li* studas filozofion.
2.   **amikon**, *kiu* studas filozofion   (kiu ← Li)
3. Mi havas **amikon**, *kiu* studas filozofion.

      ［訳例］ 1. 友人を　　　彼は 哲学を研究している。
               2. 哲学を研究している友人を
               3. 私は哲学を研究している友人を持っている。

4.   **komputilon**   *Ĝi* povas trakti voĉon.
5.   **komputilon**, *kiu* povas trakti voĉon   (kiu ← Ĝi)
6. Ni bezonas **komputilon**, *kiu* povas trakti voĉon.

      ［訳例］ 4. コンピューターを　　それは音声を扱える。
               5. 音声が扱えるコンピューターを
               6. 私たちは音声が扱えるコンピューターを必要としている。

［練習 21-1］

日本語の表現に合うように，次の単語を並べかえてください。

1. ビールを飲んでいる**あの男**   trinkas, *kiu*, bieron, **la viro**
2. 献身的に働く**その看護師**   *kiu*, sindone, **la flegisto**, laboras
3. (あの)空(の上)に輝く**その星**   sur, brilas, la ĉielo, **la stelo**, *kiu*

    ［単語］ 1. trinki 飲む, biero ビール, viro 男
              2. sin-done 献身的に, fleg-ist-o 看護師, labori 働く
              3. sur 〜(の上)に, brili 輝く, la ĉielo 空, stelo 星

    ［解答例］ 1. la viro, kiu trinkas bieron　2. la flegisto, kiu sindone laboras　3. la stelo, kiu brilas sur la ĉielo

第21課 関係代名詞

[練習 21-2] ─────────────────────────

太字と斜体字の部分が同一の人や物を表わしているとして，次の二つの文を，関係代名詞を用いて一つにまとめてください。また，まとめた文を日本語に訳してください。

1. S-ro Okano estas la **ĉarpentisto**.　*Li* konstruis mian domon.
2. Tomoko estas la **lernantino**.　*Ŝi* vundiĝis en trafika akcidento.
3. Koalo estas aminda **besto**.　*Ĝi* vivas en Aŭstralia Kontinento.

[単語]

1. s-ro (= sinjoro) 〜さん, ĉarpent-isto 大工, konstrui 建てる, domo 家
2. lern-ant-ino 女生徒, vund-iĝi けがをする, en 〜(の中)で, trafika 交通の, akcidento 事故
3. koalo コアラ, am-inda 愛らしい, besto 動物, ĝi それ, vivi 生息する, Aŭstralia Kontinento オーストラリア大陸

　　　　[解答例]　【*KD】

　　　1.* S-ro Okano estas la ĉarpentisto, kiu konstruis mian domon.
　　　　オカノさんが私の家を建てた(その)大工です。
　　　2.* Tomoko estas la lernantino, kiu vundiĝis en trafika akcidento.
　　　　トモコが交通事故でけがをした(その)女生徒です。
　　　3.* Koalo estas aminda besto, kiu vivas en Aŭstralia Kontinento.
　　　　コアラはオーストラリア大陸に生息する愛らしい動物だ。

　　　　　　　　　＊　＊　＊

★ [**kiuj** ← **ili**] *"kiuj"* は，三人称・複数・主格の代名詞 *"ili"* に代わって形容詞節を導きます。

1. **homoj**　*Ili* ne povas vidi aferojn per siaj propraj okuloj.
2. **homoj**, *kiuj* ne povas vidi aferojn per siaj propraj okuloj
3. Estas multaj **homoj**, *kiuj* ne povas vidi aferojn per siaj propraj okuloj.

　　　　　[単語] homo 人, ili 彼ら, povi 〜できる, vidi 見る, afero ものごと, per 〜で, sia 自分の, propra 自身の, okulo 目, esti 〜がいる, multa たくさんの

21.1 **kiu**

［訳例］
1. 人たち　　彼らは自分自身の目でものごとが見られない。
2. 自分自身の目でものごとが見られない人たち
3. 自分自身の目でものごとが見られない人たちがたくさんいる。

4. **librojn**　*Ili* traktas la ekonomian staton en Japanio.
5. **librojn**, *kiuj* traktas la ekonomian staton en Japanio
6. Li verkis **librojn**, *kiuj* traktas la ekonomian staton en Japanio.

　　　　　［単語］libro 本, trakti 扱う, ekonomia 経済的, stato 状態, en 〜(の中)の, Japan-io 日本, verki 著す

［訳例］4. 本(複数)を　　それらは日本の(その)経済状態を扱う。
　　　　5. 日本の(その)経済状態を扱う本(複数)を
　　　　6. 彼は, 日本の(その)経済状態を扱う本(複数)を著した。

［練習 21-3］

太字と斜体字の部分が同一の人や物を表わしているとして, 次の二つの文を, 関係代名詞を用いて一つにまとめてください。また, まとめた文を日本語に訳してください。

1. Estas multaj **homoj**.　*Ili* senkritike obeas la superulojn.
2. Restas ankoraŭ **muroj**.　*Ili* baras nian liberan komunikadon.

　　　［単語］
　　　1. esti 〜がいる, multa たくさんの, homo 人間, ili 彼ら, sen-kritike 無批判に, obei 〜n 〜に従う, super-ulo 上司
　　　2. resti 残っている, ankoraŭ まだ, muro 壁, ili それら, bari じゃまする, libera 自由な, komunik-ado コミュニケーション

　　　［解答例］【*KD】
　　　1.* Estas multaj homoj, kiuj senkritike obeas la superulojn.
　　　　　無批判に(すべての)上司に従う人たちがたくさんいる。
　　　2.* Restas ankoraŭ muroj, kiuj baras nian liberan komunikadon.
　　　　　私たちの自由なコミュニケーションのじゃまをする壁が, まだ残っている。

第21課 関係代名詞

* * *

★ [**kiun** ← **lin, ŝin, ĝin**] *"kiun"* は，三人称・単数・対格の代名詞 *"lin, ŝin, ĝin"* に代わって形容詞節を導きます。

   1. **la dokumenton**　　　Vi sendis *ĝin* al mi.
   2. **la dokumenton**, *kiun* vi sendis　　al mi　　　　　(kiun ← ĝin)
   3. Mi perdis **la dokumenton**, *kiun* vi sendis al mi.

〔単語〕dokumento 書類, sendi 送る, ĝi それ, al 〜に, perdi なくす

〔訳例〕1. あの書類を　　あなたはそれを私に送ってくれた。
      2. あなたが私に送ってくれたあの書類を
      3. あなたが私に送ってくれたあの書類を，私はなくしました。

   4. **pop-muzikisto**　　　Mia filino tre amas *lin*.
   5. **pop-muzikisto**, *kiun* mia filino tre amas　　　　　(kiun ← lin)
   6. Li estas **pop-muzikisto**, *kiun* mia filino tre amas.

〔単語〕pop-muzik-isto ポップ音楽家, fil-ino 娘, tre とても, ami 好きだ

〔訳例〕4. ポップ音楽家　　私の娘は彼が大好きです。
      5. 私の娘が大好きなポップ音楽家
      6. 彼は，私の娘が大好きなポップ音楽家です。

   7. **la studentinon**　　　Mi rekomendis *ŝin* al vi.
   8. **la studentinon**, *kiun* mi rekomendis　　al vi　　　　　(kiun ← ŝin)
   9. Ĉu vi dungis **la studentinon**, *kiun* mi rekomendis al vi?

〔単語〕student-ino 女子学生, rekomendi 推薦する, dungi 雇う

〔訳例〕7. あの女子学生を　　私があなたに彼女を推薦しました。
      8. 私があなたに推薦したあの女子学生を
      9. 私があなたに推薦したあの女子学生を(あなたは)雇いましたか。

★ [**kiujn** ← **ilin**] *"kiujn"* は，三人称・複数・対格の代名詞 *"ilin"* に代わって形容詞節を導きます。

21.1 **kiu**

1. **la librojn**　　Vi rekomendis *ilin* al mi.
2. **la librojn**, *kiujn* vi rekomendis　　al mi　　　　(kiujn ← ilin)
3. Mi aĉetis **la librojn**, *kiujn* vi rekomendis al mi.

［単語］libro 本, rekomendi 薦める, ili それら, al 〜に, aĉeti 買う

［訳例］1. (それらの)本を　あなたが私にそれらを薦めてくれた。
　　　　2. あなたが私に薦めてくれた(それらの)本を
　　　　3. 私は, あなたが薦めてくれた(それらの)本を買いました。

4. **verkistoj**　　Multaj japanoj alte taksas *ilin*.
5. **verkistoj**, *kiujn* multaj japanoj alte taksas　　　　(kiujn ← ilin)
6. Ili estas **verkistoj**, *kiujn* multaj japanoj alte taksas.

［単語］verk-isto 作家, multa 多くの, japano 日本人, alte 高く, taksi 評価する, ili 彼ら

［訳例］4. 作家たち　多くの日本人が彼らを高く評価している。
　　　　5. 多くの日本人が高く評価している作家たち
　　　　6. 彼らは, 多くの日本人が高く評価している作家たちです。

[練習 21-4]

次の文を日本語に訳してください。また, 二つの文に分けてください。

1. Demokratismo estas la sola **rimedo**, *kiu* progresigas nian socion.
2. Ne forgesu la **homojn**, *kiuj* strebis por la efektivigo de demokratismo.
3. Li faris **proponon**, *kiun* ni absolute ne povas akcepti.
4. Tiuj estas la lastaj **vortoj**, *kiujn* li diris sur la morta lito.

［単語］1. demokrat-ismo 民主主義, la sola 唯一の, rimedo 手段, progres-igi 進歩させる, socio 社会
　　　　2. forgesi 忘れる, homo 人, strebi 全力をつくす, por 〜のため, efektiv-igo 実現, de 〜の
　　　　3. fari する, propono 提案, absolute 絶対に, povi

第21課 関係代名詞

〜できる, akcepti 受け入れる
4. tiu それ, la lasta 最後の, vorto ことば, diri 言う, sur 〜(の上)で, morta 死の, lito 床

［解答例］1. 民主主義は, 私たちの社会を進歩させる唯一の手段だ。Demokratismo estas la sola rimedo. Ĝi progresigas nian socion.
2. 民主主義の(その)実現のために全力をつくした(すべての)人たちのことを忘れてはいけない。Ne forgesu la homojn. *Ili* strebis por la efektivigo de demokratismo. 3. 彼は, 私たちが絶対に受け入れることのできない提案をした。Li faris proponon. Ni absolute ne povas akcepti *ĝin*. 4. それが, 彼が(あの)死の床で言った最後のことばだ。Tiuj estas la lastaj vortoj. Li diris *ilin* sur la morta lito.

［練習 21-5］

次のエスペラントの表現を日本語に訳してください。

1. la *virino*, kiu amas **min**
2. la *virinon*, kiu amas **min**
3. la *virinoj*, kiuj amas **min**
4. la *virinojn*, kiuj amas **min**
5. la *virino*, kiun **mi** amas
6. la *virinon*, kiun **mi** amas
7. la *virinoj*, kiujn **mi** amas
8. la *virinojn*, kiujn **mi** amas

［単語］vir-ino 女性, ami 愛している

［解答例］
1. 私を愛している (その)**女性**
2. 私を愛している (その)**女性を**
3. 私を愛している (その)**女性たち**
4. 私を愛している (その)**女性たちを**
5. 私が愛している (その)**女性**
6. 私が愛している (その)**女性を**
7. 私が愛している (その)**女性たち**
8. 私が愛している (その)**女性たちを**

［練習 21-6］

次の日本語の表現や文をエスペラントに訳してください。

1. 協力者(ひとり)を
2. 私を手伝っている協力者を
3. 私は, 私を手伝っている協力者を持っている。

［単語］1. 協力者 kun-labor-anto 2. 私を手伝う helpi al mi
3. 私 mi, 〜を持っている havi

4. 子どもたちを
5. 幼稚園へ通う子どもたちを
6. 彼女は，幼稚園へ通う子どもたちを持っている。

［単語］4. 子ども infano　5. 幼稚園 infan-ĝardeno
通う iri, 〜へ al　6. 彼女 ŝi

7. (あの)指輪を
8. 私の婚約者が私にくれた(あの)指輪を
9. 私は，私の婚約者が私にくれた (あの)指輪をなくしました。

［単語］7. 指輪 ringo　8. 婚約者 fianĉo, 〜に al
くれる donaci　9. なくす perdi

10. 手紙(複数)
11. 私が今日受けとった手紙(複数)
12. これらは，私が今日受けとった 手紙(複数)です。

［単語］10. 手紙 letero　11. 今日 hodiaŭ, 受けとる ricevi
12. これら tiuj ĉi, 〜です esti

［解答例］1. kunlaboranton　2. kunlaboranton, kiu helpas al mi
3. Mi havas kunlaboranton, kiu helpas al mi.　4. infanojn　5. infanojn,
kiuj iras al infanĝardeno　6. Ŝi havas infanojn, kiuj iras al infan-
ĝardeno.　7. la ringon　8. la ringon, kiun mia fianĉo donacis al mi
9. Mi perdis la ringon, kiun mia fianĉo donacis al mi.　10. leterojn
11. leterojn, kiujn mi ricevis hodiaŭ　12. Tiuj ĉi estas leteroj, kiujn mi
ricevis hodiaŭ.

＊　＊　＊

★ ［関係詞が導く節の配置］関係詞が導く形容詞節は，先行詞の直後に置きます。そこで，次の3と6の文のように，関係詞が導く節が文の中にはさまれることがあります。

［単語］knabo 少年

1. **la knabo** *Li* portas fotilon.
2. **la knabo**, k*iu* portas fotilon
3. **La knabo**, *kiu* portas fotilon, estas mia filo.

porti 携帯している
fot-ilo カメラ
filo 息子

［訳例］1. その少年　彼はカメラを携帯している。

第21課 関係代名詞

  2. カメラを携帯しているその少年
  3. カメラを携帯しているその少年が私の息子です。

4. **la libro**　　　Vi rekomendis *ĝin* al mi.
5. **la libro**, *kiun* vi rekomendis　　al mi
6. **La libro**, *kiun* vi rekomendis al mi, estis vere interesa.

  ［単語］libro 本, rekomendi 薦める, al ～に, vere 本当に, interesa おもしろい

［訳例］4. その本　　あなたは私にそれを薦めた。
  5. あなたが私に薦めてくれたその本
  6. あなたが私に薦めてくれたその本は，本当におもしろかった。

★［関係詞とコンマ］関係詞が導く形容詞節が文中にはさまれる場合，節の前後をコンマで区切ると，文の意味がわかりやすくなります。

 △ La knabo kiu portas fotilon estas mia filo.

 ○ La knabo, kiu portas fotilon, estas mia filo.

 △ La libro kiun vi rekomendis al mi estis vere interesa.

 ○ La libro, kiun vi rekomendis al mi, estis vere interesa.

★ 3 と 6 の例文はそれぞれ，次の文をつないだものと考えることができます。

 3. **La knabo** estas mia filo.　　*Li* portas fotilon.
 6. **La libro** estis vere interesa.　　Vi rekomendis *ĝin* al mi.

［練習 21-7］

太字と斜体字の部分が同一の人や物を表わしているとして，次の二つの文を，関係代名詞を用いて一つにまとめてください。また，まとめた文を日本語に訳してください。

1. La **sola ideo** estas demokratismo.　　*Ĝi* ligas nin.
2. La **krimuloj** kaŝis sin ie en tiu ĉi urbo.　　*Ili* rabis monon de la banko.
3. La **kostumo** tre ĝojigis ŝin.　　Mi kudris *ĝin*.

21.1 **kiu**

4. La **fungoj** estas venenaj.　Vi trovis *ilin* en la arbaro.

［単語］
1. la sola 唯一の, ideo 思想, demokrat-ismo 民主主義, ĝi それ, ligi 結ぶ
2. krim-ulo 犯人, kaŝi 隠す, si 自分, ie どこかに, en 〜の中, tiu ĉi この, urbo 町, ili 彼ら, rabi 強奪する, mono 金, de 〜から, banko 銀行
3. kostumo 衣装, tre とても, ĝoj-igi 喜ばす, kudri 縫う
4. fungo キノコ, venena 毒の, trovi 見つける, ili それら, arb-aro 森

　　　［解答例］1. La sola ideo, kiu ligas nin, estas demokratismo. 私たちを結びつける唯一の思想は民主主義である。2. La krimuloj, kiuj rabis monon de la banko, kaŝis sin ie en tiu ĉi urbo. あの銀行から金を強奪した(その)犯人たちは, この町のどこかに隠れた。
　　　3. La kostumo, kiun mi kudris, tre ĝojigis ŝin. 私が縫った(その)衣装が, 彼女を喜ばせた。4. La fungoj, kiujn vi trovis en la arbaro, estas venenaj. 君があの森で見つけた(その)キノコには毒がある。

［練習 21-8］

次の日本語の表現や文を, エスペラントに訳してください。

1. 人
2. 大声でしゃべる人
3. 大声でしゃべる人が, 常に真実を語るとはかぎらない。
　　　　　　［単語］1. 人 homo　2, 大声で laŭte, しゃべる paroli
　　　　　　3. 常に〜とはかぎらない ne ĉiam, 真実 vero, 語る diri
4. あの少女たち
5. その部屋の中でおしゃべりをしているあの少女たち
6. その部屋の中でおしゃべりをしているあの少女たちは, 私の娘たちです。　　　　　　［単語］4. あの〜/その〜 la, 少女 knab-ino
　　　　　　5. 部屋 ĉambro, 〜の中 en, おしゃべりをする babili
　　　　　　6. 私の mia, 娘 fil-ino
7. その表情
8. 彼が示したその表情

第21課 関係代名詞

9. 彼が示したその表情は, 私たちをとてもおもしろがらせた。

[単語] 7. 表情 mieno 8. 彼 li, 示す montri
9. 私たち ni, とても tre, おもしろがらせる amuzi

10. あらゆる改良
11. あなたが提案したあらゆる改良
12. あなたが提案したあらゆる改良が, まったく効果をあげなかった。

[単語]10. あらゆる改良 ĉiuj pli-bon-igoj
11. あなた vi, 提案する proponi
12. まったく〜ない tute ne, 効果をあげる efiki

[解答例] 1. homo 2. homo, kiu parolas laŭte 3. Homo, kiu parolas laŭte, ne ĉiam diras veron. 4. la knabinoj 5. la knabinoj, kiuj babilas en la ĉambro 6. La knabinoj, kiuj babilas en la ĉambro, estas miaj filinoj. 7. la mieno 8. la mieno, kiun li montris 9. La mieno, kiun li montris, tre amuzis nin. 10. ĉiuj plibonigoj 11. ĉiuj plibonigoj, kiujn vi proponis 12. Ĉiuj plibonigoj, kiujn vi proponis, tute ne efikis.

* * *

★上の3, 9, 12の解答例は, 主節の単語配列を変えて, 関係代名詞が導く形容詞節を文末に置くこともできます。

3. Ne ĉiam veron diras homo, kiu parolas laŭte.
9. Tre amuzis min la mieno, kiun li montris.
12. Tute ne efikis ĉiuj plibonigoj, kiujn vi proponis.

★ [kiu と先行詞] 関係代名詞 "kiu, kiuj, kiun, kiujn" が導く節は, 名詞のほかに, 代名詞や指示代名詞 "tiu, iu, ĉiu, neniu" を修飾することもできます。

1. Mi kompatas ŝin, *kiu* perdis la edzon en la akcidento.
2. Ni dankas vin, *kiu* sindone laboras por nia afero.
3. Iu, *kiun* mi ne konas, vizitis vin hieraŭ.

21.1 kiu

4. **Tiu**, *kiu* ĉasas du leporojn, kaptas neniun.[1]
5. **Ĉiuj**, *kiuj* ne havas vortaron, levu la manon.

　　［単語］1. kompati 〜に同情する, perdi 失う, edzo 夫, en 〜(の中)で, akcidento 事故
　　　　　 2. danki 〜に感謝する, sin-done 献身的に, labori 働く, por 〜のために, afero 事業
　　　　　 3. iu だれか, koni 知っている, viziti 訪れる, hieraŭ 昨日
　　　　　 4. tiu その人, ĉasi 狩をする, du 二つの, leporo 野うさぎ, kapti 捕まえる, neniu 一つも〜ない
　　　　　 5. ĉiuj 全員, havi 持っている, vort-aro 辞書, levi 上げる, mano 手

［訳例］
1. あの事故で(その)夫を失ったあの人に, 私は同情します。
2. 私たちの事業のために献身的に働くあなたに, (私たちは)感謝します。
3. 私の知らない人が, 昨日あなたを訪ねてきました。
4. 二兎(にと)を追うものは一兎(いっと)をも得ず。
5. 辞書を持っていない者は, 全員(その)手を上げろ。

---

[1] ことわざなどでは, 先行詞の "tiu", "tiuj" は省略されることがあります。(tiu) Kiu ĉasas du leporojn, kaptas neniun. / Plej bone ridas (tiu), kiu laste ridas. 最後に笑うものがもっともよく笑う。

第21課 関係代名詞

21.2 kio

★ [kio ← tio] 関係代名詞 "*kio*" は，導く節の主語 "*tio*" に代わって先行詞 "**tio, io, ĉio, nenio**" を修飾します。

1. **tio**　*Tio* ŝajnas teorie bona.
2. **tio**, *kio* ŝajnas teorie bona
3. **Tio**, *kio* ŝajnas teorie bona, ofte estas praktike malbona.[1]

　　　　　　　　　　［単語］tio (その)こと, ŝajni 〜と思われる, teorie 理論的に, bona 良い, ofte よく/しばしば, praktike 実際上は, mal-bona 良くない

　　［訳例］1. こと　そのことは理論的に良いと思われる。
　　　　　　2. 理論的に良いと思われること
　　　　　　3. 理論的に良いと思えても，実際には良くないことがよくある。

4. **io**　*Tio* ne estas facile klarigebla.
5. **io**, *kio* ne estas facile klarigebla
6. **Io**, *kio* ne estas facile klarigebla, troviĝas en mia koro.

　　　　　　　　　　［単語］io なにか, tio それ, facile 簡単に, klar-ig-ebla 説明できる, trov-iĝi ある, en 〜の中に, koro 心

　　［訳例］4. なにか　それは簡単には説明できない。
　　　　　　5. 簡単には説明できないなにか
　　　　　　6. 簡単には説明できないなにかが，私の心の中にある。

7. 　　　**ĉion**　*Tio* jam ekzistas.
8. 　　　**ĉion**, *kio* jam ekzistas
9. Ni akceptu **ĉion**, *kio* jam ekzistas.

　　　　　　　　　　［単語］ĉio すべてのもの, jam すでに, ekzisti 存在する, akcepti 受け入れる

　　［訳例］7. すべてのものを　それはすでに存在している。

1] 先行詞の "tio" は省略されることがあります。(tio) Kio ŝajnas teorie bona, ofte estas praktike malbona.

21.2 kio

  8. すでに存在するすべてのものを
  9. すでに存在するすべてのものを私たちは受け入れよう。

★3, 6, 9 の例文はそれぞれ，次の二つの文をつないだものと考えることができます。

  3. **Tio** ofte estas praktike malbona.   *Tio* ŝajnas teorie bona.
  6. **Io** troviĝas en mia koro.   *Tio* ne estas facile klarigebla.
  9. Ni akceptu **ĉion**.   *Tio* jam ekzistas.

★ [**kion** ← **tion**] "*kion*" は，導く節の目的語 "*tion*" に代わって先行詞 "**tio, io, ĉio, nenio**" を修飾します。

  1.   **tio** Vi faris *tion* en la pasinteco.
  2.   **tio**, *kion* vi faris en la pasinteco
  3. Jam ne pentu pri **tio**, *kion* vi faris en la pasinteco.

    ［単語］tio こと, fari 行う, en la pas-int-eco 過去に, jam もう, penti 後悔する, pri 〜について

  ［訳例］1. こと　　あなたは(その)過去にそのことを行った。
     2. あなたが(その)過去に行ったこと
     3. あなたが(その)過去に行ったことについて，もう後悔するな。

  4.   **io** Neniu povas antaŭvidi *tion*.
  5.   **io**, *kion* neniu povas antaŭvidi
  6. Nepre okazos **io**, *kion* neniu povas antaŭvidi.

    ［単語］io なにか, neniu だれも〜ない, povi 〜できる, antaŭ-vidi 予測する, nepre 必ず, okazi 起こる

  ［訳例］4. なにか　　だれもそのことを予測できない。
     5. だれも予測できないなにか
     6. だれも予測できないなにかが，きっと起こるだろう。

  7. **ĉio** Li diris *tion*.   ［単語］ĉio すべてのこと
  8. **ĉio**, *kion* li diris   diri 言う
  9. **Ĉio**, *kion* li diris, estas absurda. absurda ばかげた

第21課 関係代名詞

[訳例] 7. すべてのこと　彼はそのことを言った。
8. 彼が言ったすべてのこと
9. 彼が言ったことは全部 (← すべてのこと)ばかげている。

[練習 21-9]

太字と斜体字の部分が同一の事柄を表わしているとして，次の二つの文を，関係代名詞を用いて一つにまとめてください。また，まとめた文を日本語に訳してください。

1. **Tio** estas akvo kaj varmo.　*Tio* necesas al la ĝermado de la semoj.
2. **Ĉio** hodiaŭ fariĝis tute natura.　*Tio* hieraŭ ŝajnis stranga.
3. Mi forgesis **ĉion**.　Mi promesis *tion*.
4. Li ofte troigas **tion**.　Li efektivigis *tion* en sia juneco.

　　[単語]
　　1. tio もの, akvo 水, varmo 温度/熱, necesi al ～に必要である,
　　　 ĝerm-ado 発芽, de ～の, semo 種子
　　2. ĉio すべてのこと, hodiaŭ 今日, far-iĝi ～になる, tute まったく,
　　　 natura 当然な, hieraŭ 昨日, ŝajni ～と思われる, stranga 奇妙な
　　3. forgesi 忘れる, promesi 約束する
　　4. ofte しばしば, tro-igi 誇張する, efektiv-igi 実現する, en ～に,
　　　 sia 自分の, jun-eco 若いころ

[解答例]　【*KD】

1.* Tio, kio necesas al la ĝermado de la semoj, estas akvo kaj varmo.
　　(すべての)種子の発芽(というもの)に必要なものは水と温度である。
2.* Ĉio, kio hieraŭ ŝajnis stranga, hodiaŭ fariĝis tute natura.
　　昨日奇妙に見えたすべてのことが，今日は当然のこととなった。
3.* Mi forgesis ĉion, kion mi promesis.
　　私は約束したことを，すべて忘れてしまった。
4.* Li ofte troigas tion, kion li efektivigis en sia juneco.
　　彼は，若い時に実現したことを，しばしば誇張する。

21.2 **kio**

[練習 21-10]

次の日本語の表現や文を，エスペラントに訳してください。

1. こと
2. 私たちを苦しめていること
3. 私たちを苦しめているのは，(その)重い税金だ。

    [単語] 1. こと tio　2. 私たち ni, 苦しめる turmenti
      3. その la, 重い peza, 税金 imposto, 〜である esti

4. そのことを
5. あなたが約束した(その)ことを
6. あなたが約束した(その)ことを実現しなさい。

    [単語] 4. そのこと tio　5. あなた vi, 約束する promesi
      6. 実現する efektiv-igi

7. なにか
8. この箱の中にあるなにか
9. この箱の中にあるなにかが，その音を出している。

    [単語] 7. なにか io　8. この tiu ĉi, 箱 skatolo, 〜の中に en
      ある trov-iĝi　9. 音 sono, 出す el-igi

10. すべてのこと
11. あなたが私に言ったすべてのこと
12. あなたが私に言ったすべてのことはうそだったのですか。

    [単語] 10. すべてのこと ĉio　11. 私 mi, 〜に al, 言う diri
      12. うそ mensogo, 〜ですか ĉu

[解答例] 1. tio　2. tio, kio turmentas nin　3. Tio, kio turmentas nin, estas la peza imposto.　4. tion　5. tion, kion vi promesis　6. Efektivigu tion, kion vi promesis.　7. io　8. io, kio troviĝas en tiu ĉi skatolo　9. Io, kio troviĝas en tiu ĉi skatolo, eligas la sonon.　10. ĉio　11. ĉio, kion vi diris al mi　12. Ĉu ĉio, kion vi diris al mi, estis mensogo?

    * * *

第21課 関係代名詞

★関係代名詞 "kio" は，名詞や代名詞を修飾するのでなく，前の文全体を受けて，文を並べてつなぐこともできます。[1]

1. **Li ne diris eĉ unu vorton al mi**, *kio* tre turmentis min.
2. **La ŝoforo duondormanta erare premis la akcelilon**, *kio* kaŭzis la grandan akcidenton.

[単語] 1. diri 言う, eĉ unu vorto 一言も, al ～に, tre とても, turmenti 苦しめる
2. ŝoforo 運転手, du-on-dorm-anta 居眠りをしている, erare まちがえて, premi 踏む, akcel-ilo アクセル, kaŭzi ひきおこす, granda 大きな, akcidento 事故

[訳例] 1.彼は私に一言も口をきいてくれなかったが，そのことが私をとても苦しめた。
2. 居眠りしていた(その)運転手がまちがえてアクセルを踏んだが，それがあの大事故をひきおこした。

---

[1] 関係代名詞を用いずに，次のように二つの文に分けけた方がわかりやすくなります。
1. Li ne diris eĉ unu vorton al mi. *Kaj tio* tre turmentis min.
2. La ŝoforo duondormanta erare premis la akcelilon. *Kaj tio* kaŭzis la grandan akcidenton.

第 22 課　関係形容詞と関係副詞

■この課で学ぶ関係形容詞と関係副詞も，込み入った内容を正確に伝える時に役に立つ表現です。

22.1 関係形容詞

★ ［関係形容詞］は "kia" と "kies" の二つで，"kia" は「様子」で，"kies" は「所有」の関係で先行詞を修飾します。"kia" は文中での役割によって，複数語尾 "j" や対格語尾 "n" がつきます。

★ [**kia** ← **tia**] "*kia*" は，導く節の "*tia*" に代わって，"**tia, ia, ĉia, nenia**" や性質を表わす形容詞をともなった名詞を修飾します。

  1. **tia homo**　*Tia* (homo) ne troviĝas en tiu ĉi urbo.
  2. **tia homo**,　*kia*　　　ne troviĝas en tiu ĉi urbo
  3. Li estas **tia homo**,　*kia*　　　ne troviĝas en tiu ĉi urbo.

　　　　　　　　［単語］tia そんな, homo 人間, trov-iĝi いる,
　　　　　　　　　　　　en 〜の中に, tiu ĉi この, urbo 町

　［訳例］
　1. そんな人間　　そんなの(← そんな人間)はこの町には見当たらない。
　2. この町には見当たらない(ようなそんな)人間
　3. 彼は，この町には見当たらない(ようなそんな)人間だ。

  4. **tian raran fenomenon**　*Tia* (fenomeno) malofte okazas.
  5. **tian raran fenomenon**,　*kia*　　　　malofte okazas
  6. Mi spektis **tian raran fenomenon**, *kia* malofte okazas.

　　　　　　　　［単語］rara 珍しい, fenomeno 現象, mal-ofte
　　　　　　　　　　　　okazi めったに起こらない, spekti 見る

　［訳例］
　4. そんな珍しい現象を　　そんなの(← そんな現象)はめったに起こらない。
　5. めったに起こらない(ようなそんな)珍しい現象を
　6. 私は，めったに起こらない(ようなそんな)珍しい現象を見た。

第22課 関係形容詞と関係副詞

★ ［**kiaj** ← **tiaj**］ "*kiaj*" は，導く節の "*tiaj*" に代わって文をつなぎます。

1. **tiajn erarojn** *Tiaj (eraroj)* estas kutimaj al la novuloj.
2. **tiajn erarojn**, *kiaj*　　　 estas kutimaj al la novuloj
3. Ŝi faris **tiajn erarojn**, *kiaj* estas kutimaj al la novuloj.

　　　　　　　　　［単語］tia そんな, eraro 失敗, kutima よくある,
　　　　　　　　　　　　al ～に, nov-ulo 新人, fari する
　　　［訳例］1. (そんな)失敗(複数)を　　そんなの(← そんな失敗)は(みな)新人には
　　　　　　　　ありがちだ。
　　　　　　2. (みな)新人にはありがちな(そんな)失敗(複数)を
　　　　　　3. 彼女は，(みな)新人にはありがちな(そんな)失敗(複数)をした。

★ ［**kian** ← **tian**］ "*kian*" は導く節の "*tian*" に代わって文をつなぎます。

4. **tia mizera stato**　　　Ordinaraj homoj ne povas elteni *tian (staton)*.
5. **tia mizera stato**, *kian* ordinaraj homoj ne povas elteni
6. En **tia mizera stato**, *kian* ordinaraj homoj ne povas elteni, ili estas nun.

　　　　　　　　　［単語］mizera みじめな, stato 状態, ordinara 普
　　　　　　　　　　　　通の, homo 人, povi ～できる, el-teni 耐える,
　　　　　　　　　　　　en ～(の中)に, ili 彼ら, esti ～にいる, nun 今
　　　［訳例］4. そんなみじめな状態　　普通の人はそんなの(← そんな状
　　　　　　　　態)に耐えられない。
　　　　　　5. 普通の人には耐えられないような(そんな)みじめな状態
　　　　　　6. 普通の人には耐えられないような(そんな)みじめな状態
　　　　　　　　に今彼らはいる。

★ ［**kiajn** ← **tiajn**］ "*kiajn*" は，導く節の "*tiajn*" に代わって文をつなぎます。

7. **tiajn malbelajn vortojn**　　Mi ne povas toleri *tiajn*.
8. **tiajn malbelajn vortojn**, *kiajn* mi ne povas toleri
9. Li elbuŝigis **tiajn malbelajn vortojn**, *kiajn* mi ne povas toleri.

　　　　　　　　　［単語］mal-bela きたない, vorto ことば, povi
　　　　　　　　　　　　～できる, toleri 我慢する, el-buŝ-igi 口に出す

22.1 関係形容詞

［訳例］
7. そんなきたないことばを　　私はそんなのに我慢できない。
8. 私には我慢できないような(そんな)きたないことばを
9. 彼は，私には我慢できないような(そんな)きたないことばを口にした。

［練習 22-1］

太字と斜体字の部分が同一の人や物を表わしているとして，次の二つの文を，関係形容詞を用いて一つにまとめてください。また，まとめた文を日本語に訳してください。

1. Ŝi estas ĝuste **tia sekretariino.**　Mi bezonas *tian (sekretariinon)*.
2. En tiu ĉi urbo eksplode multiĝas **tiaj altaj konstruaĵoj.**　Vi nun vidas *tiajn (altajn konstuaĵojn)*.

　　［単語］
　　1. ĝuste まさに, sekretari-ino 女性秘書, bezoni 必要とする
　　2. en 〜(の中)で, tiu ĉi この, urbo 町, eksplode 爆発的に, mult-iĝi 増加する, alta 高い, konstru-aĵo 建てもの, nun 今, vidi 見ている

　　　　［解答例］【*KD】
　　　　1.* Ŝi estas ĝuste tia sekretariino, kian mi bezonas.
　　　　　　彼女は，まさに私が必要としているような女性秘書だ。
　　　　2.* En tiu ĉi urbo eksplode multiĝas tiaj altaj konstruaĵoj, kiajn vi nun vidas.
　　　　　　君が今見ているような高い建てものが，この町では爆発的に増加している。

［練習 22-2］

次の日本語の表現や文を，エスペラントに訳してください。

1. そんな巨大な地震
2. 私たちが一度も経験したことのないような, (そんな)巨大な地震
3. 私たちが一度も経験したことのないような, (そんな)巨大な地震が，あの町を廃墟にした。

　　　　［単語］1. そんな tia, 巨大な grand-ega, 地震 ter-tremo

第22課 関係形容詞と関係副詞

　　　　　　　2. 私たち ni, 一度も〜ない neniam, 経験する sperti
　　　　　　　3. あの la, 町 urbo, 廃墟にする ruin-igi
4. そんな服(複数)を
5. ろくでなしが着ているような(そんな)服を
6. ろくでなしが着ているような服を身につけるな。

　　　［単語］4. そんな tia, 服 vesto　5. ろくでなし sen-taŭg-ulo
　　　　　　　着ている porti　6. 身につける sur-meti, 〜するな Ne...

［解答例］1. tia grandega tertremo　2. tia grandega tertremo, kian ni neniam spertis　3. Tia grandega tertremo, kian ni neniam spertis, ruinigis la urbon.　4. tiajn vestojn　5. tiajn vestojn, kiajn portas sentaŭgulo　6. Ne surmetu tiajn vestojn, kiajn portas sentaŭgulo.

　　　　　　　　　　　＊　＊　＊

★ ［kies］は, 導く節の "mia, nia, via, lia, ŝia, ĝia, ilia" に代わって文をつなぎます。"kies" 自体には複数語尾 "j" や対格語尾 "n" がつくことはありません。

1. **onklinon** *Ŝia* profesio estas universitata profesoro.
2. **onklinon**, *kies* profesio estas universitata profesoro　　　(kies ← Ŝia)
3. Mi havas **onklinon**, *kies* profesio estas universitata profesoro.

　　　［単語］onkl-ino おば, profesio 職業, universitata 大学の, profesoro 教授, havi 〜がいる

［訳例］1. おばを　　彼女の職業は大学教授である。
　　　　2. 職業が大学教授のおばを
　　　　3. 私には大学の教授のおばがいる。(← おばを持っている)

4. **homo** *Lia* monujo estas plena.
5. **homo**, *kies* monujo estas plena　　　　　　　　　　　　(kies ← Lia)
6. **Homo**, *kies* monujo estas plena, ne ĉiam estas malavara.

　　　［単語］homo 人, mon-ujo 財布, plena いっぱいの, ne ĉiam 必ずしも〜ない, malavara 気前がよい

［訳例］4. 人　　彼の財布はいっぱいである。
　　　　5. 財布がいっぱいの人

22.1 関係形容詞

6. 財布がいっぱいな人が,必ずしも気前がよいとはかぎらない。
7. **la gepatroj** *Iliaj* infanoj mortis en la tertremo.
8. **la gepatroj**, *kies* infanoj mortis en la tertremo　　　(kies ← Iliaj)
9. Supozu la malĝojon de **la gepatroj**, *kies* infanoj mortis en la tertremo.　　［単語］ge-patroj 両親, ili 彼ら, infano 子ども, morti 死ぬ, en 〜(の中)で, ter-tremo 地震, supozi 想像する, mal-ĝojo 悲しみ, de 〜の

　　［訳例］7. あの両親　彼らのこどもたちはその地震で死んだ。
　　　　　　8. その地震で子どもたちが死んだ(あの)両親
　　　　　　9. あの地震で子どもたちが死んだ(あの)両親の悲しみを想像してみなさい。

★ "mian, nian, ... miajn, niajn, ..." などに代わる場合, "kies" の直後に名詞が来るように,従節の単語の配置を変える必要があります。

10. **la libro**　　　　　Li ŝiris *ĝian* kovrilon.
11. **la libro**, *kies kovrilon* li ŝiris　　　　　(kies ← ĝian)
12. Tio ĉi estas **la libro**, *kies kovrilon* li ŝiris.

　　　　　　［単語］libro 本, ŝiri やぶく, ĝi それ, kovr-ilo 表紙

　　　　　　［訳例］10. その本　彼はそれの表紙をやぶきました。
　　　　　　　　　　11. 彼が表紙をやぶいたその本
　　　　　　　　　　12. これが,彼が表紙をやぶいた(その)本です。

［練習 22-3］

太字と斜体字の部分が同一の人や物を表わしているとして,次の二つの文を,関係形容詞を用いて一つにまとめてください。また,まとめた文を日本語に訳してください。

1. Mi havas **amikon**.　*Lia* filo estas kosmonaŭto.
2. Li estas la **pentristo**.　Mi tre amas *liajn* verkojn.
3. **Fungo** ne ĉiam estas venena.　*Ĝia* formo estas groteska.

　　［単語］
　　1. havi 〜がいる, amiko 友人, filo 息子, kosmonaŭto 宇宙飛行士

第22課 関係形容詞と関係副詞

  2. pentr-isto 画家, tre とても, ami 好きである, verko 作品
  3. fungo キノコ, ne ĉiam 必ずしも〜ない, venena 毒の, formo 形, groteska グロテスクな

   ［解答例］【*KD】
   1.* Mi havas amikon, kies filo estas kosmonaŭto.
    私には, 息子が宇宙飛行士の友人がいる。
   2.* Li estas la pentristo, kies verkojn mi tre amas.
    彼は, 私がその作品を愛してやまない(あの)画家である。
   3.* Fungo, kies formo estas groteska, ne ĉiam estas venena.
    形がグロテスクだからといって, キノコが必ずしも毒があるというわけではない。

［練習 22-4］

次の文を, エスペラントに訳してください。

1. 彼女は安易に人を信用する。 ［単語］彼女 ŝi, 安易に facil-anime 信用する kredi, 人 homo
2. 彼の社会的地位は高い。
    ［単語］彼 li, 社会的な socia, 地位 rango, 高い alta
3. 彼女は, 社会的地位の高い人を安易に信用する。

  ［解答例］1. Ŝi facilanime kredas homon. 2. Lia socia rango estas alta. 3. Ŝi facilanime kredas homon, kies socia rango estas alta.

22.2 関係副詞

★ ［関係副詞］は次の五つで, 場所や時, 方法, 程度, 理由, 量を表わす先行詞を修飾します。

場所	時	方法/程度	理由	量
kie	kiam	kiel	kial	kiom

★ [**kie** ← **tie**] "*kie*" は, 導く節の "*tie*" に代わって, 場所を表わす名詞や副詞, 指示副詞を修飾します。

22.2 関係副詞

1. **la lando**　　Multaj homoj batalas por libereco *tie*.
2. **la lando**, *kie* multaj homoj batalas por libereco
3. Li iris al **la lando**, *kie* multaj homoj batalas por libereco.

　　　　　［単語］lando 国, multa 多くの, homo 人, batali 闘う, por 〜のために, liber-eco 自由, iri 行く, al 〜へ

　［訳例］1. あの国　　多くの人々がそこで自由のために闘っている。
　　　　　2. 多くの人々が自由のために闘っているあの国
　　　　　3. 彼は, 多くの人々が自由のために闘っているあの国へ行った。

4. 　　　**tien**　　Ŝiaj gepatroj atendis ŝin *tie*.
5. 　　　**tien**, *kie* ŝiaj gepatroj atendis ŝin
6. Ŝi finfine venis **tien**, *kie* ŝiaj gepatroj atendis ŝin.

　　　　　［単語］tien そこの所へ, ge-patroj 両親, atendi 待っている, fin-fine とうとう, veni 着く

　［訳例］4. そこの所へ　　彼女の両親はそこで彼女を待っていた。
　　　　　5. (彼女の)両親が待っていた(そこの)所へ
　　　　　6. 両親が待っていた(そこの)所へ, とうとう彼女は着いた。

7. de **supre**　　La steloj brilas *tie*.
8. de **supre**, *kie* la steloj brilas
9. De **supre**, *kie* la steloj brilas, viaj gepatroj ĉiam rigardas vin.

　　　　　［単語］de supre 上の方から, stelo 星, brili 輝いている, ge-patroj 両親, ĉiam いつも, rigardi 見つめる

　［訳例］7. 上の方から　　(すべての)星がそこで輝いている。
　　　　　8. (すべての)星が輝いている上の方から
　　　　　9. (すべての)星が輝いている上の方から, あなたの両親はあなたをいつも見つめています。

★ ［**kien ← tien**］方向を表わす関係副詞 "*kien*" は, 導く節の "*tien*" に代わって文をつなぎます。

1. **la profundo**　　Ili falis *tien*.
2. **la profundo**, *kien* ili falis

第22課 関係形容詞と関係副詞

3. En **la profundo**, *kien* ili falis, groteskaj fiŝoj atendis ilin.

　　　　［単語］profundo 深み, ili 彼ら, fali 落ちる, en ～(の中)で, groteska 不気味な, fiŝo 魚, atendi 待っている

　　　［訳例］1. その深み　　彼らはそこへ落ちた。
　　　　　　　2. 彼らが落ちたその深み
　　　　　　　3. 彼らが落ちたその深みでは, 不気味な魚たちが彼らを待ちうけていた。

4.　　　　　**tien**　　Li ĵetis pilkon *tien*.
5.　　　　　**tien**, *kien* li ĵetis pilkon
6. La hundo ekkuris **tien**, *kien* li ĵetis pilkon.

　　　　　　［単語］tien そこ(の所)へ, ĵeti 投げる, pilko ボール, hundo 犬, ek-kuri 走りだす

　　　［訳例］4. そこの所へ　　彼はそこへボールを投げた。
　　　　　　　5. 彼がボールを投げた(そこの)所へ
　　　　　　　6. その犬は, 彼がボールを投げた(そこの)所へ走りだした。

［練習 22-5］

次の文を日本語に訳してください。

1. Ni fotis nin en la ĝardeno, kie la blanka monumento staras.
2. En la hejmo, kie ŝi kreskis, restis multaj feŭdismaj kutimoj.
3. Ĉie, kie homo vivas, ne mankas konfliktoj.
4. La kadavro kuŝis ĝuste tie, kien li ĵetis sian rigardon.

　　［単語］1. foti 写真にとる, en ～の中で, ĝardeno 庭園, blanka 白い, monumento 記念碑, stari 立っている
　　　　　　2. en ～(の中)に, hejmo 家庭, kreski 育つ, resti 残っている, multa たくさんの, feŭd-isma 封建的な kutimo 慣習
　　　　　　3. ĉie どこにでも, homo 人間, vivi 生きている, manki 欠けている, konflikto 争い
　　　　　　4. kadavro 死体, kuŝi (横たわって)ある, ĝuste ちょうど, tie そこに, ĵeti 投げる, sia 自分の, rigardo 視線

22.2 関係副詞

[解答例] 1. あの白い記念碑のある(あの)庭園で, 私たちは写真をとりました。 2. 彼女の育った(その)家庭には, たくさんの封建的な慣習が残っていた。 3. 人間が生きている所にはどこにでも争いがある。 4. その死体は, 彼が視線を投げかけた, まさにその所にあった。

[練習 22-6]

太字と斜体字の部分が同一の場所を表わしているとして, 次の二つの文を, 関係副詞を用いて一つにまとめてください。また, まとめた文を日本語に訳してください。

1. Hiroŝimo estas **la urbo**.
   Tie la homaro spertis nuklean armilon en la unua fojo de la historio.
2. **La herbejo** jam ne troviĝas.　Ni ludis *tie* en nia knabeco.
3. Li estis varme akceptita **ĉie**.　Li iris *tien*.
4. **Tie** ankaŭ ombro troviĝas.　　*Tie* lumo ekzistas.

[単語]
1. Hiroŝimo 広島, urbo 都市, tie そこで, la hom-aro 人類, sperti 経験する, nuklea 原子核の, arm-ilo 兵器, en la unua fojo はじめて, de 〜の, historio 歴史
2. herb-ejo 草原, jam もう, trov-iĝi ある, ludi 遊ぶ, knab-eco 少年時代
3. varme あたたかく, akcepti 受けいれる, ĉie あらゆる所で, iri 行く
4. ankaŭ 〜もまた, ombro 影, lumo 光, ekzisti 存在する

[解答例] 【*KD】

1.* Hiroŝimo estas la urbo, kie la homaro spertis nuklean armilon en la unua fojo de la historio.
   広島は, 人類がその歴史上はじめて核兵器を体験した(その)都市だ。
2.* La herbejo, kie ni ludis en nia knabeco, jam ne troviĝas.
   少年時代に私たちが遊んだあの草むらはもうない。
3.* Li estis varme akceptita ĉie, kien li iris.
   彼は行った所どこででも, 大歓迎された。
4.* Tie, kie lumo ekzistas, ankaŭ ombro troviĝas.

第22課 関係形容詞と関係副詞

光がある所には，影もまた存在する。

［練習 22-7］

次の日本語の表現や文を，エスペラントに訳してください。

1. (その)工場
2. 彼らが自動車を生産している(その)工場
3. 彼らが自動車を生産している(その)工場はこの町(の中)にある。

　　　　［単語］1. 工場 fabriko　2. 彼ら ili, 自動車 aŭto, 生産する produkti
　　　　　　　　3. この tiu ĉi, 町 urbo, 〜の中 en, 〜がある trov-iĝi

4. どこにでも
5. 水が存在する所ならどこにでも
6. 水が存在する所ならどこにでも生きものはいる。

　　　　［単語］4. どこにでも ĉie　5. 水 akvo, 存在する ekzisti
　　　　　　　　6. 生きもの viv-aĵo, いる trov-iĝi

7. (その)湖の中に
8. 君が小石を投げ込んだ(その)湖の中に
9. 君が小石を投げ込んだ(その)湖には，たくさんの魚が住んでいる。

　　　　［単語］7. 湖 lago, 〜の中に en　8. 君 vi, 小石 ŝton-eto
　　　　投げる ĵeti　9. たくさんの multa, 魚 fiŝo, 住んでいる vivi

［解答例］1. la fabriko　2. la fabriko, kie ili produktas aŭton
3. La fabriko, kie ili produktas aŭton, troviĝas en tiu ĉi urbo.
4. ĉie　5. ĉie, kie akvo ekzistas　6. Ĉie, kie akvo ekzistas, troviĝas vivaĵo.　7. en la lago　8. en la lago, kien vi ĵetis ŝtoneton
9. En la lago, kien vi ĵetis ŝtoneton, vivas multaj fiŝoj.

＊　＊　＊

★ ［**kiam ← tiam**］ "*kiam*" は，導く節の "*tiam*" に代わって，時を表わす名詞や副詞を修飾します。

1. **la momento**　　La tertremo okazis *tiam*.
2. **la momento**, *kiam* la tertremo okazis
3. En **la momento**, *kiam* la tertremo okazis, mi metis min sub la

22.2 関係副詞

tablon.　　　　　　［単語］en 〜に, momento 瞬間, ter-tremo 地震, okazi 起こる, meti 置く, sub 〜の下, tablo テーブル

［訳例］1. (その)瞬間　あの地震はその時起きた。
　　　　2. あの地震が起きた(その)瞬間
　　　　3. あの地震が起きた(その)瞬間に, 私はテーブルの下にもぐり込んだ。(← テーブルの下に自分を置いた)

4. **tiam**　　Vi legos tiun ĉi leteron *tiam*.
5. **tiam**, *kiam* vi legos tiun ĉi leteron
6. **Tiam**, *kiam* vi legos tiun ĉi leteron, mi jam ne estos en Japanio.

　　　　［単語］tiam その時, legi 読む, tiu ĉi この, letero 手紙, jam もう, esti いる, en 〜(の中)に, Japan-io 日本

　　［訳例］
　　　　4. その時　あなたはその時この手紙を読むだろう。
　　　　5. あなたがこの手紙を読む(その)時
　　　　6. あなたがこの手紙を読む(その)時, 私はもう日本にいないだろう。

[練習 22-8]

次の文を日本語に訳してください。【*KD】

1.* Ni denove venu ĉi tien en la sezono, kiam la folioj sur la monto fariĝos ruĝaj.
2.* Li naskiĝis en la tago, kiam usonaj kosmonaŭtoj atingis la lunon.
3.* La jaro, kiam la milito komenciĝis, devas esti memorata eterne.
4.* Iam, kiam vi fariĝos maturaĝa, vi komprenos ĉion.

　　［単語］
　　1. de-nove 再び, veni 来る, ĉi tie ここ, en 〜に, sezono 季節, folio 葉, sur 〜(の上)の, monto 山, far-iĝi 〜になる, ruĝa 赤い
　　2. nask-iĝi 生まれる, tago 日, usona アメリカ合衆国の, kosmonaŭto 宇宙飛行士, atingi 到達する, la luno 月
　　3. jaro 年, milito 戦争, komenc-iĝi 始まる, devi 〜ねばならぬ, memori おぼえている, eterne 永遠に
　　4. iam いつか, matur-aĝa 成人の, kompreni 理解する, ĉio すべてのこと

第22課 関係形容詞と関係副詞

[解答例] 1. この山の木の葉が(みな)紅葉する(その)季節に, またここに来ましょう。 2. アメリカの宇宙飛行士たちが月に到達した(その)日に, 彼は生まれました。 3. 戦争が始まったあの年は, 永遠に記憶されねばならぬ。 4. おとなになれば (← いつか君がおとなになった時), 君にはなにもかもわかる。

[練習 22-9]

次の日本語の表現や文を, エスペラントに訳してください。

1. (その)朝(に)
2. 私が(その)家を出発した(その)朝(に)
3. 私が(その)家を出発した(その)朝(に), 私の母は泣いた。

[単語] 1. 朝 mateno, 〜に en 2. 私 mi, 家 hejmo 〜を出発する for-lasi 3. 母 patr-ino, 泣く plori

4. いつでも
5. あなたが助けを必要とする時はいつでも
6. あなたが助けを必要とする時はいつでも, 私を思い出しなさい。

[単語] 4. いつでも ĉiam 5. あなた vi, 助け helpo 必要とする bezoni 6. 思い出す re-memori

[解答例] 1. en la mateno 2. en la mateno, kiam mi forlasis la hejmon 3. En la mateno, kiam mi forlasis la hejmon, mia patrino ploris. 4. ĉiam 5. ĉiam, kiam vi bezonas helpon 6. Ĉiam, kiam vi bezonas helpon, rememoru min.

* * *

★ [tiel... kiel...] "*kiel*"「〜のように」は, 導く節の "*tiel*" に代わって文をつなぎます。先行詞にかかる "*tiel*" と対をなして方法や程度を表わす形容詞や副詞を修飾します。

[単語]
1. **tiel ruza**   Vulpo estas *tiel* ruza.   tiel それほど
2. **tiel ruza**, *kiel* vulpo estas   ruza.   ruza ずるい
3. Li estas **tiel ruza**, *kiel* vulpo estas ruza.   vulpo キツネ

[訳例] 1. それほどずるい   狐はそれほどずるい。
2. 狐がずるいように(それほど)ずるい

- 298 -

22.2 関係副詞

3. 彼は, 狐がずるいように, (それほど)ずるい。

4. **tiel atente**　　Vi traktas rompiĝeman vitraĵon *tiel*.
5. **tiel atente**, *kiel* vi traktas rompiĝeman vitraĵon
6. Traktu ŝin **tiel atente**, *kiel* vi traktas rompiĝeman vitraĵon.

　　　　［単語］atente 注意深く, trakti 扱う, romp-iĝ-ema 壊れやすい, vitr-aĵo ガラス製品

　　［訳例］
　　4. それほど注意深く　　あなたは壊れやすいガラス製品をそのように扱う。
　　5. あなたが壊れやすいガラス製品を扱うように(それほど)注意深く
　　6. 壊れやすいガラス製品を扱うように, (それほど)注意深くあなたは彼女を扱いなさい。

★3と6の例文は, "kiel" が導く節の中の文要素をいくつか省略して, 次のように言うのが普通です。"tiel" も省略できます。

3. Li estas (tiel) ruza, kiel vulpo.
6. Traktu ŝin (tiel) atente, kiel rompiĝeman vitraĵon.

　　［訳例］
　　3. 彼はキツネのようにずるい。
　　6. 彼女を壊れやすいガラス製品のように注意深く扱いなさい。

★［**kial**］"*kial*" は, 導く節の "*tial*" に代わって文をつなぎ, 理由を表わす名詞を修飾します。

1. 　　　　　　　**la kaŭzon**　　Li subite ekkoleris *tial*.
2. 　　　　　　　**la kaŭzon**, *kial* li subite ekkoleris
3. Mi ne komprenas **la kaŭzon**, *kial* li subite ekkoleris.

　　　　［単語］kaŭzo 理由, subite 突然, tial それで, ek-koleri 怒りだす, kompreni 理解する

　　［訳例］1. その理由を　　それで彼は突然怒りだした。
　　　　　　2. 彼が突然怒りだした(その)理由を
　　　　　　3. 彼が突然怒りだした(その)理由を, 私は理解できない。

第22課 関係形容詞と関係副詞

★ [**tiom... kiom...**] "*kiom*" は，導く節の "*tiom*" に代わって文をつなぎます。先行詞にかかる "**tiom**" と対をなして名詞を修飾し，その量を示します。

1. **tiom da mono**　　　Vi bezonas *tiom*.
2. **tiom da mono**, *kiom* vi bezonas
3. Prenu **tiom da mono**, *kiom* vi bezonas.

[単語] tiom それだけ, da 〜の量の, mono お金, bezoni 必要とする, preni とる

[訳例] 1. それだけの量のお金　　あなたはそれだけ必要だ。
2. あなたが必要なだけの(それだけの量の)お金
3. あなたが必要なだけの(それだけの量の)お金をとりなさい。

[練習 22-10] ─────────────────────

次の文を日本語に訳してください。【*KD】

1.* La vespera ĉielo estis tiel ruĝa, kiel sango.
2.* Li ĵetis al mi tiel akran vorton, kiel tranĉilon.
3.* Konfesu al mi la kaŭzon, kial vi ploras.
4.* Ne faru tiom da eraroj, kiom vi faris en la lasta fojo.
5.* Mi ne havas tiom multe da bonaj amikoj, kiom vi havas.

[単語] 1. la ĉielo 空, vespera 夕暮れの, ruĝa 赤い, sango 血
2. ĵeti 投げる, al 〜へ, akra 鋭い, vorto ことば, tranĉ-ilo ナイフ
3. konfesi うちあける, al 〜に, kaŭzo 理由, plori 泣く
4. fari する, eraro 失敗, en 〜に, la lasta 前の, fojo 回
5. havi 持っている, multe da たくさんの, bona 良い, amiko 友人

[解答例] 1. (その)夕暮れの空は血のように赤かった。2. 彼は私に，ナイフのように鋭いことばを投げつけた。3. (あなたが)泣いている(その)理由を私に言いなさい。4. この前の時ほど(多く)の失敗をしてはならない。5. あなたほどたくさんの良い友人を，私は持っていません。

22.2 関係副詞

［練習 22-11］

次の日本語の表現や文を，エスペラントに訳してください。

1. この問題は不可解だ。
2. この問題は，迷路のように不可解だ。

　　　　　　　　［単語］1. この tiu ĉi, 問題 demando, 不可解な enigma
　　　　　　　　　　　　　〜だ/〜である esti　2. 迷路 labirinto

3. (その)理由を
4. 彼らが離婚した(その)理由を
5. 彼らが離婚した(その)理由を，あなたは知っていますか。

　　　　　［単語］3. その la, 理由 kaŭzo　4. 彼ら ili, 離婚する eks-ge-edz-iĝi
　　　　　　　　　　5. あなた vi, 知っている scii, 〜か？ ĉu

6. (それほど)たくさんの酒
7. (あなたが)若いころ飲んだほど(それほど)たくさんの酒
8. (あなたが)若いころ飲んだほど(それほど)たくさんの酒を飲んではいけない。　　　　　　　　　　［単語］6. それほど tiom, たくさんの multe da
　　　酒 alkohol-aĵo　7. 若いころ en via jun-eco, 飲む trinki
　　　　　　　　　　　　　　　　　　　　　　　　8. 〜してはいけない Ne...

［解答例］1.Tiu ĉi demando estas enigma.　2. Tiu ĉi demando estas (tiel) enigma, kiel labirinto.　3. la kaŭzon　4. la kaŭzon, kial ili eksgeedziĝis　5. Ĉu vi scias la kaŭzon, kial ili eksgeedziĝis?　6. tiom multe da alkoholaĵo　7. tiom multe da alkoholaĵo, kiom vi trinkis en via juneco　8. Ne trinku tiom multe da alkoholaĵo, kiom vi trinkis en via juneco.

22.3　前置詞+関係詞

★ ［前置詞+関係詞］関係詞と前置詞を組み合わせて，複雑な修飾関係を表現できます。

1. 　　　**lernantoj**　　　Mi instruas la anglan lingvon *al ili.*
2. 　　　**lernantoj**, *al kiuj* mi instruas la anglan lingvon　　(kiuj ← ili)
3. Ili estas **lernantoj**, *al kiuj* mi instruas la anglan lingvon.

第22課 関係形容詞と関係副詞

［単語］lern-anto 生徒, instrui 教える, la angla lingvo 英語, al 〜に, ili 彼ら

［訳例］1. 生徒たち　　私は彼らに英語を教えている。
2. 私が英語を教えている生徒たち
3. 彼らは，私が英語を教えている生徒たちです。

4. en **tio**　　　Ni tute ne direktis nian atenton *al tio*.
5. en **tio**, *al kio* ni tute ne direktis nian atenton　　　　　　(kio ← tio)
6. La problemo kuŝis en **tio**, *al kio* ni tute ne direktis nian atenton.

［単語］en tio そのこと(の中)に, tute まったく, direkti 向ける, atento 注意, al 〜に, tio そのこと, problemo 問題, kuŝi ある

［訳例］4. そのこと(の中)に　　私たちはそのことに対してまったく注意をはらわなかった。
5. 私たちがまったく注意をはらわなかった(その)ことの中に
6. その問題は，私たちがまったく注意をはらわなかった(その)ことの中にあった。

7. **la monto**　　　　Vi vidas neĝon *sur ĝia supro*.
8. **la monto**, *sur kies supro* vi vidas neĝon　　　　　　(kies ← ĝia)
9. Asama estas **la monto**, *sur kies supro* vi vidas neĝon.

［単語］monto 山, vidi 見る, neĝo 雪, sur 〜の上, ĝia それの, supro 頂上, Asama 浅間(山)

［訳例］7. あの山　　それの頂上に雪が見える。
8. 頂上に雪が見えるあの山
9. 浅間山は，頂上に雪が見えるあの山です。

10.　　　　　**la urbo**　　Mi venis *de tie*.
11.　　　　　**la urbo**, *de kie* mi venis　　　　　　(kie ← tie)
12. Londono estas **la urbo**, *de kie* mi venis.

［単語］urbo 都市, veni 来る, de tie そこから, Londono ロンドン

［訳例］10. (その)都市　　私はそこから来ました。

22.3 前置詞＋関係詞

11. 私が来た(その)都市
12. ロンドンが私の出身(のその)都市です。

[練習 22-12]

太字と斜体字の部分が同一の人や事柄を表わしているとして，次の二つの文を，関係詞を用いて一つにまとめてください。また，まとめた文を日本語に訳してください。

1. Toŝio prezentis al mi **la virinon**.　Li parolis *pri ŝi* en la lasta semajno.
2. Frumatene okazis **la tertremo**.　Multaj homoj vundiĝis *en ĝi*.
3. Li perdis **ĉion**.　Li estis fiera *pri tio*.

　[単語]
　1. prezenti 紹介する, al 〜に, vir-ino 女性, paroli 話す, pri 〜について, la lasta この前の, semajno 週
　2. fru-matene 早朝に, okazi 起こる, ter-tremo 地震, multa 多くの, homo 人, vund-iĝi けがをする, ĝi それ
　3. perdi 失う, ĉio すべてのもの, fiera 自慢の, tio それ

　[解答例]【*KD】

1.* Toŝio prezentis al mi la virinon, pri kiu li parolis en la lasta semajno.
　先週話題にした(その)女性を，トシオは私に紹介した。
2.* Frumatene okazis la tertremo, en kiu multaj homoj vundiĝis.
　多くの人が傷ついたあの地震は，早朝に起こった。
3.* Li perdis ĉion, pri kio li estis fiera.
　彼は，自慢にしているものをすべて失った。

第 23 課　間接話法

■「彼は私に〜と言った」などのような，人の発言を取り込んだ文を，読んだり書いたりすることができるようになります。

23.1　直接話法と間接話法

★　[間接話法] は，カギ括弧などの引用符を用いずに，会話の文をほかの文の一部に取り込む表現です。カギ括弧などを用いて発言をそのまま取り込む表現を「直接話法」といいます。

[直接話法]
- 彼はたずねた。「君は今日の会議に出席しますか」
- 部長は私に言った。「すぐにホンコンに行け」

[間接話法]
- 彼は，私が今日の会議に出席するかどうか(と)たずねた。
- 部長は私に，すぐにホンコンに行くように(と)言った。

★　[ke] 従属接続詞 [1] "ke" を用いて，会話の文をほかの文の一部として取り込むことができます。"ke" は，日本語の「〜と」という表現に相当します。

1. Mi diris al mia frato, "La libro ne estas interesa."
2. Mi diris al mia frato, **ke** la libro ne estas interesa.

　　　　　　　　　　[単語] diri 言う, al 〜に, frato 兄/弟,
　　　　　　　　　　libro 本, interesa おもしろい, ke 〜と

　　[訳例] 1. 私は兄に言った。「その本はおもしろくない」
　　　　　 2. 私は兄に，その本がおもしろくない**と**言った。

3. Mi konfesis al la instruisto, "Mi perdis la vortaron."
4. Mi konfesis al la instruisto, **ke** mi perdis la vortaron.

　　　　　　　　　　[単語] konfesi うちあける, instru-isto 教師,
　　　　　　　　　　perdi なくす, vort-aro 辞書

1] 従属接続詞については第24課で説明します。

［訳例］
　　3. 私は(その)先生にうちあけた。「私はあの辞書をなくしてしまいました」
　　4. 私は(その)先生に, (私が)あの辞書をなくしてしまった**と**うちあけた。
5. Ili proponis al ni, "Toŝio iru al la kliento."
6. Ili proponis al ni, **ke** Toŝio iru al la kliento.
　　　　　　［単語］ili 彼ら, proponi 提案する, iri 行く, kliento 顧客
　　［訳例］
　　5. 彼らは私たちに提案した。「トシオをその顧客の所へやろう」
　　6. 彼らは私たちに, トシオをその顧客の所へやろう**と**提案した。

★［主節と従節］従属接続詞 "ke" が導く節を「従節」, 文の中心になる節を「主節」といいます。

主節	従節
mi diris al mia frato	**ke** la libro ne estas interesa
mi konfesis al la instruisto	**ke** mi perdis la vortaron
ili proponis al ni	**ke** Toŝio iru al la kliento

★［間接話法の時制］主節の時制は従節の時制に影響をあたえません。日本語の場合と同じように, そのままつなぎます。

1. Ŝi **diris**, ke ŝi *skribas* leteron.　　　　　　　　　　［単語］
2. Ŝi **diris**, ke ŝi *skribis* leteron.　　　　　　　　　diri 言う
3. Ŝi **diris**, ke ŝi *skribos* leteron.　　　　　　　　　siribi 書く
4. Ŝi **diros**, ke ŝi *skribas* leteron.　　　　　　　　　letero 手紙
5. Ŝi **diros**, ke ŝi *skribis* leteron.
6. Ŝi **diros**, ke ŝi *skribos* leteron.

　　　　　　［訳例］　1. 彼女は, 手紙を**書きつつある**　　**と言った**。
　　　　　　　　　　　2. 彼女は, 手紙を**書いた**　　　　　**と言った**。
　　　　　　　　　　　3. 彼女は, 手紙を**書くつもりだ**　　**と言った**。
　　　　　　　　　　　4. 彼女は, 手紙を**書きつつある**　　**と言うだろう**。
　　　　　　　　　　　5. 彼女は, 手紙を**書いた**　　　　　**と言うだろう**。

第23課 間接話法

      6. 彼女は，手紙を書くつもりだ　と言うだろう。

★ ［間接話法と人称代名詞］文の内容を，主節の主語の立場から言いなおすので，従節の人称代名詞を変えなければならない場合があります。

【*KD】

1.* Taro insultis min, "**Vi** estas stulta."　　　［単語］insulti ののしる
2.* Taro insultis min, ke **mi** estas stulta.　　　　　stulta ばかな

  ［訳例］　1. タロウは私をののしった。「おまえはばかだ」
      2. タロウは私に，私がばかだとののしった。

3.* Taro murmuris, "**Mi** estas stulta."　　　［単語］
4.* Taro murmuris, ke **li** estas stulta.　　　　murmuri つぶやく

  ［訳例］　3. タロウはつぶやいた。「ぼくはばかだ」
     4. タロウは，自分(= タロウ)がばかだとつぶやいた。

5.* Joŝiaki kaj Jumiko konfesis al mi, "**Ni** geedziĝos baldaŭ."
6.* Joŝiaki kaj Jumiko konfesis al mi, ke **ili** geedziĝos baldaŭ.

  ［単語］kaj 〜と…, konfesi うちあける, al 〜に,
    ge-edz-iĝi 結婚する, baldaŭ 間もなく, ili 彼ら

  ［訳例］5. ヨシアキとユミコは私にうちあけた。
      「私たちはもうすぐ結婚します」
    6. ヨシアキとユミコは私に, (彼らが)もう
     すぐ結婚すると，うちあけた。

              ［単語］
7*. Mi konfesis al ŝi, "Mi perdis **vian** libron."　　perdi なくす
8.* Mi konfesis al ŝi, ke mi perdis **ŝian** libron.　　libro 本

  ［訳例］
   1. 私は彼女にうちあけた。「私は君の本をなくしてしまった」
   2. 私は彼女に(私が)彼女の本をなくしてしまったと，うちあけた。

23.2 命令文と間接話法

★ ［命令文と間接話法］主語の欠けた命令文を従節に取り込む場合は，従節に主語を補います。【*KD】

1.* La sekciestro ordonis al mi, "Tuj iru al la kliento."
2.* La sekciestro ordonis al mi, ke **mi** tuj iru al la kliento.

［単語］sekci-estro 課長, ordoni 命ずる, al 〜に/〜へ, tuj すぐに, iri 行く, kliento 顧客

［訳例］
1. (あの) 課長は私に命じた。「すぐにその顧客の所へ行け」
2. (あの) 課長は私に，(私が) すぐにその顧客の所へ行くようにと命じた。

3.* Patrino diris al li, "Vartu la infaneton."
4.* Patrino diris al li, ke **li** vartu la infaneton.

［単語］patr-ino 母, diri 言う, varti (子どもの)世話をする, infan-eto 赤ん坊

［訳例］3. 母は彼に言った。「その赤ん坊の世話をしなさい」
4. 母は彼に，(彼が) その赤ん坊の世話をするように言った。

［練習 23-1］

次の文を間接話法に変えてください。また，変えた文を日本語に訳してください。

1. Li diris al mi, "La kabineto baldaŭ falos."
2. Ŝi ĵuris al ni, "Mi neniam ripetos la saman eraron."
3. Patrino ordonis al li, "Lavu viajn tolaĵojn."
4. Li admonis min, "Ne perdu tempon en tia bagatela afero."

［単語］
1. diri 言う, al 〜に, kabineto 内閣, baldaŭ 間もなく, fali 倒れる
2. ĵuri 誓う, neniam 決して〜ない, ripeti 繰りかえす, la sama 同じ, eraro まちがい
3. patr-ino 母親, ordoni 命ずる, lavi 洗濯する, tol-aĵo 布製品/下着
4. admoni 忠告する, Ne 〜するな, perdi 失う, tempo 時間, en 〜で,

第23課 間接話法

tia そんな, bagatela つまらない, afero 事柄

［解答例］1. Li diris al mi, ke la kabineto baldaŭ falos. 彼は私に, (その)内閣は間もなく倒れるだろうと言った。 2. Ŝi ĵuris al ni, ke ŝi neniam ripetos la saman eraron. 彼女は私たちに, (彼女が)二度と同じまちがいは繰りかえさないと誓った。 3. Patrino ordonis al li, ke li lavu siajn tolaĵojn. 母親は彼に, 自分の下着を洗濯するように命じた。 4. Li admonis min, ke mi ne perdu tempon en tia bagatela afero. 彼は私に, (私が)そんなつまらないことで時間をむだにするなと忠告した。

［練習 23-2］

次の文をエスペラントに訳してください。

1. 私たちは宣言する。
2. 私たちは, すべての人間は平等である, と宣言する。

［単語］1. 私たち ni, 宣言する deklari
2. すべての人間 ĉiuj homoj, 平等な egal-rajta, 〜である esti

3. 彼女は私に言った。
4. 彼女は私に, (彼女が)彼らを信用していないと言った。

［単語］3. 彼女 ŝi, 私 mi, 〜に al, 言う diri
4. 彼ら ili, 信用する kredi, 〜ない ne

5. 母は私に命じた。
6. 母は私に, (私が)(その)ふろ場をそうじするように命じた。

［単語］5. 母 patr-ino, 命じる ordoni
6. ふろ場 ban-ejo, そうじする pur-igi

［解答例］1. Ni deklaras. 2. Ni deklaras, ke ĉiuj homoj estas egalrajtaj. 3. Ŝi diris al mi. 4. Ŝi diris al mi, ke ŝi ne kredas ilin. 5. Patrino ordonis al mi. 6. Patrino ordonis al mi, ke mi purigu la banejon.

23.3 疑問文と間接話法

★ [ĉu　疑問文と間接話法] "ĉu" で始まる疑問文を従節に取り込む場合は，"ĉu" に従属接続詞の働きがあるので，人称代名詞に気をつけて，そのままつなぎます。この場合の "ĉu" は日本語の「～かどうか」という表現に相当します。【*KD】

1.* Ili demandis min, "Ĉu *vi* estas laca?"
2.* Ili demandis min, **ĉu** *mi* estas laca.

　　　　［単語］ili 彼ら, demandi ~n ～にたずねる, laca 疲れた
　　　　［訳例］1. 彼らは私にたずねた。「あなたは疲れていますか」
　　　　　　　　2. 彼らは私に，私が疲れているかどうかたずねた。

3.* Mi demandis ŝin, "Ĉu *vi* ne kredas min?"　　　［単語］
4.* Mi demandis ŝin, **ĉu** *ŝi* ne kredas min.　　　kredi 信用する

　　　　［訳例］3. 私は彼女にきいた。「君はぼくを信用しないのか」
　　　　　　　　4. 私は彼女に，(彼女が)ぼくを信用しないのかとたずねた。

★ [疑問詞と間接話法] 疑問詞で始まる疑問文を取り込む場合も，疑問詞に従属接続詞としての働きがあるので，人称代名詞に気をつけて，そのままつなぎます。【*KD】

1.* La sekciestro malice demandis ŝin, "Kion *vi* studis en la universitato?"
2.* La sekciestro malice demandis ŝin, **kion** *ŝi* studis en la universitato.
　　　　　　　　［単語］sekci-estro 課長, malice 意地悪く, demandi ~n ～に質問する, kion なにを, studi 研究する, en ～で, universitato 大学

　　　　［訳例］1. (その)課長は，彼女に意地悪く質問した。「君は大学でなにを研究したのか」
　　　　　　　　2. (その)課長は彼女に，(彼女が)大学でなにを研究したのか(と)，意地悪く質問した。

3.* La policano demandis min, "Kien *vi* iras?"
4.* La policano demandis min, **kien** *mi* iras.

第23課 間接話法

　　　　　　　　　　［単語］polic-ano 警官, kien どこへ, iri 行く
［訳例］
3. その警官は私に質問した。「(あなたは)どこへいくところですか」
4. その警官は私に, 私がどこへ行くところか(と)たずねた。

［練習 23-3］

次の文を間接話法に変えてください。また, 変えた文を日本語に訳してください。

1. Li demandis ŝin, "Ĉu vi amas kafon?"
2. Mi demandis la viron, "Kion vi serĉas?"

　　　　　［単語］1. demandi ~n ～にたずねる, ami 好き, kafo コーヒー
　　　　　　　　　2. viro 男の人, kion なにを, serĉi 探す
　　　［解答例］1. Li demandis ŝin, ĉu ŝi amas kafon. 彼は彼女に, (彼女が)コーヒーが好きかどうかたずねた。2. Mi demandis la viron, kion li serĉas. 私はその男の人に, (彼が)なにを探しているのかたずねた。

［練習 23-4］

次の文をエスペラントに訳してください。

1. 彼女は私にたずねた。
2. 彼女は私に, (私が)その本を読んだかどうかたずねた。

　　　　　［単語］1. 彼女 ŝi, 私 mi, ～にたずねる demandi ~n
　　　　　　　　　2. その la, 本 libro, 読む legi, ～かどうか ĉu
3. 彼らは私たちに質問した。
4. 彼らは私たちに, エスペラントがどんなことばか質問した。

　　　　　［単語］3. 彼ら ili, 私たち ni, ～に質問する demandi ~n 4. エスペラント Esper-anto, どんなことば kia lingvo, ～である esti
5. 私は彼女にたずねた。
6. 私は彼女に, (彼女が)今どこに住んでいるかたずねた。

　　　　　　　　　［単語］6. 今 nun, どこに kie, 住んでいる loĝi
　　　［解答例］1. Ŝi demandis min. 2. Ŝi demandis min, ĉu mi legis la libron. 3. Ili demandis nin. 4. Ili demandis nin, kia lingvo estas

Esperanto. 5. Mi demandis ŝin. 6. Mi demandis ŝin, kie ŝi nun loĝas.

23.4 間接話法の拡張

★［名詞節］従属接続詞 "ke, ĉu" と "kio, kiu ..." などの疑問詞が導く節を「名詞節」といいます。名詞節は日本語の「～と，～かどうか，～ということ」などに相当する表現です。

★間接話法では，主節の動詞が「発言」に関する次のようなものです。

> deklari 宣言する, demandi 質問する, diri 言う, insisti 主張する, konfesi うちあける, krii さけぶ, murmuri ささやく, ordoni 命じる, plendi 不平を言う, respondi 返答する, riproĉi 小言を言う...

★「発言」に関係のない動詞にも，従属接続詞 "ke, ĉu" や "kio, kiu" などが導く名詞節を従えることができるものがあります。

1. La suspektato *aludis*, **ke** li faris aliajn krimojn.
2. Mi nun *pripensas*, **ĉu** mi akceptu la proponon aŭ ne.
3. Mi *eksciis*, **kiom** grandan kontribuon li faris por nia afero.

> ［単語］1. suspekt-ato 容疑者, aludi ほのめかす, fari 行う, alia ほかの, krimo 犯罪
> 2. nun 今, pri-pensi 思案する, akcepti 受け入れる, propono 提案, aŭ それとも, aŭ ne = aŭ ne akceptu
> 3. ek-scii 知る, kiom どれくらい, granda 大きな, kontribuo 貢献, por ～のために, afero 事業

> ［訳例］1. その容疑者は，ほかにも犯罪を犯したとほのめかした。
> 2. 私は今，その提案を受け入れるべきかどうか思案しています。
> 3. 私は，私たちの事業に，彼がどれほど大きな貢献をしたか(ということを) 知った。

第23課 間接話法

[練習 23-5]

次の文を日本語に訳してください。

1. La modernaj homoj sentas, ke la mondo pli kaj pli malgrandiĝas.
2. Mi nun cerbumas, ĉu mi aĉetu porteblan komputilon, aŭ ne.
3. Komence mi ne povis kompreni, kio okazis al mi.
4. Ĉu vi povas diveni, kiu edziniĝis al Joŝiaki?
5. Ni kredas, ke ne troviĝas vivaĵo sur la aliaj planedoj en la sunsistemo.

[単語]
1. moderna 現代の, homo 人間, senti 感じる, mondo 世界, pli kaj pli どんどん, mal-grand-iĝi 小さくなる
2. cerb-umi 思案する, aĉeti 買う, port-ebla 携帯用, komput-ilo コンピューター, aŭ それとも, aŭ ne = aŭ ne aĉetu
3. komence 最初, povi 〜できる, kompreni 理解する, kio なに, okazi 起こる, al 〜に
4. diveni 言い当てる, kiu だれ, edz-in-iĝi 妻になる
5. kredi 信じている, trov-iĝi いる, viv-aĵo 生物, sur 〜(の上)に, alia ほかの, planedo 惑星, en 〜(の中)の, la sun-sistemo 太陽系

[解答例] 1. 現代人は(みな), 世界がどんどん小さくなると感じている。2. 私は今, 携帯用コンピューターを買うべきかどうか思案している。3. 最初, 私は, (私に)なにが起こったのかわからなかった。4. だれがヨシアキと結婚したかわかりますか。5. 私たちは, 太陽系のほかの惑星には生物がいないと信じている。

[練習 23-6]

次の文をエスペラントに訳してください。

1. 私たちは願っています。
2. 私たちは, あなたが間もなく回復されるよう願っています。

[単語] 1. 私たち ni, 願う esperi
2. あなた vi, 間もなく baldaŭ, 回復する re-san-iĝi

3. 私は疑っている。
4. 私は, 彼がその本を私に返してくれるかどうか, 疑っている。

　　　　　　　　［単語］3. 私 mi, 疑う dubi　4. 彼 li, その la, 本 libro
　　　　　　　　　　　　　　　　　　　〜に al, 返す re-doni

5. 私にはわからない。
6. 彼女がなぜ怒っているのか, 私にはわからない。

　　　　　　　　　　　　［単語］5. わかる kompreni
　　　　　　　　　　　　　　　6. 彼女 ŝi, なぜ kial, 怒っている koleri

　　［解答例］1. Ni esperas.　2. Ni esperas, ke vi baldaŭ resaniĝos.
　　　　　　3. Mi dubas.　4. Mi dubas, ĉu li redonos la libron al mi.
　　　　　　5. Mi ne komprenas.　6. Mi ne komprenas, kial ŝi koleras.

23.5　一般人称

★ ［**oni**］明示する必要のない人や, 特定する必要のない人を示す "oni" という代名詞があります。これは日本語の「(一般的に)人は, 世間が」に相当します。(←)で示す直訳をさけ, ［訳例］のように訳すと日本語らしくなります。【*KD】

1.* **Oni** uzas la francan, la germanan kaj la italan lingvojn en Svislando.
2.* **Oni** ne rajtas fumi ĉi tie.
3.* **Oni** diras, ke li mortis pro kancero.
4.* **Oni** demandis, ĉu la banko eltenos la krizon.

　　［単語］
　　　1. uzi 使う, la franca フランス語, la germana ドイツ語, la itala イタリア語, lingvo 言語, en 〜で, Svislando スイス
　　　2. rajti 〜してよい, fumi 喫煙する, ĉi tie ここ
　　　3. diri 言う, ke 〜と, morti 死ぬ, pro 〜ゆえ, kancero ガン
　　　4. demandi 質問する, banko 銀行, el-teni 耐える, krizo 危機

［訳例］
1. スイスでは, フランス語, ドイツ語, イタリア語が使われている。(← スイ

第23課 間接話法

スで人は, フランス語, ドイツ語, イタリア語を使っている)
2. この場所は禁煙です。(← 人はここで喫煙してはならない)
3. 彼はガンで死んだそうだ。(← 世間は, 彼がガンで死んだと言っている)
4. その銀行が(その)危機を切り抜けられるかどうかという質問が出た。(← その銀行が危機を切り抜けられるかどうかという質問をした人がいた)

[練習 23-7]

次の文を日本語に訳してください。

1. Oni metis florojn antaŭ la tombon.
2. En la kongreso oni elektos novan prezidanton.
3. Oni aŭdis eksplodan sonon sur la strato.
4. Oni prognozas, ke la ekonomia stagno daŭros longe.

[単語]
1. meti 置く, floro 花, antaŭ 〜の前, tombo 墓
2. en 〜で, kongreso 大会, elekti 選ぶ, nova 新しい, prezid-anto 会長
3. aŭdi 聞く, eksploda 爆発の, sono 音, sur 〜で, strato 通り
4. prognozi 予測する, ekonomia stagno 不況, daŭri 続く, longe ながく

[解答例] 1. その墓の前には, 花が置かれた[1]。 2. その大会で, 新しい会長が選ばれる。 3. (あの)通りで爆発音が聞こえた。 4. この不況はながびくと予測されている。

---

[1] "oni" と違って, 指示代名詞 "iu" は, 不特定の人物を明示します。次の文と比べてください。**Iu metis florojn antaŭ la tombon.** **だれか**がその墓の前に花をおいた。

第 24 課　従属接続詞

■「～する時，～したので，もし～したら」などの表現を用いて，原因，理由などを表わす文が作れるようになります。

★ [従属接続詞] は，文を，ほかの文の一部分(要素)としてとり込むための単語です。次の日本語の例の「と，ので」に相当します。下の例では [ ] で囲まれた文が { } で囲まれた文の要素になっています。

・{彼は [自分には責任がない] **と** 言っている。}
　　　　　　　　　　　　{主語+ [主語+述語] **従属接続詞**+述語}
・{ [天気が回復した] **ので** 私たちは山頂をめざした。}
　　　　　　　　　　　　{ [主語+述語] **従属接続詞**+主語+述語}

★第23課「間接話法」では，"ke, ĉu" や "kio, kiu..." など，名詞節を導く従属接続詞について説明しました。この課では副詞節を導く従属接続詞について説明します。

24.1　副詞節

★ [副詞節] 時，場所，原因/理由，目的，譲歩，条件，様子，比較，量/程度などを表わす節を「副詞節」といいます。

・時 ……………… 初雪がふった**時**
・場所 …………… 昨日までは草原だった**所に**
・原因/理由 ……… 気温が低かった**ので**
・譲歩 …………… たとえ雪がふろう**とも**
・条件 …………… もし晴れ間が顔を出し**たら**
・様子 …………… まるで雪ダルマの**ように**
・量/程度 ………… 枝もたわむ**ほど**

★ [従属接続詞の形] 従属接続詞には，本来のもののほかに，前置詞や副詞と共用するもの，関係副詞と共用するもの，単語を組み合わせて作

第24課 従属接続詞

るものなどがあります。次に挙げるもののうち（ ）で示した従属接続詞は，ほかの課で説明します。

- 本来の従属接続詞 ……… ĉar, kvankam, se, ol
- 前置詞と共用 ………… dum, ĝis
- 副詞と共用 …………… apenaŭ, (kvazaŭ)
- 関係副詞と共用 ……… kiam, (kie, kiel, kiom)
- 単語の組み合わせ …… antaŭ ol, post kiam, de kiam, pri tio ke, por tio ke, pro tio ke, tial ke, tiel ke, tiom ke, (eĉ se), kiu ajn, kio ajn ...

24.2 時

★ ［kiam］「～(した)時に/～(する)時に」

1. 　　　　　　　　　Vi estos libera. 　　　［単語］libera 暇な
2. **kiam** vi estos libera 　　　　　　　　skribi 書く
3. Skribu al mi leteron, **kiam** vi estos libera. 　al ～に, letero 手紙

　　［訳例］1. あなたは暇になるだろう。
　　　　　　2. あなたが暇になった時に
　　　　　　3. あなたが暇になった時に私に手紙をください。

4. 　　　　　Eksonis alarmo.
5. **kiam** eksonis alarmo
6. **Kiam** eksonis alarmo, la ŝtelistoj rapide forkuris.

　　　　　　［単語］ek-soni 鳴りだす, alarmo 警報, ŝtel-isto どろぼう, rapide 急いで, for-kuri 逃げ去る

　　　　　　［訳例］4. 警報が鳴りだした。
　　　　　　　　　　5. 警報が鳴りだした時に
　　　　　　　　　　6. 警報が鳴りだすと(← 鳴りだした時に), そのどろぼうたちは(みな) 急いで逃げ去った。

★ ［主節と従節］従属接続詞が導く節を「従節」, 文の中心となる節を

「主節」といいます。

主節	従節
skribu al mi leteron	**kiam** vi estos libera
la ŝtelistoj rapide forkuris	**kiam** eksonis alarmo

★語順は「主節+従節」「従節+主節」のどちらでもかまいません。

★ [dum]　「～(している)あいだ」[1]

1.　　　Mi ŝvite laboris.　　　　　　［単語］ŝvite 汗をかいて
2. **dum** mi ŝvite laboris　　　　　　labori 働く, frato 兄/弟
3. **Dum** mi ŝvite laboris, mia frato televidis.　　televidi テレビをみる

　　［訳例］1. 私は汗をかいて働いた。
　　　　　　2. 私が汗をかいて働いているあいだ
　　　　　　3. 私が汗をかいて働いているあいだ, 弟はテレビをみていた。

4.　　　　　　　　　　　La printilo funkcias.
5.　　　　　　　　　　**dum** la printilo funkcias
6. Ni ripozu kaj prenu tason da teo, **dum** la printilo funkcias.

　　　　［単語］print-ilo プリンター, funkcii 作動する, ripozi 休憩する, kaj そして, preni 飲む, taso da teo お茶一杯

　　［訳例］4. (その)プリンターが作動している。
　　　　　　5. (その)プリンターが作動しているあいだ
　　　　　　6. (その)プリンターが作動しているあいだ休憩してお茶を飲みましょう。

★ [ĝis]　「～(する)まで」[2]

1.　　　　　　　Li vere pentos sian konduton.
2.　　　　　　**ĝis** li vere pentos sian konduton
3. Mi ne pardonos lin, **ĝis** li vere pentos sian konduton.

1] "dum" には,「～のあいだ」という前置詞の意味もあります。
2] "ĝis" には,「～まで」という前置詞の意味もあります。

第24課 従属接続詞

[単語] vere 本当に, penti 後悔する, sia 自分の, konduto ふるまい, pardoni 許す

[訳例] 1. 彼は本当に自分のふるまいを後悔するだろう。
2. 彼が本当に自分のふるまいを後悔するまで
3. 彼が本当に自分のふるまいを後悔するまで, 私は彼を許さない。

4. Mi revenos.　　　　　　　　　　　　[単語] re-veni もどる
5. ĝis mi revenos　　　　　　　　　　　atendi 待つ
6. Ĝis mi revenos, atendu min ĉi tie.　　ĉi tie ここで

[訳例] 4. 私はもどってきます。　5. 私がもどって来るまで
6. 私がもどって来るまで, ここで(私を)待っていなさい。

★ [**apenaŭ**] 「〜(する)とすぐ」[1]

1. **Apenaŭ** ŝi aŭdis lian voĉon, ŝi tuj ekkuris al la pordo.
2. Bela muziko eksonis, **apenaŭ** la novgeedzoj envenis la solenejon.

[単語] 1. aŭdi 聞く, voĉo 声, tuj すぐに, ek-kuri 駆けだす, al 〜へ, pordo ドア
2. bela 美しい, muziko 音楽, ek-soni 響きだす, nov-ge-edzoj 新郎新婦, en-veni 入って来る, solen-ejo 式場

[訳例]
1. (彼女は)[2] 彼の声を聞くとすぐ, 彼女はドアの所へ駆けだした。
2. (その)新郎新婦が(その)式場に入って来るとすぐ, 美しい音楽が響いてきた。

[練習 24-1]

斜体字の部分に注意して次の文を日本語に訳してください。【*KD】

1.* *Kiam* mi revidos ŝin, mi nepre pardonpetos ŝin pri mia malbona konduto.

---

[1] "apenaŭ" には,「かろうじて」という副詞の意味もあります。
[2] 主節と従節の主語が同じ人や物である場合, 日本語では, どちらかの主語を省略するのが普通です。この本では, どちらかの主語を( )に入れて示します。

2.* Koncentriĝu en la laboron, *dum* mi pretigas vespermanĝon.
3.* Vi restos stulta, *ĝis* la lasta momento de la mondo venos.
4.* *Apenaŭ* la hundo trovis la ŝteliston, ĝi tuj ĵetis sin al tiu.

[単語]
1. re-vidi 再会する, nepre 必ず, pardon-peti ~n ~の許しを乞う, pri ~について, mal-bona 悪い, konduto ふるまい
2. koncentr-iĝi 集中する, en ~に, laboro 仕事, pret-igi 用意する, vesper-manĝo 夕食
3. resti ~のままでいる, stulta 愚かな, la lasta 最後の, momento 瞬間, de ~の, mondo 世界, veni 来る
4. hundo 犬, trovi 発見する, ŝtel-isto どろぼう, ĝi それ, tuj すぐに, ĵeti sin 飛びかかる, tiu その人

[解答例] 1. (私は)彼女に再会する時に, 私は私の悪いふるまいについて必ず彼女の許しを乞うつもりだ。2. 私が夕食の用意をしているあいだ, (その)仕事に集中しなさい。3. 世界が最後の瞬間をむかえるまで, おまえは愚かなままだろう。4. その犬は, そのどろぼうを見つけるやいなや, (それは)すぐに(そのどろぼうに)飛びかかった。

[練習 24-2]

太字の部分に注意して, 次の文をエスペラントに訳してください。

1. 必ずその本を返しなさい。
2. あなたはそれを読み終わるだろう。
3. (あなたがそれを)読み終わった**時に**, 必ずその本を返しなさい。

[単語] 1. 必ず nepre, その la, 本 libro, 返す re-doni
2. あなた vi, それ ĝi, 読み終わる fin-legi

4. 鉄をきたえなさい。　　　　　[単語] 4. 鉄 fero, 鍛える forĝi
5. それは熱い。　　　　　　　　　　　5. それ ĝi, 熱い varm-ega
6. 鉄をきたえなさい, それが熱い**あいだに**。

7. 働きなさい。
8. あなたはその目標に達するだろう。

第24課 従属接続詞

9. (あなたが)(その)目標に達する**まで**, 働きなさい。
　　　　　　　［単語］7. 働く labori　8. 目標 celo, 達する atingi

10. 私は(列車に)乗り込んだ。
11. その列車は出発した。
12. 私が(列車に)乗り込む**とすぐ**, その列車は出発した。
　　　　　　　［単語］10. 私 mi, (列車に) 乗り込む en-vagon-iĝi
　　　　　　　　　　11. 列車 vagon-aro, 出発する ek-veturi

［解答例］1. Nepre redonu la libron.　2. Vi finlegos ĝin.
3. Nepre redonu la libron, *kiam* vi finlegos ĝin.　4. Forĝu feron.
5. Ĝi estas varmega.　6. Forĝu feron, *dum* ĝi estas varmega.
7. Laboru.　8. Vi atingos la celon.　9. Laboru, *ĝis* vi atingos la celon.
10. Mi envagoniĝis.　11. La vagonaro ekveturis.　12. *Apenaŭ* mi envagoniĝis, la vagonaro ekveturis.

＊　＊　＊

★ ［**antaŭ ol**］「〜(する)より前に」[1]

1. La lernantoj kaŝis ludilon, **antaŭ ol** la instruisto envenis la ĉambron.
2. Pretigu la dokumentojn, **antaŭ ol** mi atingos la oficejon.
　　　　　［単語］1. lern-anto 生徒, kaŝi 隠す, lud-ilo おもちゃ, instru-isto 教師, en-veni 入って来る, ĉambro 部屋
　　　　　　　　2. pret-igi 用意する, dokumento 書類, atingi 着く, ofic-ejo 事務所

［訳例］
1. その教師が部屋に入って来る前に, (その)生徒たちはおもちゃを隠した。
2. 私が(その)事務所に着く前に, その書類を(すべて)整えておきなさい。

---

[1] 前置詞 "antaŭ" には接続詞の働きがないので, "ol" なしで従属接続詞として用いることはできません。

★ [post kiam] 「〜(した)あと」[1]

1. **Post kiam** li aliĝis al nia klubo, nia konversacio fariĝis tre gaja.
2. Lia sanstato mirinde pliboniĝis, **post kiam** li ekpraktikis la gimnastikon.

> [単語] 1. al-iĝi 参加する, al 〜に, klubo クラブ, konversacio 会話, far-iĝi 〜になる, tre とても, gaja 楽しい
> 2. san-stato 健康状態, mir-inde 驚くほど, pli-bon-iĝi 良くなる, ek-praktiki (実行し)始める, gimnastiko 体操
>
> [訳例] 1. 彼が私たちのクラブに加わってから, 私たちのおしゃべりがとても楽しくなった。
> 2. (彼が)その体操を始めてからというもの, 彼の健康状態は驚くほど良くなった。

★ [de kiam] 「〜(して)から」

1. Rapide pasis ok jaroj, **de kiam** mi transloĝiĝis en tiun ĉi urbon.
2. **De kiam** mi naskiĝis, mi daŭre loĝas en tiu ĉi urbo.

> [単語] 1. rapide 速く, pasi 過ぎる, ok 八, jaro 年, trans-loĝ-iĝi 移り住む, en ~n 〜(の中)へ, tiu ĉi この, urbo 町
> 2. nask-iĝi 生まれる, daŭre ずっと, loĝi 住んでいる, en 〜(の中)に
>
> [訳例] 1. 私がこの町へ移り住んでから, 八年がまたたくまに過ぎた。
> 2. (私は) 生まれてからずっと, 私はこの町に住んでいます。

[練習 24-3]

斜体字の部分に注意して次の文を日本語に訳してください。【*KD】

1.* Atente tralegu la demandon, *antaŭ ol* vi skribos respondon.
2.* *Post kiam* ni enkondukis novan sistemon, la malfacilaĵoj malaperis.

---

[1] "post ol" を用いることもできます。

1. **Post ol** li aliĝis al nia klubo, nia konversacio fariĝis tre gaja.
2. Lia sanstato mirinde pliboniĝis, **post ol** li ekpraktikis la gimnastikon.

第24課 従属接続詞

   3.* *De kiam* li ekverkis novan romanon, pasis kelkaj monatoj.
           ［単語］1. atente 注意深く, tra-legi 読み通す, demando 質問, skribi 書く, respondo 答え
                  2. en-konduki 導入する, nova 新しい, sistemo システム, mal-facil-aĵo 困難, mal-aperi 消える
                  3. ek-verki 著述を始める, romano 長編小説, pasi 過ぎる, kelka いくつかの, monato 月
   ［解答例］1. 答えを書くまえに, 注意深く(その)問題を読みなさい。2. 新しいシステムを導入してから, (その)トラブルは(すべて)なくなった。3. 彼が新しい長編小説を書き始めてから, 数か月が過ぎた。

［練習 24-4］

太字の部分に注意して, 次の文をエスペラントに訳してください。

1. 立ち去れ。
2. おれの怒りは爆発するだろう。
3. おれの怒りが爆発**する前に**立ち去れ。　　［単語］1. 立ち去る for-iri
                                   2. おれの mia, 怒り kolero, 爆発する eksplodi
4. 彼はその部屋を出た。
5. 私たちは笑いだした。
6. 彼がその部屋を出た**あとで**, 私たちは笑いだした。
            ［単語］4. 彼 li, 部屋 ĉambro, 〜から出る iri el
                      5. 私たち ni, 笑いだす ek-ridi

   ［解答例］1. Foriru. 2. Mia kolero eksplodos. 3. Foriru, *antaŭ ol* mia kolero eksplodos. 4. Li iris el la ĉambro. 5. Ni ekridis. 6. *Post kiam* li iris el la ĉambro, ni ekridis.

24.3 原因/理由

★ [ĉar]「〜なので」

1. La muzeo estas tre granda.
2. ĉar la muzeo estas tre granda
3. Ĉar la muzeo estas tre granda, vi bezonas kelkajn tagojn por vidi ĉion.

[単語] muzeo 博物館, tre とても, granda 大きい, bezoni 必要である, kelka いくつかの, tago 日, por 〜するために, vidi 見る, ĉio すべて

[訳例] 1. その博物館はとても大きい。
2. その博物館はとても大きいので
3. その博物館はとても大きいので, (あなたが)すべてのものを見るのに数日かかる。

4. La afero estas urĝa.　　　　　　[単語] afero 事
5. ĉar la afero estas urĝa　　　　　urĝa 急を要する
6. Rapidu, ĉar la afero estas urĝa.　rapidi 急ぐ

[訳例] 4. (その)事は急を要する。
5. (その)事は急を要するので
6. (その)事は急を要するので急ぎなさい。

★ [tial, ke 〜]「〜なので」

1. Ne eligu bruojn.
2. Ne eligu bruojn **tial, ke** mia infano estas malsana sur la lito.

[単語] Ne -u 〜するな, el-igi 出す, bruo 雑音, infano 子ども, mal-sana 病気の, sur 〜の上, lito 寝台/ベッド

[訳例] 1. 音をたてないで。
2. 私の子どもが病気で寝ているので, 音をたてないで。

3. Mi ne aŭdas vin.
4. Mi ne aŭdas vin **tial, ke** vi parolas tro mallaŭte.

第24課 従属接続詞

[単語] aŭdi ~n ～の言うことが聞こえる, paroli しゃべる, tro あまりにも, mal-laŭte 小声で

[訳例] 3. 私はあなたの言うことが聞こえません。
4. あなたはとても小さな声で話すので, 私はあなたの言うことが聞こえません。

[練習 24-5]

斜体字の部分に注意して次の文を日本語に訳してください。【*KD】

1.* Mi tranoktos en la oficejo hodiaŭ, *ĉar* mi maltrafis la lastan trajnon.
2.* Ni povis havi agrablan tempon *tial, ke* vi vizitis nin.

[単語] 1. tra-nokti 泊まる, en ～に, ofic-ejo 事務所, hodiaŭ 今日, mal-trafi 乗り遅れる, la lasta 最終の, trajno 列車
2. povi ～できる, havi 持つ, agrabla ここち良い, tempo 時間, viziti 訪問する

[解答例] 1. (私は)最終列車に乗り遅れたので, 今日私は(この)事務所に泊まります。 2. あなたがたが訪問してくれたので, 私たちはここち良い時を過ごすことができました。

[練習 24-6]

太字の部分に注意して, 次の文をエスペラントに訳してください。

1. たくさん学びなさい。
2. 人生は短い。
3. たくさん学びなさい。人生は短い**のだから**。

[単語] 1. たくさん multe, 学ぶ lerni
2. 人生 la vivo, 短い mal-longa

[解答例] 1. Lernu multe. 2. La vivo estas mallonga. 3. Lernu multe, *ĉar* la vivo estas mallonga. / Lernu multe *tial, ke* la vivo estas mallonga.

24.4 譲歩

★ [kvankam]「～だけれども」

1.   Mi estas malriĉa.
2. **kvankam** mi estas malriĉa
3. **Kvankam** mi estas malriĉa, mi ne estas malfeliĉa.

    [単語] mal-riĉa 貧乏な, mal-feliĉa 不幸な

[訳例] 1. 私は貧しい。
    2. 私は貧しいけれど
    3. 私は貧しいけれど, (私は)不幸ではありません。

4.   Mi ne lernis multe.
5.   **kvankam** mi ne lernis multe
6. Mi sukcesis en la ekzameno, **kvankam** mi ne lernis multe.

    [単語] lerni 勉強する, multe たくさん,
    sukcesi 合格する, en ～で, ekzameno 試験

[訳例] 4. 私はたくさん勉強したわけではない。
    5. 私はたくさん勉強したわけではないけれど
    6. 私はたくさん勉強したわけではないけれど, (私は)その試験に合格しました。

★ [ki-- ajn] 相関詞と原形副詞 "ajn" を組み合わせて、譲歩「なにが～しても/だれが～としても」を表わすことができます。[1]

- kio ajn   なにが～しようとも   ・kion ajn   なにを～しようとも
- kiu ajn   だれが～しようとも   ・kiun ajn   だれを～しようとも
- kie ajn   どこで～しようとも   ・kien ajn   どこへ～しようとも
- kia ajn   どんな～であろうとも
- kiam ajn   いつ～であろうとも
- kiel ajn   どのように～であろうとも
- kiom ajn   どれほど～であろうとも

---

[1] "io ajn, iu ajn iam ajn..." との違いに注意しましょう。第20課266ページ参照。

第24課 従属接続詞

1. **Kion ajn** li diros, mi ignoros lin.
2. **Kiu ajn** vi estas, vi devas obei la leĝon.
3. **Kia ajn** estos nia estonteco, ni iru sur la nuna vojo.
4. **Kien ajn** la leporo kaŝos sin, ni nepre kaptos ĝin.

　　［単語］1. diri 言う, ignori 無視する
　　　　　2. devi 〜ねばならぬ, obei 〜n 〜に従う, leĝo 法律
　　　　　3. est-ont-eco 未来, iri 行く, sur 〜の上, nuna 今の, vojo 道
　　　　　4. leporo 野ウサギ, kaŝi sin 隠れる, nepre 必ず, kapti 捕まえる

　　［訳例］1. 彼がなにを言おうとも, 私は彼を無視するつもりだ。
　　　　　2. あなたがなにものであろうとも, (あなたは)その法には従わねばならぬ。
　　　　　3. (私たちの)未来がどのようなものであろうとも, 私たちは(今の)この道を進もう。
　　　　　4. あの野ウサギがどこに隠れようとも, 私たちは(それを)必ず捕まえてやる。

［練習 24-7］

斜体字の部分に注意して次の文を日本語に訳してください。【*KD】

1.* Mi ne povis atingi la celon, *kvankam* mi faris ĉion eblan.
2.* *Kiam ajn* okazos fajro, ni estas pretaj por tuj ekiri.
3.* *Kiel ajn* oni traktos vin, vi ne perdu rideton sur via vizaĝo.

　　［単語］
　　　　1. povi 〜できる, atingi 到達する, celo 目的, fari 行う, ĉio すべてのこと, ebla 可能な
　　　　2. kiam いつ, okazi 起こる, fajro 火事, preta 用意のできた, por 〜ために, tuj すぐに, ek-iri 出発する
　　　　3. kiel どのように, oni 一般人称, trakti あつかう, perdi 失う, rid-eto ほほえみ, sur 〜(の上)に, vizaĝo 顔

［解答例］1. (私は)できることはすべてやったけど, 私は(その)目的を達することはできなかった。2. 火事がいつ起ころうとも, 私たちは出

動の用意ができています。3. あなたがどのように扱われようとも，(あなたは)あなたの顔にほほえみを絶やしてはなりません。

[練習 24-8]

太字の部分に注意して，次の文をエスペラントに訳してください。

1. 私はそのことを彼に提案した。
2. 彼は受け入れなかった。
3. 私はそのことを彼に提案した**けれど**，彼は受け入れなかった。

> [単語] 1. 私は mi, そのこと tio, 提案する proponi 彼 li, 〜に al 2. 受け入れる akcepti, 〜ない ne

4. 君は努力するだろう。
5. 今週中にはその仕事は終わらないだろう。
6. 君が どれほど 努力**しようと**，今週中にはその仕事は終わらないだろう。

> [単語] 4. 君 vi, 努力する klopodi 5. 今週中には en tiu ĉi semajno, 仕事 laboro, 終わる fin-iĝi 6. どれほど〜とも kiom ajn

[解答例] 1. Mi proponis tion al li. 2. Li ne akceptis. 3. *Kvankam* mi proponis tion al li, li ne akceptis. 4. Vi klopodos. 5. La laboro ne finiĝos en tiu ĉi semajno. 6. *Kiom ajn* vi klopodos, la laboro ne finiĝos en tiu ĉi semajno.

24.5 条件

★ [se] 「(もし)〜(する)ならば」

1. Vi lernos nur dum du horoj ĉiutage.
2. **se** vi lernos nur dum du horoj ĉiutage
3. Vi akiros bonajn poentojn, **se** vi lernos nur dum du horoj ĉiutage.

> [単語] lerni 勉強する, dum 〜の間, nur 〜だけ, du 二, horo 時間, ĉiu-tage 毎日, akiri 手にいれる, bona 良い, poento 得点

第24課 従属接続詞

[訳例] 1. 君は毎日二時間だけ勉強するだろう。
2. 君は毎日二時間だけ勉強すれば
3. 君は毎日二時間だけ勉強すれば, (君は)良い点がとれるでしょう。

4. Brulas nenio.　　　　　　　　　　[単語] bruli 燃える
5. **se** brulas nenio　　　　　　　　　nenio なにも〜ない
6. Se brulas nenio, fumo ne leviĝas.　fumo 煙, lev-iĝi のぼる

[訳例] 4. なにも燃えていない。　5. なにも燃えていなければ
6. 火のない所に煙はたたず。(← なにも燃えていなければ煙はのぼらない)

24.6 様子/量/そのほか

★ [**tiel..., ke** 〜] 「〜(する)ほど...」

1. La urbo **tiel** ŝanĝiĝis, **ke** mi ne povis trovi mian iaman loĝlokon.
2. La novaĵo estis **tiel** surpriza, **ke** mia spiro momente haltis.
3. La tertremo atakis la urbon **tiel** forte, **ke** preskaŭ ĉiuj konstruaĵoj falis.

[単語] 1. urbo 町, ŝanĝ-iĝi 変わる povi 〜できる, trovi 見つける, iama かつての, loĝ-loko 住んでいた所
2. nov-aĵo ニュース, surpriza 思いがけない, spiro 息, momente 一瞬, halti 止まる
3. ter-tremo 地震, ataki 襲う forte 激しく, preskaŭ ほとんど, ĉiuj すべての, konstru-aĵo 建てもの, fali 倒れる

[訳例]
1. その町は, 私がかつて住んでいた所が見つけられないほど変わっていた。
2. そのニュースは, 一瞬(私の)息が止まるほど思いがけないものだった。
3. その地震は, ほとんどすべての建てものが倒壊するほどはげしく, その都市を襲った。

24.6 様子/量/そのほか

★ [**tiom...**, **ke** 〜] 「〜(する)ほど(の量/数の)...」

1. Flugis **tiom** multe da birdoj, **ke** la ĉielo fariĝis griza.
2. Restas al ni **tiom** malmulte da manĝaĵo, **ke** ni povas teni la vivon nur dum kelkaj tagoj.

　　　［単語］1. flugi 飛ぶ, multe da たくさんの, birdo 鳥, la ĉielo 空, far-iĝi 〜になる, griza 灰色の
　　　　　　2. resti 残っている, al 〜に, mal-multe da 少しの量の, manĝ-aĵo 食料, povi 〜できる, teni 維持する, vivo 生活, nur 〜だけ, dum 〜の間, kelka いくつかの, tago 日

　　　［訳例］1. 空が灰色になってしまうほどたくさんの鳥が飛んでいた。
　　　　　　2. あと数日間しか(その)生活を維持することができないほどのわずかの食料しか, 私たちには残っていない。

[練習 24-9] ─────────────────

斜体字の部分に注意して次の文を日本語に訳してください。【*KD】

1.* *Se* vi pagos nur mil enojn aldone, vi povas ĝui pli bonan servon.
2.* La akvo de la lago estis *tiel* pura, *ke* oni povis vidi la fundon.

　　　［単語］
　　　　1. pagi 支払う, nur 〜だけ, mil 千, eno 円, al-done 追加して, povi 〜できる, ĝui 享受する/受ける, pli bona より良い, servo サービス
　　　　2. akvo 水, de 〜の, lago 湖, pura きれいな, oni 一般人称, vidi 見る, fundo 底

　　　　　　［解答例］1. (あなたが)千円だけ追加して払えば, あなたはより良いサービスを受けることができます。2. その湖の(その)水は, 底が見えるほどきれいだった。

[練習 24-10] ─────────────────

太字の部分に注意して, 次の文をエスペラントに訳してください。

1. あなたはまだ空腹です。
2. あなたは私の分を食べていい。

第24課 従属接続詞

3. **もし**あなたがまだ空腹**なら**, (あなたは)私の分を食べていい。

[単語] 1. あなた vi, まだ ankoraŭ, 空腹な mal-sata
2. 私の mia, 分 porcio, 食べる manĝi, 〜してよい rajti

4. 気温は高かった。
5. 汗が私のからだ全体をぬらした。(= 汗だくになった)
6. 気温**が** とても高**くて**, 全身が汗だくになった。

[単語] 4. 気温 la temperaturo, 高い alta
5. 汗 ŝvito, 私の mia, からだ全体 tuta korpo, ぬらす mal-sek-igi

[解答例] 1. Vi estas ankoraŭ malsata. 2. Vi rajtas manĝi mian porcion. 3. *Se* vi estas ankoraŭ malsata, vi rajtas manĝi mian porcion. 4. La temperaturo estis alta. 5. Ŝvito malsekigis mian tutan korpon. 6. La temperaturo estis *tiel* alta, *ke* ŝvito malsekigis mian tutan korpon.

24.7 同格

★ [**ke**] 従属接続詞 "ke"「〜という…」が導く名詞節で, うしろから前の名詞を説明することができます。[1]

1. *fakto*, **ke** la tero rondiras ĉirkaŭ la suno
2. *propono*, **ke** mi pagu la sumon
3. *plano*, **ke** oni sendos homojn sur la lunon

[単語] 1. fakto 事実, la tero 地球, rond-iri まわる, ĉirkaŭ 〜のまわり, la suno 太陽
2. propono 提案, pagi 支払う, sumo 合計金額
3. plano 計画, oni 一般人称, sendi 送る, homo 人間, sur 〜n 〜の上へ, la luno 月

[訳例] 1. 地球が太陽のまわりをまわっているという*事実*
2. 私がその合計金額を払おうという*提案*
3. 月(の上)へ人間を送り込もうという*計画*

---

[1] 第16課4項, 207ページ参照。

24.7 同格

1. Preskaŭ ĉiuj homoj kredas la *fakton*, **ke** la tero rondiras ĉirkaŭ la suno.
2. Mia *propono*, **ke** mi pagu la sumon, estis akceptita.
3. La *plano*, **ke** oni sendos homojn sur la lunon, efektiviĝis en la dudeka jarcento.

　　［単語］
　　1. preskaŭ ほとんど, ĉiuj すべての, homo 人間, kredi 信じる
　　2. akcept-ita 受けいれられた
　　3. efektiv-iĝi 実現する, en ～に, la du-deka jar-cento 二十世紀

　［訳例］
　1. 地球が太陽のまわりをまわっているという(その)事実を, ほとんどすべての人間が信じている。
　2. 私がその合計金額を払おうという私の提案は, 受け入れられた。
　3. 月に人間を送り込もうという(その)計画は, 二十世紀に実現した。

★ ［**tio, ke** ～］ "ke" が導く名詞節は, 指示代名詞 "tio" をうしろから説明することもできます。

1. *tio*, **ke** li fariĝis kosmonaŭto
2. *tio*, **ke** komputilo eksplode populariĝis
3. *tio*, **ke** ni povu labori komforte

　　　　［単語］1. tio こと, far-iĝi ～になる, kosmonaŭto 宇宙飛行士
　　　　　　　 2. komput-ilo コンピューター, eksplode 爆発的に, popular-iĝi 普及する
　　　　　　　 3. povi ～できる, labori 働く, komforte 快適に

　　　　［訳例］1. 彼が宇宙飛行士になった(という)こと
　　　　　　　 2. コンピューターが爆発的に普及した(という)こと
　　　　　　　 3. 私たちが快適に働くことができるように(という)こと

★ ［前置詞+**tio, ke** ～］ 前置詞 "pro, por, pri" と "tio, ke ～" を組み合わせて, 原因や目的, 関与を表現することができます。【*KD】

第24課 従属接続詞

                                                                            [前置詞]

1. *pri tio, ke* li fariĝis kosmonaŭto　　　　pri 〜について(関与)
2. *pro tio, ke* komputilo eksplode popularigis　pro 〜ゆえ(原因)
3. *por tio, ke* ni povu labori komforte [1]　　por 〜のために(目的)

[訳例]
  1. 彼が宇宙飛行士になった(という)ことについて
  2. コンピューターが爆発的に普及したので(← 普及したということゆえ)
  3. 私たちが快適に働くことができるように(← 働くことができるために)

1.* Ĉu vi informiĝis pri tio, ke li fariĝis kosmonaŭto?
2.* Nia vivstilo mirinde ŝanĝiĝis pro tio, ke komputilo eksplode
   popularigis en la lastaj jaroj.
3.* La kompanio enkondukis la novan maŝinon por (tio,) ke ni povu
   labori komforte.

        [単語] 1. inform-iĝi 知らせを受ける
                2. viv-stilo 生活様式, mir-inde 驚くほど,
                   ŝanĝ-iĝi 変わる, en la lastaj jaroj 近年
                3. kompanio 会社, en-konduki 導入する,
                   nova 新しい, maŝino 機械

   [訳例] 1. 彼が宇宙飛行士になったことを知っていますか。
          2. コンピューターが近年爆発的に普及したことにより,
             私たちの生活様式は驚くほど変化した。
          3. (その)会社は私たちが快適に働くことができるように,
             その新しい機械を導入した。

★ [ĉu] 従属接続詞 "ĉu"「〜かどうか(という)…」が導く名詞節も, うしろから前の名詞や指示代名詞 "tio" を説明することができます。
【*KD】

  1. *suspekto*, ĉu li mensogas
  2. *demando*, ĉu la kosmo estas senfina

---

[1] "por tio, ke" では "tio," が省略されることがあります。 3. por (tio,) ke ni povu labori komforte

3. *timo*, **ĉu** denove okazos granda tertremo
4. *tio*, **ĉu** li estas hejme
5. *tio*, **ĉu** la moderna vivo vere donas feliĉon al ni

  ［単語］1. suspekto 疑い, mensogi うそをつく
    2. demando 疑問, la kosmo 宇宙, sen-fina 果てのない
    3. timo 不安, de-nove 再び, okazi 起こる, granda 大きな, ter-tremo 地震
    4. tio こと, esti いる, hejme 家に
    5. moderna 近代的な, vivo 生活, vere 本当に, doni 与える, feliĉo 幸福, al 〜に

  ［訳例］1. 彼がうそをついているのではないかという疑い
    2. 宇宙に果てはないのかという疑問
    3. 再び大きな地震が起こるのではないかという不安
    4. 彼が家にいるかということ
    5. 近代的な生活が，私たちに本当に幸福もたらしているかどうかということ

1.* Mi ne povas forviŝi la suspekton, ĉu li mensogas.
2.* La demando, ĉu la kosmo estas senfina, ankoraŭ ne estas solvita.
3.* Atakis nin la timo, ĉu denove okazos granda tertremo.
4.* Unue vi devas certigi tion, ĉu li estas hejme.
5.* Ni pensu pri tio, ĉu la moderna vivo vere donas feliĉon al ni.

  ［単語］1. povi 〜できる, for-viŝi ぬぐいさる
    2. ankoraŭ まだ, solv-ita 解決した
    3. ataki 襲う
    4. unue まず, devi 〜ねばならぬ, cert-igi 確かめる
    5. pensi 考える, pri 〜について

 ［訳例］
  1. 彼がうそをついているのではないかという(その)疑いを，私はぬぐいされない。
  2. 宇宙に果てはないのかという(その)疑問は，まだ解決されていない。

第24課 従属接続詞

3. 再び大きな地震が起こるのではないかという(その)不安が私たちを襲った。
4. 彼が家にいるかということを，あなたはまず確かめるべきだ。
5. 近代的な生活が，私たちに本当に幸福をもたしているかどうかということについて考えてみましょう。

［練習 24-11］

次の日本語の表現や文を，エスペラントに訳してください。

1. その希望
2. 彼が間もなく回復するだろうという(その)希望
3. 彼が間もなく回復するだろうという(その)希望が，私たちを勇気づけた。　　［単語］1. その la, 希望 espero　2. 彼 li, 間もなく baldaŭ 回復する re-san-iĝi　3. 私たち ni, 勇気づける kuraĝ-igi
4. その不安を
5. 核戦争が起こるかも知れないという(その)不安を
6. 核戦争が起こるかも知れないという(その)不安を，私たちは無視できない。　　［単語］4. 不安 timo　5. 核戦争 nuklea milito 起こるかも知れない eblas okazi 6. 無視する ignori, ～できる povi, ～ない ne
7. ことについて
8. 彼女がその約束を果たすかということについて
9. 彼女がその約束を果たすかということについて，私は責任を持たない。　　［単語］7. こと tio, ～について pri 8. 彼女 ŝi, 約束 promeso, 果たす plen-umi 9. 責任を持つ respond-eci

［解答例］1. la espero　2. la espero, ke li baldaŭ resaniĝos
3. La espero, ke li baldaŭ resaniĝos, kuraĝigis nin.　4. la timon
5. la timon, ĉu eblas okazi nuklea milito　6. Ni ne povas ignori la timon, ĉu eblas okazi nuklea milito.　7. pri tio　8. pri tio, ĉu ŝi plenumos la promeson　9. Mi ne respondecas pri tio, ĉu ŝi plenumos la promeson.

第 25 課　仮定法

■現実に反する事実「もしも〜だったら」や，実現の可能性のない願望「もしも〜できれば」などが表現できるようになります。

25.1　仮定法の形

★ ［仮定法］動詞の不定形語尾 "i" を "us" に交換した形を「仮定法」といいます。

不定形 -i	仮定法 -us
esti　〜であること	estus　〜であるならば
skribi　書くこと	skribus　書くとすれば

［練習 25-1］

次の動詞の仮定法と，その意味を書いてください。

1. havi　持っていること　　2. aĉeti　買うこと
3. halti　止まること　　　　4. provi　試してみること

　　［解答例］1. havus 持っているなら　2. aĉetus 買うなら　3. haltus 止まるとすれば　4. provus 試してみるとすれば

25.2　仮定法の用法

★ ［仮定法の意味］仮定法は，実現の可能性のないことがらや，現実に反することがらを表現します。従属接続詞 "se"「もし〜ならば」や "kvazaŭ"「まるで〜のように」が使われることが多いです。

1.　　Mi havas flugilojn.
2.　se mi **havus** flugilojn

第25課 仮定法

3. Se mi **havus** flugilojn, mi **povus** vidi la teron de supre.
  　［単語］havi 持っている, flug-ilo つばさ, povi 〜できる, vidi 見る, la tero 地球, de supre 上から
  　　［訳例］1. 私にはつばさがある。
  　　　　　2. もしも私につばさがあったなら
  　　　　　3. もしも私につばさがあったなら, 地球を上から見ることができるのに。
4. 　　　　　　Mi estas malsanulo.
5. 　　　　　kvazaŭ mi **estus** malsanulo [1]
6. Ili traktis min, kvazaŭ mi **estus** malsanulo.
  　　　　　　　　［単語］mal-san-ulo 病人, ili 彼ら, trakti 扱う
  　　［訳例］ 4. 私は病人だ。
  　　　　　5. 私がまるで病人であるかのように
  　　　　　6. 彼らは, 私がまるで病人であるかのように扱った。

★［仮定と条件］「仮定」と「条件」ということばを, 次のように使い分けています。

  ・仮定 ………… 実在しない／実現の可能性がない
  ・条件 ………… 実在することもある／実現の可能性がある

1. Se vi **plenumus** la taskon, mi **manĝus** supon per la okuloj. ［仮定］
2. Se vi **plenumos** la taskon, mi **donacos** brakhorloĝon al vi. ［条件］
  　　［単語］1. plen-umi 達成する, tasko 課題, manĝi 食べる, supo スープ, per 〜で, okulo 目
  　　　　　2. donaci 進呈する, brak-horloĝo 腕時計, al 〜に
［訳例］
  1. もしおまえがその課題を達成するなんてことがあれば, おれは(この)目でスープを食ってやる。
  2. もし君がその課題を達成したら, 私は(君に)腕時計を進呈しよう。

---

[1] 従属接続詞 "kvazaŭ"「まるで〜のように」が導く節の中の動詞は, 必ず仮定法 "-us" になります。

[練習 25-2]

斜体字の部分に注意して次の文を日本語に訳してください。【*KD】

1.* Se mi *estus* en via situacio, mi ne *obeus* tian ordonon.
2.* Eĉ se la tuta mondo *kontraŭus* min, mi ne *cedus* mian opinion.
3.* Oni evitas lin, kvazaŭ li *havus* dornojn sur la tuta korpo.

[単語] 1. esti 〜にいる, en 〜(の中)に, situacio 立場, obei ~n 〜に従う, tia そんな, ordono 命令
2. eĉ se たとえ〜としても, la tuta すべての, mondo 世界, kontraŭi 反対する/対立する, cedi 撤回する, opinio 意見
3. oni 一般人称, eviti 避ける, havi 持っている, dorno とげ, sur 〜の上, la tuta 全体, korpo からだ

[解答例] 1. もしも私があなたの立場だったら, 私はそんな命令には従わない。2. たとえ世界中が反対しても, 私は自分の意見を撤回するつもりはない。3. 彼は, まるで(その)からだ全体にとげがあるかのように, 避けられている。

[練習 25-3]

次の文をエスペラントに訳してください。

1. 私は百万長者である。
2. 私はあなたに巨大なダイヤモンドを進呈するだろう。
3. もしも私が百万長者だったら, (私は)あなたに巨大なダイヤモンドを進呈するのだが。

[単語] 1. 私 mi, 百万長者 milion-ulo, 〜である esti
2. あなた vi, 〜に al, 巨大 grand-ega, ダイヤモンド diamanto, 進呈する donaci 3. もしも se

4. あなたは泣いて許しを乞うだろう。
5. 私は決してあなたを許さないだろう。
6. たとえあなたが泣いて許しを乞うたとしても, 私は決してあなたを許さない。

[単語] 4. 泣いて plore, 許しを乞う pardon-peti
5. 決して〜ない neniam, 許す indulgi

第25課 仮定法

6. たとえ〜としても eĉ se
7. 彼はふるまった。
8. 彼はその事実を知らない。
9. まるで(彼は)その事実を知らないかのように, 彼はふるまった。

［単語］7. 彼 li, ふるまう konduti
8. その la, 事実 fakto, 知っている scii, 〜ない ne
9. まるで〜のように kvazaŭ

［解答例］1. Mi estas milionulo. 2. Mi donacos al vi grandegan diamanton. 3. Se mi estus milionulo, mi donacus al vi grandegan diamanton. 4. Vi plore pardonpetos. 5. Mi neniam indulgos vin. 6. Eĉ se vi plore pardonpetus, mi neniam indulgus vin. 7. Li kondutis. 8. Li ne scias la fakton. 9. Li kondutis, kvazaŭ li ne scius la fakton.

25.3 仮定法と時制

★［仮定法と時制］適切な副詞や句をそえれば, 未来の時点での仮定や, 過去の事実に反する仮定が表現できます。

・未来

1. Se mi *fariĝus* kosmonaŭto **iam**, mi *povus* vidi la teron de la marso.
2. Se li *gajnus* grandan sumon **en la venonta loterio**, li ne *donus* al mi eĉ unu enon.

［単語］1. far-iĝi 〜になる, kosmonaŭto 宇宙飛行士, iam いつか, povi 〜できる, vidi 見る, la tero 地球, la marso 火星
2. gajni 獲得する, granda 大きな, sumo 金額, en 〜で la venonta 次の, loterio 宝くじ, doni くれる, al 〜に, eĉ 〜でさえ, unu 一, eno 円

［訳例］1. もしも(私が)いつか宇宙飛行士になるようなことがあれば, 私は火星から地球を見ることができるだろうに。
2. もしも(彼が)次の宝くじで大金を手にするようなことがあったとしても, 彼は私に一円もくれないだろう。

25.3 仮定法と時制

・過去

3. Se mi *konatiĝus* kun vi **pli frue**, mia vivo *fariĝus* tute alia.
4. Se mi *lernus* intensive **antaŭ la lasta ekzameno**, la rezulto ne *estus* tiel mizera.

   [単語]
   3. kon-at-iĝi 知り合う, kun ～と, pli もっと, frue 前に, vivo 生活, far-iĝi ～になる, tute まったく, alia 違った
   4. lerni 勉強する, intensive 熱心に, antaŭ ～の前, la lasta この前の, ekzameno 試験, rezulto 結果, tiel そんなに, mizera みじめな

   [訳例] 3. もしも私があなたにもっと前に出会っていれば, 私の人生はまったく違ったものになっていたであろう。
   4. 今度の試験の前にもっと熱心に勉強しておけば, (その)結果はこんなみじめなものにならなかったろうに。

★ [**estus** + **-inta**] 表現は重苦しくなりますが, 過去の時点での事実に反する仮定は "estus" と分詞形容詞 "-inta" を用いて, もっと厳密に表現できます。

3. Se mi **estus konatiĝinta** kun vi pli frue, mia vivo **estus fariĝinta** tute alia.
4. Se mi **estus lerninta** intensive antaŭ la lasta ekzameno, la rezulto ne estus tiel mizera.

★ [**estus** + **-ita**] 過去の時点での受け身の仮定も, "estus" と受け身の分詞形容詞 "-ita" を用いて表現できます。

1. Se la pordo **estus ŝlosita**, la ŝtelistoj ne estus povintaj eniri la domon.
2. La malvarmo de la nokto estis tiel terura, kvazaŭ ni **estus lasitaj** en la norda poluso.

   [単語] 1. pordo 戸, ŝlosi 鍵をかける, ŝtel-isto どろぼう, povi ～できる, en-iri ~n ～に入る, domo 家
   2. mal-varmo 寒さ, nokto 夜, tiel 非常に, terura すさまじい, lasi 置き去りにする, en ～に, la norda poluso 北極

第25課 仮定法

> ［訳例］1. もしもあの戸に鍵がかけてあったなら，どろぼうたちは家に侵入しなかっただろうに。
> 2. その夜の寒さは，まるで私たちが北極に置き去りにされたかのようにすさまじかった。

［練習 25-4］

斜体字の部分に注意して，次の文を日本語に訳してください。

1. Se mi ne *estus dirinta* tian absurdaĵon, ŝi ankoraŭ estus apud mi.
2. Li fariĝis pala, kvazaŭ li *estus perdinta* la tutan sangon.
3. Se ni *estus naskitaj* en la dek-oka jarcento, ni *estus povintaj* sperti grandan aventuron.

> ［単語］1. diri 言う, tia そんな, absurd-aĵo 非常識なこと, ankoraŭ まだ, esti いる, apud ～のかたわらに
> 2. far-iĝi ～になる, pala 青白い, perdi 失う, la tuta 全部の, sango 血
> 3. naski 生む, en ～に, la dek-oka jar-cento 十八世紀, povi ～できる, sperti 体験する, granda 大きな, aventuro 冒険

> ［解答例］1. もしも私があんな非常識なことを言っていなければ，彼女はまだ私のそばにいただろうに。2. (彼は)まるで血液を全部失ったかのように，彼は青白くなった。3. もしも私たちが十八世紀に生まれていたら，(私たちは)大冒険を体験できただろうに。

［練習 25-5］

次の文をエスペラントに訳してください。

1. もしもあの戦争が起こらなければ，その国は二つに分けられなかっただろう。　［単語］もしも se, あの/その la, 戦争 milito 起こる okazi, 国 lando, 二つに分ける dividi en du partojn

2. もしもその事件が詳細に調査されていたら，そのまちがいはくりかえされていなかったろう。　［単語］事件 afero, 詳細に detale 調査する esplori, まちがい eraro くりかえされる esti ripet-ita, ～ない ne

[解答例] 1. Se la milito ne estus okazinta, la lando ne estus dividita en du partojn. 2. Se la afero estus detale esplorita, la eraro ne estus ripetita.

25.4 婉曲表現

★ [婉曲表現] 仮定法を用いて，相手への依頼を婉曲に表現することができます。【*KD】

1.* Ĉu vi **bonvolus** sciigi al mi la vojon al la urbodomo?
2.* Ĉu mi **rajtus** demandi vin?
3.* Ĉu mi **povus** preni tiun ĉi sidlokon?
4.* Ĉu vi **volus** skribi viajn respondojn en tiun ĉi enketilon?

  [単語] 1. bon-volu 〜してくださる, sci-igi 知らせる, al 〜に, vojo 道, urbo-domo 市役所
    2. rajti 〜してよい, demandi ~n 〜に質問する
    3. povi 〜できる, preni とる, tiu ĉi この, sid-loko 席
    4. volu 〜してくれる, skribi 書く, respondo 答え, en 〜に, enket-ilo アンケート用紙

  [訳例] 1. 市役所へ行く(その)道を教えてくださいませんか。
    2. (あなたに)質問させていただいてかまわないでしょうか。
    3. この席に座ってもよろしいでしょうか。
    4. このアンケート用紙に，あなたのお答えを記入していただけませんか。

第 26 課　比較

■「AはBよりも〜だ」や,「Cがもっとも〜だ」のように，人やものごとを比較する表現ができるようになります。

★ ［比較］比較とは，二つ以上のものを比べる表現です。

・比較級 ….. 二つのものを比べる
　　　　　　鉄は石**より**密度が**大きい**。
・最上級 ….. 三つ以上のものを比べる
　　　　　　水素と酸素と窒素では, 酸素の密度が**もっとも大きい**。
・等級 ……. 二つのものが同等であることを示す
　　　　　　窒素と空気の密度はほぼ**同じ**である。

26.1 比較級

★ ［**pli** +形容詞/副詞］原形副詞 "pli"「もっと」を前に添えると，形容詞や副詞の意味を強めることができます。これを比較級といいます。

 1. **pli** *alta* monto　　　　　　　［単語］alta 高い, monto 山
 2. **pli** *saĝa* besto　　　　　　　saĝa かしこい, besto 動物
 3. lerni **pli** *intensive*　　　　　　lerni 学ぶ, intensive 集中して
 4. kuri **pli** *rapide*　　　　　　　kuri 走る, rapide 速く

   ［訳例］ 1. もっと高い山　　　 2. もっとかしこい動物
       2. もっと集中して学ぶ　 3. もっと速く走る

★ ［比較級+ **ol**］従属接続詞 "ol"「〜より」と組み合わせて，二つのものを比較する表現ができます。【*KD】

 1.* Ĉimpanzo estas　　 saĝa.　　　　［単語］ĉimpanzo チンパンジー
 2.* Ĉimpanzo estas pli saĝa **ol** hundo.　　　　hundo 犬

   ［訳例］ 1. チンパンジーはかしこい。
       2. チンパンジーは犬より(もっと)かしこい。

3.* Gepardo kuras　　rapide.　　　　　　　［単語］gepardo チータ
4.* Gepardo kuras pli rapide **ol** leono.　　　　leono ライオン

  ［訳例］　3. チータは速く走る。
  　　　　　4. チータはライオンより(もっと)速く走る。

［練習 26-1］

斜体字の部分に注意して，次の文を日本語に訳してください。

1. Primitiva ilo estas iufoje multe *pli utila ol* moderna maŝino.
2. Nenio alia estas *pli valora ol* libero.
3. Viaj vortoj vundis min *pli akre ol* tranĉilo.
4. Kiu estas *pli obstina*, vi aŭ mi?
5. Parolu *pli laŭte*, mi petas.
6. Montru al mi *pli bonkvalitan* jakon, mi petas.

  ［単語］
  1. primitiva 原始的な, ilo 道具, iu-foje 時には, multe pli ずっと,
     utila 役だつ, moderna 現代的な, maŝino 機械
  2. nenio なにも〜ない, alia ほかの, valora 価値のある, libero 自由
  3. vorto ことば, vundi 傷つける, akre 鋭く, tranĉ-ilo ナイフ
  4. kiu だれ？, obstina がんこな
  5. paroli しゃべる, laŭte 大声で, peti 願う
  6. montri 見せる, al 〜に, bon-kvalita 質の良い, jako 上着, peti 願う

［解答例］1. 原始的な道具は，時として現代的な機械よりずっと役にたつことがある。2. 自由ほど(← 自由よりもっと)価値のあるものはなにもない。3. あなたのことばは，ナイフよりも(もっと)鋭く私を傷つけた。4. 君とぼくでは，どちらの方が(より)がんこだろう。5. もっと大きな声で話してください。6. もっと質の良い上着を見せてください。

［練習 26-2］

次の文をエスペラントに訳してください。

1. お金は価値がある。　　　　［単語］お金 mono, 価値がある esti valora
2. お金は忠告よりも(もっと)価値がある。　　　［単語］忠告 admono

第26課 比較

3. 私の夫は上手にパンを焼きます。
　　　　　［単語］私の mia, 夫 edzo, 上手に lerte, パン pano, 焼く baki
4. 私の夫は私より(もっと)上手にパンを焼きます。　　　［単語］私 mi
5. 私は濃いコーヒーが好きです。
　　　　　［単語］濃い forta, コーヒー kafo, 好き ami
6. 私はもっと濃いコーヒーが好きです。
7. もっと注意深くふるまいなさい。
　　　　　［単語］注意深く atente, ふるまう konduti

　［解答例］1. Mono estas valora. 2. Mono estas pli valora ol admono.
3. Mia edzo bakas panon lerte. 4. Mia edzo bakas panon pli lerte ol mi. 5. Mi amas fortan kafon. 6. Mi amas pli fortan kafon.
7. Kondutu pli atente.

＊　＊　＊

★ ［ol と格の一致］"ol" が接続詞なので「格の一致」に注意が必要です。【*KD】

1.* **Mi** trinkis bieron pli multe ol **vi**.　　　　［Mi 主格 ⇔ vi 主格］
2.* Mi trinkis **bieron** pli multe ol **vinon**.　　［bieron 対格 ⇔ vinon 対格］
　　　［単語］trinki 飲む, biero ビール, multe たくさん, vino ワイン
　　　［訳例］1. ぼくの方が君よりもたくさんビールを飲んだ。
　　　　　　　2. 私はワインよりもビールの方をたくさん飲んだ。

3.* **Mi** amas vin pli multe ol **ŝi**.　　　　　　　［Mi 主格 ⇔ ŝi 主格］
4.* Mi amas **vin** pli multe ol **ŝin**.　　　　　　［vin 対格 ⇔ ŝin 対格］
　　　［単語］ami 愛している, multe ずっと
　　　［訳例］3. あの女の人よりも私の方が, ずっとあなたを愛しています。
　　　　　　　4. ぼくは, 彼女よりも君の方がずっと好きだ。

★ それぞれ次の例文の ( ) の部分を省略したものと考えることができます。

1. **Mi** trinkis bieron pli multe ol **vi** (trinkis bieron).

- 344 -

2. Mi trinkis **bieron** pli multe ol (mi trinkis) **vinon**.
3. **Mi** amas vin pli multe ol **ŝi** (amas vin).
4. Mi amas **vin** pli multe ol (mi amas) **ŝin**.

26.2 最上級

★ ［**plej** + 副詞］副詞を原形副詞 "plej"「もっとも, いちばん」と組み合わせると, 副詞の最上級が作れます。

   1. salti **plej** alte　　　　　　　　　　［単語］salti 跳ぶ, alte 高く
   2. kuri **plej** rapide　　　　　　　　　　　kuri 走る, rapide 速く
  　　　　　　［訳例］1. もっとも高く跳ぶ　　2. もっとも速く走る

★ ［**la plej** + 形容詞］形容詞を, 原形副詞 "plej" と組み合わせると, 形容詞の最上級が作れます。形容詞の最上級は冠詞 "la" をともないます。

   1. **la plej** juna filo　　　　　　　　［単語］juna 若い, filo 息子
   2. **la plej** lerta metiisto　　　　　　　lerta 腕の良い, meti-isto 職人
　　　　　［訳例］1. 末息子(← もっとも若い息子)　2. もっとも腕の良い職人

★ ［最上級 + **el**］比較の対象となる人や物は, 前置詞 "el" が導く句で示します。「～のうちで」という表現に相当します。【*KD】

   1.* Kenta kuras　　　rapide.　　　　　［単語］kvin 五人の, knabo 少年
   2.* Kenta kuras plej rapide **el** la kvin knaboj.
  　　　［訳例］1. ケンタは速く走る。
　　　　　　　　　2. ケンタはその五人の少年たちのうちでもっとも速く走る。
   3.* S-ro Okano estas　　　lerta metiisto.
   4.* S-ro Okano estas la plej lerta metiisto **el** miaj konatoj.
　　　　　　　　　　　　　　　　［単語］s-ro (= sinjoro) ～さん
　［訳例］3. オカノさんは腕の良い職人です。
　　　　　4. オカノさんは, 私の知人たちの中でもっとも腕の良い職人です。

第26課 比較

★ ［最上級 + en］比較の範囲は，前置詞 "en" が導く句で示します。「～の中で，～で」という表現に相当します。【*KD】

1.* Kenta kuras plej rapide **en** la tuta urbo.
2.* S-ro Okano estas la plej lerta metiisto **en** la laborejo.

［単語］1. la tuta 全部の, urbo 町 2. labor-ejo 職場

［訳例］1. ケンタは町中でもっとも速く走る。
2. オカノさんは，その職場でもっとも腕の良い職人です。

［練習 26-3］

斜体字の部分に注意して，次の文を日本語に訳してください。

1. Basbalo estas *la plej populara* sporto en nia lando.
2. Tiu ĉi estas *la plej multekosta* el la tri aŭtoj.
3. Simpla kaj modesta vivo donas al ni *la plej grandan* feliĉon.
4. Milito turmentas homojn *plej kruele*.
5. *Plej bone* ridas tiu, kiu laste ridas.

［単語］
1. basbalo 野球, populara 人気のある, sporto スポーツ, lando 国
2. tiu ĉi これ, multe-kosta 値がはる, tri 三台の, aŭto 自動車
3. simpla 単純な, kaj そして, modesta 控えめな, vivo 生活, doni 与える, al ～に, granda 大きな, feliĉo 幸福
4. milito 戦争, turmenti 苦しめる, homo 人間, kruele 残酷に
5. bone 良く, ridi 笑う, tiu 人, kiu 関係代名詞, laste 最後に

［解答例］1. 野球は，私たちの国でいちばん人気のあるスポーツです。2. これが，その三台の車のうちでいちばん値がはります。3. 単純で控えめな生活が，私たちにもっとも大きな喜びをもたらす。4. 戦争は，もっとも残酷に人間を苦しめる。5. 最後に笑うものがもっとも良く笑う。

[練習 26-4]

次の文をエスペラントに訳してください。

1. おばあちゃんは気前がよい。
2. 私の家庭(の中)では, おばあちゃんが, もっとも気前がよい。

   [単語] 1. おばあちゃん av-ino, 気前がよい esti mal-avara
     2. 私の mia, 家庭 familio, ～(の中)では en

3. 私の息子は早く起きた。
4. その七人の少年たちの中で, 私の息子がいちばん早く起きた。

   [単語] 1. 息子 filo, 早く frue, 起きる el-lit-iĝi
     2. その七人の la sep, 少年 knabo, ～の中で el

[解答例] 1. Avino estas malavara. 2. Avino estas la plej malavara en mia familio. 3. Mia filo ellitiĝis frue. 4. Mia filo ellitiĝis plej frue el la sep knaboj.

26.3 等級

★ [**tiel ... kiel** ～] 相関詞 "tiel" と "kiel" で形容詞や副詞をはさんで, 二つのものが同等であることが表現できます。「～と同じくらい…」という表現に相当します。

1. **tiel** dolĉa **kiel** mielo   [単語] dolĉa 甘い, mielo 蜂蜜
2. **tiel** ruĝa **kiel** sango   ruĝa 赤い, sango 血液
3. **tiel** rapide **kiel** sono   rapide 速く, sono 音
4. **tiel** lerte **kiel** profesia metiisto   lerte 上手に, profesia プロの
           meti-isto 職人

  [訳例] 1. 蜂蜜のように甘い   2. 血のように赤い
     3. 音のように速く   4. プロの職人のように上手に

★ [**ne tiel ... kiel** ～] 否定を表わす原形副詞 "ne" と "tiel ... kiel ～" を組み合わせると「～ほどは…ない」という意味になります。

1. **ne tiel** dolĉa **kiel** mielo   [訳例] 1. 蜂蜜ほど甘くない

第26課 比較

  2. **ne tiel** rapide **kiel** sono   2. 音ほど速くなく

［練習 26-5］

斜体字の部分に注意して次の文を日本語に訳してください。【*KD】

1.* Tiu ĉi suko estas *tiel* dolĉa *kiel* mielo.
2.* La vespera ĉielo estis *tiel* ruĝa *kiel* sango.
3.* La onidiro disvastiĝis *tiel* rapide *kiel* sono.
4.* Li ne povas ripari meblon *tiel* lerte *kiel* profesia metiisto.
5.* Mi ne estas *tiel* juna *kiel* vi.

   ［単語］1. tiu ĉi この〜, suko ジュース
      2. vespera 夕暮れの, ĉielo 空
      3. oni-diro うわさ, dis-vast-iĝi 広がる
      4. povi 〜できる, ripari 修理する, meblo 家具
      5. juna 若い

［解答例］1. このジュースは蜂蜜のように甘い。2. (その)夕暮の空は血のように赤かった。3. そのうわさは, 音のように早く広まった。4. 彼はプロの職人ほど上手に家具を修理することはできない。5. ぼくは君ほど若くない。

＊　＊　＊

★ "tiel" は省略できます。

・Tiu ĉi suko estas dolĉa kiel mielo.

・La vespera ĉielo estis ruĝa kiel sango.

★ただし, 否定文で "tiel" を省略すると, 誤解をまねく文になってしまうことがあります。

  △ Li ne povas ripari meblon lerte kiel mi.

    ［訳例］？(1) 彼は私ほど上手に家具が修理できない。
      ？(2) 私と同じように, 彼も家具を修理するのが上手ではない。

  △ Mi ne estas juna kiel vi.

    ［訳例］？(3) 私は君ほど若くない。
      ？(4) 君と同じように, 私も若くない。

★これらの文は，次のように書き改めれば誤解されることはありません。

(1) Li ne povas ripari meblon *tiel lerte kiel mi povas.*

(2) *Same kiel mi* li ne povas ripari meblon (tiel) lerte.

(3) Mi ne estas tiel juna kiel vi. ("tiel" を省略しない)

(4) Mi estas (tiel) *maljuna* kiel vi.

[練習 26-6]

次の文をエスペラントに訳してください。

1. その液体は純粋である。
2. その液体は，蒸留された水のように純粋である。

[単語] 1. その la, 液体 likv-aĵo, 純粋な pura
2. 蒸留された distil-ita, 水 akvo

3. ライオンは速く走れない。
4. ライオンはチータほど速く走れない。

[単語] 3. ライオン leono, 速く rapide, 走る kuri, 〜できる povi
4. チータ gepardo

[解答例] 1. La likvaĵo estas pura. 2. La likvaĵo estas (tiel) pura kiel distilita akvo. 3. Leono ne povas kuri rapide. 4. Leono ne povas kuri tiel rapide kiel gepardo.

第 27 課　数詞

■物の数や年号，電話番号，順番，日づけ，時間を言い表わすことができるようになります。

★数詞は数を表わす単語です。次の例の「三，七，二」に相当します。
　　・三匹の子ぶた　　　・七人の侍　　　・牛肉二キログラム

27.1　数詞の形

★［基本数詞］基本となる数詞は，次の12個です。【*KD】

　1.* unu　　2.* du　　3.* tri　　4.* kvar　　5.* kvin　　6.* ses
　7.* sep　　8.* ok　　9.* naŭ　　10.* dek　　100.* cent　　1000.* mil

★［十の倍数］"20"から"90"までの十の倍数は，"du"から"naŭ"までの数詞と "dek"「十」を組み合わせて，次の合成語で表わします。【*KD】

　　20.* dudek　　30.* tridek　　40.* kvardek　　50.* kvindek
　　60.* sesdek　　70.* sepdek　　80.* okdek　　90.* naŭdek

★［百の倍数］"200"から"900"までの百の倍数は，"du"から"naŭ"までの数詞と"cent"「百」を組み合わせて，次の合成語で表わします。

　　200. ducent　　300. tricent　　400. kvarcent　　500. kvincent
　　600. sescent　　700. sepcent　　800. okcent　　900. naŭcent

★ここまでにあげた数詞と合成語で，"1"から"999"までの数を表わすことができます。

　　・11　　　　= 10 + 1　　　　dek unu
　　・12　　　　= 10 + 2　　　　dek du
　　・23　　　　= 20 + 3　　　　dudek tri
　　・134　　　 = 100 + 30 + 4　 cent tridek kvar

- 365   = 300 + 60 + 5   tricent sesdek kvin
- 999   = 900 + 90 + 9   naŭcent naŭdek naŭ

★ ［千を超える数］"1,000" から "999,999" までの数は "mil"「千」を用いて，次のように表わします．

- 1,000   = **mil**
- 4,789   = kvar **mil** sepcent okdek naŭ   4×mil+(700+80+9)
- 9,999   = naŭ **mil** naŭcent naŭdek naŭ   9×mil+(900+90+9)
- 45,321   = kvardek kvin **mil** tricent dudek unu
                                                    (40+5)×mil+(300+20+1)
- 329,456 = tricent dudek naŭ **mil** kvarcent kvindek ses
                                                    (300+20+9)×mil+(400+50+6)
- 705,809 = sepcent kvin **mil** okcent naŭ   (700+5)×mil+(800+9)
- 999,999 = naŭcent naŭdek naŭ **mil** naŭcent naŭdek naŭ
                                                    (900+90+9)×mil+(900+90+9)

［練習 27-1］────────────────────────

次の数字を，文字で書いてください．

(1) 39   (2) 74   (3) 865   (4) 9,215   (5) 20,801   (6) 34,672

　　［解答］【*KD】

(1)* tridek naŭ   (2)* sepdek kvar   (3)* okcent sesdek kvin
(4)* naŭ mil ducent dek kvin   (5)* dudek mil okcent unu
(6)* tridek kvar mil sescent sepdek du

＊　＊　＊

★ ［百万を超える数］百万以上の数字は次の名詞を用いて，三けた区切りの十進法で表わします．

| miliono　百万 | miliardo　十億 | duiliono　一兆 |

- 123,456,789
    = cent dudek tri **milionoj** kvarcent kvindek ses mil sepcent okdek naŭ

第27課 数詞

= (100+20+3)×milionoj+(400+50+6)×mil+(700+80+9)

- 123,456,789,123

    = cent dudek tri **miliardoj** kvarcent kvindek ses **milionoj** sepcent okdek naŭ mil cent dudek tri

    = (100+20+3)×miliardoj+(400+50+6)×milionoj+(700+80+9)×mil+(100+20+3)

- 123,456,789,123,456

    = cent dudek tri **duilionoj** kvarcent kvindek ses **miliardoj** sepcent okdek naŭ **milionoj** cent dudek tri mil kvarcent kvindek ses

    = (100+20+3)×duilionoj+(400+50+6)×miliardoj+(700+80+9)×milionoj+(100+20+3)×mil+(400+50+6)

[練習 27-2]

次の数字を，文字で書いてください。

- 654,321,978,147,357

    (六百五十四兆三千二百十九億七千八百十四万七千三百五十七)

    [解答] sescent kvindek kvar duilionoj tricent dudek unu miliardoj naŭcent sepdek ok milionoj cent kvardek sep mil tricent kvindek sep

* * *

★ [ゼロ] は "nulo" という名詞で表わします。数を，けた数ではなく数字のら列として読む時に用います。[1]

1. Mia kontonumero estas "du nulo tri sep nulo." (= 20370)
2. Via ĉambronumero estas "kvar nulo kvin." (= 405)

[単語] 1. konto-numero 口座番号　2. ĉambro-numero 部屋番号

[訳例] 1. 私の口座番号は "20370" です。
2. あなたの部屋番号は "405" です。

1] 名詞語尾を取り去った "nul" を数詞として用いることもあります。

27.2 数詞の用法

★［数詞の形容詞的用法］数詞を名詞の前に置けば，ものの数を表わすことができます。【*KD】

1. **unu** jaro
2. **dek du** monatoj
3. **dek kvin** pomojn
4. **du** tasojn da kafo
5. **tridek** kilogramojn da rizo

［単語］jaro 年, monato 月
pomo リンゴ, taso カップ
da ～の量の, rizo 米
kilogramo キログラム

［訳例］1. 一年　　2. 十二か月　　3. リンゴを十五個
4. コーヒーを二杯　5. お米を三十キログラム

1.* **Unu** jaro konsistas el **dek du** monatoj.
2.* Mia patrino aĉetis **dek kvin** pomojn.
3.* Ĉiumatene li trinkas **du** tasojn da kafo.
4.* Ni bezonas **tridek** kilogramojn da rizo en **unu** monato.

［単語］1. konsisti el ～からなる　2. patr-ino 母, aĉeti 買う
3. ĉiu-matene 毎朝, trinki 飲む　4. bezoni 必要とする, en ～に

［訳例］1. 一年は十二か月よりなる。
2. 私の母はリンゴを十五個買いました。
3. 彼は毎朝コーヒーを二杯飲みます。
4. 私たちはひと月に米が三十キログラム必要です。

★数詞には対格語尾 "n" や複数語尾 "j" はつきません。

× dek du**j** monatoj　　　× dek**jn** kvin**jn** monatojn
× du**jn** tasojn da kafo　　× tridek**jn** kilogramojn da rizo

［練習 27-3］

斜体字の部分に注意して，次の文を日本語に訳してください。

1. Tiu ĉi fabriko produktas *dudek mil* ŝargaŭtojn monate.
2. Li donis krajonojn al ĉiu infano po *tri*.

第27課 数詞

3. Ni havu *dek* minutojn da paŭzo.
4. Nur *unu* glaso da biero ebriigas min.
 ［単語］1. tiu ĉi この, fabriko 工場, produkti 生産する, ŝarĝ-aŭto トラック, monate 月に
   2. doni 与える, krajono 鉛筆, al 〜に, ĉiu めいめいの, infano 子ども, po 〜ずつ
   3. havi 持つ, minuto 分, da 〜の量の, paŭzo 休憩
   4. nur たった, glaso グラス, biero ビール, ebri-igi 酔わせる
 ［解答例］1. この工場は月に二万台のトラックを生産します。2. 彼はめいめいの子どもに, 鉛筆を三本ずつ与えた。3. 十分間休憩をとりましょう。4. 私は, たったグラス一杯のビールで酔っちゃいます。

[練習 27-4]

次の文をエスペラントに訳してください。

1. 一年は三百六十五日よりなる。
  ［単語］年 jaro, 日 tago, 〜よりなる konsisti el

2. 私はそのサービスのために一万円払わなければならなかった。
  ［単語］私 mi, その la, サービス servo, 〜のため por, 円 eno, 払う pagi, 〜ねばならぬ devi

3. 私たちは毎日八時間(の間)働いています。 ［単語］私たち ni, 毎日 ĉiu-tage, 時間 horo, 〜の間 dum, 働く labori

4. 彼女はビールを三本飲んだ。でも(彼女は)しらふのままだ。
  ［単語］彼女 ŝi, ビール biero, 〜本の量の botelo da, 飲む trinki, でも sed, しらふの sobra, 〜のままである resti

［解答例］1. Unu jaro konsistas el tricent sesdek kvin tagoj.
2. Mi devis pagi dek mil enojn por la servo. 3. Ni laboras dum ok horoj ĉiutage. 4. Ŝi trinkis tri botelojn da biero, sed ŝi restas sobra.

＊　＊　＊

27.2 数詞の用法

★ ［電話番号］は，数字のら列として読みます．
- 03-3203-4581　　　nulo tri, tri du nulo tri, kvar kvin ok unu
- 0558-23-7965　　　nulo kvin kvin ok, du tri, sep naŭ ses kvin [1]

★ ［年号］は，日本語と同じように，けた数として読みます．
- 1887 年　　la jaro mil okcent okdek sep　　　　［単語］
- 1995 年　　la jaro mil naŭcent naŭdek kvin　　　jaro 年
- 2019 年　　la jaro du mil dek naŭ

★ ［小数］小数点以下の数字も，日本語と同じように，数字のら列として読みます．"punkto" は「点」という意味です．[2]
- 234.567　　ducent tridek kvar *punkto* **kvin ses sep**
- 178.983　　cent sepdek ok *punkto* **naŭ ok tri**

★ ［分数］は，接尾辞 "-on-" を用いて次のように表わします．

・十分の一	dekono	・四分の一	kvarono
・十分の二	du dekonoj	・四分の二	du kvaronoj
・十分の七	sep dekonoj	・四分の三	tri kvaronoj

［練習 27-5］

次の文を日本語に訳してください．

1. Se vi havos malfacilon, telefonu al mia numero; 234-9701. (du tri kvar, naŭ sep nulo unu)
2. Mi naskiĝis en la jaro 1964. (mil naŭcent sesdek kvar)
3. La proporcio de cirkonferenco al diametro estas proksimume

---

[1] ハイフン "-" は，必要があれば "streketo" と読みます．23-7965: du tri, *(streketo,)* sep naŭ ses kvin

[2] 日本やアメリカ合衆国と違って，ヨーロッパでは三けたの区切りに点「.」が，そして小数点にコンマ「,」が使われています．

- 日/米式 ⇒ 234,567.89 = ducent tridek kvar mil kvincent sesdek sep **punkto** ok naŭ
- ヨーロッパ式 ⇒ 234.567,89 = ducent tridek kvar mil kvincent sesdek sep **komo** ok naŭ

第27課 数詞

"3.14 al 1". (tri punkto unu kvar al unu)
4. Du kvinonoj de mia monata enspezo devas esti asignitaj al loĝkosto.

[単語] 1. se もし, havi 持つ, mal-facilo 困難, telefoni 電話する, al 〜に, numero 番号
2. nask-iĝi 生まれる, en 〜に, jaro 年
3. proporcio 割合, de 〜の, cirkonferenco 円周, al 〜に対する, diametro 直径, proksim-ume およそ/約, A al B A 対 B
4. kvin-ono 五分の一, monata 月の, en-spezo 収入, devi 〜ねばならぬ, esti asign-ita あてられる, loĝ-kosto 住居費

[解答例] 1. もし困ったことがあったら, 私の番号234-9701に電話してください。 2. 私は1964年 (← 1964という年)に生まれました。 3. 円周の直径に対する割合は約「3.14 対 1」である。 4. 私の月収の五分の二は, 住居費にあてられねばならない。

[練習 27-6]

次の文をエスペラントに訳してください。(数は, 数字だけでなく, 文字でも書いてください)

1. 私の電話番号は, 045-321-8769 です。

[単語] 私の mia, 電話番号 telefon-numero, 〜です esti

2. 人類は 1969 年に月に到達した。

[単語] 人類 hom-aro, 年 jaro, 月 la luno, 〜に到達する atingi ~n

3. 現在の気温はセ氏(で) 32.58 度です。

[単語] 現在の nuna, 気温 temperaturo セ氏(で) laŭ celsiuso, 度 grado

4. この島の住人たちの三分の二が, この前の戦争で死んだ。

[単語] この tiu ĉi, 島 insulo, 〜の en, 住人 loĝ-anto この前の la lasta, 戦争 milito, 〜で en, 死ぬ perei

[解答例] 1. Mia telefonnumero estas 045-321-8769. (nulo kvar kvin, tri du unu, ok sep ses naŭ) 2. Homaro atingis la lunon en la jaro

1969. (mil naŭcent sesdek naŭ) 3. Nuna temperaturo estas 32.58 (tridek du punkto kvin ok) gradoj laŭ celsiuso. 4. Du trionoj de la loĝantoj en tiu ĉi insulo pereis en la lasta milito.

27.3 数形容詞

★ ［数形容詞］数詞に形容詞語尾 "a" をつければ，数形容詞ができます。数形容詞は「…番めの〜」と順番を表わす形容詞です。[1]【*KD】

    1.* unua   2.* dua   3.* tria   4.* kvara   5.* kvina

    6.* sesa   7.* sepa   8.* oka   9.* naŭa   10.* deka

★ "11: dek unu, 12: dek du, 13: dek tri ..." のような数詞を組み合わせた数は，ハイフンでつないで一語の数形容詞にします。【*KD】

    11.* dek-unua   12.* dek-dua   13.* dek-tria

    17.* dek-sepa   567.* kvincent-sesdek-sepa

★数詞がものの数を表わすのに対して，数形容詞は順番を表わし，冠詞をともないます。[2]

数形容詞	数詞
la unua kongreso 第一回大会 (← 一回めの大会)	unu kongreso 一つの大会
la dua filino 次女 (← 二番めの娘)	du filinoj 二人の娘
la tria fojo 三回め (← 三番めの回)	tri fojoj 三回

    ［単語］kongreso 大会, fil-ino 娘, fojo 回/度数

1. Unu kongreso konsistas el multaj fakaj kunsidoj.
2. **La unua** kongreso okazis en la jaro 1905 (mil naŭcent kvin).

---

[1] 数形容詞は，英文法の「序数詞」に相当します。

[2] "mia", "via", など所有を表わす代名詞や，"tiu" など指示を表わす形容詞が前に置かれている時には，冠詞はつけません。× la *mia* dua filino   × la *tiu* tria fojo

第27課 数詞

[単語] konsisti el ～よりなる, multa たくさんの, faka 専門の, kun-sido 会議, okazi 起こる, en ～に, jaro 年

[訳例] 1. 一つの大会は，たくさんの専門会議でなりたっている。
2. 第一回大会は 1905 年に行われた。

3. Mi havas du filinojn.
4. Mia **dua** filino ankoraŭ estas naŭ-jaraĝa.

[単語] havi ～がいる/～を持つ, ankoraŭ まだ, jar-aĝa 歳

[訳例] 3. 私には娘が二人います。
4. 私の次女(← 二番めの娘) はまだ九歳です。

5. Mi ekzameniĝis je tri fojoj.
6. Mi sukcesis en la ekzameno en **la tria** fojo.

[単語] ekzamen-iĝi 試験を受ける, je tri fojoj 三回, sukcesi 合格する, en ～で/～に, ekzameno 試験

[訳例] 5. 私は三回試験を受けました。
6. 私は三回めにその試験に合格しました。

★数形容詞は，修飾する名詞の格と数に応じて，対格語尾 "n" や複数語尾 "j" がつきます。

la unua**n** pioniro**n**	la unua**j** pioniro**j**	la unua**jn** pioniro**jn**
最初の開拓者を	最初の開拓者たち	最初の開拓者たちを
la sesdeka**n** jaro**n**	la sesdeka**j** jaro**j**	la sesdeka**jn** jaro**jn**
六十番めの年を	六十年代	六十年代を

[単語] unu 一, pioniro 開拓者, ses-dek 六十, jaro 年

★ [日づけと時刻] 日づけや時刻も数形容詞で表わします。数詞を用いた例 (2と4) と比べてください。[1]

1. en **la dudeka** tago   2. dum dudek tagoj
3. je **la naŭa** horo   4. dum naŭ horoj

1] 「分」は数詞で表わします。la tria (horo) kaj *kvardek tri* minutoj. 三時四十三分。

27.3 数形容詞

　　　　　　　［単語］en 〜(日にち)に, tago 日, dum 〜の
　　　　　　　間, je 〜(時刻)に , horo 時間
　　　［訳例］　1. 二十日に (← 二十番めの日に)　　2. 二十日間
　　　　　　　3. 九時に (← 九番めの時間に)　　　 4. 九時間

★日づけや時刻だということがあきらかな場合は "tago" "horo" を省略できます。【*KD】

1.* Ili havis libertempon dum dudek tagoj.
2.* Ili okazigos la geedziĝan ceremonion en **la dudeka (tago)** de decembro.

　　　　　　　［単語］ili 彼ら, havi 〜を持つ/がある, libertempo 休暇, okaz-igi 開催する, ge-edz-iĝa 婚礼の, ceremonio 式, de 〜の, decembro 十二月
　　　［訳例］1. 彼らは二十日間休暇があった。
　　　　　　　2. 彼らは(その)結婚式を十二月二十日に開く。

3.* Ŝi dormis dum naŭ horoj.　　　　　　［単語］dormi 眠る
4.* Ŝi enlitiĝis je **la naŭa (horo)** hieraŭ.　　en-lit-iĝi 床につく
　　　　　　　　　　　　　　　　　　　　　　hieraŭ 昨日
　　　［訳例］　3. 彼女は九時間眠った。　4. 彼女は昨日九時に寝た。

[練習 27-7]

次の文を日本語に訳してください。

1. En tiu ĉi foto mi staras en *la dua* vico de malantaŭe.
2. Oni havas la dudek-naŭan (tagon) de februaro nur en *ĉiu kvara* jaro.
3. La suno iros sub la horizonton vespere je *la kvina* (horo) kaj dudek tri minutoj.

　　　　　　　［単語］1. en 〜の中で, tiu ĉi この, foto 写真, stari 立っている, vico 列, de mal-antaŭe うしろから
　　　　　　　　　　2. oni 一般人称, havi 持つ, februaro 二月, nur 〜だけ, en ĉiu kvara jaro 四年ごとに(← 四年に一度)
　　　　　　　　　　3. la suno 太陽, iri 行く, sub 〜の下, la horizonto

第27課 数詞

地平線, vespere 夕方, je ～(時刻)に, minuto 分

［解答例］1. この写真では，私はうしろから二列めに立っている。2. 二月二十九日は四年に一度しかない。3. 日没は夕方五時二十三分です。

［練習 27-8］

次の文をエスペラントに訳してください。

1. 彼はそのコンクールで一等賞(= 一番目の賞)を得た。

　　　　　　［単語］彼 li, その la, コンクール konkurso, ～で en 賞 premio, 得る gajni

2. 今日は四月一日です。　　　［単語］今日 hodiaŭ, 四月 aprilo, です esti

3. 彼はきっかり五時に(その)事務所を出た。

　　　　　　［単語］きっかり akurate, ～(時刻)に je 事務所 ofic-ejo, (～を)出る for-lasi

［解答例］1. Li gajnis la unuan premion en la konkurso. 2. Hodiaŭ estas la unua (tago) de aprilo. 3. Li forlasis la oficejon akurate je la kvina (horo).

27.4 数副詞と数名詞

★ ［数副詞］数詞に副詞の品詞語尾 "e" をつければ，数副詞ができます。数副詞は「～番めに」と順番を表わす副詞です。

unue	due	trie	kvare	...
最初に	二番めに	三番めに	四番めに	...

★ ［数名詞］数詞に名詞の品詞語尾 "o" をつけた，次のような数名詞も用いられます。

unuo	dekduo	deko	cento	milo
単位	ダース	十	百	千

1. **Unue** ni tostu, kaj **due** ni aŭskultu gratulajn mesaĝojn.
2. La kilogramo estas **unuo** de pezo.

3. Mi aĉetis du **dekduojn** da ovoj.
4. En vintro **centoj** kaj **miloj** da birdoj venas al tiu ĉi lago.

[単語] 1. tosti 乾杯する, kaj そして, aŭskulti 聴く, gratula 祝賀の, mesaĝo メッセージ
2. kilogramo キログラム, esti ～である, pezo 重量
3. aĉeti 買う, da ～(の量)の, ovo たまご
4. en ～に, vintro 冬, birdo 鳥, veni 来る, al ～へ, tiu ĉi この, lago 湖

[訳例] 1. まず乾杯しよう。つぎに祝賀メッセージを聴こう。
2. キログラム(というもの)は重量の単位である。
3. 私はたまごを二ダース買いました。
4. 冬になると，なん千なん百という鳥がこの湖に来ます。

* * *

★ [数詞の代名詞用法] 数詞が代名詞のように用いられることがあります。[1]

1. Mi havas tri filojn. **Unu** el ili estas universitata studento.
2. **Du** el liaj fratoj mortis en la milito.

[単語] 1. havi 持っている, filo 息子, el ～のうちの, universitata 大学の, studento 学生
2. frato 兄弟, morti 死ぬ, milito 戦争

[訳例] 1. 私には息子が三人います。ひとりは大学生です。
2. 彼の兄弟のうちのふたりが，あの戦争で死んだ。

---

[1] 数詞のほかに，形容詞的な原形副詞 "ambaŭ"，形容詞 "kelkaj, multaj" も，うしろの名詞を省略して代名詞のように用いることがあります。

・Honesteco kaj fideleco. **Ambaŭ** estas necesaj.
　正直と忠実。その両方が必要です。(ecoj を省略)

・Kolektiĝis laboristoj. **Multaj** portas afiŝtabulon, kaj **kelkaj** tenas ruĝan flagon.
　労働者たちが集まった。多くはプラカードを，いくらかは赤旗を持っている。
　(laboristoj を省略)

第 28 課　対格の用法

■「二度訪れる，三年間，二十メートルの長さ，五キログラムの重さ」などの，度数や期間，長さ，重さなどが表現できるようになります。

★対格語尾 "n" には次の役割があります。

- 目的語の明示 [1]　　　　　　　　　　　　［単語］
  1. Homo manĝis *serpenton*.　　　　　homo 人間, manĝi 食べる
  2. *Serpenton* manĝis homo.　　　　　serpento ヘビ

　　　　　［訳例］　1. 人間がヘビを食べた。　2. ヘビを人間が食べた。

- 移動や変化の方向の明示 [2]　　［単語］knabo 少年, en 〜の中
  3. Knaboj plonĝis en la *maron*.　　la maro 海, plonĝi 飛び込む
  4. Turniĝu *dekstren* ĉe la banko.　banko 銀行, dekstre 右に
  　　　　　　　　　　　　　　　　　ĉe 〜の所で, turn-iĝi 向きを変える

　　　［訳例］3. 少年たちが海へ飛び込んだ。　4. その銀行の所で右へまがれ。

★次の三つの場合にも，対格語尾を前置詞の代わりに用いることができます。

　　1. 期間と日づけ　　 2. 回数と度数　　 3. 数量

28.1　期間と日づけ

★ ［期間］前置詞 "dum"「〜のあいだ」を用いる代わりに，次のような時を表わす名詞に対格語尾をつけて期間を表わすことができます。

　　　・jarcento　世紀　　・jaro　　年　　・monato　月　　・tago　日
　　　・horo　　時間　　・minuto　分　　・sekundo　秒

---

[1] 第3課を参照。
[2] 第11課を参照。

28.1 期間と日づけ

1. du jarojn　　　　　(= dum du jaroj)　　　　　［単語］du 二
2. tri monatojn　　　 (= dum tri monatoj)　　　　tri 三
3. dek minutojn　　　(= dum dek minutoj)　　　dek 十

　　　　　　［訳例］1. 二年間　　2. 三か月間　　3. 十分間

1. Li laboris en la kompanio **du jarojn** kiel inĝeniero.
2. Mi atendis la alvenon de la varo **tri monatojn**.
3. Haltigi spiron **dek minutojn** estas damaĝe por homa korpo.

　　　　　［単語］1. labori 働く, en 〜(の中)で, tiu ĉi この,
　　　　　　　　　　 kompanio 会社, kiel 〜として, inĝeniero 技師
　　　　　　　　　 2. atendi 待つ, al-veno 到着, de 〜の, varo 商品
　　　　　　　　　 3. halt-igi 止める, spiro 息, damaĝe 害のある,
　　　　　　　　　　 por 〜にとって, homa 人間の, korpo 体
　　　　　［訳例］1. 彼はその会社で技師として二年間働いた。
　　　　　　　　　 2. 私はその商品の(その)到着を三か月間待った。
　　　　　　　　　 3. 十分間息を止めるのは、人体に害がある。

★［日づけ］前置詞 "en"「〜に」の代わりに、数形容詞と "tago"「日」
に対格語尾 "n" をつけて、日づけを表わすことができます。

1. la okan tagon de decembro　　　(= en la oka tago de decembro)
2. la unuan tagon de julio　　　　　(= en la unua tago de julio)

　　　　　［単語］la oka 八番めの, de 〜の, decembro 十
　　　　　　　　　 二月, la unua 一番めの, julio 七月
　　　　　［訳例］1. 十二月八日に　　2. 七月一日に

★明らかに日づけとわかる場合は "tago" が省略できます。

1. Li naskiĝis **la okan** de decembro.
2. Ni fondis nian kompanion **la unuan** de julio antaŭ dek tri jaroj.

　　　　　［単語］nask-iĝi 生まれる, fondi 設立する,
　　　　　　　　　 kompanio 会社, antaŭ 〜前, dek tri 十三, jaro 年
　　　　　［訳例］1. 彼は十二月八日に生まれた。

第28課 対格の用法

2. 私たちは十三年前の七月一日に私たちの会社を設立しました。

[練習 28-1]

斜体字の部分に注意して次の文を日本語に訳してください。【*KD】

1.* Malmultaj homoj povas vivi pli ol *cent jarojn*.
2.* Hieraŭ mi telefone babilis kun ŝi *tridek minutojn*.
3.* *La dekan* de aŭgusto ni havos feston memore al la kvindeka datreveno de la fondiĝo de nia kompanio.
4.* La kongreso komenciĝos *la dudek-sepan* de julio kaj daŭros *du semajnojn*.

　　［単語］1. mal-multa 少しの, homo 人間, povi 〜できる, vivi 生きる, pli ol 〜以上, cent 百, jaro 年
　　　　　 2. hieraŭ 昨日, telefone 電話で, babili おしゃべりする, kun 〜と, tri dek 三十, minuto 分
　　　　　 3. la deka 十番めの, aŭgusto 八月, havi ひらく, festo 祝典, memore al 〜を記念して, la kvin-deka dat-re-veno 五十周年, de 〜の, fond-iĝo 設立, kompanio 会社
　　　　　 4. kongreso 大会, komenc-iĝi 始まる, du-dek-sepa 二十七番めの, de 〜の, julio 七月, kaj そして, daŭri 続く, du 二, semajno 週

　　［解答例］1. 百年以上生きることのできる人間は少ない。2. 私は昨日彼女と電話で三十分間おしゃべりした。3. 八月十日に, 私たちは会社の(その)設立五十周年を記念して祝典をひらきます。4. その大会は七月二十七日に始まり, 二週間続きます。

[練習 28-2]

次の文をエスペラントに訳してください。

1. 私はあなたの返事を, もう三週間も待っています。

　　［単語］私 mi, あなたの via, 返事 respondo, もう〜も jam 三 tri, 週 semajno, 待つ atendi

2. 私たちは五月一日に大ストライキを行うつもりだ。
 [単語] 五月 majo, 一番めの la unua, 私たち ni 大きい granda, ストライキ striko, 行う havi

[解答例] 1. Mi atendas vian respondon jam *tri semajnojn.* (= dum tri semajnoj) 2. Ni havos grandan strikon *la unuan (tagon) de majo.* (= en la unua tago de majo; en la unua de majo)

28.2 回数と度数

★ [回数] 融通前置詞 "je" を用いる代わりに, 名詞 "fojo"「回」に対格語尾をつけて, 回数を表わすことができます。[1]

 1. tri fojojn   (= je tri fojoj)   [単語]   [訳例] 1. 三回
 2. kvar fojojn   (= je kvar fojoj)   tri 三, kvar 四   2. 四回

1. Vi devas preni tiun ĉi medikamenton **tri fojojn** en unu tago.
2. Mi ripetis la saman riproĉon al li **kvar fojojn**, sed vane.

[単語] 1. devi 〜ねばならぬ, preni 服用する, tiu ĉi この, medikamento 薬, en 〜に, unu 一, tago 日
  2. ripeti くりかえす, la sama 同じ, riproĉo 苦情, al 〜に(対して), sed しかし, vane むだな

[訳例] 1. あなたはこの薬を一日に三回服用しなければなりません。
  2. 私は彼に同じ苦情を四回くりかえした。しかしむだだった。

★ [度数] 前置詞 "en", "je" を用いる代わりに, 数形容詞と名詞 "fojo" に対格語尾をつけて, 度数「〜度め」を表わすことができます。

 1. la unuan fojon   (= je la unua fojo)   (= en la unua fojo)
 2. la duan fojon   (= je la dua fojo)   (= en la dua fojo)

    [単語] la unua 一番めの, la dua 二番めの

---

[1] 融通前置詞 "je" は, ふさわしい前置詞が見つからない場合に用いるものでしたが, 現在では時刻を表わす前置詞としての用法が定着しています。回数や度数, 数量を表現する場合には, なるべく "je" を用いないほうが良いでしょう。

第28課 対格の用法

1. Ĉu vi vizitis nian landon **la unuan fojon**?　　［訳例］1. はじめて　2. 二度めに
2. Ne. Mi vizitis vian landon **la duan fojon**.　　　［単語］viziti 訪れる
　　　　　　　　　　　　　　　　　　　　　　　　　lando 国, ne いいえ

　　［訳例］1. 私たちの国には、はじめていらっしゃったのですか。
　　　　　　2. いいえ。私があなたがたの国を訪れるのは二度めです。

[練習 28-3]

斜体字の部分に注意して次の文を日本語に訳してください。【*KD】

1.* *Multajn fojojn* mi admonis lin, sed li tute ne aŭskultis min.
2.* Hieraŭ mi telefonis al vi *kvin fojojn*. Sed respondis min nur aŭtomata registrilo.
3.* En la muzeo *la unuan fojon* mi vidis la faman verkon de la pentristo.

　　［単語］
　　　1. multa たくさんの, fojo 回, admoni 忠告する, tute まったく, aŭskulti 聞く
　　　2. hieraŭ 昨日, telefoni 電話する, al ～に, kvin 五, respondi ~n ～に答える, nur ～だけ, aŭtomata registr-ilo 留守番電話
　　　3. en ～(の中)で, muzeo 美術館, vidi 見る, fama 有名な, verko 作品, de ～の, pentr-isto 画家

［解答例］1. 私は彼になん度も忠告した。しかし彼は聞く耳を持たなかった。2. 昨日私はあなたに五回電話しました。しかし、答えたのは留守番電話だけでした。3. その美術館で私は、はじめてあの画家の(その)有名な絵を見た。

28.3 数量

★［数量］長さや重さ、お金の単位を表わす次のような名詞に対格語尾をつけて、数量を表わすことができます。

　　【長さ】kilometro キロメートル, metro メートル, centimetro センチメー

トル, milimetro ミリメートル
【重さ】tuno トン, kilogramo キログラム, gramo グラム, miligramo ミリグラム
【広さ】kvadrata kilometro 平方キロメートル, kvadrata metro 平方メートル, kvadrata centimetro 平方センチメートル
【体積】kuba metro 立方メートル, kuba centimetro 立方センチメートル
【容積】kilolitro キロリットル, litro リットル, mililitro ミリリットル
【お金】eno 円, eŭro ユーロ, dolaro ドル, rublo ルーブル, juano 元, ŭono ウォン, peseto ペセタ

1. tricent *metrojn* longa   (= longa je tricent metroj)
2. kvin *kilogramojn* peza   (= peza je kvin kilogramoj)
3. kosti sepdek *dolarojn*   (= kosti je sepdek dolaroj)

　　　　　　　　　　［単語］tri-cent 三百, longa 長い, kvin 五, peza 重い, kosti 値段が〜である, sep-dek 七十

　　［訳例］1. 長さ三百メートル　　2. 重さ五キログラム
　　　　　3. 値段が七十ドルである

1. Tiu ĉi ponto estas **tricent metrojn longa**.
2. Mia portebla komputilo estas **kvin kilogramojn peza**.
3. Tiu vortaro kostas **sepdek dolarojn**.

　　　　　　［単語］tiu ĉi この, ponto 橋, port-ebla 携帯用, komput-ilo コンピューター, tiu その, vort-aro 辞書

　　［訳例］1. この橋の長さは三百メートルです。
　　　　　2. 私の携帯用コンピューターは五キログラムの重さだ。
　　　　　3. その辞書は値段が七十ドルです。

[練習 28-4] ────────────────────────
斜体字の部分に注意して次の文を日本語に訳してください。【*KD】

1.* Nia urbo situas *cent kilometrojn* norde de la ĉefurbo.
2.* Kiom kostas tiu ĉi fotilo?　Ĝi kostas *sesdek mil enojn*.

第28課 対格の用法

［単語］
1. urbo 町, situi 位置する, cent 百, norde de ～の北に, ĉef-urbo 首都
2. Kiom kostas...? いくら？, tiu ĉi この, fot-ilo カメラ, ĝi それ, kosti 値段が～である, ses-dek mil 六万, eno 円

［解答例］1. 私たちの町は, (あの)首都から百キロメートル北の所にあります。2. このカメラはいくらですか。それは六万円です。

［練習 28-5］

次の文をエスペラントに訳してください。

1. その山は三千メートルの高さだ。
［単語］その la, 山 monto, 三千 tri mil, メートル metro
高い alta, ～だ esti

2. このコピー機は(値段が)三十万円しました。
［単語］この tiu ĉi, コピー機 kopi-maŝino
値段が～する kosti, 三十万 tri-cent mil, 円 eno

［解答例］1. La monto estas tri mil metrojn alta.
2. Tiu ĉi kopi-maŝino kostis tricent mil enojn.

28.4 そのほか

★［前置詞の代用］数量や度数のほかにも, 対格語尾 "n" を前置詞のかわりに用いることができる場合があります。

・動詞が自動詞か他動詞かわからない
・ふさわしい前置詞が思いつかない

★こういう場合は, まず辞書を調べてください。しかし, 手元に辞書がない場合や, 調べるゆとりがない場合は, 対格語尾を用いて表現することができます。次の例では, ( ) の中に示したものが本来の形です。[1]

1. La reĝo dubas lian fidelecon.　　　　　　　(= dubas *pri* lia fideleco)

---

[1] 融通前置詞 "je" を用いることもできます。La reĝo dubas *je* lia fideleco. Ili sopiras *je* sia hejmurbo.

28.4 そのほか

2. Mi ne partoprenos la kongreson.　　　(= partoprenos *en* la kongreso)
3. Ili sopiras sian hejmurbon.　　　　　(= sopiras *al* sia hejmurbo)
4. Ĉu mi iras ĝustan vojon?　　　　　　(= iras *sur* ĝusta vojo)
5. Li flue parolas la ĉinan lingvon.　　　(= parolas *en* la ĉina lingvo)

　［単語］
　1. reĝo 王, dubi 疑う, fidel-eco 忠誠, pri 〜について
　2. parto-preni 参加する, kongreso 大会, en 〜(の中)に
　3. ili 彼ら, sopiri 恋しがる, hejm-urbo 故郷の町, al 〜へ
　4. iri 進む, ĝusta 正しい, sur 〜(の上)を, vojo 道
　5. flue 流ちょうに, paroli しゃべる, la ĉina lingvo 中国語, en 〜で

　　［訳例］　1. (その)王は彼の忠誠に疑いをいだいている。
　　　　　　2. 私は(その)大会に参加しません。
　　　　　　3. 彼らは故郷の町を恋しがっている。
　　　　　　4. 私は正しい道を進んでいるのだろうか。
　　　　　　5. 彼は中国語を(← 中国語で)流ちょうにしゃべります。

第 29 課　動詞型

■第3課で学んだ三つのほかに，あと四つの文の型があります。述語動詞に注目してこの型を説明します。文の構造が良くわかるようになります。この課の題の「動詞型」は，中学や高校の英文法で習う「文型」という項目に相当します。

★文の中心をなす情報は述語動詞です。文を完成するためには，述語動詞が要求する文要素をそえる必要があります。

述語動詞	必要な文要素		
走る	なにが？		
見える	なにが？	どのように？	
作る	だれが？	なにを？	
送る	だれが？	なにを？	だれに？
伝える	だれが？	なにを？	だれに？

★［動詞型］必要とする文要素によって分類した文の型を「動詞型」といいます。
★［文要素］述語動詞が要求する文要素は，次の四つです。
・主語 ………………… 動詞の表わす動作や状態の主体
・補語 ………………… 主語や目的語を補う
・目的語 ……………… 動詞の動作の対象となる
・間接目的語 ………… 前置詞が導く目的語

★エスペラントの動詞型を次の七つに分類して説明します。[1] この課の例文と［練習］のエスペラント文は，**主語**を太字，*補語*を斜体字，目的語をアンダーライン，*間接目的語*を斜体＋アンダーラインで示すことにします。

---
[1]「主語+述語動詞」「主語+述語動詞+補語」「主語+述語動詞+目的語」の型は，第3課でも説明しました。

1. **主語** + 述語動詞
2. **主語** + 述語動詞 + *補語*
3. **主語** + 述語動詞 + 目的語
4. **主語** + 述語動詞 + 目的語 + *補語*
5. **主語** + 述語動詞 + 間接目的語
6. **主語** + 述語動詞 + 目的語 + 間接目的語
7. 無主語文

29.1 主語+述語動詞

★次のような動詞をここに示した意味で用いる時には，主語が必要です。
（この項の例文や問題文には，次の動詞が使われています）

- aperi　　　（～が）出現する
- fali　　　　（～が）落ちる
- necesi　　（～が）必要である
- pasi　　　（～が）過ぎる
- evidentiĝi　（～が）明らかになる
- daŭri　　　（～が）続く
- halti　　　（～が）止まる
- okazi　　　（～が）起こる
- vivi　　　　（～が）生きている

1. **Terura fakto** evidentiĝis.　　　［単語］terura 恐ろしい, fakto 事実
2. **Granda akcidento** okazis.　　　granda 大きな, akcidento 事故

　　　　　　　　　　　　　　［訳例］1. 恐るべき事実が明らかになった。
　　　　　　　　　　　　　　　　　　2. 大事故が起こった。

★実際の文では，主語と動詞の配置がかわったり，いろいろな修飾語句がついたりします。【*KD】

1.* Ĵus antaŭ kelkaj horoj evidentiĝis **terura fakto**, ke atomcentralo en iu lando grave difektiĝis.
2.* Okazis **granda akcidento**, pri kiu neniu antaŭe eĉ supozis.

　　　［単語］1. ĵus ほんの, antaŭ ～前, kelka いくつかの, horo 時間, ke ～という, atom-centralo 原子力発電所, en ～(の中)の, iu ある, lando 国, grave ひどく, difekt-iĝi 壊れる

第29課 動詞型

2. pri kiu 前置詞+関係代名詞, neniu だれも～ない, antaŭe 前に, eĉ ～さえ, supozi 想像する

［訳例］1. ほんの数時間前に，ある国の原子力発電所がひどく壊れたという恐るべき事実が明らかになった。
2. だれも想像すらしなかったような大事故が起こった。

★名詞だけでなく，動詞の不定形が導く句や，従属接続詞が導く節を，文の主語にすることができます。

1. **Protekti la medion** necesas.
2. **Ke la programo havas gravan mankon** evidentiĝis.

［単語］1. protekti 保護する, medio 環境
2. ke ～ということ, programo プログラム, havi ～がある, grava 重大な, manko 欠陥

［訳例］1. (この)環境を保護する必要がある。
2. そのプログラムに重大な欠陥があることが明らかになった。

★不定形や従属接続詞が導く長い主語は，文のうしろに配置すると「すわり」がよくなります。

1. Necesas **protekti la medion**.
2. Evidentiĝis, **ke la programo havas gravan mankon**.

★実際の文では，これにいろいろな修飾語句がつきます。

［練習 29-1］

次の文を日本語に訳してください。

1. Nepre necesas al ni **protekti la medion** kontraŭ malpurigo fare de industriaj rubaĵoj.
2. Jam ĉe la komenco de la esploro evidentiĝis, **ke la programo**, kiun ili faris, **havas gravan mankon**.

［単語］
1. nepre 必ず, al ～に, kontraŭ ～に対して, mal- pur-igo 汚染, fare de ～による, industria 産業の, rub-aĵo 廃棄物
2. jam すでに, ĉe ～(の時点)で, komenco はじめ, de ～の,

esploro 調査, kiun 関係代名詞, ili 彼ら, fari 作る

［解答例］ 1. 産業廃棄物による汚染に対して(この)環境を保護することが、私たちには不可欠である。 2. すでにその調査の(その)はじめに、彼らが作った(あの)プログラムに重大な欠陥があることが明らかになった。

29.2 主語+述語動詞+補語

★次のような動詞を, ここに示した意味で用いる時には[1], 主語のほかに補語が必要です。名詞や形容詞が補語になります。 (この項の例文や問題文には, 次の動詞が使われています) 【*KD】

- aspekti (〜に)見える
- fariĝi   (〜に)なる
- resti   (〜の状態に)とどまる
- esti   (〜で)ある
- ŝajni   (〜と)思われる

［単語］
1.* **La studento** fariĝis *kuracisto*.   studento 学生, kurac-isto 医者
2.* **La ĉevaloj** aspektas *ĝojaj*.   ĉevalo 馬, ĝoja うれしそうな

［訳例］ 1. その学生は医者になった。
2. その馬たちは(みな) うれしそうに見える。

［練習 29-2］

次の文を日本語に訳してください。

1. **La studento**, al kiu mi instruis matematikon, fariĝis fama *kuracisto* pri kor-malsano.
2. En la vasta herbejo **la ĉevaloj** libere lasitaj aspektas tre *ĝojaj*.

［単語］
1. al kiu 前置詞+関係代名詞, instrui 教える, matematiko 数学, fama 有名な, pri 〜について, kor-mal-sano 心臓病

---
[1] 一つの動詞が二つ以上の異なった意味を持つこともあります。たとえば；
- esti 「〜である」「〜がある」 ・resti 「〜の状態にとどまる」「〜が残っている」

第29課 動詞型

2. en ～(の中)で, vasta 広い, herb-ejo 草原, libere 自由に, las-ita 放された, tre とても

［解答例］1. 私が数学を教えたあの学生は，心臓病についての有名な医者になった。2. あの広い草原で自由に放された馬たちは(みな)，とてもうれしそうに見える。

* * *

★動詞の不定形が導く句や従属接続詞が導く節も，補語にすることができます。【*KD】

1.* **Via tasko** estas *tralegi la dokumentojn*.
2.* **Li** aspektas, *kvazaŭ li estus knabino*.

［単語］1. tasko 役目, tra-legi 目を通す, dokumento 書類
2. kvazaŭ (まるで)～のように, knab-ino 少女

［訳例］1. あなたの役目は，その書類に目を通すことです。
2. 彼は女の子のように見える。

［練習 29-3］

次の文を日本語に訳してください。

1. **Via** hodiaŭa **tasko** estas *tralegi la dokumentojn*, kiuj rilatas al la akcidento de la atomcentralo.
2. Pro la longa hararo kaj svelta talio **li** aspektas, *kvazaŭ li estus knabino*.

［単語］1. hodiaŭa 今日の, kiuj 関係代名詞, rilati al ～に関する, akcidento 事故, de ～の, atom-centralo 原子力発電所
2. pro ～ゆえ, longa 長い, har-aro 髪の毛, kaj ～と, svelta ほっそりした, talio 胴

［解答例］1. 君の今日の役目は，(その)原子力発電所のあの事故に関する(その)書類に目を通すことだ。2. (その)長い髪の毛とほっそりした胴のため，彼は女の子のように見える。

* * *

★動詞の不定形が導く句や従属接続詞が導く節も，文の主語にすることが

29.2 主語＋述語動詞＋補語

できます。【*KD】

1.* **Helpi la homojn** estas *grava laboro*.
2.* **Ĉu la ŝoforo estis senkulpa**, ne estas *klare*. [1]
3.* **Ke li kompilis la vortaron**, estas *alte taksinde*.

　　［単語］1. helpi ~n ～を助ける, homo 人, grava 重要な, laboro 仕事
　　　　　　2. ĉu ～かどうかということ, ŝoforo 運転手, sen-kulpa 過失のない, klare 明らかな
　　　　　　3. ke ～ということ, kompili 編さんする, vort-aro 辞書, alte 高く, taks-inde 評価にあたいする

　　［訳例］1. (すべての)人々を助けるのは*重要な仕事*だ。
　　　　　　2. その運転手に過失がなかったかどうかは*明らかで*ない。
　　　　　　3. 彼がその辞書を編さんしたことは, *高く評価すべき*だ。

★長い主語はうしろに置くと, 文の「すわり」がよくなります。また, 実際の文では, いろいろな修飾語句がつきます。

［練習 29-4］

次の文を日本語に訳してください。

1. **Helpi la homojn** suferantajn pro malsano estas *grava laboro*.
2. Ankoraŭ ne estas *klare*, **ĉu la ŝoforo**, kiu kondukis la aŭtobuson, **estas** vere **senkulpa** pri la trafika akcidento.
3. Estas *alte taksinde*, **ke li** tute sola **kompilis** tiel ampleksan **vortaron**.

　　［単語］
　　　　1. sufer-anta 苦しんでいる, pro ～で, mal-sano 病気で
　　　　2. ankoraŭ まだ, kiu 関係代名詞, konduki 運転する, aŭtobuso バス, vere 本当に, pri ～について, trafika 交通の, akcidento 事故
　　　　3. tute まったく, sola ひとりで, tiel あんなに, ampleksa 内容豊富な

1] 従属接続詞が導く節が文の主語になる場合, 補語は副詞にします。まちがえて形容詞にしてしまうことがあるので注意しましょう。

× Ĉu la ŝoforo estis senkulpa, ne estas *klara*.
× Ke li kompilis la vortaron, estas alte *taksinda*.

第29課 動詞型

[解答例] 1. 病気で苦しむ(すべての)人々を助けるのは，重要な仕事だ。2. その事故で，あのバスを運転していた(その)運転手に本当に落ち度がなかったかどうかは，まだ明らかではない。3. 彼がたったひとりであのような内容豊富な辞書を編さんしたことは，高く評価すべきだ。

29.3 主語+述語動詞+目的語

★次のような動詞をここに示した意味で用いる時には，主語のほかに目的語が必要です。（この項の例文や問題文には，次の動詞が使われています）
【*KD】

- bezoni　　(〜を)必要としている
- gajni　　　(〜を)得る，とる
- provi　　　(〜を)試す
- skribi　　　(〜を)書く
- timi　　　(〜を)心配する
- ekscii　　　(〜について)気づく
- movi　　　(〜を)動かす
- rezigni　　(〜を)あきらめる
- surprizi　　(〜を)驚かす
- trankviligi　(〜を)安心させる

1.* **La verkisto** gajnis <u>la premion</u>.　　　［単語］verk-isto 作家, premio 賞
2.* **Miaj amikoj** eksciis <u>la sekreton</u>.　　　　amiko 友人, sekreto 秘密

　　　　　　　　　　　　［訳例］1. その作家は<u>あの賞</u>をとった。
　　　　　　　　　　　　　　　　2. 私の友人たちは<u>その秘密</u>に気づいた。

[練習 29-5]

次の文を日本語に訳してください。

1. **La verkisto** publikiginta la grandiozan romanon gajnis <u>la premion</u> konatan tra la tuta mondo.
2. Kelkaj el **miaj amikoj** eksciis <u>la sekreton</u>, ke mi edziniĝos en novembro.

　　　［単語］
　　　　1. publik-ig-inta 発表した, grandioza 壮大な, romano (長編)小説,
　　　　　 kon-ata 知られている, tra 〜中, la tuta 全部の, mondo 世界

2. kelkaj いく人かの, el 〜のうちの, ke 〜という, edz-in-iĝi 妻になる, en 〜に, novembro 十一月

> ［解答例］1. その壮大な小説を発表した(あの)作家は，世界中に知られているあの賞をとった。2. 私の友人のいくらかは，私が十一月に結婚するという(その)秘密に気づいた。

＊ ＊ ＊

★名詞だけでなく，動詞の不定形が導く句や，従属接続詞が導く節を文の主語とすることもできます。【*KD】

1.* **Aŭskulti kvietan muzikon** trankviligas <u>min</u>.
2.* **Ke li subite turnis sin al mi**, surprizis <u>min</u>.

> ［単語］1. aŭskulti 聴く, kvieta 静かな, muziko 音楽
> 2. ke 〜ということ, subite 突然, turni sin 振り向く, al 〜に(対して)

［訳例］ 1. 静かな音楽を聴くことは<u>私</u>を落ち着かせます。
2. 彼が突然私の方を振り向いたことが，<u>私</u>を驚かせた。

［練習 29-6］

次の文を日本語に訳してください。

1. **Aŭskulti kvietan muzikon** ludatan de orkestro trankviligas <u>min</u>.
2. Spir-haltige surprizis <u>min</u>, **ke li kun kolera mieno subite turnis sin al mi**.

> ［単語］1. lud-ata 演奏される, de 〜によって, orkestro オーケストラ
> 2. spir-halt-ige 息が止まるほど, kun 〜とともに, kolera 怒った, mieno 表情

［解答例］1. オーケストラが演奏する静かな音楽を聴くと，私は落ち着きます。2. 彼が突然怒った顔で私の方を振り向いたので，私は息が止まるほど驚いた。

＊ ＊ ＊

★動詞の不定形が導く句や従属接続詞が導く節を，文の目的語にすること

第29課 動詞型

もできます。【*KD】

1.* **Vi** bezonas <u>rezigni komfortan vivon</u>.
2.* **Mi** provis <u>movi la tablon</u>.
3.* **Li** skribis, <u>ke li vizitos nin</u>.
4.* **Mi** timas, <u>ĉu li falos pro malsano</u>.

　　　　　［単語］1. rezigni あきらめる, komforta 快適な, vivo 生活
　　　　　　　　 2. movi 動かす, tablo テーブル
　　　　　　　　 3. ke 〜と, viziti 訪問する
　　　　　　　　 4. ĉu 〜かと, fali 倒れる, pro 〜ゆえ, mal-sano 病気
　　　　　［訳例］1. あなたは<u>快適な生活をあきらめる</u>必要がある。
　　　　　　　　 2. 私は<u>そのテーブルを動かそう</u>とした。
　　　　　　　　 3. 彼は, <u>私たちを訪問すると</u>書いてきた。
　　　　　　　　 4. 私は<u>彼が病気で倒れるのではないかと</u>心配している。

［練習 29-7］

次の文を日本語に訳してください。

1. **Vi** bezonas <u>rezigni</u> la nunan <u>komfortan vivon</u>, se vi insistas, ke la nun funkciantaj atomcentraloj devas esti tuj fermitaj.
2. **Mi** sola provis <u>movi la</u> grandan <u>tablon</u>, ĉar mi bezonis pli da spaco en la ĉambro.
3. En la letero **li** skribis, <u>ke li vizitos nin</u> en la venonta monato, kiam li liberiĝos el la nuna peniga posteno.
4. **Mi** tre timas, <u>ĉu li</u> subite <u>falos pro</u> ia <u>malsano</u>, ĉar li laboradas sen sufiĉe da ripozo.

　　［単語］
　　　 1. nuna 今の, se もし, insisti 言い張る, ke 〜と, funkci-anta 動いている,
　　　　　atom-centralo 原子力発電所, devi 〜ねばならぬ, tuj ただちに, ferm-ita
　　　　　閉められた
　　　 2. sola ひとりで, granda 大きな, ĉar 〜なので, bezoni 必要とする, pli da
　　　　　もっと, spaco 空間, en 〜の中, ĉambro 部屋
　　　 3. letero 手紙, en 〜に, la ven-onta 来たるべき, monato 月, kiam 関係副

- 378 -

29.3 主語＋述語動詞＋目的語

詞, liber-iĝi 自由になる, el ～から, pen-iga 苦労の多い, posteno 地位
4. tre とても, ia なんらかの～, ĉar ～なので, labor-adi 働き続ける, sen ～なしで, sufiĉe 十分な, da ～の量の, ripozo 休息

［解答例］1. もし, (あなたが)今動いている原発(すべて)をただちに閉鎖すべきだと言い張るなら, あなたは今のこの快適な生活をあきらめる必要がある。2. (私は)その部屋の中にもっと空間が必要だったので, 私はその大きなテーブルをひとりで動かそうとした。3. その手紙で, 彼は, 今の苦労の多い(その)地位から自由になる来月には, (彼は)私たちを訪問するつもりだと書いてきた。4. 彼が十分休息をとらずに働き続けているので, (彼が)突然病気で倒れるのではないかと, 私はとても心配だ。

* * *

★次の動詞は, 動詞の不定形が導く句を目的語とするのが普通です。(202ページ参照)【*KD】

- devi ～ねばならぬ
- povi ～できる
- rajti ～してよい
- voli ～したい

1.* **Ni** devas protekti la medion kontraŭ malpurigo.
2.* **Ni** povas vivi sen atomcentraloj.
3.* **Neniu** rajtas heredigi nukleajn rubaĵojn al la postaj generacioj.

［単語］1. protekti 守る, medio 環境, kontraŭ ～に対して, mal-pur-igo 汚染
2. vivi 生きる, sen ～なしで, atom-centralo 原子力発電所
3. neniu だれも～ない, hered-igi 相続させる, nuklea 核の, rub-aĵo ごみ, al ～に(対して), posta のちの, generacio 世代

［訳例］
1. 私たちは汚染から(この)環境を守らねばならぬ。
2. 私たちは原子力発電所なしで暮らせる。
3. 核のごみをのちの世代(みな)に相続させる権利はだれにもない。

第29課 動詞型

29.4 主語+述語動詞+目的語+補語

★次のような動詞をここに示した意味で用いる時には，主語と目的語，補語の情報が必要です。「〜」の所に目的語が，そして「…」の所に補語が入ります。（この項の例文や問題文には，次の動詞が使われています）

- aŭdi　　　　　（〜が…するのが）聞こえる
- elekti　　　　（〜を…に）選ぶ
- fari　　　　　（〜を…に）する
- igi　　　　　　（〜を…に）する
- konsideri　　（〜を…と）考える
- kredi　　　　（〜を…と）信じる
- lasi　　　　　（〜を…のままに）しておく
- opinii　　　　（〜が…だという）意見である
- vidi　　　　　（〜が…するのが）見える

★形容詞が補語になります。[1]

1. **Mi** kredas <u>vin</u> *senkulpa*.　　　　　［単語］sen-kulpa 無罪の
2. **Mi** opinias <u>lian argumenton</u> *erara*.　　argumento 論証, erara 誤りの

　　　　　［訳例］1. 私はあなたが<u>無罪</u>だと信じている。
　　　　　　　　　2. 私は彼の<u>論証</u>があやまりだと考えている。

★この例文は，従属接続詞 "ke" を用いて次のように書きなおすこともできます。【*KD】

1.* Mi kredas, ke vi estas senkulpa.
2.* Mi opinias, ke lia argumento estas erara.

1] この課の373ページで説明した「主語+述語動詞+補語」の補語は，主語に対する補語で，「主語=補語」の関係がなりたちます。この「主語+述語動詞+目的語+補語」の補語は，目的語に対する補語で，「目的語=補語」の関係がなりたちます。1. Mi kredas <u>vin</u> *sen-kulpa*. (私はあなたが無罪だと信じている: vi(n) = senkulpa) 2. Mi opinias <u>lian argu-menton</u> *erara*. (私は彼の論証があやまりだと考えている: lia(n) argumento(n) = erara)

★名詞を補語にすることもできます。【*KD】

1.* **La urbanoj** elektis <u>ŝin</u> *ilia urbestro*.
2.* **La sorĉistino** faris <u>la kukurbon</u> *kaleŝo*.

　　　　　　　　　［単語］1. urb-ano 市民, elekti (〜を…に)選ぶ,
　　　　　　　　　　　　　ilia 彼らの, urb-estro 市長
　　　　　　　　　　　　2. sorĉ-ist-ino 魔女, fari (〜を…に)する,
　　　　　　　　　　　　　kukurbo カボチャ, kaleŝo 馬車

　　　［訳例］1. 市民たちは(みな)彼女を自分たちの市長に選んだ。[1]
　　　　　　　2. その魔女はあのカボチャを馬車にした。

★動詞の不定形が導く句を補語にすることもできます。【*KD】

1.* **Li** aŭdis <u>iun</u> *plori en la mallumo*.
2.* **Mi** vidis <u>lin</u> *proksimiĝi al la virino*.

　　　　　　　　　［単語］1. iu だれか, plori 泣く, en 〜(の中)で, mal-lumo 暗やみ
　　　　　　　　　　　　2. proksim-iĝi 近づく, al 〜の方へ, vir-ino 女性

　　　［訳例］1. 彼はその暗やみ(の中)でだれかが泣いているのが聞こえた。
　　　　　　　2. 私は彼がその女性に近づいて行くのが見えた。

[練習 29-8]

次の文を日本語に訳してください。

1. **La verko** igos <u>lin</u> *fama* tra la tuta lando.

2. Verŝajne **vi** konsideras <u>mian konduton</u> *stulta*.

3. **La princo** elektis <u>la knabinon</u> *lia estonta edzino*.

4. **Viaj kruelaj vortoj** faris <u>mian koron</u> *ŝtono*.

5. **Mi** aŭdis <u>ion</u> *klaki* sub mia dekstra piedo.

6. **La patrino** lasis <u>la infanon</u> *ploregi*.

---

[1]　「市民たちが彼女を自分たちの市長に選んだ」という訳語から考えて、この例文は；La urbanoj elektis ŝin **sia** urbestro. とすべきだと思われるかも知れませんが、「主語＋述語動詞＋目的語＋補語」の型の文の補語では、"sia" を用いません。次の文を参照：La urbanoj elektis ŝin, ke ŝi estu ***ilia*** urbestro.

第29課 動詞型

［単語］1. verko 作品, fama 有名な, tra ～中, la tuta すべての, lando 国
2. ver-ŝajne たぶん, konduto ふるまい, stulta 愚かな
3. princo 王子, knab-ino 少女, est-onta 未来の, edz-ino 妻
4. kruela ひどい, vorto ことば, koro 心, ŝtono 石
5. io なにか, klaki 音をたてる, sub ～の下, dekstra 右の, piedo 足
6. patr-ino 母親, infano 子ども, plor-egi 泣きわめく

［解答例］1. その作品は彼を国中で有名にするだろう。2. たぶんあなたは私のふるまいを愚かなこととお思いでしょう。3. (その)王子はその少女を自分の未来の妻に選んだ。4. あなたのひどいことばが私の心を石にした。5. 私は右足の下でなにかが音をたてるのを聞いた。6. (その)母親はその子どもが泣きわめくまま放っておいた。

［練習 29-9］

次の文をエスペラントに訳してください。

1. 私はその書類がにせものだという意見である。

　　　　　［単語］私 mi, その la, 書類 dokumento, にせものの falsa
　　　　　(～が…という)意見である opinii

2. 君はぼくの忠告が役にたたないと考えるのか。

　　　　　［単語］君 vi, ぼくの mia, 忠告 admono
　　役にたたない sen-utila, (～を…と)考える konsideri, ～か ĉu

3. (その)大会参加者(みな)は, 彼を満場一致で議長に選んだ。

　　　　　［単語］大会参加者 kongres-ano, 彼 li
　　満場一致で unu-anime, 議長 prezid-anto, (～を…に)選ぶ elekti

4. 私は母が(私の)兄に小言を言うのを聞いた。

　　　　　［単語］母 patr-ino, 私の mia, 兄 frato
　　(～に)小言を言う riproĉi ~n, (～が…するのを)聞く aŭdi

［解答例］1. Mi opinias la dokumenton falsa. 2. Ĉu vi konsideras mian admonon senutila? 3. La kongresanoj unuanime elektis lin prezidanto. 4. Mi aŭdis patrinon riproĉi mian fraton.

29.4 主語＋述語動詞＋目的語＋補語

* * *

★従属接続詞が導く節を目的語にすることもできます。補語は副詞ではなく，形容詞を用います。[1]

　1. **Mi** konsideris, <u>ke li ne ĉeestas la kunsidon</u>, *stranga*.
　2. **Mi** opinias, <u>ke li malakceptis la proponon</u>, *stulta*.

　　　　　［単語］1. ke ～ということ，ĉe-esti 参加する，kun-sido 会議，
　　　　　　　　stranga 奇妙な
　　　　　　　　2. mal-akcepti 拒絶する，propono 提案，stulta 愚かな
　　［訳例］
　　　1. 私は，<u>彼がその会議に参加していないのを</u>*奇妙だ*と考えた。
　　　2. 私は，<u>彼がその提案を拒絶したのは</u>*愚かなことだ*という意見だ。

★次のように目的語と補語の配置を変えると，文の「すわり」が良くなります。

　1. **Mi** konsideris *stranga*, <u>ke li ne ĉeestas la kunsidon</u>.
　2. **Mi** opinias *stulta*, <u>ke li malakceptis la proponon</u>.

★同じ動詞でも，その意味に応じて異なった動詞型になることに注意してください。

　1. **Mi** trovis <u>la monujon</u> *perdita*.　　　［*主語* ＋ *動詞* ＋ *目的語* ＋ *補語*］
　2. **Mi** trovis <u>la perditan monujon</u>.　　　［*主語* ＋ *動詞* ＋ *目的語*］

　　　［単語］1. trovi (～が…だと)わかる，mon-ujo 財布，perd-ita 無くなった
　　　　　　　2. trovi (～を)見つける
　　　　　　　　［訳例］1. 私は(その)財布が<u>無くなった</u>のに気がついた。
　　　　　　　　　　　　2. 私は(その)<u>無くなった財布</u>を見つけた。

　3. **Mi** aŭdis <u>ŝin</u> *plori*.　　　　　　　　［*主語* ＋ *動詞* ＋ *目的語* ＋ *補語*］

1] 副詞を用いると意味が変わります。Mi konsideris, ke li ne ĉeestas la kunsidon, **strange**. = Mi **strange** konsideris, ke li ne ĉeestas la kunsidon. 奇妙にも私は，かれが会議に出席していないと考えた。Mi opinias, ke li malakceptis la proponon, **stulte**. = Mi **stulte** opinias, ke li malakceptis la proponon. 愚かにも私は，彼がその提案を拒絶したと思っている。

第29課 動詞型

4. **Mi** aŭdis ŝian plorvoĉon.　　　［主語 + 動詞 + 目的語］

　　　　　　　　　　　　［単語］3. aŭdi (～が…するのを)聞く, plori 泣く
　　　　　　　　　　　　　　　　4. aŭdi (～を)聞く, plor-voĉo 泣き声
　　　　　　　　　　　　［訳例］　3. 私は彼女が泣くのを聞いた。
　　　　　　　　　　　　　　　　4. 私は彼女の泣き声を聞いた。

5. **Via fuŝo** faris nian tutan klopodon *vana*.

　　　　　　　　　　　　　　　［主語 + 動詞 + 目的語 + 補語］
6. **La skulptisto** faris grandan monumenton.　［主語 + 動詞 + 目的語］

　　　　　　　　　　　　［単語］5. fuŝo へま, fari (～を…に)する, la tuta 全部
　　　　　　　　　　　　　　　　の, klopodo 努力, vana むだな
　　　　　　　　　　　　　　　　6. skulpt-isto 彫刻家, fari (～を)作る, granda
　　　　　　　　　　　　　　　　大きな, monumento 記念碑
　　　　　　　　　　　　［訳例］5. おまえのへまが, 私たちのすべての努力をむだにした。
　　　　　　　　　　　　　　　　6. その彫刻家は大きな記念碑を作った。

29.5　主語+述語動詞+間接目的語

★次のような動詞をここに示した意味で用いる時には，主語のほかに前置詞が導く間接目的語が必要です。結びつく前置詞を[ ]で示しておきます。（この項の例文や問題文には，次の動詞が使われています）【*KD】

- aliĝi [al]　　　(～に)申し込みをする
- ĉagreniĝi [pri]　(～について)悩む
- fieri [pri]　　　(～について)自慢する
- konatiĝi [kun]　(～と)知り合う
- konsisti [en]　　(～に)本質がある
- partopreni [en]　(～に)参加する
- suferi [pro]　　(～で)苦しむ
- aparteni [al]　　(～に)属する
- dependi [de]　　(～に)依存する
- interesiĝi [pri]　(～に)興味を持つ
- konsisti [el]　　(～から)成りたつ
- manki [al]　　　(～に)欠けている
- plaĉi [al]　　　(～の)気にいる
- temi [pri]　　　(～を)話題とする

1.* Ĉu **vi** jam aliĝis *al la venonta kongreso*?

2.* **La insularo** apartenas *al nia ŝtato*.
3.* **Vi** ne ĉagreniĝu *pri la pasintaj aferoj*.
4.* **La malriĉaj homoj** en tiu ĉi regiono suferas *pro diversaj malsanoj*.

　　　　［単語］1. jam すでに, la ven-onta 次回の, kongreso 大会
　　　　　　　 2. insul-aro 群島, ŝtato 国家
　　　　　　　 3. pas-inta 過ぎた, afero こと
　　　　　　　 4. mal-riĉa 貧しい, homo 人間, en 〜(の中)の, tiu ĉi この,
　　　　　　　　　regiono 地方, diversa さまざまな, mal-sano 病気
　［訳例］1. あなたはもう次の大会には申し込まれましたか。
　　　　　2. その群島はわが国のものだ。
　　　　　3. あなたは(その)過ぎたことをくよくよするな。
　　　　　4. この地方の貧しい人々は(みな)、さまざまな病気で苦しんでいる。

［練習 29-10］

次の文を日本語に訳してください。

1. **Nia komforta vivo** multe dependas *de nuna industria civilizacio*.
2. **La germana studento** interesiĝas *pri la japana moderna historio*.
3. **Nia korpo** konsistas *el ĉeloj*.
4. **La esenco** de la afero konsistas ne *en rapideco*, sed *en certeco*.
5. **Prudento** mankas *al ŝi*.
6. Ĉu **tiu ĉi modesta donaco** plaĉus *al vi*?
7. **Mia doktoriga disertacio** temas *pri socialisma ekonomio*.

　　　　［単語］
　　　　　　　 1. komforta 快適な, vivo 生活, multe たくさん, nuna
　　　　　　　　　今の, industria 産業の, civilizacio 文明
　　　　　　　 2. germana ドイツの, studento 学生, japana 日本の,
　　　　　　　　　moderna 近代の, historio 歴史
　　　　　　　 3. korpo 体, ĉelo 細胞
　　　　　　　 4. esenco 本質, de 〜の, afero 事柄, rapid-eco 速さ,
　　　　　　　　　sed しかし, cert-eco 確実さ

第29課 動詞型

    5. prudento 思慮
    6. tiu ĉi この, modesta ささやかな, donaco 贈りもの
    7. doktor-iga disertacio 学位論文, social-isma 社会主義, ekonomio 経済

［解答例］1. 私たちの快適な暮らしは, 今日の産業文明に多くを依存している。2. そのドイツの学生は日本の近代史(というもの)に興味がある。3. 私たちの体は細胞でできている。4. (その)事柄の本質(というもの)は, 速さではなく確実さの中にある。5. 彼女には思慮がたりない。6. このささやかな贈りものが, あなたの気にいるとよいのですが。7. 私の学位論文のテーマは, 社会主義経済についてです。

［練習 29-11］

次の文をエスペラントに訳してください。

1. フランスはヨーロッパ連合に属している。

    ［単語］フランス Franc-io, ヨーロッパ連合 Eŭropa Unio
    〜に属する aparteni al

2. 彼は自分のキャリアを自慢にしている。

    ［単語］彼 li, 自分の sia, キャリア kariero
    〜を自慢する fieri pri

3. 私は彼女と十年前に知り合いました。

    ［単語］私 mi, 彼女 ŝi, 十 dek, 年 jaro, 〜前 antaŭ
    〜と知り合う kon-at-iĝi kun

4. 君には辛抱がたりない。

    ［単語］君 vi, 辛抱 pacienco, 〜が足りない manki al

5. あなたの髪形がとても(私の)気にいりました。

    ［単語］髪形 har-aranĝo, とても tre, 〜の気にいる plaĉi al

［解答例］1. Francio apartenas al Eŭropa Unio. 2. Li fieras pri sia kariero. 3. Mi konatiĝis kun ŝi antaŭ dek jaroj. 4. Pacienco mankas al vi. 5. Via hararanĝo tre plaĉas al mi.

    ＊ ＊ ＊

★「主語＋述語動詞＋間接目的語」の文では，意味が通じるなら，前置詞の代わりに対格を用いることができます。(368ページ参照)
 1. Li fieras *sian karieron*.   (= Li fieras pri sia kariero.)
 2. Mi partoprenis la *kongreson*. (= Mi partoprenis en la kongreso.)
    ［単語］parto-preni 参加する, en ～に, kongreso 大会
    ［訳例］ 1. 彼は自分のキャリアを自慢にしている。
        2. 私はその大会に参加しました。

29.6　主語+述語動詞+目的語+間接目的語

★次のような動詞をここに示した意味で用いる時には，主語と目的語，前置詞が導く間接目的語の情報が必要です。"iu" の所に「人」を，"io" の所に「ことがら」を表わす単語が入ります。（この項の例文や問題文には，次の動詞が使われています）[1]【*KD】

 ・danki [iun pro io; iun por io] (～に…について)感謝する
 ・demandi [iun pri io] (～に…について)たずねる
 ・informi [iun pri io] (～に…について)知らせる
 ・interesi [iun pri io] (～に…について)興味をいだかせる
 ・montri [ion al iu] (～を…に)提示する
 ・pardoni [iun pri io] (～を…について)許す
 ・preferi [ion al io] (～に対して…の方を)好む
 ・prunti [ion al iu] (～に対して…を)貸す
 ・prunti [ion de iu] (～から…を)借りる
 ・vesti [iun/ion per io] (～に…を)着せる

 1.* **Mi** elkore dankas vin *pro via tuja respondo*.
 2.* **La prelego** interesis min *pri la antikva greka historio*.
 3.* **La ĉasisto** montris la spuron de urso *al mi*.

---
[1]　「主語＋述語動詞＋目的語＋間接目的語」の文では，すでに目的語で対格語尾 "n" が使われているので，間接目的語を導く前置詞を対格語尾で代用することはできません。

第29課 動詞型

4.* **Mi** preferas monon *al honoro*.
5.* **Li** pruntis grandan sumon *al mi*.

[単語] 1. el-kore 心から, tuja 即座の, respondo 返事
2. prelego 講演, antikva 古代の, greka ギリシャの, historio 歴史
3. ĉas-isto 猟師, spuro 足あと, de 〜の, urso 熊
4. mono お金, honoro 名誉
5. granda 大きな, sumo 金額

[訳例]
1. 迅速なお返事をいただきまして, (私は) (あなたに)感謝いたします。
2. その講演は私に, ギリシャの古代史についての興味をよびおこした。
3. その猟師は私に あの熊の足あとを示した。
4. 私は名誉より お金の方がいい。
5. 彼は私に 大金を貸してくれた。

[練習 29-12]

次の文を日本語に訳してください。

1. **La policano** demandis min *pri mia nomo, loĝloko, okupo kaj aliaj*.
2. **Li** informis min *pri la prokrastiĝo de la programero*.
3. **Neatendita malvarmo** vestis la monton *per neĝa ĉapo*.

[単語] 1. polic-ano 警官, nomo 名前, loĝ-loko 住所, okupo 職業, kaj aliaj など
2. prokrast-iĝo 遅延, de 〜の, program-ero 番組
3. ne-atend-ita 不意の, mal-varmo 寒さ, monto 山, neĝa 雪の, ĉapo 帽子

[解答例]
1. その警官は私に, 名前と住所, 職業などをたずねた。
2. 彼は私に(あの)番組の(その)遅延について知らせてきた。 3. 不意の寒波がその山に雪の帽子をかぶせた。

29.6 主語＋述語動詞＋目的語＋間接目的語

[練習 29-13]

次の文をエスペラントに訳してください。

1. 私は彼に次の会議のことについて知らせた。
   ［単語］私 mi, 彼 li, 次の la ven-onta, 会議 kun-sido
   〜について pri, 知らせる informi
2. 私たちは彼のまちがいを許した。(= そのまちがいについて彼を許した)　　［単語］私たち ni, まちがい eraro, 許す pardoni
3. ぼくはウイスキーよりビールの方がいい。
   ［単語］ウイスキー viskio, 〜より al, ビール biero
   〜の方がよい preferi
4. 私は彼女からその小説を借りた。
   ［単語］彼女 ŝi, 〜から de, その la, 小説 romano
   借りる prunti

［解答例］1. Mi informis lin pri la venonta kunsido. 2. Ni pardonis lin pri lia eraro. 3. Mi preferas bieron al viskio. 4. Mi pruntis la romanon de ŝi.

* * *

★実際の問答や文章では，次の例の ( ) で示した部分のような目的語や間接目的語が省略されることがあります。

1. Ĉu Ken jam scias, kie oni havos la venontan kunsidon? Jes, **mi** informis lin. (pri la venonta kunsido)
2. Ne ekzistas perfekta homo. **Ni** pardonu lin. (pri lia fuŝo).
3. Li multe pentas pri sia malbona konduto. **Ni** pardonu (lin) *pri tio*.

   ［単語］1. jam すでに, scii 知っている, kie どこで, oni 一般人称,
   havi 開く, ven-onta 次の, kun-sido 会議, informi 知らせる
   2. ekzisti 存在する, perfekta 完全な, homo 人間, pardoni 許す, pri 〜について, fuŝo 失敗
   3. multe とても, penti 後悔している, sia 自分の, mal-bona 悪い, konduto 振る舞い, tio そのこと

   ［訳例］1. ケンは次の会議がどこで行われるか知っているだろうか。

第29課 動詞型

ええ, 私が(次の会議について)彼に知らせました。
2. 完全な人間なんて存在しない。(彼の失敗について)私たちは彼を許してやろうじゃないか。
3. 彼は自分のひどい振る舞いをとても後悔している。そのことについては, 私たちは(彼を)許してやろうじゃないか。

29.7 無主語文

★名詞から派生した, 次のような動詞があります。

- mateniĝi　　朝になる　　　　　　　［名詞］mateno 朝
- neĝi　　　　雪がふる　　　　　　　neĝo 雪, pluvo 雨
- pluvi　　　　雨がふる　　　　　　　tago 日中, tondro 雷(の音)
- tagiĝi　　　夜があける　　　　　　vento 風
- tondri　　　雷がなる　　　　　　　［接尾辞］-iĝ- 〜になる
- venti　　　　風がふく

★これらの動詞は, 動詞自体が主語の意味を含んでいるので, 動詞だけで文の意味が完成します。【*KD】

1.* Pluvos.　　　　　　　　　　　［訳例］1. 雨がふりそうだ。
2.* Tagiĝis.　　　　　　　　　　　　　　　2. 夜が明けた。

★実際の文では, これにいろいろな修飾語句がつきます。【*KD】

1.* Hodiaŭ posttagmeze **pluvos** en sepdek procentoj da probableco.
2.* **Tagiĝis**, **vesperiĝis**, kaj tiel fluge pasis tagoj.

　　　［単語］1. hodiaŭ 今日, post-tag-meze 午後, en 〜の, sep-dek 七十, procento パーセント, da 〜(の量)の, probabl-eco 確率
　　　　　　 2. vesper-iĝi 日が暮れる, kaj そして, tiel そのように, fluge 飛ぶように, pasi 過ぎる, tago 日
　　［訳例］1. 今日の午後は七十パーセントの確率で雨がふるでしょう。
　　　　　　 2. 夜が明けて日が暮れた。そして日々が飛ぶように過ぎていった。

第 30 課　そのほかの文法事項

■驚きや感動を表わす表現や，役にたつ慣用表現など，ここまでの課に出てこなかった内容をまとめて学習します。

30.1　感嘆文

★次のような表現で，驚きや感動を表わすことができます。

★ [**Kiel...!**] 相関詞 "kiel" と形容詞や副詞を組み合わせて，驚きを表現することができます。文末に感嘆符 "!" をつけましょう。( ) の部分は省略できます。[1]

　1. **Kiel** *terura* (estas cunamo)!
　2. **Kiel** *rapide* (onidiro disvastiĝas)!

　　　　　　［単語］1. kiel なんと／なんて, terura 恐ろしい, cunamo 津波
　　　　　　　　　 2. rapide 速く, oni-diro うわさ, dis-vast-iĝi 広まる

　　　　　　［訳例］1. なんて恐ろしいんだろう(津波って)。
　　　　　　　　　　2. なんと速いんだろう(うわさが広まるのは)。

★ [**Kia...!**] 相関詞 "kia" と名詞を組み合わせて，驚きを表現することができます。[2]

　1. **Kia** terura *dirmaniero*!
　2. **Kia** mizera *sorto*!
　3. **Kia** *maŝinaĉo* (tio ĉi estas)!

　　　　　　［単語］1. kia なんて／なんという, terura ひどい, dir-maniero 言い方
　　　　　　　　　 2. mizera みじめな, sorto 運命
　　　　　　　　　 3. maŝin-aĉo ボロ機械, tio ĉi これ

　　　　　　［訳例］1. なんというひどい口のききかただ。

---

[1] この部分の語順は「主語＋動詞」と「動詞＋主語」のどちらでもかまいません。
　○ Kiel terura (cunamo estas)!　○ Kiel rapide (disvastiĝas cunamo)!
[2] "Kiel...!" "Kia...!" だけでなく，"Kiom...!" のような感嘆文もあります。
　Kiom multe vi manĝas! 君はなんて大食いなんだ。

第30課 そのほかの文法事項

　　　　　　　　　　2. なんてみじめな運命だろう。
　　　　　　　　　　3. (これは)なんというボロ機械だろう。

[練習 30-1] ─────────────────────

次の文を日本語に訳してください。【*KD】

1.* Kiel saĝaj estas viaj filinoj!
2.* Kiel facile libeloj flugas en la aero!
3.* Kiaj petolemaj knabaĉoj (ili estas)!
4.* Kiajn akrajn vortojn (vi ĵetas al mi)!

　[単語] 1. saĝa かしこい, fil-ino 娘
　　　　 2. facile 軽々と, libelo トンボ, flugi 飛ぶ, en ～の中, la aero 空気
　　　　 3. petol-ema いたずらな, knab-aĉo 悪ガキ, ili 彼ら
　　　　 4. akra 鋭い, vorto ことば, ĵeti 投げる, al ～に(対して)

[解答例] 1. あなたのお嬢さんたちはなんとかしこいんでしょう。2. トンボは空中をなんて軽々と飛ぶのだろうか。3. (やつらは)なんていたずらな悪ガキどもだ。4. なんてきついことを(あなたは私に言うのだろう)。

[練習 30-2] ─────────────────────

次の文をエスペラントに訳してください。

1. この川の(その)水は, なんてきたないのだろう。
　　　　　　　　[単語] この tiu ĉi, 川 rivero, ～の de, 水 akvo
　　　　　　　　　　　 きたない mal-pura, ～である esti

2. 彼は, なんと流ちょうに私たちのことばでしゃべるのだろう。
　　　　　　　　[単語] 彼 li, 流ちょうに flue, 私たちの nia
　　　　　　　　　　　 ことば lingvo, ～で en, しゃべる paroli

3. なんという根拠のない中傷だろう。
　　　　　　　　[単語] 根拠のない sen-baza, 中傷 kalumnio

　　　[解答例] 1. Kiel malpura estas la akvo de tiu ĉi rivero! 2. Kiel flue li parolas en nia lingvo! 3. Kia senbaza kalumnio!

30.2 慣用表現

★次のような慣用表現があります。

    1. ju pli... des pli 〜　　　…すればするほど〜(ますます)だ
    2. de tempo al tempo　　　ときどき
    3. pli kaj pli　　　　　　　ますます
    4. unu la alian　　　　　　おたがいに (= reciproke)
    5. unu post la alia　　　　つぎつぎに
    6. mano en mano　　　　　手に手をとって, 手をつないで
    7. iom post iom　　　　　　少しずつ
    8. ne nur ... sed ankaŭ 〜　…ばかりでなく〜も

[練習 30-3]

斜体字の部分に注意して次の文を日本語に訳してください。問題番号は上の★の訳例に対応しています。([練習 30-4] も)【*KD】

1.* *Ju pli* arde vi ekscitiĝos, *des pli* la situacio malboniĝos.
2.* *De tempo al tempo* mi rememoras la tagojn, kiujn mi pasigis kun vi.
3.* Matene la temperaturo *pli kaj pli* altiĝos, kaj ĝi atingos la varmon de tridek kvar gradoj.
4.* Ili amas *unu la alian*, sed ili ambaŭ ne povas konfesi tion.
5.* Problemoj aperis antaŭ ni *unu post la alia*.
6.* Ni marŝu antaŭen *mano en mano*.
7.* Ĉu vi ne sentas, ke la mondo proksimiĝas al pereo *iom post iom*?
8.* La aero en la ĉambro estis *ne nur* malbonodora *sed ankaŭ* humida.

[単語]
1. arde 激しく, ekscit-iĝi 興奮する, situacio 状況, mal-bon-iĝi 悪化する
2. re-memori 思い出す, tago 日, kiujn 関係代名詞, pas-igi 過す, kun 〜とともに
3. matene 午前中, la temperaturo 気温, alt-iĝi あがる, kaj そして, ĝi それ,

第30課 そのほかの文法事項

atingi ~n 〜に達する, la varmo de tridek kvar gradoj 三十四度
4. ili 彼ら, amas 愛している, sed しかし, ambaŭ 両方とも, povi 〜できる, konfesi うちあける, tio そのこと
5. problemo 問題, aperi 出現する, antaŭ 〜の前
6. marŝi 行進する, antaŭ-e-n 前へ
7. senti 感じる, ke 〜と, mondo 世界, proksim-iĝi 近づく, al 〜(の方)へ, pereo 滅亡
8. aero 空気, en 〜(の中)の, ĉambro 部屋, mal-bon-odora 悪臭のする, humida じめじめした

> [解答例] 1. あなたが激しく興奮すればするほど, その状況はますます悪くなる。2. あなたとともに過ごした(その)日々を, 私はときどき思い出しています。3. 午前中気温はだんだん上昇して三十四度に達するでしょう。4. 彼らはお互いに愛し合っている。しかし二人ともそのことが告白できない。5. 私たちの前に, 次から次へと問題が立ちはだかった。6. 手に手をとって前進しよう。7. 世界が少しずつ滅亡に近づいていると, あなたは感じませんか。8. その部屋の(その)空気は, 悪臭がするばかりでなく, じめじめしていた。

[練習 30-4]

太字の部分に注意して, 次の文をエスペラントに訳してください。

1. (あなたが)たくさん獲得**すればするほど, ますます**(あなたは)貪欲になるだろう。　　　　　　　　　　[単語] あなた vi, たくさん multe 獲得する gajni, 貪欲な avida, 〜になる far-iĝi

2. **ときどき**私に手紙を書きなさい。　　　　[単語] 私 mi, 〜に al 手紙 letero, 書く skribi

3. 人類は**ますます**進歩している。
　　　　　　　　　　[単語] 人類 la hom-aro, 進歩する progresi

4. 私たちは**お互いに**あいさつを交わした。
　　　　　　　　　　[単語] 私たち ni, あいさつする saluti

5. 彼らは**つぎつぎに**(= ひとりずつ)立ちあがった。
　　　　　　　　　　[単語] 彼ら ili, 立ちあがる star-iĝi

6. 子どもたちがその通りを**手をつないで**歩いている。

　　　　　　［単語］子ども infano, 通りを sur la strato, 歩いている pied-iri

7. そのなべの中へ，**少しずつ**水を入れなさい。

　　　　　　［単語］その la, なべ kaserolo, 水 akvo, 入れる meti

8. 私**ばかりでなく**彼ら**も**その大会に参加した。

　　　　　　［単語］大会 kongreso, 〜に参加する parto-preni en

［解答例］1. *Ju pli* multe vi gajnos, *des pli* avida vi fariĝos. 2. Skribu al mi leteron *de tempo al tempo*. 3. La homaro progresas *pli kaj pli*. 4. Ni salutis *unu la alian*. 5. Ili stariĝis *unu post la alia*. 6. Infanoj piediras sur la strato *mano en mano*. 7. Metu akvon en la kaserolon *iom post iom*. 8. *Ne nur* mi sed ankaŭ ili partoprenis en la kongreso.

30.3　省略語

★次のような省略語が用いられます。省略しない形で読むのが普通です。

［省略語］	［読み］	［意味］
ĉ.	ĉirkaŭ	およそ, 約
d-ro	doktoro	〜博士
esp-isto	esperantisto	エスペランティスト
Esp.	Esperanto	エスペラント
ktp.	kaj tiel plu / ko to po	〜など
s-ino	sinjorino	〜さん(女性)
s-ro	sinjoro	〜さん(男性)
t.e.	tio estas	つまり
t.n.	tiel nomata	いわゆる

第30課 そのほかの文法事項

30.4 副詞+前置詞

★ ［副詞+前置詞］副詞と前置詞を組み合わせた次のような表現があります。(＝)で示した表現の省略形です。

・cele al	〜を目指して	(＝ kun la celo al)
・kadre de	〜の枠で	(＝ en la kadro de)
・komence de	〜のはじめに	(＝ en la komenco de)
・koncerne al	〜に関して	(＝ en la koncerno al)
・konsidere al	〜を考慮して	(＝ en la konsidero al)
・memore al	〜を記念して	(＝ por la memoro al)
・pere de	〜を通じて	(＝ per la pero de)
・responde al	〜に答えて	(＝ en la respondo al)
・rilate al	〜に関して	(＝ en la rilato al)
・surbaze de	〜に基づいて	(＝ sur la bazo de)

［練習 30-5］

次の文を日本語に訳してください。【*KD】

1.* *Surbaze de* nia ĝisnuna esploro ni plene konvinkiĝis, ke la nova projekto nepre havos grandan sukceson.
2.* Bonvolu akcepti mian modestan donacon *memore al* via vizito al tiu ĉi urbo.
3.* Mi ricevis la perditan pasporton *pere de* la vojaĝ-agentejo.
4.* *Rilate al* via peto, mi jam sendis esploran leteron al la eldonejo.

　　［単語］
　　1. ĝis-nuna 今まで, esploro 調査, plene 完全に, konvink-iĝi 確信する, ke 〜と, nova 新しい, projekto 計画, nepre 必ず, havi 持つ, granda 大きな, sukceso 成功
　　2. bon-volu -i 〜してください, akcepti 受け入れる, modesta ささやかな, donaco 贈りもの, vizito 訪問, al 〜へ, tiu ĉi この, urbo 町
　　3. ricevi 受けとる, perd-ita 失われた, pasporto パスポート, vojaĝ-agent-ejo 旅行代理店

4. peto 依頼, jam すでに, sendi 送る, letero 手紙, el-don-ejo 出版社

　　［解答例］1. 今までの調査に基づいて，私たちは，(その)新しい企画が必ず成功するとの確信を持つに至った。2. あなたのこの町への来訪を記念して，私のささやかなプレゼントをお受けとりください。3. 私は(その)なくしたパスポートを(あの)旅行代理店を通じて受けとりました。4. あなたの依頼に関して，私はすでに調査の手紙をその(その)出版社に書きました。

30.5　固有名詞の表記

★［地名と人名］次のような，よく知られている地名や人名にはエスペラント化されているものがあります。【*KD】

*Berlino	ベルリン	*Hirôŝimo	広島	*Kioto	京都
*Londono	ロンドン	*Moskvo	モスクワ	*Novjorko	ニューヨーク
*Parizo	パリ	*Pekino	北京	*Tokio	東京
*Neŭtono	ニュートン	*Ŝekspiro	シェークスピア		

★そのほかの地名や人名は現地のつづり(ローマ字)で表記します。エスペラントの文字を用いて発音を示すと親切です。[1]

・Okegawa (Okegaŭa)　　　　　　　　　　　　　　　　桶川
・Kyobashi (Kjoobaŝi)　　　　　　　　　　　　　　　　京橋
・FUJIOKA Ken'ichiro (HUĴIOKA Ken'iĉiroo)　　　藤岡堅一郎
・YAMAMOTO Shintaro (JAMAMOTO Ŝintaroo)　　　山本信太郎

★地名や人名の前に名詞をそえると，それがなんであるかがわかるので，外国人にも理解しやすくなります。

　1. la **rivero** Kiso　　　　　　［単語］rivero 川, urbo 都市
　2. la **urbo** Ina　　　　　　　　　　　　monto 山, fama 有名な

---
[1] 日本のローマ字表記は，訓令式とヘボン式が用いられています。ここではヘボン式ローマ字で表記しましたが，訓令式を用いれば HUZIOKA Ken'itiro, YAMAMOTO Sintaro などとなります。

第30課 そのほかの文法事項

  3. la **monto** Hotaka   fizik-isto 物理学者
  4. la fama **fizikisto** Sano
   ［訳例］1. 木曾川(← キソという川)　2. 伊那市(← イナという都市)
      3. 武尊山(← ホタカという山)　4. (あの)有名な物理学者のサノさん

30.6　国際通信

★［手紙の宛名］次のように［氏名，町名，都市名，県名，郵便番号，国名］の順に表記するのが一般的です。発信者の住所も同じように表記します。   ［単語］al ～へ(宛先), de ～より(発信者)

 Al: S-ro Yamamoto Taro　　　　De: Japana Esperanto-Instituto
 Arai-tyo 12-3, Numazu-shi　　　　Waseda-mati 12-3, Sinzyuku-ku
 Sizuoka-ken, 410-0023 Japan　　　Tokio, 162-0042, Japanio／日本

★使用するローマ字は，ヘボン式，訓令式，エスペラント式のどれでもけっこうですが，相手や自分に確実に届くよう配慮しましょう。

★［発信地と日付］先頭の行に，発信地と発信日を表示しましょう。
 Numazu, la 16an de majo 2017 / Tokio, 2017-05-16

★［書き出し］には次のようなものがあります。これに続いて相手の名前を書くこともあります。
 Estimata Sinjoro, / Estimata Sinjorino, / Kara amiko, / Kara kolego ...

★［結び］には次のようなものがあります。これに続いて発信者の名前を書きます。
 Sincere via, / Kore via, / Tute via, / Kun saluto, / Amike via, ...

★［メール］でやりとりする場合の書き出しや結びも，手紙の場合と同じです。発信日はメールに情報として自動的に追加されるので，必要ありませんが，発信地は，相手にわかるように示した方がよいでしょう。

  ［単語］majo 五月, estim-ata 親愛な, sinjoro 男性の敬称, sinjor-ino 女性の敬称, kara 親しい, amiko 友人, kolego 同僚, sincere 誠実にの, kore 心から, kun ～とともに, saluto あいさつ

参考図書

■学習を進めるにあたって役に立つ辞書や参考書をいくつか紹介します。(2018年4月現在) ここにあげる図書は，書店を通じて出版元に注文することもできますが，(財)日本エスペラント協会に直接注文することも可能です。インターネット上の書店で購入できるものもあります。■直接注文の場合，電話 03-3203-4581 またはファックス 03-3203-4582，メール libro@jei.or.jp で，本協会図書係あてに，書名，部数，送り先をお知らせください。送料の実費を負担していただきます。請求金額を書き込んだ郵便振替用紙を同封してお送りします。ご送金は，品物を受け取ってから二週間以内にお願いします。■本協会が取り扱っている国内出版物と輸入図書，約2300点についてのカタログがあります。ご請求いただければ無料でお送りします。

★ ［辞書：エスペラント ⇒ 日本語］

- エスペラント日本語辞典 第2版/ Esperanto-Japana Vortaro

  日本エスペラント協会。エスペラント日本語辞典編集委員会。2017年。1352p。5,400円＋税。高度な学習辞典。語根がアルファベット順に載っています。解説や用例，そして付録が充実しています。必携の辞書。

- エスペラント小辞典/ Vortaro de Esperanto

  大学書林。三宅史平編。1965年。534p。3,800円＋税。合成語もアルファベット順に載っているので，単語が見つけやすく，初心者にも使いやすいです。日エス単語集つき。

- 簡明エスペラント辞典/ Konciza Vortaro Esperanto-Japana

  エスペラント図書刊行会。タニヒロユキ編著。2013年。224p，1,400円＋税。用例がありませんが，訳語が的確です。

★ ［辞書：日本語 ⇒ エスペラント］

- 日本語エスペラント辞典 / Vortaro japana- Esperanta

  日本エスペラント協会。宮本正男編。1998年(第3版)，1101p。4,800円

参考図書

　＋税。見出し語約5万5600。最大の日本語エスペラント辞典。これも必携
　です。

・簡明日エス辞典/ Konciza Vortaro Japana-Esperanta
　　エスペラント図書刊行会。タニヒロユキ編著。2014年。216p, 1,400円
　　＋税。

★［独習教材］

・ドリル式エスペラント入門
　　日本エスペラント協会。ウェブ版（無料）：http://kurso.amikoj.net。ダウ
　　ンロード版（無料）：http://www.jei.or.jp/hp/nvk/index.htm。印刷版（A
　　4判130枚）：1,000円＋税。

・20のポイントで学ぶ国際語・エスペラント入門
　　日本エスペラント協会。阪直著。2014年（第4版）。32p。文法を中心にエ
　　スペラントの構造がわかりやすく解説されています。400円＋税。

・四時間で覚える地球語エスペラント
　　白水社。小林司・萩原洋子著。2006年。CDつき。212p。2,800円＋税。

・ニューエクスプレス・エスペラント語
　　白水社。安達信明著。2008年。CDつき。152p。2,800円＋税。

・まずはこれだけエスペラント語
　　国際語学社。渡辺克義著。2009年。CDつき。111p。1,500円＋税。

★［講習会教材］独習者の読みものとしても、お勧めできます。

・La Unua Kursolibro
　　日本エスペラント図書刊行会。サカモト・ショージ著。600円＋税。

・Hanako Lernas Esperanton
　　Mevo-Libroj。1993年。116p。土居智江子著。1,000円＋税。

★［発展学習/文法書/会話教材］

・まるごとエスペラント文法/ Manpleno da Esperanta Gramatiko
　　日本エスペラント協会。藤巻謙一著。2017年。394p。2,000円＋税。日
　　本語話者を念頭にまとめた日本語書き文法書です。エスペラントと日本語

の類似点・相違点を理解し，正しくわかりやすいエスペラント文を書くための必携書。

- エスペラント中級独習/ Perfektiga Lernolibro de Esperanto

    日本エスペラント協会。藤巻謙一著。2014年。276p。2,000円＋税。読み，書き，聴き，話す力をつけるための合理的な練習メニューが満載。添付CD（録音形式はMP3）に，掲載されたエスペラント文の60％が録音されています。初級レベルを超えて，エスペラントを「自分のことば」としたい人にお勧めします。

- エスペラント初級・中級の作文

    日本エスペラント協会。阪直著。1984年。127p。980円＋税。「点動詞」「線動詞」の概念を導入し，動詞の用法を明快に解説。著者は，エスペラント作文指導の第一人者。

- 作文のためのエスペラント類義語集 増補版

    日本エスペラント協会。阪直著。2013年。191p。800円＋税。「類義語集」のほか，まちがえやすい語句，エスペラント索引，日本語索引付き。

- 翻訳のコツ＋付録：動詞と文型

    日本エスペラント協会。山川修一著。1989年。101p。750円＋税。日本語に対応する適切なエスペラントの表現とはなにかを伝授。翻訳を志す人には必携の書。著者はプロの通訳・翻訳者。

- **Ĉu vi parolas esperante?**

    日本エスペラント協会。A．Pettyn著。1999年(第2版)。96p。CD2枚＋テキスト。3,000円＋税。ワルシャワ放送のエスペラント担当アナウンサーが吹き込み。お手本となる発音です。

- エスペラント会話教室 新訂版

    日本エスペラント図書刊行会。竹内義一原著，タニヒロユキ改定増補。2007年。172p。1,000円＋税。基本会話表現の文例がたくさん載っています。

おわりに
初版あとがき

　楽しく読み進めることができて，読みながら自分の視野がぐんぐん広がって行くのを実感できる，そういう語学教材を実現することが，エスペラントならばきっと可能です。この本はそういう教材に一歩でも近づくことができたでしょうか。いずれにしろ，今まさに発展しつつあるものに完成はありません。お気づきの点があれば，次の版に生かしますので，ぜひお知らせください。

　完成度の低い段階の原稿に，阪直さん，山口真一さん，柴山純一さんが目を通してくださいました。特に柴山さんからは，エスペラントの達人としてだけでなく，編集者的な観点からもたくさんの貴重なご指摘をいただきました。もしこの本に見るべき点があるとすれば，それはこの方々の有益なアドバイスに多くを負っています。

　出版にあたって，日本エスペラント学会出版担当理事の藤本達生さん，事務局長の石野良夫さんの手をわずらわせました。本文中のエスペラント文字は，亀岡市の Joel Brozovsky さんが作成した字体 "TimesEsp" を利用させていただきました。

　人間の仕事は，どのような種類のものであれ共同作業です。まして，エスペラントについてそれほど深い知識を持っているわけではない私にとって，これらの方々のお力ぞえは不可欠でした。著者はただ，これらの共同作業の全体を仮に代表するものに過ぎないとすら思います。とはいえ，こういう有力なご支援にもかかわらず，あるいはまだミスタイプや不十分な点が残っているかもしれません。もちろんそれは私の責任です。

　最後に，通信講座受講生のみなさん，講習会受講生のみなさん，そして神山征治さんをはじめとする救世エスペラント会のみなさんにもお礼を申しあげます。この本の原稿はこれらの講座の中で生まれ，育てられ，鍛えられてきました。受講生のみなさんこそ，この本の生みの親だと言っても過言ではありません。

1996年10月22日

改訂版あとがき

　1996年の初版出版から19年が過ぎました。2001年の新装版に続いて，今回も内容を見直し，より読みやすくわかりやすい学習書を目指しました。ひとりひとりお名前を挙げることはできませんが，ご協力くださった皆さまに，心からお礼申しあげます。

藤巻謙一　2015年3月31日

さくいん

■アルファベット■

【A】
-aĉ- 171
-ad- 175
-aĵ- 175
ajn 266, 325
al 114
aliĝi 384
almenaŭ 83
ambaŭ 84
-an- 168
ankaŭ 83
ankoraŭ 79
anstataŭ 119
anstataŭ -i 203
antaŭ 110, 116, 189
antaŭ ol 320
aparteni 384
apenaŭ 81, 318
aperi 371
apud 110
-ar- 170
-as 69
aspekti 373
aŭ 156, 162–163
aŭdi 380

【B】
baldaŭ 79
bezoni 376
bo- 186
bonvolu -i 151

【C / Ĉ】
cele al 396
ĉ. 395
ĉagreniĝi 384
ĉar 323
ĉe 110, 116
ĉef- 187
-ĉj- 181
ĉirkaŭ 110, 116
ĉi 265
ĉu 87, 332
ĉu ne? 90

【D】
d-ro 395
da 119, 223, 264
danki 387
daŭri 371
de 114, 116, 119, 236
de kiam 321
de tempo al tempo ... 393
demandi 387
dependi 384
devi 202, 379
dis- 184
duiliono 351
dum 116, 317, 362

【E】
-ebl- 172
-ec- 172
eĉ 83
-eg- 171
-ej- 176
ek- 185
eks- 186
ekscii 376
ekster 110
el 114, 119, 345
elekti 380
-em- 172
en 110, 116, 141, 346

-end- 173
-er- 170
esp-isto 395
Esp. 395
estas 42
esti 373
-et- 171
evidentiĝi 371

【F】
fali 371
fari 380
fariĝi 373
fi- 188
fieri 384

【G / Ĝ】
gajni 376
ge- 187
ĝis 114, 116, 317

【H】
halti 371
hieraŭ 79
hodiaŭ 79

【I】
-i- 177
-id- 168
-ig- 179
-iĝ- 180
igi 380
-il- 176
-in- 167
-ind- 174
informi 387
-ing- 181
inter 110, 116, 189
interesi 387
interesiĝi 384

さくいん

iom post iom 393
-is 71
-ism- 169
-ist- 169
【J / Ĵ】
j 33
jam 79
je 116, 365
Jes 88
ju pli… des pli 393
ĵus 79
【K】
kadre de 396
kaj 156, 162–163
ke 304, 330
ki-- ajn 325
kia 287
kia? 216
Kia...! 391
kial 299
kial? 222
kiam 296, 316
kiam? 221
kie 292
kie? 220
kiel? 221
Kiel...! 391
kien 293
kien? 220
kies 290
kies? 218
kio 282
kio? 210
kiom da? 222
kiom? 222
kiu 271
kiu? 212, 215
komence de 396
konatiĝi 384
koncerne al 396

konsidere al 396
konsideri 380
konsisti 384
kontraŭ 110, 119, 189
kredi 380
krom 119
krom -i 203
ktp. 395
kun 119, 190
kvankam 325
【L】
la 62
lasi 380
lasta 64
laŭ 114, 119, 190
【M】
mal- 183
malantaŭ 110
malgraŭ 119
manki 384
mano en mano 393
mateniĝi 390
mem 135
memore al 396
miliardo 351
miliono 351
mis- 186
montri 387
morgaŭ 79
movi 376
【N】
n 46
ne 85
Ne 88
ne nur … sed ankaŭ . 393
necesi 371
neĝi 390
nek 157
-nj- 181
nulo 352

nun 79
nur 83
【O】
-obl- 178
okazi 371
ol 342
-on- 178
oni 313
-op- 178
opinii 380
-os 72
【P】
pardoni 387
partopreni 384
pasi 371
per 119
pere de 396
plaĉi 384
plej 345
pli 342
pli kaj pli 393
pluvi 390
po 119
por 120
por -i 203
post 116
post kiam 321
povi 202, 379
pra- 187
preferi 387
preskaŭ 81
preter 114
pri 120
pro 120
propra 136
provi 376
prunti 387
【R】
rajti 202, 379
re- 186

reciproke 136	trans 110	婉曲表現 341
responde al 396	tre 81	お金 367
resti 373	tro 81	驚き 50
rezigni 376	tuj 79	重さ 367
rilate al 396	tuta 64	音節 12
【S】	【U】	【か】
s-ino 395	u 149	回数 365
s-ro 395	-uj- 176	書き出し 398
ŝajni 373	-ul- 169	格の一致 344
sama 64	-um- 181	過去形 71
se 327	unu la alian 393	仮定と条件 336
sed 157, 162	unu post la alia 393	仮定法 335
sen 120, 190	【V】	仮定法と時制 338
sen -i 203	venti 390	関係形容詞 287
si 127	vesti 387	関係詞 269
sia 131	vic- 187	関係代名詞 270
sin 129	vidi 380	関係副詞 292
skribi 376	vivi 371	冠詞 62
sub 110	voli 202, 379	間接目的語 370
suferi 384	【Q】	間接話法 304
super 110	q, w, x, y 11	感嘆符 391
sur 110		感嘆文 391
surbaze de 396	■かな■	間投詞 50
surprizi 376	【あ/い/う/え/お】	勧誘 153
【T】	あいさつ 51	慣用表現 393
t.e. 395	愛称 181	完了 228
t.n. 395	アクセント .. 13, 166, 168	【き】
tagiĝi 390	意志法 149	期間 362
temi 384	位置 110	機能語 79
tial, ke 323	一音一字 11	基本数詞 350
tiel ... kiel 347	一語文 50	疑問形容詞 215
tiel... kiel 298	一字一音 11	疑問詞 210
tiel..., ke 328	一人称 53, 133	疑問代名詞 210
timi 376	一般人称 313	疑問符 87
tio, ke 331	移動の起点 145, 147, 258	疑問副詞 220
tiom... kiom 300	移動の到達点 258	疑問文 87
tiom..., ke 329	移動の方向 138, 143, 258	逆接 157
tondri 390	意味語 79	近接 265
tra 114, 116	受け身 236	【く/け/こ】
trankviligi 376		句 92

さくいん

形容詞 31
形容詞句 100
形容詞節 269
原因 119
原形副詞 79
現在形 69
合成語 191
合成語の発音 191
語幹 191
語根 164
語順 42, 45, 50, 98

【さ】
再帰代名詞 126
最上級 345
させる 154
ザメンホフ 19
参考図書 399
三人称 53, 126

【し】
子音 12
使役 154, 179
時刻 358
指示形容詞 249
指示詞 243
指示代名詞 244
指示副詞 257
字上符 11
〜自身 135
〜自身の 136
時制 68
持続 76
自動詞 74, 179
自分 126
自分の 131
自分を 129
従節 305
従属接続詞 315
十の倍数 350
主格 39, 46, 54

主語 38, 54, 198, 305, 370
述語 38
述語動詞 38
受動 228
瞬間 76
条件 336
小数 355
状態の変化 141
譲歩 325
省略語 395
助詞 91
序数詞 357
所有形容詞 59
進行 228
進行中 70
人名 46, 397

【す】
数形容詞 357
数詞 350
数副詞 360
数名詞 360
数量 366
すわり 372, 375, 383

【せ/そ】
接頭辞 183
接頭辞と発音 184
節の配置 277
接尾辞 167
接尾辞と発音 168
ゼロ 352
先行詞 270
選択 156
前置詞 91, 110
前置詞+関係詞 301
前置詞+疑問詞 225
前置詞の代用 368
線動詞 76, 180
千を超える数 351
相関詞 243

総称 65
【た/ち/て/と】
対格 46, 57
対格語尾 46
体積 367
代名詞 361
たがいに 136
他動詞 74, 179
単数 53
地名 397
抽象名詞 33
直説法 149
直接話法 304
手紙の宛名 398
点動詞 76, 180
電話番号 355
等位接続詞 156
等位接続詞の強調 ... 160
同格 207, 330
等級 347
動詞 31
動詞型 370
時 116
時の起点 146–147, 260
時の到達点 260
度数 365
【な/に/ぬ/ね/の】
長さ 366
二重前置詞 145
二人称 53, 133
任意 266
人称代名詞 53
年号 355
能動 228
【は/ひ】
ハイフン 12
発音記号 10
比較 342
比較級 342
筆記文字 11

さくいん

日づけ 358, 363
否定 157
否定疑問文 89
否定文 85
百の倍数 350
百万を超える数 351
比喩 124, 142
ピリオド 40
広さ 367
品詞 31
品詞語尾 31, 164
品詞語尾の付加 166
品詞転換 164
【ふ】
付加疑問文 90
複合時制 234
副詞 31
副詞句 94
副詞節 315
副詞+前置詞 396
複数 53
複数語尾 33
付帯事情 119
物質名詞 33
不定形 69, 195
文 38
文型 370
分詞形容詞 230
分詞構文 240
分詞接尾辞 228
分詞副詞 239
分詞名詞 229
分数 355
文要素 370
【へ/ほ】
並列 156
母音 11, 14
方向 114
補語 42, 61, 199, 370

【み/む/め/も】
未然 228
未来形 72
無差別 266
結び 398
メール 398
名詞 31
名詞節 311
命令文 150, 163, 307
申し出 152
目的語 ... 46, 57, 201, 370
文字 10
文字の名前 10
【ゆ/よ/り/れ/わ】
融通接尾辞 181
容積 367
呼びかけ 50
理由 119
連音 168, 184, 191
別れのことば 51

- 407 -

著者紹介：藤巻謙一
・1954年12月生まれ　上智大学文学部哲学科卒業
・1977年にエスペラントの学習をはじめる
・沼津エスペラント会主催 全国対象通信講座 専任講師（1987年から）
・一般財団法人日本エスペラント協会(旧学会)認定講師（1996年から）
・日本エスペラント運動百周年記念事業委員会，第92回世界エスペラント協会国内準備委員会，日韓共同開催エスペラント大会で事務局を担当
・著書「まるごとエスペラント文法」「エスペラント中級独習」
・著者へのご連絡は次のメールアドレスへ：huzimakikeniti@gmail.com

はじめてのエスペラント
Elementa Lernolibro de Esperanto

定価 2,000 円（税別）

初版	1996年11月1日発行
新装版	2001年4月1日発行
新装版第2刷	2007年12月15日発行
改訂版	2015年5月1日発行
	2018年4月1日第2刷発行
著者	藤巻謙一（ふじまきけんいち）
発行者	一般財団法人 日本エスペラント協会
代表者	鈴木恵一朗
所在地	〒162-0042 東京都新宿区早稲田町12番地3
電話	(03)3203-4581
ファックス	(03)3203-4582
電子メール	esperanto@jei.or.jp
ウエッブサイト	http://www.jei.or.jp/
郵便振替口座	00130-1-11325
表紙デザイン	るも
印刷・製本	株式会社 サンワ

Japana Esperanto-Instituto 2015　Presita en Japanio　© Huzimaki K. 2015
ISBN978-4-88887-088-7 C1087￥2000E